中国新闻业年度观察报告
（2022）

Annual Report of Chinese Journalism
（2022）

张志安　徐桂权⊙主编

人民日报出版社
北　京

图书在版编目（CIP）数据

中国新闻业年度观察报告. 2022 / 张志安，徐桂权
主编. -- 北京：人民日报出版社，2022.11
　ISBN 978-7-5115-7569-2

　Ⅰ. ①中… Ⅱ. ①张… ②徐… Ⅲ. ①新闻事业－调
查报告－中国－2022 Ⅳ. ① G219.2

中国版本图书馆 CIP 数据核字（2022）第 211157 号

书　　名：中国新闻业年度观察报告（2022）
　　　　　ZHONGGUO XINWENYE NIANDUGUANCHA BAOGAO（2022）
主　　编：张志安　徐桂权

出 版 人：刘华新
责任编辑：张炜煜　白新月
装帧设计：阮全勇

出版发行：人民日报出版社
社　　址：北京金台西路 2 号
邮政编码：100733
发行热线：（010）65369527　65369512　65369509　65369510
邮购热线：（010）65369530
编辑热线：（010）65369514
网　　址：www.peopledailypress.com
经　　销：新华书店
印　　刷：河北信德印刷有限公司
法律顾问：北京科宇律师事务所 010-83622312

开　　本：710mm×1000mm　　1/16
字　　数：380千字
印　　张：24.5
版　　次：2023年1月第1版
印　　次：2023年1月第1次印刷

书　　号：ISBN 978-7-5115-7569-2
定　　价：56.00元

前　言

　　《中国新闻业年度观察报告》是由中山大学新闻传播学院、中山大学未来媒体研究院主办的新闻传播学学术辑刊，自2014年起由人民日报出版社出版。本报告遵循"专业、原创、可信"的理念，旨在观察中国传媒业一年一度的最新变化、事件、话题和趋势，关注重大问题，把握变化逻辑，进行理论阐释。《中国新闻业年度观察报告（2022）》包括年度专访、年度专题、年度观察、年度调查、研究述评五个部分。

　　第一辑年度专访邀请到互联网平台研究的代表性学者、荷兰乌德勒支大学何塞·范·迪克教授，她分享了对新闻业的平台化、算法的透明性、新闻业的公共价值与平台治理等话题的个人见解。她认为准确性、可靠性和透明性是数字新闻业最重要的公共价值，它们的实现有赖于平台社会中政府、市场和社会三方行动者的共同努力。

　　第二辑年度专题是"网络传播与数字新闻创新"，包括五篇论文。张志安等的《2021年中国网络传播年度创新报告》认为，2021年中国网络传播年度创新呈现出如下总体特征：网络传播进一步服务于主流，主流媒体持续增强舆论影响力；技术应用助力于内容的意义传达，短视频、5G、H5、区块链等技术推动传媒发展；互联网平台成为网络传播的基础设施，发挥着信息传播的中介和枢纽作用；社交媒体全面布局视频领域，视频成为内容争夺的核心场域；主流媒体成为对外传播主力军；网络国际传播成为国家外宣布局的下一个发力点。李艳红的《生成创新："制度嵌入"如何塑造新闻创新差异——对三家媒体组织数据新闻实践的比较》，提出了数字化转型中新闻创新的三层次分析框架，以理解不同媒体在创新表现上呈现的差异。王海燕的

《数字新闻创新的变与不变——基于十家省报客户端新闻与纸媒报道的对比分析》，认为新闻客户端作为新闻创新或可理解为渠道创新、形式创新，而非内容创新。代羽和刘颂杰等的两篇文章则分别对"南方+"客户端和法国Mediapart两个案例进行深入探讨，揭示了其基于"平台逻辑"的数据化运营创新，以及作为"非营利性媒体公司"的制度创新。

第三辑年度观察延续往年的写作思路，既包括"现代传播体系建设中的重大事件主题报道"的中国新闻业总体趋势分析，及2021年的重大传媒事件回顾，也包括传媒伦理问题、数据新闻、新闻摄影、视频新闻、公益新闻与公益媒体等具体领域的回顾和分析，着力把握这些领域的最新特点与变化趋势。其中，视频新闻的年度回顾是本年度报告首次新增的内容，体现了我们对视频新闻作为当前内容生产核心领域的关切。

第四辑年度调查收入多篇媒体的调查报告，包括中国广视索福瑞媒介研究（CSM）提供的《2021年电视新闻节目收视回顾》，林功成、伍可滢的《媒体从业者短视频号的发展状况与发布策略分析》和《广电媒体从业者短视频号的扩散路径研究》等。龚彦方、黄晓韵的《为何不收费？媒体创新扩散中的主体性困境——基于媒体从业者对"新闻付费"态度认知的调查与分析》，运用创新扩散理论视角从新闻属性及主体性、内容付费及互联网信息免费策略展开媒体从业者对新闻付费的态度认知调查与分析，尝试剖析在新闻付费作为媒体创新策略时，新闻组织在新闻创新扩散中所遭遇的主体性困境。陶建杰、尹子伊、王凤一的《新闻学子的角色模范现状及其影响因素——以上海地区为例》以上海地区8所高校1430名新闻传播专业本科生的问卷调查数据为实证材料，分析了新闻学子角色模范的现状，比较有无角色模范的新闻学子在专业承诺、新闻业务观、职业选择等方面的差异，剖析影响新闻学子角色模范形成的主要因素，并提出加强新闻传播专业职业模范教育的相关建议。

第五辑是中外新闻业的研究述评。李艳红的《学科范式·创新路径·拓展传承——厘清数字新闻学理论创新的几个问题》一文将数字新闻学研究置于社会科学的范式下探讨，尝试厘清今天我国学者在面对数字新闻学理论创新的挑战时需要关注的四个基本问题：应该明确究竟要在何种学科范式下进行理论创新；倘若明确了社会科学范式下的理论建构目标，就需要遵循社会科学理论建构的基本规律；对传统新闻学研究背后的基本概念或假设保持反思；对新闻学研究的传统仍应强调连续而非断裂。方可成、范吉琛的《2021年全球新闻业研究趋势——对"变种"现象的追踪》基于对多家新闻传播学顶级期刊2021年发表的全球新闻业研究论文的梳理，综述了五个方面的研究：对新闻的过度获取与逃避、新闻的分享与转发、对付费订阅模式的追问、职业边界与角色认同，以及跨境合作报道。徐桂权、刘馨琳、杨瑾函的《2021年中国新闻业优秀研究论文述评》从国内权威学术期刊的论文中挑选出27篇新闻业优秀研究论文，分"数字新闻学的理论探索""数字媒介环境下的新闻实践创新"和"新媒介生态下的数字劳动与新闻从业者"三个主题对2021年中国新闻业研究年度观点进行综述，以展现当下我国新闻业研究的趋势和图景。

作为《中国新闻业年度观察报告》连续出版的第九部，我们相信本书对中国新闻业的实践者与研究者都有重要的参考价值。我们也期望，通过我们持续的努力，《中国新闻业年度观察报告》能够凝聚国内新闻研究学者的智慧，观察新闻业、研究新闻业、服务新闻业，使之成为中国传媒研究的新标杆。

目　录

第五辑　研究述评

第一辑

年度专访

平台社会中的新闻业：算法透明性与公共价值

——对话荷兰乌德勒支大学杰出教授何塞·范·迪克

何塞·范·迪克　张志安　陶禹舟

互联网平台在中外传播和社会语境中的全面兴起，催生出平台文化、平台社会、平台资本主义等诸多学术概念。伴随超级互联网平台的基础设施化趋势，以专业媒体为核心的传统新闻业正加速进入与平台共存乃至日益依赖平台的数字新闻业时代。受互联网平台的冲击，数字新闻业正面临一系列重大变革：互联网平台汇聚海量用户规模、满足用户刚需，成为社会连接的数字枢纽，专业媒体却发生用户流失、广告下滑、渠道日益边缘化等现象；互联网平台的平台运作逻辑直接制约专业媒体依托平台开设的账号运营和内容生产，促使专业媒体的影响力评估更加注重商业导向和流量变现；互联网平台的技术创新和算法推荐，深刻改造了传统的新闻把关机制和编辑部文化，重新塑造了传播权力结构和传媒文化……平台社会中新闻业的变革与研究值得关注。

作为互联网平台、平台文化研究的代表性学者，荷兰乌德勒支大学何塞·范·迪克（José van Dijck）教授的合著《平台社会：互联世界中的公共价值》（*The Platform Society : Public Values in a Connective World*）①自2018年出版后引起学界关注，成为传播学领域研究互联网平台的重要文献。范·迪克教授曾任荷兰皇家艺术和科学院主席，研究领域包括数字文化、社交媒体、媒体技术等，代表性作品除《平台社会：互联世界中的公共价值》之

---

① Van Dijck J, Poell T, De Waal M. The Platform Society: Public Values in a Connective World[M]. New York:Oxford University Press,2018.

何塞·范·迪克教授

外，还有《数字时代的中介记忆》（*Mediated Memories in the Digital Age*）（2007）、《连接：社交媒体批评史》（*The Culture of Connectivity: A Critical History of Social Media*）（2013）等。最近，我们围绕"平台社会中的新闻业"这一主题对范·迪克教授进行了访谈。

一、新闻业的平台化：传播权力的重构

问：您在《平台社会：互联世界中的公共价值》一书中指出，平台的数据化（datafication）、商品化（commodification）和自动选择（automated selection）机制，改变了新闻生产流程以及新闻业在社会与民主中的作用。考虑到绝大多数互联网平台都是由数据驱动的（data-driven），数据化机制在这个过程中是否发挥了最重要的作用？

答：我们不能说哪一个机制最重要，它们实际上是相互关联的。我和Thomas Poell、Martijn de Waal一起写了《平台社会：互联世界中的公共价值》这本书，在书里，我们认为平台具有数据化、商品化和自动选择这三种机制，它们错综复杂地交织在一起——没有数据化就没有自动选择，没有商品化也就没有数据化。比如，商品化的出现，是因为数据化和自动选择通过

数据流与用户相连。

不过，从分析的角度识别出这些机制并将它们区分开也非常重要。所以，我们在书里分析了这三种不同的机制，以了解平台生态系统在实践中是如何运转的。例如，新闻行业（news sector），整个新闻行业是作为一个平台生态系统来运转的，Google、Apple、Facebook、Amazon、Microsoft等五大科技公司在这个平台生态系统中控制在线新闻分发。新闻机构围绕平台用户的数据进行新闻生产和分发，终端用户、广告商和出版商通过平台连接形成多边市场（multisided markets），平台规则和算法同样在新闻选择中占据重要地位。通过控制新闻选择、数据化和商品化的机制，平台现在已经实现了对个性化新闻的控制。这实际上就是Facebook等公司的增值机制，它们并非单纯地分发新闻，而是通过添加广告和新闻片段等方式向不同个体分发新闻。

因此，重要的不只是数据化，更是这些不同机制错综复杂的交织如何改变了新闻业，这正是我们尝试分析的。

问：目前，绝大部分媒体都采取了将内容交予平台并依靠平台来连接用户和广告的运作模式。您认为这种模式在未来是否可持续？

答：这种模式大概在14年前开始被新闻媒体采用。从2008年起，新闻媒体非常希望借助社交媒体平台的传播力量。比如，Facebook完全开启了世界范围内的新闻分发，这是很强大的力量。但这也的确是一个极度不可持续的模式，因为新闻机构从中赚不到任何钱。以前，新闻机构通过连接广告和新闻来赚钱，它们不仅生产内容将其卖给读者，也在报纸或电视上发布广告以抵达受众。但现在，新闻媒体生产的内容变成了由互联网平台来分发。目前，Facebook和Google已经控制了美国50%以上的新闻分发，我不确定欧洲的整体情况如何，在荷兰这个比例是30%至35%。这种模式是不可持续的，因为它抢走了新闻媒体的收入，改变了新闻出版商原有的商业模式，并把它移交到大的把关平台手中，而这些平台本身并不生产任何内容。

最近，很多新闻出版商已经开始觉得不能再继续这样了。澳大利亚是第

一个在全国范围内停止向平台免费分发新闻内容的国家，新闻出版商联合起来跟Google、Facebook谈判商业模式。因为个别出版商的力量太小了，即使是纽约时报这样的大媒体，也没办法和Google、Facebook之类的巨头抗衡，它们联合起来才能够协商出一个更好的价格。包括由国家出面采用立法手段，作为一种强制力量去执行。我们现在可以看到，Google、Facebook开始被迫为来自澳大利亚新闻出版商的内容付费了。欧洲也一样，新闻出版商开始联合起来跟平台进行谈判，各国政府也正在承担起责任，将其上升到立法层面。

问：您怎么看国家角色的这种强力干预？这是不是新闻业应对平台化的必要保障或选择？

答：是的。我认为国家对新闻市场进行干预是好事。因为，如果你不创造一个公平的竞争环境，市场就是不平等的，在这个不平等的市场中，那些不生产新闻的平台具有很大的权力，从而导致新闻生产和分发领域变得极度不平衡。在这个意义上，我认为国家可以发挥非常重要的作用，以调节市场的公平性，调节新闻生产和分发。当然，我不赞成国家在各个层面都进行干预，国家不应该干预独立的新闻业和中立组织。但是，在为新闻媒体创造一个公平的竞争环境、一个公平的市场，去对抗大型的分发平台方面，国家绝对可以发挥很大的作用。

问：目前，一些新闻机构也开始自发采取行动，以减少对平台的依赖。例如，一些报纸，包括《纽约时报》《卫报》，开始建议它们的记者减少使用社交媒体上的信息。您怎么看从"鼓励员工使用社交媒体"到"建议记者减少对平台的依赖"这种变化？

答：这个问题很符合我刚刚阐述的模式。在国家出面创造更公平的竞争环境的同时，新闻媒体本身特别是像纽约时报这样的大媒体，开始建议它们的记者减少依赖社交媒体，因为它们看到，记者正在失去创造力和生产力，反而不断在给社交媒体市场"添砖加瓦"。因此，我完全理解为什么它们现在不鼓励记者用社交媒体，把一切都放在Facebook上。

这跟十年前的情况有很大不同。当时Facebook还是新兴事物，纽约时报办公室里有一个大屏幕，每位记者在社交媒体上收到的点赞、分享以及转发，都可以作为一个计分板，在新闻编辑室里展示，这是你高人气的一个标志。当时，作为一个记者，是趋向于到社交媒体上去尽可能广泛分享和传播内容的。

但现在，纽约时报看到了依赖社交媒体的不良后果，想让记者和受众回到它们自己的平台。一方面是因为在当下的新闻环境里，新闻媒体的信息与假新闻、伪信息交织在一起，它们很难控制其进入社交网络后的传播范围、路径和效果；另一方面则与新闻媒体的收入有关，如果促使新闻记者回到媒体自己的平台，新闻媒体不仅可以控制内容，还可以控制收入。这就是为什么我们现在所目睹的是一个必然趋势，即记者被劝阻少用社交媒体，并被鼓励回到媒体自己的平台。

二、算法透明性：猫鼠游戏的博弈

问：随着新闻业与互联网平台之间的关系越来越紧密，不仅仅是新闻生产领域被平台高度介入，新闻选择的权力也从编辑转移给了算法推荐。您怎么看平台替代媒体机构成为"超级把关人"（super gatekeeper）的现象？在您看来，算法对新闻业的影响是弊大于利，还是利大于弊？

答：像Facebook和Google News这样的平台，目前已经或多或少地控制了新闻流，成为超级把关人，因为它们在全球范围发展，在世界各地运行。平台的运作基于这一前提：用户生成的内容、广告以及专业机构的新闻生产并置，这就是我们所说的多面性平台（multisided platforms）。有意思的是，平台虽然成了超级把关人，但它们既不对用户发布的内容负责

（responsibility），也不承担内容审核和分发的义务（liability）。它们几乎可以做任何事情，但无须落实负责任的行为。

如大家所知，新闻媒体发布新闻时，有义务对其内容负责并承担责任。平台组织则不是，它们只是连接器（connectors），将用户连接到广告商，连接到新闻发布者，而不用承担任何责任。它们之所以能够这样，是因为美国法律中的一项规定——美国的《通信规范法》（*Communications Decency Act*）第230条规定，平台无须为其用户的言论和行为负责，无论用户在该平台上做什么。

但是，新闻出版商不一样，他们必须为所发布的内容负责。此外，承担责任和义务成本巨大，需要建立庞大的编辑队伍，这也是新闻媒体需要向用户或广告商收费的原因。平台只是在最近几年才认识到，不能继续任由信息在平台上传播而不承担任何责任，为此也采取了一些措施。比如，自Facebook–Cambridge Analytica数据丑闻[①]以来，Facebook已经聘请了约3万名版主和编辑来进行内容审核。不过，总的来说，平台大部分的编辑和审核工作还是通过算法自动完成的。

至于算法对新闻业是弊大于利，还是利大于弊，这是个很难回答的问题，因为算法本身并没有好坏之分。我们经常认为算法是中性的，但事实上它们也不是中性的。算法的好与坏，取决于在某种语境下实现算法的方式，也取决于数据，你必须向算法喂食数据以训练它，如果你的数据是有偏见的、歧视性的，那么很有可能该算法也会有同样的缺陷。因此，根据算法被训练和被实施的语境，算法可以做得很好或很坏，这就是我们需要跟踪和追查的过程，这也是平台需要向公众公开的过程。算法不是一个东西，算法是一个实施的过程，通过机构和机制来实施。因此，这就是为什么我从来不把算法或数据作为事物（things）来谈论，而是始终作为过程（process）来探讨，我们需要分析算法实施的过程。

---

① 自 2013 年起，英国咨询公司 Cambridge Analytica 在未经用户同意的情况下收集了数百万 Facebook 用户的个人数据，主要用于政治广告。2019 年，Facebook 因侵犯用户隐私权被美国联邦贸易委员会罚款 50 亿美元。

问：那您觉得算法的透明化，如何能在实质上得以实现？

答：从我个人来说，我真的很希望看到算法的透明化被强制要求，被强加给平台企业这些超级把关人去实施。但这是一把双刃剑。

一方面，它有助于增加用户对平台的信任。新闻是一种公共产品，用户想知道自己被喂食的是哪种新闻，想知道算法怎么区分真正的新闻和假新闻、伪信息，想知道我们是如何被精准推送广告和个性化新闻的。增加这些方面的透明度，有助于获得用户对平台的信任。

但另一方面，平台的算法也是商业机密，Facebook不完全公开它，从商业角度来看，也是可以理解的。而且，如果所有的算法都透明化，那些想滥用算法的人，也能就此获益。此外，算法的透明化说起来容易，但实际上算法处于不断变化中，它们不断适应用户的行为，无论你做什么，都会转化为新算法的一部分。因此，从实质上来说，算法的透明化很难一下子实现，它其实是一个不断进行的猫和老鼠的游戏。关键在于，要确保人们信任平台使用算法的方式，即使你做得并不是那么的公开。

我还要补充一点的是，虽然五大科技公司是算法的拥有者，可以控制算法，但并不是只有它们。如果你认为只要强迫Google、Apple、Facebook、Amazon、Microsoft向公众公开它们的算法，我们就会知道发生了什么，这是一种错觉。平台的数据也会被分发和出售给大型数据经纪公司，比如Acxiom、Salesforce、Cloudera、Databricks等。这些数据公司拥有关于每个用户的大量数据点（data points），例如，你的数据可能在一个由Acxiom控制的数据库中，数据库里有多达1500个关于你的数据点。数据点可以是任何东西，你的年龄、你在哪个地方买过冰淇淋等。你的数据就像巨大的数据点集合，是可以实际运作的关于你的个性化档案。因此，这是一个巨大的知识游戏，比如，谁拥有谁的信息，谁可以引导或推动用户去往某个方向。不仅仅是五大平台在参与，其他公司也有参与，单单要求几个平台企业巨头开放算法，很难在实质上实现算法透明化。

问：对于新闻选择的机制来说，除了算法自动选择之外，编辑人工推荐是否仍然很重要？

答：是的。在当下的新闻分发、策展过程中，算法的自动选择确实占据了很重要的地位。事实上，新闻机构在某种程度上依赖于新闻是如何被Twitter选择的、被Facebook选择的，依赖于新闻是如何出现在News Feed上的。但新闻从业者有自己的专业判断，这种判断依旧以专业行为准则为基础。

例如，如果记者在Twitter上听到一个谣言，看到有人发布一些消息，他们必须对这些消息进行核查并通过第二信源来验证它。编辑也不能只是简单地跟从Twitter上的消息、相信平台的算法，你必须在你的专业范围内进行核查和平衡，以使其成为可靠的新闻。所以，新闻的可靠性和可信度仍然是专业新闻行为准则中最重要的锚点之一。

三、新闻业的公共价值与平台治理

问：您在《平台社会：互联世界中的公共价值》以及后续相关论文中，关于如何构建一个负责任的平台社会，曾提到我们需要树立一些公共价值，比如隐私安全、透明性、准确性、责任感等。[①]对于平台社会中的新闻业来说，您认为哪些价值最重要？

答：这是个很重要的问题。在平台社会中，有几个关键的公共价值对我们所有人都很重要，比如隐私和安全。但对于新闻行业，我认为准确性和可靠性是最关键的公共价值。关于准确性，很简单，因为我们不想看到假新闻，不希望有错误的信息。至于可靠性，以我刚刚举的例子来解释：如果你

---

① Van Dijck J.Governing Digital Societies: Private Platforms, Public Values[J]. Computer Law & Security Review,2019,36.

作为一个新闻消费者在Twitter上注意到一个谣言，但你对谣言本身并不感兴趣，你希望知道事实是什么，希望知道背后的真相。但事实和真相的获取需要新闻从业者进行核查和复查，需要可靠性。准确性和可靠性是新闻业职业惯例的一部分，我认为它们非常重要，如果新闻业的自动化机制不以可靠性和准确性为基础，新闻便毫无价值。我们需要有这些公共价值，巩固、立足于公众，立足于新闻机构的价值。

另外，透明性也是重要的公共价值之一。举例来说，用户需要知道新闻是如何产生和处理的。虽然有时记者碍于一些因素，比如，涉及当事人隐私或处于刑事调查中时，不能透露其消息来源，但新闻机构需要依靠明确的机制和程序，向新闻消费者保证，他们是如何得到这个新闻的，以及这个过程是可靠的。

问：您认为，在平台社会中，新闻业所应树立的这些价值是否与过去传统媒体所提倡的价值有所不同？

答：它们非常相似。过去的新闻机构非常自豪于自己所崇尚的价值："我们发布准确、可靠的新闻，我们对读者是透明的，而且我们是独立的，我们不接受来自国家或商业公司的任何指令，我们在广告和新闻之间做了明确区分……"所以，广告部门和新闻部门之间的划分对于新闻业这个行业来说非常重要。

我认为，平台社会中的新闻机构仍然认同这些原则和公共价值。问题是，由于它们将发行和广告方面的权力很大程度上交给了平台公司，目前收回部分控制权还存在难度，这是我们现在看到的差别。

问：为使这些价值在新闻行业更好地实现，您认为平台社会中的不同类型行动者能做出什么贡献？

答：不同类型的行动者都应对负责任的新闻行业的实现以及公共价值观

的树立做出贡献。新闻行业的重要公共价值，不能仅仅是新闻编辑和记者所关注的问题，它们必须由整个社会来承载。这不仅是新闻机构的责任，也是一个民主社会的责任，在这个民主社会中，有三种类型的行动者处于平衡状态：国家、市场和公民社会。

市场行动者，包括全球科技公司、其他公司、小企业主以及消费者，需要将长期的公共价值创造放在短期的经济收益之前。比如，大的科技公司，应该将其数据化、商品化以及自动选择的机制向公众开放。政府可以在地方、国家以及超国家的层面强化对平台的监管，并通过向平台申明其公共价值需求来插手平台的管理。公民社会的行动者不仅包括公民，还包括NGO、公共机构等，我们可以壮大集体力量去支持一些公众关切的问题，比如隐私权、获取自己的数据以及获取公正准确信息的权利。如果我们只是遵从Facebook和Google为用户所强制执行的一切，那么它永远不会成为一个负责任的平台社会。

作为用户，我们有责任去维护这些公共价值，以表明我不是那种被动的消费者，而是我所代表的价值的积极保护者。因此，我总是说，新闻消费者应该被当作公民对待。如果这二类行动者能够在平台社会中承载起这些公共价值，承担起高度尊崇这些价值的社会责任，新闻机构就可以更好地履行其作为一个行业行动者的责任。

问：您刚刚提到政府可以强化对平台的监管，Terry Flew在其最近出版的《平台监管》（*Regulating Platforms*）一书中指出，2020年之后，我们进入了互联网发展的第三个阶段，即被监管的互联网。一方面，这反映了公众对多边治理和平台自律的失望；另一方面也反映了民族国家监管全球数字平台的优势。[①]您如何看待平台治理中的"国家回归"（state return）现象？

答：你提到的那种监管干预，它其实应该是最后的手段。但我们也确实

---

① Flew T.Regulating Platforms[M].New York:John Wiley & Sons,2021.

看到，很多国家都开始采用这类手段，比如，在澳大利亚，我刚刚提到，国家正在代表新闻机构进行干预，因为个别新闻机构没有能力去对抗那些拥有如此庞大分发权的全球科技公司，澳大利亚所用的正是最后的手段。

这种干预不是简单地保护整个新闻行业，而是通过制定和执行所有参与者需要遵守的规则，去创造一个公平的竞争环境：如果Facebook、Google想在澳大利亚的新闻市场运作，必须向我们的市场参与者提供的新闻内容支付公平费用。因此，澳大利亚政府所做的不是干预新闻生产、新闻制作本身，而是干预我们称为新闻分发的公平竞争环境。

这样的情况也发生在现在的欧洲市场。例如，《数字服务法》（*Digital Services Act*），这一法案刚刚被欧洲议会所接受，并将于2023年开始实施。该法案是为了保护欧洲的公共价值不再受美国平台的侵蚀，这些平台不仅想在新闻市场发挥主导作用，还想攻占欧洲的一些其他行业。欧洲对保护自己在欧洲市场上的公共价值非常明确，这有两个原因。第一，欧洲想保护新闻市场免受伪信息和假新闻的影响，过去几年的丑闻已经证明这是一个亟待解决的问题。第二，欧洲想创造一个公平的竞争环境，因为欧洲没有自己的平台生态系统，它非常依赖于美国的生态系统。既然无法掌控生态系统中的基本公共价值，我们就必须通过法律来做到这一点。换句话说，如果你在欧洲平台市场上运作，那么你必须遵守欧洲市场的规则，这些规则是以公共价值为基础的。

四、当下与未来：垄断性服务和算法社会

问：在过去的两年多里，因为新冠肺炎疫情的全球大流行，几乎所有行业都更加依赖于平台，不仅体现在居家工作的形式上，而且体现在行业运营的模式上。您有没有注意到新闻业的平台化，最近有什么新的趋势？

答：是的，我认为新冠肺炎疫情大流行加速了平台化的趋势，特别是在GAFAM（Google-Alphabet、Apple、Facebook、Amazon、Microsoft）生态系

统的主导地位方面。我们越来越依赖Google、Amazon、Facebook、Apple、Microsoft环境的基础设施，例如视频通话、云服务、语音识别、硬件等。当然，我们也越来越依赖平台的数据流，它们是输入，是人工智能的营养。

现在，我真正担心的是这些综合服务形成的垄断，这是一个相当新的趋势。例如，我的大学在基础设施方面越来越依赖Microsoft，Microsoft Cloud、Microsoft Teams，Microsoft的任何东西，我们基本上被迫使用Microsoft的一切，Microsoft已经成为我们首选的第一环境。同样的事情也发生在新闻界和公司里，组织在基础设施方面越来越依赖这些垄断性平台。这将会对我们的未来产生另一个巨大的威胁，即我们无法再在这些系统之外工作。这种威胁在过去发生过，当我们开始依赖像Facebook这样的平台来分发新闻的时候。如今，这种情况可能会再次发生，即变得依赖Microsoft、Amazon等网络服务在云中的存储和分析。这是一种新的依赖，我认为现在有可能会成为常态。

问：听说您现在正在参与"算法社会中的公共价值"（Public Values in the Algorithmic Society，AlgoSoc）项目，这个项目的重点是什么？"算法社会"这个词和平台社会有什么区别和联系吗？

答：它们之间有高度的连续性。正如我刚才解释的，算法、数据、平台不能被看作单一的实体或事物，它们是一个连续过程，在平台生态系统中将我们作为用户封装的连续过程。AlgoSoc基本上会把重点放在树（tree）[1]的行业部分，新闻、媒体、健康、司法等。通过比较这些行业的过程和机制，我们希望了解数据化、算法化、平台化的基本模式。[2]

我们在这个项目中选择算法社会的算法作为我们的重点领域，但这并不意味着我们不关注平台或数据，这一切都交织在一起，就像我在第一个问题

---

① Van Dijck 关于平台化树（platformization tree，2021）的比喻，该树由三个相互关联的层组成：根部是数字基础设施，树干由中介平台构成，树枝部分是行业应用程序，代表了不同的正在平台化的社会行业，包括服务于市场和个人消费者的私营行业，服务于公民、捍卫公众利益的公共行业，比如新闻媒体、城市交通、卫生、教育等。

② Van Dijck, J.Seeing the Forest for the Trees: Visualizing Platformization and Its Governance[J].New Media & Society,2020,23(09):2801-2819.

中回答的一样。算法社会（Algorithmic Society）指出，我们现在越来越依赖于一个社会，这个社会由数据、算法、平台以及在线基础设施连接在一起。和平台社会一样，算法社会可以看作一个生态系统，算法和数据流是这个生态系统的氧气和水。在这里，我们必须从一个过程的角度、从可持续性的角度，来考虑我们怎样才能保持这个生态系统的可持续性和健康发展。[①]

问：算法社会和平台社会的公共价值观是否有什么不同？算法社会是不是您下一本书的主题？

答：算法社会和平台社会的公共价值观没有什么不同。它更像是我之前所做研究的延伸，我们为《平台社会：互联世界中的公共价值》那本书选择的公共价值集中点仍然是算法社会项目的中心。

关于算法社会的研究，是一个有趣的问题。这个项目非常大，它会持续十年，也许将来我们会有一本书的主题是"算法社会"，但它应该会非常接近《平台社会：互联世界中的公共价值》这本书。接下来，我应该会比较关注新闻业，我也在研究教育行业，这是我个人的兴趣。

（何塞·范·迪克，荷兰乌德勒支大学杰出教授，曾任荷兰皇家艺术和科学院主席；张志安，复旦大学新闻学院教授、博士生导师，中山大学互联网与治理研究中心原主任；陶禹舟，复旦大学新闻学院博士、荷兰阿姆斯特丹大学传播研究中心访问学者。）

[①] Van Dijck, J, de Winkel T, Schäfer MT. Deplatformization and the Governance of the Platform Ecosystem[J]. New Media & Society,2021.

年度专题：网络传播与数字新闻创新

2021年中国网络传播年度创新报告

张志安　武汇岳　刘　洋　谭晓倩　唐嘉仪等

引言

根据第48次《中国互联网络发展状况统计报告》，截至2021年6月，我国网民规模达10.11亿人，较2020年12月增长2175万人，互联网普及率达71.6%。在我国，10亿用户接入互联网，形成了全球最为庞大、生机勃勃的数字社会。目前，我国已拥有全球最大的信息通信网络，数字新基建基础不断夯实。伴随着网民规模的发展与壮大，网络成为传统媒体融合转型进一步发挥舆论引导作用的主阵地，也逐渐成为民意表达和热点讨论的重要场域。开放多元、即时分享的网络平台推动专业媒体、机构媒体、自媒体以及网民等网络传播主体的互动交流，形塑了网络传播的整体生态。

本报告由中山大学互联网与治理研究中心完成，以相关案例、事件和数据为基础，整体梳理了2021年中国网络传播年度创新的特点。本报告从内容创新、组织变革、技术采纳、生态迭代等维度总体跟踪、观察和洞悉过去一年中国网络传播的"创新"发展，试图用"内容、技术、舆论"三个关键词揭示网络传播的变化逻辑和结构性趋势。

本报告分析认为，2021年中国网络传播年度创新呈现出如下的总体特征：网络传播进一步服务于主流，主流媒体持续增强舆论影响力；技术应用助力于内容的意义传达，短视频、5G、H5、区块链等技术推动传媒发展；互联网平台成为网络传播的基础设施，发挥信息传播的中介和枢纽作用；社交媒体全面布局视频领域，视频成为内容争夺的核心场域；主流媒体成为对外传播主力军；网络国际传播成为国家外宣布局的下一个发力点。

一、内容创新

（一）关注重大事件和社会议题

2021年是"十四五"规划的开局之年，是中国共产党成立100周年，同时也是媒体融合转型的关键时期。在媒体融合发展进程中，主流媒体围绕重大事件进行了一系列的主题融合报道，充分发挥了议程设置的作用，强化了主流价值观和意识形态引导，展现了主流媒体的影响力和引导力。

习近平新时代中国特色社会主义思想、"十四五"规划、两会、建党100周年等是2021年主流媒体宣传报道的重要主题。围绕这些主题，主流媒体群策群力，通过一系列原创报道，以音频、图文、短视频等形式，在新闻网站、新媒体客户端以及微博、抖音、快手等社交平台上发布并广泛传播，同时中央联动地方，建立起全媒体传播体系。

央广网开发了习近平治国理政声音库暨习近平新时代中国特色社会主义思想声音平台，通过《新声新语》《学而时习》栏目推出习近平总书记的系列讲话和文章。其内容丰富，涵括了习近平总书记关于中国特色社会主义道路、中华民族精神理念、民生问题、科技创新、绿色发展、网络空间治理、青少年爱国教育、人类命运共同体等的认识，再配合专家解读，深入浅出，加深了读者的理解和认同。在庆祝中国共产党成立100周年时，主流媒体发布了一系列主题原创报道，并融合了多种报道形式，借助全媒体传播渠道，同时发起了一系列庆祝建党100周年的活动。新华社用漫画的形式推出报道《这一个动作，告诉你中国共产党为什么行！》，创新了报道形式，以生动形象、可读性强的漫画讲述了红军长征路上剪下一半被子送给当地百姓的故事，充分展现了共产党人与人民风雨同舟、生死与共的精神，用一个故事一幅漫画传承红色基因，重温党的信仰和意志。此报道被国内主流媒体和商业媒体积极转载，传播覆盖网站、电子报纸、"两微一端"等全媒体渠道，达到了深入人心的传播效果。在全国两会期间，《人民日报》共推出106个版面、531篇报道、203张图片，《人民日报海外版》推出81个版面、263篇报道、186张图片，人民日报全媒体方阵共推出两会报道近2万篇，全网总传播量超180亿次。

在新冠肺炎疫情向全球扩散的复杂局势中，国内疫情防控形势不断出现新变化，共同抗击新冠肺炎疫情仍然是2021年中国人民乃至世界人民关注的重要社会议题。面对复杂严峻的疫情形势，及时、准确的新闻发布和报道是2021年中央及地方主流媒体报道的重要内容。此外，中央及地方主流媒体以及其他市场媒体秉持着社会治理和舆论引导的价值作用，关注国内外重大事件、聚焦社会热点、及时全面报道突发事件、宣传报道主流人物等，第一时间呈现全面真实的报道，同时强调对社会热点议题讨论的正向引导。例如：对神舟十二号升天、东京奥运会等国内外重大事件的全面报道，对河南水灾、沈阳爆炸事故等突发事件的及时报道，对明星代孕、新疆棉事件等社会热议话题的正向引导，对袁隆平、张桂梅、戍边英雄战士等主流人物事迹的宣传报道等，都充分反映了媒体对社会事件的关注，体现了媒体在提供新闻信息、进行舆论引导、服务社会治理等方面的社会功能的实现。

（二）突出可视化、互动性和情感传播

在全国两会新闻报道中，中央及地方主流媒体重点发力可视化，以图片、短视频等系列报道形式呈现两会的整体图景，将严肃的政治事件和会议精神通过简洁易懂的形式表达出来，提升了信息传达的效果。例如：人民日报以"图说""玩转"形式进行报道，作品《小红线，向上攀》用动态图表展现中国55年来的巨大成就，该作品在人民日报微信公众号累计获得超10万次阅读。央视财经推出"我在两会'拆红包'"系列作品，将议题"塞"进多个"红包"里，并给予趣味名称如"未来包""乐业包"。用户根据兴趣点击相关"红包"便可了解"十四五"规划在某一领域的具体内容。新华社推出《寻宝人代会》H5小游戏，将两会知识设为宝藏，邀请用户挖掘。H5产品将两会新闻与游戏互动融合，在激发用户的好奇心、满足用户娱乐需求的同时传达两会重要信息，从而实现"一箭双雕"。这些交互式作品，提升了读者的参与度，寓教于乐，通过游戏的形式丰富了人们对两会以及

"十四五"规划内容的了解，并在互动中深化了记忆，潜移默化地增强了人们的认同感。

传统广电机构通过社交媒体官方账号，利用自身在视频传播上的原生技术，通过对网络热点的把握和对互联网平台传播形式的分析呈现一些精彩的网络传播作品，在移动化、平台化、视频化的网络传播新形势下发挥自身优势，在传播主流价值观上起到了良好示范作用。例如，北京广电微博账号@北京广播电视台节选电视剧《觉醒年代》热门片段制作动图表情包和人物条漫，精选网友弹幕制作漫画海报进行网络传播；同时充分挖掘该剧价值，推出纪录片《播"火"·马克思主义在中国的早期传播》，将剧集片段作为引子解析历史事件，实现从新媒体端向传统大屏导流，引发观众的热烈反响。

以纸媒为代表的传统新闻媒体在报道形式中强调内容的客观性，然而随着图片、视频、音频等丰富的内容传播形式的发展，情感性被更好地利用和传达出来，使读者对内容产生更加深刻的触动。主流媒体通过长期的技术调适，正逐渐适应超短视频平台的移动化、碎片化、社交化的传播特征，以主题人物、政论观点、热点事件和温情故事等为主要题材，并呈现碎片化的视觉表达和情感化的传播模式的形态。

例如，中央广播电视总台《新闻联播》衍生短视频时评节目IP——《主播说联播》主打央视主持人以强网感语言快评热点新闻，新媒体端反响良好。如主播海霞关于"日本核废水排放"的评论作品说出了民众的心里话，抖音获赞320万次，快手播放量近1700万次、获赞140万次。

（三）平台化智能化推动场景创新

传统媒体纷纷通过拓宽传播渠道，将新闻产品进行多渠道的分发以获得流量和关注度，实现新闻产品的传播价值。其中，自建平台如建立新闻客户端、新闻网站等，以及通过入驻互联网头部平台如微博、微信公众号、微信视频号、抖音、今日头条等方式，成为传统媒体拓宽传播渠道的主要方式。通过自建平台与入驻头部平台，传统媒体打通了传播渠道，建立起跨平台的传播矩阵。而互联网平台则在此过程中，成为信息传播的中介和枢纽。

以央媒中央广播电视总台为例，其自建的新闻客户端及应用程序包括央视新闻、央视频、中俄头条等，而其所注册的官方微博及官方微信等公众账号则多达15个，在微博注册的账号包括@央视新闻、@中国之声、@央视频、@大湾区之声等，不同账号及平台间发生联动，以转载、评论等互动形式增添了内容的曝光度。在两会期间，中央广播电视总台累计投入超过1000个新媒体账号/自有渠道，发布近2万篇次报道内容，获得超1亿人次互动。

传统媒体通过自建平台或入驻互联网平台的方式，接入移动客户端，并逐渐适应移动化传播中碎片化、视觉化的传播特征。然而在传统媒体向移动端布局的过程中，如何有效联动大小屏资源成为传统媒体尤其是广电机构融合转型的新问题和新机遇。

以中央广播电视总台为例，总台充分利用大小屏及IP资源，打造了多档高热度融媒体IP节目，如《白·问》第三期白岩松专访梁振英直播累计观看近800万人次。《白·问》所采取的"大小屏联动"模式不只是简单的播出平台同步，而是做到了镜头内外的深度互动和实时联动。《白·问》栏目在央视频、微博、微信公众号等多平台同步更新，同时将掌握在用户手上的移动客户端的小屏内容作为问题，反向启发受限于大屏内的访谈和思考，以"小屏哺大屏"，让电视大屏也能不断扩充有效的信息，从而打破平台间传播的局限，让话题能在多个平台中不断发酵。

（四）塑造国际传播新亮点

2021年5月31日下午，中共中央政治局就加强我国国际传播能力建设进行第三十次集体学习。中共中央总书记习近平在主持学习时强调，讲好中国故事，传播好中国声音，展示真实、立体、全面的中国，是加强我国国际传播能力建设的重要任务。

在加强国际传播能力建设中，主流媒体通过开拓海外社交平台账号，以更契合互联网传播特征的视觉化、故事化等传播形式和内容，成为对外传播的主力军。基于网络的国际传播成为国家外宣的重要发力点。

在2021年上半年，云南野象迁徙事件意外"出圈"，大象萌态获国际网友喜爱。中央广播电视总台及时跟进并将迁徙象群命名为"大象旅行团"，在YouTube平台发布作品《云南15头亚洲象的奇妙之旅》，以拟人化"采访"形式回顾事件始末与发展细节，在打造大象旅行团IP的同时，向世界展现了中国政府关于人与动物和谐相处的治理方针，该作品平台累计播放量近1万次。

此外，以央企为代表的企业逐步走向国际，结合自身业务，同时充分展现中国特色，发挥了其在国际传播中的价值和作用。在2021年发布的《2020年央企国际传播影响力》报告中，中国东方航空进入央企国际传播影响力Top10。

主流媒体在国际传播中还注重挖掘和借力民间网红，尤其是通过外国人的视角讲述中国故事，发挥了多元主体在国际传播中的价值和作用，并在海内外多个平台发布和上线相关系列报道，成为国际传播中的新方式新策略。例如，中国国际电视台CGTN将民间网红这一新兴角色的广泛影响力用于跨文化传播之中，如邀请众多外国青年网红拍摄真人秀《党员初体验——外国网红体验基层党员的一天》，实现"破次元壁"的跨文化交流，该节目全球累计观看量超500万次。

二、组织变革

（一）生产流程改革与突破

建设新型主流媒体已成为当下我国主流媒体的重大趋势，以人民日报、新华社和中央广播电视总台为代表的传统主流媒体在数据技术、内容、经营、传播等多个层面进行了调整升级，并取得了一定的建设成果。拥抱数字化、探索和应用新技术成为主流媒体在内容生产流程上重要的转型方向。主流媒体不断深入探索智能技术在内容生产中的应用，全面升级媒体生产流程，深化智能布局，尤其是在人工智能和融合媒体技术的帮助下重塑新闻生产流程，提高新闻生产的智能化和科技化。

在推进新闻内容生产的技术创新方面，中央广播电视总台的探索路径值得借鉴。为了更好地推动内容生产创新，中央广播电视总台引入了AI及融合媒体技术，自主研发了综合演播室节目信息互动管理系统（Studio+）及综合节目云生产平台。2021年3月，依托中央广播电视总台超高清视音频制播呈现国家重点实验室，由中央广播电视总台牵头的"基于广播网与5G移动网融合的超高清全媒体内容协同分发关键技术研究"项目启动，探索利用5G技术创新全媒体传播模式，为中央广播电视总台的技术转向提供强大科技支撑。在内容生产方面，总台已建成国内内容最全、规模最大的领袖素材数据库，利用NLP技术，对海量素材进行统一归档管理；利用视频智能分析技术将视频标签化；利用知识图谱技术定制化专属知识图谱等，全面帮助编辑团队快速生产内容。央视网还推出了"智媒数据链"系列产品，帮助解决选题策划时追热点、抢时效、找素材、看舆情等难点，同时实现了用户洞察和分析，帮助编辑生产满足受众喜好、需求的内容产品。

此外，对以算法为核心的技术在新闻采编与内容生产中的反思开始成为主流，如何在智能采编和算法新闻的趋势下体现具有温度的人文价值观，推动优质资讯信息生态的完善和升级，成为新的时代命题。过去，算法这类代表着平台"核心科技"的技术，通常被认为是"没有价值观"的，在智能分发平台演进的过程中，精准投喂带来的用户眼界受限乃至"信息茧房"等问题，促使新闻机构和传播平台不得不重新思考技术与内容之间的关系。

新浪新闻提出"让AI更有价值观"的理念，引发业内关注和热议。这一理念试图在工具理性和价值理性之间寻找平衡，同时也是找准人脑价值与智能效率的平衡。例如，在2021年2月发生的"货拉拉女乘客跳车案"中，相关博主的微博短时间内数据波动十分明显。很快，新浪新闻的鹰眼系统就发现了这个异动，并提醒专业编辑关注，进行事实核查。在"新浪新闻AI+人工编辑"的推动下，这条新闻最终成为引起全社会关注的热点事件，激发了人们对网约车安全的讨论和反思。

（二）组织结构再造与重构

习近平总书记强调，推进媒体深度融合，做强新型主流媒体。新型主流媒体的发展定位从"打造"深化为"做强"。各级主流媒体加快建设新型主流媒体的进度，全面建设全媒体传播体系。

2021年1月，新华社"两报两端"改版升级，未来将做强新型"网上通讯社"，致力于构建网上网下一体化协同发展体系。中央广播电视总台联合有关部委、科研院校、技术公司等深入开展5G技术在超高清视频领域的核心技术研究，推进5G媒体实验室、超高清制播呈现国家重点实验室、5G+4K/8K超高清制播示范平台、科技冬奥超高清8K数字转播技术等重大项目，成功实现我国首次8K超高清内容的5G远程传输。

广电类媒体积极尝试工作室制或项目部制模式，融媒体工作室、MCN工作室等彰显互联网思维的内部运行机制逐渐成为主流。据不完全统计，当前我国广电机构已成立超过30家的MCN机构，以及超300家融媒体工作室，工作室制或项目部制模式激活了传统媒体的生产力，更以内部创业的形式实现工作室与广电的双向盈利。

媒体的平台化转向成为热点，汇聚技术、内容、数据与分发等要素的具有多组织、多元素协作特征的平台建设已经成为媒体发展的重要路径和发展方向。通过技术加持与资源汇聚，强势媒体建立自主可控平台、其他媒体实行第三方技术平台合作的形式已经成为当下媒体平台化建设的主流趋势。

中央级媒体自建平台"央视频"的案例体现了多组织、多元化平台助力的优势。"央视频"是中央广播电视总台推出的一款综合性视听新媒体旗舰平台，也是中国首个国家级5G新媒体平台。"央视频"由央视频的移动终端App、央视频号的聚合以及社会创作者的账号平台组成，已经吸引了将近6000个国内外核心的创作体系，加上总台自己将近1300个创作者的账号，形成了一个初步的账号森林的生态。

地方媒体也在探索媒体协作和融合媒体发展的道路上不断尝试和创新。作为市级媒体，嘉兴市广播电视集团利用自身的内容优势、平台优势、人才优势和品牌优势，继而通过加大"下沉"力度，全面开展资源下沉、人员下沉、技术下沉，赋能和助力海宁市传媒中心打造更有影响力的区域性媒体，实现主流媒体优质内容和技术资源的共生共融共享。市县融媒体协作中心这一平台化运营新模式，必将打破以往各级媒体单打独斗的局面，构建起媒体融合传播的新态势。

（三）机制体制融合与创新

融媒体时代，融合传播与市场化齐头并进是当下我国媒体传播市场的整体趋势，只有不断探索市场化机制，推动新闻传播和组织管理机制的创新，才能适应当下激烈的互联网传播竞争市场。如何建立新的经营模式，发挥主流媒体的品牌影响力、社会影响力，同时，通过多元业务的培育和发展，强化自身造血功能，也是媒体在融媒体时代实现盈利的必由之路。当前，一些媒体开始着力推动一体化经营、积极拥抱数字化，在广告经营、版权运营、产业拓展等方面取得一定突破，整体提升了媒体组织经营能力。

例如，由河北省委、省政府推进媒体融合发展创立的长城新媒体集团近年来不断探索"新闻+政务服务商务"的新型传播生态，着力打造治国理政新平台。新华网也在加速向"新闻+政务服务商务"平台实现重大跨越的进程。1月，新华网网站正式改版上线，新华网此次改版聚焦平台再造，通过一系列创新突破，构建内容新生态、传播新范式和数字产业新格局。再造升级后的新华网突出"技术引领"，以"数据"为核心生产要素，为内容制作、聚合分发、用户运营等提供全流程支撑，实现生产模式"由外而内"的变革。新华网此次改版，坚持价值引领，以开放平台汇聚优质内容，着力构建"1+N"内容新生态："1"指全新的新华网首页，"N"指新华网同步推出的时政、国际、财经、视频、富媒体、科技、文化、健康、军事、智库、政务、商务等12大融媒体板块。新华网此次改版不仅是对自身的多维再造，更是对媒体融合的深入探索，释放的大量信息对行业未来发展具有很强的参考价值。

近年来，网络安全成为国家数字化战略的"底盘"，内容安全成为国家数字化战略的"方向盘"。多个管理部门陆续出台制度措施，强化对网络信息内容和传播生态环境的治理，对平台内容安全合规提出更高要求。

在网络传播的舆论场下，媒体需不断强化和提升对意识形态风险的防范能力、预警能力及应对能力。为贯彻落实中央政策精神，向社会输出主流媒体的内容风控能力和技术能力，主流媒体正不断努力加强内容把控能力，助力和促进互联网尤其是商业平台信息内容生态良性发展，营造清朗的网络空间。例如，人民网加速研发人机协作型"内容风控大脑"智能审核平台，开展全息化内容审核、全栈式风控，提高审核效率，增强内容安全性，有重点地部署拓展内容风控业务。

三、技术采纳

（一）短视频

官方媒体、广电机构、企业组织以及自媒体、个人用户等成为短视频的内容生产者。具体而言，官方媒体从"融合发展"到"深度融合"，全媒体传播体系加速推进新闻组织；广电机构短视频聚焦热门事件，平台玩法、品牌IP助力传播；企业投入短视频，营销玩法多样，打造企业"第二官网"；自媒体图文博主转战短视频，短视频成为持续走红新密码。

在短视频内容生产领域也呈现一些新动向：从娱乐到精益，工作学习、知识科普成为短视频新需求；平台加大对创作者的扶持力度，知识与泛知识类内容持续增长；企业组织KOL齐聚力，全民科普健康医疗；推动乡村振兴带动就业，少数民族传统手工艺"出圈"，短视频发力成为带头人；关注银发用户适老化、洞察Z世代需求成为短视频发展新方向。①

短视频未来的行业发展趋势主要体现在：注重版权保护；长视频、短视频和直播的边界逐渐模糊；从观看到参与，互动视频别出心裁成为视频新趋势。

（二）5G+

在5G高速率和高容量的支持下，人工智能技术的应用将更全面地渗透

---

① AgeClub. 拼多多老年专区隐蔽上线，快手/抖音电商潜力显现，如何抓住老年市场电商新机遇？[EB/OL].(2021-09-08). https://36kr.com/p/1389190853016321.

进视频行业的生产、分发、消费等环节中，降低内容产出成本，进一步赋能UGC和专业生产内容（Professional Generated Content，PGC）的创作能力。①同时，5G将支持4K/8K超高清视频拍摄和制作，无人机、GoPro、智能眼镜等设备将实现拍摄内容直连上传。

随着5G的成熟，移动互联网会成为信息获取、传播、交互和消费的主流入口，各种场景下都会有更便利的网络接入口，将各类信息内容推送至可穿戴设备、智能音箱、车载平台中。流媒体视频平台将会激增，为消费者提供更多选择。②同时，直播转播产业呈现出跨界发展、融合发展的新趋势。在"视听+体育"领域，随着广播电视和体育赛事的融合创新，出现了5G+4K/8K超高清、云赛场等新形态和新模式。

在创新驱动发展战略之下，5G、人工智能等新兴技术不断适用于网络视听从生产到播放的各个环节，例如，"5G+超高清+VR/AR"技术的布局将进一步增强受众"身临其境"之感；利用区块链去中心化、互信任、防篡改、可追溯的特点来实现多方参与、资源共享、数据可信、成本节约、安全监督。

（三）数据新闻

数据新闻的关键技术体现在数据挖掘、数据分析、数据可视化等方面，目前已被党媒以及市场化媒体广泛应用。党媒通过数据资源能够打造新型引导力，加强数据能力建设，不仅能使产出的内容更客观可信、生动直观，打造新时期舆论引导力，数据产品和数据服务还能够拓宽新媒体商业边界和商业模式，让党媒具备极大的可持续性商业前景和利润空间。③

数据新闻的应用范围越来越广，报道领域不断拓展，从以时政新闻、重大主题、重大会议为重点，不断延伸到经济、体育、文化等领域。④例如，

---

① 腾讯研究院.万字长文剖解：5G如何改变了视频行业？[EB/OL].(2021-09-24). https://36kr.com/p/1412399877592705.
② 腾讯研究院.万字长文剖解：5G如何改变了视频行业？[EB/OL].(2021-09-24). https://36kr.com/p/1412399877592705.
③ 北京青年报.武汉大学镝次元数据新闻研究中心主任王琼：用数据助推媒体融合进程[EB/OL].(2021-10-16). https://www.thecover.cn/news/8228248.
④ 贺俊浩.新华社数据新闻的实践与创新[EB/OL].(2019-02-15). http://media.people.com.cn/n1/2019/0215/c425504-30702360.html.

新京报"有理数"团队发布的《看完这篇数据新闻，我终于明白为啥大熊猫喜提"降级"了》，讲述了大熊猫降级的原因，运用了动态图表可视化、地图分布可视化，生动形象地让读者了解到大熊猫等濒危物种"喜提降级"的背后，是我国生物多样性保护工作的显著成果，也直观地提醒观众：人始终是"地球生命共同体"中的一部分，保护环境和生物多样性是一样永恒的事业，人人有责。①

但由于中国大数据分析类的数据缺乏、数据不透明、数据分析人才少，多种专业人才匮乏成为数据新闻发展的一个短板。据统计，每个机构内部具有多元学科背景的从业者有效实现了知识结构和技术能力的互补，为机构内部的资源共享和协同工作创造了条件，进而形成富有价值和效率的有机体，而将大量具有计算机科学、统计学等理工科背景的人员整合到数据新闻行业后，可能会对整个新闻传播行业的思维结构产生积极影响。

（四）H5

H5结合了全景技术、抠像技术、三维技术等多种技术，将文本、图片、视频、音频等多种表达形式融合起来，极大地增强了新闻的视听感染力。H5的新闻特性完全颠覆了传统模式，能让受众更加便捷地获取咨询，不论是从知识的获取途径上还是质量上都是很好的体现。H5具有很强的互动性，用户可以以多种形式和页面互动；通过H5，用户还可以和媒体互动，甚至与其他用户同屏互动。

H5作为网络传播、新闻报道的一个重要形式，呈现着报道专题系列化和创意化的趋势。纵观众多H5报道的应用场景，大量媒体如山东广播电视台融媒体资讯中心旗下闪电新闻客户端的《图观好声音》、现代快报的《跟韩飞周游两会》、湖南日报的《听代表委员讲故事》、重庆日报的《又是一年春来到》、河南广播电视台的《实干出新彩》等都在2021年两会新闻报道中运用了"专题系列报道"这种形式。H5报道新闻内容时，由于一般会以一个专

---

① 新京报. 看完这篇数据新闻，我终于明白为啥大熊猫喜提"降级"了[EB/OL].(2021-10-12). https://news.sina.com.cn/c/2021-10-12/doc-iktzscyx9288478.shtml.

题的形式进行制作报道，实现报道效果最大化的同时还能提高发稿效率。①

通过与H5技术的融合，新闻报道的内容被进行重新编辑与加工，最初原本枯燥的新闻变得形象生动，通过更具感知力的创造性表达，来激发互联网用户的阅读兴趣，从而使信息接收者更广，阅读量更多。如人民日报客户端出品的《一根线能盘出啥》、长城新媒体集团出品的《探秘河北代表委员赴京之旅》运用创意交互视频的形式，河南日报出品的《2019省两会 小薇帮你抢C位》的递话筒小游戏都趣味满满。

（五）区块链

首先，区块链技术是通过时间戳的方式将各个数据区块链连接起来，形成一个不可篡改的链条式数据库，具备信息可追溯特性，能够完整记录新闻从制作到发布的全流程，能够大幅降低假新闻出现的概率，也能够解决数字知识产权溯源难的问题。其次，利用区块链技术能够保证传播网络中各个节点上的信息都可以被实时追踪到，任何有篡改、抄袭等捏造事实的行为都可以被追溯，通过扣除安全代币和加密代币的方式对任何制造虚假信息的行为都能进行惩戒，从而保证了新闻传播的真实性。

由于不可更改特性的存在，区块链也让内容的恶意篡改变得尤其困难，有力地规避了外部势力的干预。通过"加密代币"的支付方式，区块链为激励优质新闻内容的创作提供了新思路，开辟了独树一帜的途径，是一种具备创新性质的商业模式。

区块链能够更好地传递价值。互联网虽然能够高效地传递信息，但是需要借助淘宝、京东、微信等中心化机构的担保来传递价值，而区块链则不需要借助中心化机构，可以直接通过区块链上的智能合约和通证来完成价值的即时传递。可以说，互联网传递信息，而区块链传递价值。用户将能够获得更多权力和权利。在当下，互联网巨型平台充分利用大数据和人工智能等新技术，对用户进行多维度深度画像，基本掌控了用户数据。而在区块链下，

---

① 苗津伟.H5技术在新闻传播中的应用与前景分析 [J]. 记者观察，2018(15):44.

用户数据则更可能为自己所有，自身决定能够为哪些人所用。

（六）元宇宙

元宇宙的概念起源于1992年，美国科幻小说家尼奥·斯蒂文森在其《雪崩》中，描述了一个平行于现实世界的网络世界：元界。2021年，"元宇宙"成为热词，也有人将2021年比作元宇宙元年。元宇宙的热度被彻底引爆，腾讯、字节跳动等纷纷跳进该赛道，都渴望能够成为领头羊。

元宇宙（Metaverse），即Meta（超越）+ Verse（宇宙），一种超越现实的虚拟宇宙。它是一个沉浸式的虚拟空间，用户可在其中进行元文化、社交、娱乐活动，元宇宙的核心在于对虚拟资产和虚拟身份的承载。①

元宇宙时代无物不虚拟、无物不现实，虚拟与现实的区分将失去意义。元宇宙将以虚实融合的方式深刻改变现有社会的组织与运作。元宇宙不会以虚拟生活替代现实生活，而会形成虚实二维的新型生活方式，催生线上线下一体的新型社会关系。在元宇宙里，并不是所有应用程序或各种形态的虚拟世界都能被支持，有时会遇到权限、审核和控制管理等限制。这种带有局限性的开放网络系统，更能使用户在使用时感到安全。因此，有不少用户选择搭建自己的"局域网络"。在未来，可能会有一个类似于超媒体的结构，它将各类不同的门户网站和互联网联合在一起，构建一个超链接的虚拟世界，成为元宇宙的一部分。

四、生态迭代

（一）网络舆论总体生态

移动空间主旋律高昂，主流媒体影响力进一步提升。2021年，媒体融合发展持续向纵深推进，极大增加了移动舆论场正能量的内容供给，持续引领移动互联网主流价值，人民日报、新华社、中央广播电视总台三家央媒影

---

① 何小敏. 一文简析元宇宙 [EB/OL].(2021-07-28). https://zhuanlan.zhihu.com/p/394100464.

响力进一步提升。主流媒体第一时间报道新冠肺炎疫情最新动态、解读相关政策、回应群众关切、辟除谣言消息，凝聚起抗疫的强大力量。中国北斗卫星导航实现全球覆盖等发展成就点燃网民爱国热情，相关话题微博阅读量破亿。

国庆期间，主流媒体聚焦《长津湖》电影所反映的抗美援朝精神主题，引导全民共情，引发"长津湖效应"，民众爱国情绪高涨。河南重大洪涝灾害情况下，少部分公知、境外势力企图煽动网民情绪，质疑政府部门等的管理与应对措施，扰乱社会秩序，但网民舆论整体呈现"挑毛病的少了，帮忙的多了；说怪话歪话风凉话的少了，对救援人员的信任多了；指手画脚的少了，喊加油的多了；轻信谣言的少了，坚持等官方通报的多了"。

此外，传播回归人本、人文，呈现人文关怀倾向。尤其是在奥运会报道中，竞技、比赛、竞争、对立的氛围减弱，宽容与尊重的人文关怀胜过体育竞技。如人民日报发布报道《致敬！他们没拿金牌却创造了历史》，制作长图讲述没有夺冠却创造奥运历史的运动员故事，称"奥运最动人的瞬间不只有夺金，那些拼搏与挑战、突破与超越，都在诠释奥林匹克的意义"。中国体操男团失利，人民日报在微博上发起话题，网友喊话肖若腾、孙炜，"你们就是我们心中的全能王"。乒乓球混双决赛，许昕、刘诗雯痛失金牌，网友们在运动员微博下的互动量超百万次，还制作表情包"尽全力的中国运动员，没得第一怎么了"。

随着多元话语的涌入，舆论场也更加开放包容，青年群体积极参与网络议题讨论。从世界范围内来看，以Facebook、Twitter、Instagram等为代表的社交网络对青年人的政治参与行为影响巨大，从美国的"占领华尔街"运动到英国伦敦学生的罢课行动，从中东的"阿拉伯之春"到中国香港的"占领中环"运动，社交媒体已成为青年人获取资讯、表达政见、组织行动的重要媒介，在社交媒体时代，青年群体对政治不再冷漠，而是更加主动地介入政治决策的过程。

然而，在国内不同社交媒体平台上，网络舆论仍然呈现圈层化、阵地化的特征。"墙体"效应突出，平台间的舆论壁垒显著，平台信息的互通欠缺，例如，在B站和微博等平台呈现不同的生态。网民的舆论素养也存在短板，由于舆论反转无度、"伪民意"泛滥和后现代情感立场，舆论主体浮在碎片化表象和清晰化抗争之中，缺少可信赖的信息主体，而后疫情时代下的心理特征也给社会信任带来了新的冲击，呈现出舆论主体之间信任失衡的状态。同时，网民普遍对信息真伪的识别能力不高，个人信息素养仍待提高。

网络生活的话语对立，延伸至真实生活空间，虚拟社会与现实社会相互影响，共生进化。网络舆论生态是网络舆论资源、网络舆论主体、网络舆论环境在网络空间所呈现的一种可供人衡量和评价的自在运动状态，而随着人们对互联网依赖加深，这种网络空间中呈现的舆论生态与现实生活中的话语相互交织，网络舆论传播者的情感认同和空间参与感延伸到现实生活中，网络中的社会经济条件、社会文化背景、居民生活状态、政治民主化、公民话语权等因素同时影响网络社会环境与现实社会中的经济空间、民生空间、政治空间。如网络上"支持杨笠"中的性别观念对立升级，对立情绪从相对匿名的公共讨论社交媒体（知乎、虎扑、豆瓣小组及微博）转向以熟人关系为基础的私领域媒介，如微信、QQ等，是否"支持杨笠"成为部分人交友的判断标准之一。

（二）后疫情时代的网络传播

后疫情时代面临封闭与开放的动态权衡、风险的常态化以及治理难度增大等典型特征，社会治理以及舆论引导都产生了新的要求。

在社会治理上，从认知结构而言，人们对于特别重要的信息，往往会通过多元求证的方式进行审慎鉴别，而不再轻易相信单个信息源提供的信息。新冠肺炎疫情带来的社会公众认识结构的变化，很重要的一点是：对现象及其缘由的质疑比以前有所增强；在实践上，构建统一指挥、专常兼备、反应灵敏、上下联动的应急管理体制，使社会的网格化管理得到了进一步强化，需要具有奉献精神和牺牲精神的志愿者；在治理结构上，不确定性经济社会和人性道德在一些重要方面将面临解构和重构。但在后疫情时代，市场运行规律受到疫情的严重干扰。在此情势下，政府恰当和适时地进行干预（包括硬性干预），不仅应该而且是必不可少的。当然，政府对于市场的干预须是适度的和恰当的。在数字经济和实体经济之间进行调适，对实体经济加大扶持力度，出台相应规制促使虚拟的数字经济助推实体经济，这是社会治理应当包含的重要内容；在国家与社会关系中，基层行动能力的提升，是使社会治理落到实处的重要保障。另外，上下之间、各方之间取得共识，完善"上下互通"的创新型合作治理网络，也显得至关重要。

后疫情时代，人们对真实可靠信息的需求增加，新闻传播被放置到一个更重要的位置，作用进一步凸显。舆论生态发生一系列变化，媒体融合向纵深发展，自媒体作用得到彰显，舆论的起始点、凝聚点、转折点、爆点常常由自媒体引发，主流媒体需要更多地把握舆论引导的主动权，稳定公众情绪，及时纠偏。后疫情时代对新闻工作者的工作能力、责任担当、全媒体素养提出更高要求，除了做好最基本的真实、准确、客观的报道，还需要促进社会达成共识、凝心聚力，形成线上、线下"同心圆"，减少内耗、减小疫情防控的阻力，做好新闻舆论工作，有效助推后疫情背景下的社会治理。

公众在后疫情时代作为舆论主体的特征更加突出，面临重大公共卫生事件，公众的主观能动性增强、介入传播的动机增强，舆论生态的多样性增强，活跃度增大。新冠肺炎疫情即为舆论客体，旷古未有，具有特异性是毋庸置疑的。舆论主体几乎人人手中都有自媒体，都可以参与形成舆论甚至成为舆论的始发点，在接触到舆论客体以后，会立即群体性地做出灵敏反应。

在后疫情时代日益复杂的舆论环境中，由主流媒体主导的新闻舆论融合生态迫切需要重构，而主流媒体自身整体运营机制的深度融合发展将是必由之路。在后疫情时代的特殊语境中，主流媒体主导的新闻舆论融合生态的重构顺理成章。主流媒体权威信息报道、引导舆论的主导作用在后疫情时代更为突出。牛津大学路透新闻研究所的多项研究显示，在类似于新冠肺炎疫情引发的社会性危机期间，"比起官方信源，通过非官方渠道获取的信息往往缺少可信度……虚假信息驱使人们去找寻和仰赖更具声望的信源"。也就是说，危机时期信息的确定性，对大众来说至关重要。2020年初新冠肺炎疫情发生后，中国主流媒体基于其身份及责任，有着天然的权威导向意识，在一

场社会性危机中发挥主流身份及影响力。

（三）网民心态偏好特征

2021年，网民制度认同和文化自信进一步强化，涉及国家主权及民族利益等问题的情感倾向趋同，展望未来网民信心倍增。2020年全世界遭受百年一遇的新冠肺炎疫情，广大网民对中国疫情防控表示积极肯定，高度认同中国的制度优势和文化优势，中国人民的民族自尊心、自信心与爱国热情又一次被极大激发。党的十九届五中全会胜利召开，舆论盛赞其"为夺取全面建设社会主义现代化国家新胜利擘画宏伟蓝图"。"新疆棉"事件中，服装品牌H&M在网站发布了一份声明，称"新疆维吾尔自治区少数民族强迫劳动和宗教歧视的指控"，"我们产品所需要的棉花将不再从那里获得"，这样的无稽之谈在中国引发众怒，多个品牌及一众网民纷纷发声，明确支持新疆棉。奥运会期间，国内民众面对赛事争议也表现出强大的民族自尊心和荣誉感，各方观点立场高度一致，再次在网络上掀起一股爱国热潮；网民调侃和再诠释乒乓天团的表现，彰显了对国球骨子里的自豪感。

在抗击新冠肺炎疫情上，网民对抗疫措施从接受到内化，面对疫情，网民整体心态趋于理性平和，对于疫情相关信息的判断能力提高。疫情整体得到控制，但局部地区偶尔出现疫情的反弹，如安徽、广东、江苏、内蒙古等地。但相对于2020年疫情，不少网民的心态都发生了转变，呼吁不信谣、不传谣，主动配合相关部门开展防疫工作。一方面，网民对目前政府部门的防控政策以及疫情防控小组的防疫举措表示认可；另一方面，2021年以来新冠疫苗的大范围接种、辟谣机制常态化也让网民的焦虑、恐惧情绪得到缓解，面对疫情防控积极乐观，主动进行疫苗及加强针的接种，更多地配合防疫抗疫工作。

在舆论引导和网络治理方面，网民积极正面响应。在侮辱英烈受严惩、反垄断治理、粉丝经济乱象治理等事件上，都体现出网民的热烈反应和积极响应。

网络社会的人群基础正发生迭代。目前的网络社会，占据主体优势地位的仍然是中青年群体，他们持续接触网络，媒介素养高。而传统的数字弱势群体也逐渐得到重视，相关的政策法规不断推出。

随着老年人入场，网络用户的年龄结构层次逐渐向现实社会靠拢，甚至随着时间的推移，此后或许会出现网络社会老龄化的现象。例如，缘于各地相关的防疫政策，如健康码与行程码的推行，老年群体越来越多地使用微信，并以微信为社交媒体出发点，向抖音等短视频平台进发。截至2021年6月，50岁及以上网民占比为28.0%，较2020年6月增长5.2个百分点。2020年以来，相关部门大力推动互联网应用适老化水平及特殊群体的无障碍普及。国务院办公厅印发《关于切实解决老年人运用智能技术困难的实施方案》、工业和信息化部印发《互联网应用适老化及无障碍改造专项行动方案》，提出优先推动115家网站、43个App进行适老化改造。

此外，对于青少年的保护不断加码，为其营造更加健康的网络环境。政府与媒体联动，用户积极参与，用户生态正在稳中求进。3月，广电总局拟规定防止未成年人节目过度娱乐化。5月，抖音宣布14岁以下实名用户将直接进入青少年模式。8月，腾讯推出游戏未保"双减双打"新措施。"双减"包括：减时长，将执行比政策要求更严厉的未成年用户在线时长限制，非节假日从1.5小时降低至1小时，节假日从3小时减到2小时；减充值，未满12周岁未成年人（小学生）禁止在游戏内消费。"双打"包括：打击身份冒用，针对未成年人冒充成年人游戏的情况，将原来的"零点巡查"升级为"全天巡查"；打击作弊，打击用户通过加速器登录部分第三方平台买卖成年人账号的行为。9月，部分电竞赛事宣布限制参赛选手年龄，国家新闻出版署下发《关于进一步严格管理　切实防止未成年人沉迷网络游戏的通知》。

（本报告由中山大学互联网与治理研究中心组织编撰，新浪新闻新媒体研究院提供支持。项目组成员包括：张志安教授、武汇岳教授、刘洋副教授、唐嘉仪博士、谭晓倩博士。）

生成创新："制度嵌入"如何塑造新闻创新差异

——对三家媒体组织数据新闻实践的比较

李艳红

【摘要】

数字新闻学的新闻创新研究主要侧重于个体和结构主义视角，然而最具理论潜力的互动过程视角则阐释有限。本文试图引入制度主义分析框架，借助三家媒体数据新闻创新实践的比较分析，力图发展兼顾两视角的"个体与组织、结构与能动性"新闻创新分析理论框架：新闻创新被视为一个生成过程，是围绕一个新观念、在新闻组织内部发展并执行一套解决方案，进而落实为新闻产品的过程；这一过程被理解为新闻组织内部不同层次"制度嵌入"的"创意者"跟随制度逻辑进行策略性选择的结果；创新差异正是在这样的过程中被生产出来。这样的框架可推广理解新闻创新的一般性过程。

【关键词】

新闻创新；制度主义；创意者；数据新闻

在新闻业剧烈变迁的背景下，创新一度被认为是"明亮和闪光的事业"（bright and shiny things）①，是拯救数字时代新闻业的良方。因此，有关新闻创新的研究构成了数字时代新闻业研究的重要范畴，如何将新闻创新的过程理论化，正成为今天新闻创新研究学者努力的方向。

---

① Posetti J. Time to step away from the "bright, shiny things"? Towards a sustainable model of journalism innovation in an era of perpetual change[R]. Reuters Institute for the Study of Journalism, 2018.

　　组织研究学者斯拉彭德尔（Slappendel）在20世纪90年代后期即已归纳出创新研究的三种视角，分别是个体主义观点、结构主义观点以及互动过程观点（interactive process perspective）。个体主义观点意味着聚焦个体，将个体视为创新的驱动力；结构主义观点则强调（新闻）组织内部和外部的结构性特点，视其为创新的决定性力量；互动过程观点则将二者嫁接起来，强调创新是在"个体行动、结构影响与互动过程的共同作用下"产生的。[①]

　　斯拉彭德尔归纳的这三种视角在数字新闻学的新闻创新研究中均有体现。个体主义视角视新闻组织当中的个体成员为创新采纳和实施的关键主体（key agents），关注微观行动者，包括记者、新闻组织的管理者或新闻编辑室中的IT人员等，他们对技术的感知、"个体的热情和使命感"[②]或与其他成员的互动和整合被认为是促进创新的关键[③]。结构主义观点比个体主义观点在新闻创新研究中更早也更多得到重视。采取这一观点的学者试图揭示出影响和塑造创新过程的结构性因素，尤其是那些与组织策略、组织结构和资源以及组织文化等相关联的结构性因素。如技术社会学者博茨科夫斯基（Boczkowski）通过比较案例研究将组织结构、工作文化以及对于受众的看法这三个与组织的结构性特征有关的因素界定为影响创新发展的因素[④]，这一结论在随后的研究中也得到了其他研究的支持[⑤]。

①　Slappendel C. Perspectives on innovation in organizations[J]. Organization Studies, 1996, 17(01): 107-129.

②　Singer JB, Domingo D, Heinonen A, et al. Participatory Journalism: Guarding Open Gates at Online Newspapers[M]. New York: John Wiley & Sons, 2011.

③　Deprez A, Mechant P, Hoebeke T. Social Media and Flemish Sports Reporters: A Multimethod Analysis of Twitter Use as Journalistic Tool[J]. International Journal of Sport Communication, 2013, 6(02): 107-119; Nielsen RK. How Newspapers Began to Blog: Recognizing the Role of Technologists in Old Media Organizations' Development of New Media Technologies[J]. Information, Communication&Society,2012,15(06): 959-978;Schmitz Weiss A, Domingo D. Innovation Processes in Online Newsrooms as Actor-networks and Communities of Practice[J]. New Media & Society, 2010, 12(07): 116-117.

④　Boczkowski PJ. The Processes of Adopting Multimedia and Interactivity in Three Online Newsrooms[J]. Journal of Communication, 2004, 54(02): 197-213.

⑤　Domingo D. Interactivity in the Daily Routines of Online Newsrooms: Dealing with an Uncomfortable Myth[J]. Journal of Computer-Mediated Communication, 2008, 13(03): 680-704; Küng L. Strategic Management in the Media: Theory to Practice[M]. Thousand Oaks, CA: Sage, 2008;Thurman N, Lupton B. Convergence Calls: Multimedia Storytelling at British News Websites[J]. Convergence, 2008, 14(04): 439-455; Thurman N, Lupton B. Convergence Calls: Multimedia Storytelling at British News Websites[J]. Convergence, 2008, 14(04): 439-455; 王辰瑶，喻贤璐. 编辑部创新机制研究——以三份日报的"微新闻生产"为考察对象[J]. 新闻记者，2016(03):10-20.

与上述两种观点不同，被斯拉彭德尔认为最具理论潜力的结合结构与个体主义之互动过程的观点在现有的新闻创新文献中却并没有得到很好的阐述，成果数量仍然有限，①也因此，他说的"行动与结构之间的复杂的、似是而非的关系"②始终没有得到学术界的充分阐述。

本研究尝试回应这一挑战，通过引入组织研究中的制度分析框架试图弥合个体与组织视角之间的沟壑，并力图发展一个兼顾个体与组织、结构与能动性的关于新闻创新的分析框架。制度主义或制度观点在20世纪70年代以来即开始被引入组织研究，成为最富影响力的理论之一。同样，制度主义对于研究数字创新和转型也提供了一个丰富的观察棱镜。③

下文将首先对制度主义启发的理论命题进行阐述，随后将具体阐述依据这一理论所发展出的适用于分析数字化转型时期新闻创新的分析框架；在完成这部分理论建构的工作之后，将尝试把这一框架应用于分析三家新闻组织在数字化转型初期进行数据新闻创新的过程。这一经验分析既是对上述理论框架的检验，同时也能够帮助我们解释三者的创新差异如何生成。

一、理论视角：组织研究中制度主义的基本命题

制度主义理论的起源可以追溯到社会学家马克斯·韦伯关于合法性和权威的写作，至20世纪50—60年代，其观点基本成形。之后，制度主义的发展经历了历次转型，如20世纪70年代开始经历了新制度主义（neo-institutionalism）的转向。尽管不断面临挑战，但制度主义理论框架的拓展进

---

① 挪威学者斯廷森（Steenson）运用历时的民族志研究方法考察了特稿（Feature）这一新闻样式在挪威一家新闻网站中的应用，归纳出了五个影响创新的因素，他的研究试图兼顾组织层面的结构性因素与基层创意者的个体性因素，但这一研究仅分列了两种类型的因素，而对这些因素之间的交互作用过程未有揭示。Steenson MW. Feature Problems before Patterns: a Different Look at Christopher Alexander and Pattern Languages[J]. Interactions, 2009, 16(02): 20-23.

② Slappendel C. Perspectives on Innovation in Organizations[J]. Organization Studies, 1996, 17(01): 107-129.

③ 不少学者认为，制度主义作为一种发展较为成熟的理论流派，拥有概念和理论化的分析逻辑，对于研究数字创新很有价值，尤其是在当下创新的范围和深度导致了数字转型之时。Hinings B, Gegenhuber T, Greenwood R. Perspectives on Innovation in Organizations[J]. Organization Studies, 2018, 28(01): 52-61.

一步增强了这一理论的活力，对于我们了解结构性（社会文化力量）与行动者能动性之间的互动具有重要启示。

制度理论将制度宽泛地定义为广泛共享的规制、规范和文化认知传统。制度主义分析的关键就在于考察行动者的实践如何被现有的结构/制度赋能或受到其限制。一些学者引用伯杰（Berger）和卢克曼（Luckmann）的观点来阐明，制度是社会建构的行动的模板（template）或脚本（script）。[①]制度对于社会行动的意义，就好像是语法对于言说的意义。因此，制度意味着对个体或集体可能的行为选项的限制。正是因为制度对行为具有上述约束性特征，使得行为总是倾向于跟随现有的制度逻辑，也因此，制度总是倾向于稳定和相似。

不过，制度理论家也认识到，制度限制并不完全能决定人类的行动。相反，制度通过提供"正当性"来对行为起到塑造作用。所谓正当性，指的是关于特定行动是合乎需要，恰当和合适的一种普遍感知和认识。[②]在特定制度下，特定的行为被认为与制度元素一致时，就会被视为正当，或者说，只有被认为与制度元素一致时，才会被视为正当。因此，制度往往通过限制我们所感知的机会和替代可能性为理性设定边界，进而增加特定类型的行为的可能性。

自20世纪70年代以来，制度理论被引入组织研究，是当代组织研究中的一种主要观点。在制度理论看来，组织是一个微观的制度，它既包括一般我们所理解的结构层面的东西，如为获得组织目标所建立起的正规结构和程序，也涵盖文化层面的内涵，体现为组织成员所共享的对于社会现实、组织目标、身份和规范等的理解。[③]因此，组织成员总是嵌入组织这样一个社会和

---

① Zucker LG. The Role of Institutionalization in Cultural Persistence[J]. American Sociological Review, 1977: 726-743; Meyer JW, Rowan B. Institutionalized Organizations: Formal Structure as Myth and Ceremony[J]. American Journal of Sociology, 1977, 83(02): 340-363; Berger PL, Luckmann T. The Social Construction of Reality: a Treatise in the Sociology of Knowledge[J]. Journal for the Scientific Study of Religion, 1966, 32(01): 23-34.

② Suchman MC. Managing Legitimacy: Strategic and Institutional Approaches[J]. Academy of Management Review, 1995, 20(03): 571-610.

③ Heller DT. The Illegitimacy of Successful Product Innovation in Established Firms[J]. Organization Science, 1994, 5(02):200-218; Ocasio W. Towards an Attention-based View of the Firm[J]. Strategic Management Journal, 1997,18:187-206.

文化系统当中，并嵌入一个关于什么是合适的和正当的行为的社会期望的制度背景当中。组织制度分析的关键因此侧重于寻找那些对于组织行为产生限制性的力量（constraining forces）。

本文希望引入制度主义分析的基本概念来研究以组织为单位的新闻创新，两个概念构成了本文的起点。

（一）制度嵌入（institutional embeddedness）

所谓制度嵌入，指的是组织总是嵌入特定的制度逻辑（institutional logic）当中，后者对组织成员施加要求或需求，限制组织成员的行动选项。制度逻辑这个概念被宽泛地定义为那些对特定场域当中的认知和决策产生影响的信念、实践、价值和假设的模式。[1]因此，所谓制度嵌入的意思，即组织成员的决策和行为是对制度逻辑的回应，是对组织内部以及组织间形成的信念模式和实践模式的回应。

按照制度主义学者们的研究，制度逻辑往往通过为组织成员提供便捷的路径-结果"处方"（prescription）[2]，将注意力聚焦于特定有限的议题和解决方案，将它们视为恰当合适[3]，以及通过为他们提供关于自我动机的语汇以及自我感等，来影响个体的行为[4]。制度逻辑可能会从总体上塑造个体的实践、他们的利益以及他们的身份认同[5]，当他们顺从现有的制度逻辑所开出的处方时，会得到社会正当性的回报，而当他们偏离这一处方时则会受到处罚[6]。因此，制度逻辑会鼓励逻辑的再生产和逻辑的稳定性。

---

① Thornton PH, Ocasio W. Institutional Logics[J]. The Sage Handbook of Organizational Institutionalism, 2008, 840: 99-128.

② Thornton PH, Ocasio W. Institutional Logics[J]. The Sage Handbook of Organizational Institutionalism, 2008, 840: 99-128.

③ Ocasio W. Towards an Attention-based View of the Firm[J]. Strategic Management Journal, 1997,18:187-206.

④ Friedland R, Alford RR. Bringing Society Back In: Symbols, Practices, and Institutional Contradictions[M]. Chicago University of Chicago, 1991.

⑤ Lok J. Institutional Logics as Identity Projects[J].Academy of Management Journal, 2010, 53(06):1305-1335.

⑥ Ingram P, Clay K. The Choice-within-constraints New Institutionalism and Implications for Sociology[J].Annual Review of Sociology, 2000,26(01): 525-546; Durand R, Rao H, Monin P. Institutional Change in Toque Ville: Nouvelle Cuisine as an Identity Movement in French Gastronomy[J]. Post-Print, 2003.

（二）制度嵌入的创意者（embedded entrepreneur）

制度嵌入的创意者首先强调组织行动者的制度嵌入性，即组织行动者总是嵌入组织场景的制度网络之中，他们的行为和意识被认为总是受到现存制度安排的塑造。按照韦伯斯特词典，"嵌入性"意味着"被叫作结构的团块包围着，因而被牢固地固定了"。

但是，创意者这个概念也表达了行动者的能动性。所谓创意者，在不少研究中特指组织的管理者如企业家，但也可用于指更为广泛的组织行动者，即对特定制度安排有兴趣的行动者，以及那些能够安排资源来创造新制度或改变既有制度的行动者。[①]

"制度嵌入的创意者"这个概念因此希望将制度的限定性作用与创意者的能动性整合起来用于分析新闻创新的行为。社会学家吉登斯（Giddens）曾经用一个比喻来讲这种嵌入的能动性（embedded agency），他说，"嵌入性"可理解为个体位于一个房间当中，无法逃脱房间的墙对他的约束，但在这个房间内部，个体还有活动空间。[②]这个概念因此强调了制度的约束性作用，但这种约束并不是被完全限定的，在这一制度下，个体的行动者仍然可以有其能动性。也就是说，制度脚本（institutionalized scripts）与如何实施（local reenactment）这一制度脚本，二者之间是相互构成性（mutually constitutive）的关系。

二、引入制度主义：构建新闻创新研究的分析框架

下文尝试将制度主义分析的基本概念引入关于新闻创新实践的分析，搭建一个有助于理解创新行为的普适性的分析框架，这一框架将尤其适用于处于数字化转型过程的新闻组织。在具体阐述这一框架之前，笔者先对几个概

---

① Maguire S, Hardy C, Lawrence T B. Institutional entrepreneurship in emerging fields: HIV/AIDS treatment advocacy in Canada[J]. Academy of Management Journal, 2004, 47(05): 657-679.

② Giddens A. The Constitution of Society: Outline of the Theory of Structuration[M]. Berkeley , CA:University of California Press, 1985.

念做出澄清，这些概念是阐述分析框架的前提。

（一）澄清概念前提

1. 成就创新：创新作为过程

关于创新的看法是提出分析框架的前提。本文所谓"成就创新"，指的是新闻创新是一个由不同层级的行动者持续参与建立以形成解决方案的成就过程，它同时也是一套实践模式得以形成并落实为一系列产品的过程。这一看法不同于现有关于"创新采纳"的主流研究传统，在后者，创新往往被视为一个成品，是一个新产品、新服务或新观念被组织采纳的过程。现有的基于量化统计数据分析的创新采纳研究则进一步强化了这一"采纳观"，这些研究聚焦什么因素影响采纳、什么类型的组织在什么条件下更倾向于积极采纳创新等，目的是寻找影响组织采纳行为（adoption choice）的解释变量，采纳行为往往被测量为采纳或者不采纳这样的二分变量。本文将跳出创新的采纳观，将创新视为一个过程来研究，创新的采纳在本文因此将不仅仅是一种选择，更是一种持续的行为。[①]

2. 双层创意者：整合结构主义与个体主义视角

本文将区分两类创意者，对新闻组织而言，成就创新的过程分别涉及作为组织管理者的高层创意者以及具体参与新闻创新实践的基层创意者。前者一般是由总编辑或发行人等构成的决策集体，后者则往往由具体的记者、编辑或程序人员等构成。前者的角色主要是形成有关创新的决策，搭建塑造基层创新行为的"创新结构"，后者的角色则主要是在组织所搭建的"创新结构"的基础上，将创新予以类型化（categorization），并建立起工作常规。双层创意者分别对应中观组织层面的分析以及微观个体层面的分析，二者兼顾，有助于弥合结构主义与个体主义之间的沟壑。

3. 创新的生成语境（formative context）

创新总是在特定的语境或环境中形成，这正是创新的制度嵌入特征。

---

① Yang Z, Kankanhalli A, Ng BY, et al. Examining the Pre-adoption Stages of Healthcare IT: A Case Study of Vital Signs Monitoring Systems[J]. Information & Management, 2015, 52(04): 454-467.

本文尝试引入创新的"生成语境"概念来表述创新的制度嵌入特征。西博拉（Ciborra）与兰扎拉（Lanzara）在其关于软件工厂的经验考察中提出这一阐释性的概念，来对塑造创新行动者行为所处的模糊和互动场景进行描述。在两位看来，所谓创新的"生成语境"，即一系列既存的制度安排、认知框架和想象，它既由参与创新的行动者带来，同时也是创新行为得以形成和建立常规的环境。它构成了行动的背景条件，产生限制，给予导向和意义，并且设定采取行动的机会范围。两位作者这样表述，"行动者，当他们有技巧地执行常规的时候，当他们执行创新并且想象各种提升效率的可能的时候，会受到一个弥漫性的以及深深的关系纹理的影响，这个就叫'生成语境'"①。

对于不同层级的创意者而言，他们面对的创新生成语境并不相同。对高层创意者而言，他们在形成有关创新的组织决策时所面对的生成语境主要是这个组织当时的处境，包括组织已经形成的种种实践模式、物质技术条件以及在过去的历史中形成的实践和信念价值模式等。对基层创意者而言，他们所面对的"生成语境"则主要是组织高层管理者针对创新进行的决策，具体包括所建立的新的组织规则、规范，所形成的新的组织文化等，我们将这一由组织搭建的综合性的结构和文化的支持系统统称为"创新结构"。

（二）理论分析框架

在上述概念澄清的基础上，下文尝试将这一分析框架进行阐述。

（1）第一层次的分析是考察作为新闻组织管理者的高层创意者，他们究竟如何经验到并对他们所处的制度逻辑做出回应？

具体而言，要分析的是他/她们如何回应创新逻辑的引入，如何形成其创新决策，以及这一创新决策的形成如何受到其所嵌入的制度语境的限制和赋能。对处于数字化转型期的新闻组织而言，本文提出最重要的制度语境是新闻组织在前期所进行的数字准备，那么，"前期数字准备"（digital

---

① Ciborra CU, Lanzara GF. Formative Contexts and Information Technology: Understanding the Dynamics of Innovation in Organizations[J]. Accounting, Management and Information Technologies, 1994, 4(02): 61-86.

preparation）如何作为制度脚本（script）为高层行动者提供应对处方的选项，对高层创意者的创新决策的选项进行限制，并促使特定的解决方案显得更为正当和合理，是第一层次分析的关键。

所谓"数字准备"，本文尝试将其定义为新闻组织为与数字技术结合进行新闻生产（包括融合性的新闻生产和跨媒体生产等）所进行的相关条件的准备状况。新闻组织"数字准备"上的差异主要可以通过三个层面进行分析：首先，在数字基础结构（digital infrastructure）层面，主要涉及新闻组织是否搭建起了有实质意义的新媒体平台，如原创的新闻网站或移动客户端等作为创新试验可以开展的平台；其次，在数字技术基础层面，主要包括新闻组织是否建立起了相对稳定的数字技术部门，是否配备了相对稳定的数字技术人才，是否建立了相对稳定的与技术公司的合作关系等；最后，在文化层面，新闻组织是否在组织内部建立起了与技术融合的融合性的工作文化也是"数字准备"的一部分。

（2）第二层次的分析是考察作为新闻创新之具体实施者的基层创意者，他们又是如何经验到并对他们所处的制度逻辑做出回应的？

具体而言，要分析的是基层创意者具体如何实施创新实践、如何建立日常的工作常规，以及这一类型化和常规化的过程如何受到其所嵌入的制度语境的限制和赋能。对处于数字化转型期的基层创意者而言，由组织高层创意者的创新决策所形成的"创新结构"构成了其开展实践的制度语境，其如何作为制度脚本为基层行动者提供应对处方的选项，促使特定的解决方案显得更为正当和合理，并对其行为选项进行限制，是第二层次分析的关键。

（3）第三层次的分析是考察双层创意者的能动性如何体现，"创意能动性"如何与"制度嵌入性"互动并形成创新结果。作为组织能动者（organizational agents）的双层创意者的能动性主要表现在他们各自有关创新的认知和想象上，因此，分析上述两个层次的创意者分别如何将自身的创新认知和想象与他们所嵌入的制度语境进行互动，是这一层次分析的关键。

三、研究方法

本文的经验材料来源于对三家新闻组织在数字化转型的早期发展数据新闻过程的考察，这三家组织分别是基于广州、以时政新闻为主导的《南风窗》杂志（以下简称"南风窗"），基于广州的城市生活日报《南方都市报》（以下简称"南都"）以及基于北京、正在进行杂志和网站二元发展、以财经新闻为主但是涵盖时政新闻的跨媒体公司财新传媒集团（以下简称"财新"）。观察时期为2012—2015年。

本文是比较个案研究的尝试，比较个案研究往往是对两个或两个以上的案例提供考察，此项方法"一方面仍然追求单一个案研究所追求的'深描'，但与此同时其目标则是发现不同案例之间的差异、相似性或模式。这些发现往往有助于发展或验证理论"。[①]作为比较分析的个案，三家新闻组织尽管在媒体类别（如是日报还是杂志）和定位（如南风窗定位时政领域，财新定位财经，南都则在内容上定位为更为广泛的综合性新闻）等方面存在差异，但均属于以纸媒为基础正在经历数字化转型或融合发展的媒体。作为"数字化转型媒体"，它们符合本文探究处于数字化转型进程中的纸媒如何进行新闻创新这一研究目的，这使我们有机会"同中求异"，探讨在此过程中三者创新表现之差异如何形成。因此，本文个案选择的目的并非在描述的意义上推论到总体，而是希望借助比较的逻辑进行因果机制的揭示，理解数字化转型的过程和特征可能如何影响到媒体的新闻创新活动。

本研究的材料通过多种研究方法得来。首先，笔者及研究团队对三家新闻组织从事数据新闻报道的核心成员（其中南都1名，南风窗2名，财新2名）陆续进行了多次访谈，访谈主要于2015年2月到6月陆续完成。笔者的两名研究助理则分别于2015年2月至6月在南风窗和财新各进行了为期约3个月的田野考察。因此，本研究所观察的主要是三家媒体在2015年6月之前的状况。

---

① Campbell SS. Comparative Case Study[M]//Mills AJ, Durepos G, Wiebe E. Encyclopedia of Case Study Research. Thousand Oaks: Sage Publications, 2010.

其次，笔者也对三家新闻组织各一名管理层成员进行了面对面访谈或微信访谈。除此之外，这几家媒体的管理者和数据新闻团队成员在行业刊物上发表的文章、公开演讲、接受的访谈，以及以这几家媒体对研究对象的一些行业论文等也是本文的资料来源，我们遍阅了这些文章，以为我们更深入地阐释研究对象提供基础。最后，本文也对三家媒体刊登数据新闻的栏目或平台自建立起到2015年6月期间所发表的数据新闻作品进行了概览和分析。如没有特殊说明，下文所引用的材料均来自访谈或田野资料，由于篇幅限制，本文尽量缩减了对访谈资料的直接引用。

四、搭建创新结构：高层创意者如何形成创新决策

面对数据新闻这一新兴的新闻类型，三家新闻组织的高层创意者分别形成了不同的创新决策。

（一）南风窗：迟滞搭建保守的创新结构

总体而言，南风窗的高层创意者是以相对迟疑保守的方式对数据新闻创新做出反应的，其为来自基层的数据新闻创新行动所搭建的创新结构总体而言仅具有较弱的支持性，这表现在如下三个方面。

首先，南风窗并没有为数据新闻的生产和创新提供管理上的积极支持。有关数据新闻创新的想法最早由从事为新闻报道配制图表工作的记者D提出并在工作中尝试。针对记者D的尝试，南风窗采取了开放吸纳的姿态，如为有兴趣从事创新试验的记者D配备了一名美编设计师。然而，这家组织却并没有因为数据新闻而激发出持续的机制创新。这表现在，它对于数据新闻的结构性支持很长时间都停留在上述阶段，"两人小组"的数据新闻生产结构一直持续，南风窗并没有为其配备进一步的人力和财力。

其次，与迟滞的管理创新相伴随，南风窗对于数据新闻的定位始终较为边缘。数据新闻在这家媒体的定位始终作为一个补充传统新闻的特定门类存在，为一个专门的版面"图说"版提供内容，但并没有被赋予其他拓展型的

角色，例如，并没有出现让数据新闻成为一种跨边界的新闻门类去整合其他新闻的尝试。

最后，在物质技术架构方面，南风窗也并没有为数据新闻实践提供数字化平台。在我们的观察期，南风窗虽然已经在尝试做一些数字化转型，比如，建立了自己的网站，也开始建立自己的官方微信公众号和App，但这些平台均没有对数据新闻作品产生专门的需求和要求。

（二）南都：渐进持续搭建灵活的创新结构

与南风窗的迟滞保守策略不同，南都则为发展数据新闻提供了具有一定支持性的结构，这表现在，进行了渐进而持续的管理创新，赋予了数据新闻以较为核心的地位，并且通过渐进方式为此提供了纸媒和移动数字化的双重平台。

南都进行数据新闻创新的想法最早来自佛山记者站的记者Z，记者Z于2012年即开始尝试运用数据分析的方式来表达新闻主题，发表在自己编辑的版面上。面对来自基层的创新冲动，南都采取了持续和渐进的措施进行管理创新。早期的管理创新出现在基层，当时佛山记者站对Z所提出的创新想法予以大力度的支持，不仅支持Z独立制作数据新闻予以在版面刊登，还尝试将数据新闻视为一种能够统合不同条线之新闻生产的改革引擎，支持围绕重大选题进行跨部门跨条线的数据新闻制作。协作和统合机制的出现即体现出管理创新的特征。其中，最为突出的表现是2013年底所做的关于"全面盘点佛山表现"的大型策划数据新闻作品。当时，这一新闻由Z所在的佛山新闻部全员共同参与，打破了"条线"（beats system）新闻生产常规，通过从上至下的统合实现了跨条线的新闻生产协作。

南都围绕数据新闻进行的管理创新并未停留在基层，而是很快超越地方版，被更高的管理层吸纳。2014年，认识到数据新闻的新兴生命力，该报开始在报社层面设立专门的"数据新闻奖项"，以奖励在这一新兴领域的优秀表现。2014年6月，该报又很快决定成立专门的"数据新闻工作室"来推动数据新闻的专门开展，将其置于要闻部之下进行管理，由此，数据新闻生产有了一个专门的结构，嵌入了报社的新闻生产结构之中。之后，随着南都将移

动战略视为报社面对新媒体冲击的重要战略，到2015年6月，该报又成立了移动媒体部，目的是整合技术团队以配合生产移动新闻产品的需要，在这一改革中，数据新闻工作室从要闻部被并入移动媒体部，这一举措的目的是为数据新闻的发展提供更充分的技术人才支持，以促进数据新闻在移动平台上与科技融合有更好的创新表现。

与持续和渐进的管理创新相伴随，在对数据新闻的定位上，南都也体现出较为明显的从边缘向核心拓展的努力。如上所述，数据新闻试验之初就出现了打破条线以数据新闻的方式和形态来统合报道的行动，体现了对数据新闻的期许。之后，随着数据新闻超越地方版试验，被报社高层采纳并成立数据新闻工作室之后，这种赋予数据新闻以"中心地位"的举措则进一步体现。数据新闻工作室成立一开始就放在"要闻部"下面，且可以跳过要闻部的主任直接对报社总编辑汇报，足见其对数据新闻的重视。在成立数据新闻工作室之后，该工作室被定位为"虚拟"，其中一个重要的意涵就是希望通过赋予数据新闻工作室以协调其他版面和条线来生产数据新闻的资格，促进以数据新闻为中心的跨部门协作式的新闻生产。报社高层的这一"定调"体现了该媒体试图视数据新闻为一种改造传统新闻生产机制的新兴生产逻辑的努力。

与南风窗相似，南都的数据新闻试验一开始也是在纸媒而非数字平台上展开，因此是纸媒中心的。不过，南都与南风窗的差异表现在，随着移动媒体时代的到来，它反应迅速，将其纸媒试验推向与移动新媒体的平台和技术结合，开始实行纸媒与移动端协同发展的战略。2014年6月，这家媒体成立数据新闻工作室之时，即被赋予了运营一个专门的微信公众号"南都有数"以及为两微一端，即南都的微博、微信公众号以及南都新闻的移动客户端提供内容的任务。因此，南都为数据新闻创新所搭建的创新结构是双平台的，兼顾纸媒和移动平台。

（三）财新：果断能动搭建强支持性创新结构

与南风窗、南都相比，财新为数据新闻试验所搭建的创新结构则明显具有强支持性特征，它积极能动并果断进行了管理创新，并赋予数据新闻以核心重要地位，且一开始就是以数字化的技术架构为基础，涉及网站和移动端的数字化双平台。

财新的数据新闻创新想法同样最早来自基层的新闻工作者，它的数据新闻试验始于2011年，由对数据新闻感兴趣的记者H和记者Z率先提出。面对来自基层的创新想法和意愿，财新采取了果断能动的方式来为数据新闻的实践搭建创新结构。最初当两位创意者提出做数据新闻的想法之后，很快就得到了财新网主编的肯定和鼓励，他们的创新作品得以在财新网上不定期发表。不仅如此，该媒体还进行了行政和组织层面的创新，以为数据新闻的开展创造条件。自2012年5月开始，财新网开始为数据新闻生产专门配备设计师G，G的参与使得这一时期财新数据新闻的可视化表现比前一阶段有很大提高。但是，财新并没有止于这种小团队的作业，而是进一步果断进行了组织创新，2013年10月成立可视化实验室，用于专门推动数据新闻的生产。这一专门的实验室有两个显著特点：一是在人员数量的配备上较充分，其最初成立的可视化实验室有8名成员，后来很快增加到10名成员；二是人员构成，除记者和可视化设计师之外，还配备了专供程序开发的程序设计师4~6名。这家组织对数据新闻的重视还体现在，这个工作室由其首席技术执行官黄志敏牵头管理，其本人也参与该可视化实验室的工作，体现出组织在战略层面对其的重视。

与上述管理上的快速持续创新相伴随，在关于数据新闻的定位上，财新也很快体现出将其从边缘向核心拓展的意愿。从2012年开始，财新就开辟了一个频道叫作"数字说"，专门发表这种创新的新闻样式。但是，这家组织并没有止于将数据新闻创新限定于这个"自留地"，而是很快将其推向更为核心的位置，希望让它成为一种变革整个新闻生产机制的引擎进而增大新闻的传播力。这表现在，数据新闻的小团队同时被赋予了配合重大新闻题材进行可视化报道的任务，这一任务受到很高的重视。在其负责人黄志敏看来，这家媒体成立"可视化实验室"的主要目的是希望挖掘或配合重大题材生产出一些能够充分体现数字科技之可视化潜能的"重量级"作品，并且希望通过这一创新举措赢得行业口碑。

果断地支持结构还体现在物质技术平台上，财新为数据新闻创新提供了网站和移动App的双数字化平台。这家组织一开始就将数据新闻定位为为财新网而不是纸媒《财新周刊》提供内容。之后，在移动智能技术到来之时，这家媒体又迅速将创新试验的数字化平台拓展至移动平台，要求数据新闻配合这家媒体的官方微信公众号和新闻客户端的需要进行创新和生产。

五、"制度嵌入"如何塑造高层创意者的策略选择

那么，面对来自基层的数据新闻的创新冲动，三家新闻组织为何会形成不同的组织回应呢？"数字准备"这一概念将帮助我们进行阐述：正是三家组织各自差异化的"数字准备"构成了它们形成创新决策时的制度语境，限制并形塑了它们的创新决策，三家组织搭建出差异化的创新结构因而可视为它们各自对差异化的"数字准备"做出的回应。

（一）南风窗：数字准备不足如何限制组织决策

在2012年数据新闻创新开始之时，南风窗的数字准备显然颇为不足。当时，尽管已经建立了自己的网站"南风窗网"，但这一网站在组织内部却没有受到足够的重视，至少在本文的观察时期2015年，其运营战略采取的仍是"复制"模式，即以刊登杂志上过期的内容为主，更新很慢。而在随后的移动化进程中，尽管已经开始建立官方的微信公众号和App，但尚未建立起明确的移动战略，如公众号的运营团队并未严格配合纸媒，而是由专门的"小编"来完成，其内容很大一部分是在网上搜索和改变一些热门话题。正可谓新媒体旧内容，南风窗在这一时期数字化转型体现的是"姿态性融合"，而非实质性融合。与迟滞搭建数字化平台相关，南风窗也未能搭建起能够支撑数字化转型的技术团队，在我们的观察期，南风窗杂志社一直都维持着传统纸媒的技术团队，没有增加和扩充人数，整个杂志社仅有一名技术人员，负责杂志社的日常维护以及与外包技术公司之间的联系。与上述数字化战略的模糊关联，该组织仍然维持着传统纸媒中心的工作文化，基于媒介融合的工

作文化尚未启动。

数字准备的不足对于南风窗的高层创意者在与数据新闻相遇时采取的决策构成了约束。由于新闻网站和移动平台在组织战略上的重要性偏弱，形式大于内容，没有产生对新兴新闻内容的需求，因此对高层创意者而言，让数据新闻停留在纸媒而非转向网站和移动平台，显得更为合理。不仅如此，这种数字准备的不足甚至会限制高层创意者对于这一新闻形态究竟能够给新闻组织带来何种正向收益的想象，进而削弱对创新提供支持的意愿。正如参与南风窗数据新闻工作的实习生X说："领导并不觉得数据新闻能怎么样啊。"

数字准备不足对高层创意者之决策的限制性作用在一个"插曲"中得到显著写照。该组织最早进行数据新闻创新的记者D在刚开始制作数据新闻不久，就产生了将数据新闻搬上基于移动媒体平台创办微信公众号的想法。当时，微信这一新媒体兴起，各种微信公众号也如雨后春笋般冒出，形成了一种"众媒"生产的格局。在这一环境下，D很快创办了一个名为"一图观政"的微信公众号，专门推送时政领域的数据新闻，将一些在南风窗上发表过的内容进行改造，以适合于在微信这样的社交媒体平台发表。但是，南风窗的管理层没有对D的这一新媒体试验予以吸纳，而是采取了"默许隔离"策略。所谓默许隔离指的是，一方面，报社并不干预或禁止D的行为，默许她在工作之余从事这一试验；但另一方面，报社并不为D创办微信公众号提供"机构认证"，基本上也不提供制度化的人力和资金的支持。对南风窗而言，不吸纳和"隔离"基层创意者向数字化平台拓展的创新尝试，正是其对自身"数字准备不足"这一制度语境的合理回应，因为在数字化准备不足的条件下，吸纳这一创新冲动可能并不能给这家组织带来明确正向的回报。

（二）南都：渐进的数字准备如何塑造渐进决策

相对而言，南都在前期所积累的数字准备尽管也颇为不足，但它在后来的发展中呈现出渐进调整的特征。

就数字基础结构而言，南都尽管自20世纪90年代中后期创办以来取得了市场化的极大成功，但一直未能致力于建设自己的原创新闻网站。由于缺乏一个长远的数字战略，这家媒体自21世纪以来一度相继尝试建设了好几个网站，包括奥一网、鲜橙网和南都网等，但是，由于这些网站一直被定位为"聚合"而非"原创"新闻网站，且与报纸采取"各自为政"的发展战略，因此并不能视为这家报纸的数字基础结构，这导致其在与数据新闻相遇之时，管理者并没有考虑让数据新闻在网站上开展。不过，这一制度语境对南都而言并非一成不变，南都数字化平台的不足在不久后随着移动传播时代的到来被很快补上，它于2014年开始建立自己的移动应用（App），并尝试和允许组织内不同的团队或个体建立各种微信公众号，在我们的考察期间，南都内部出现了上百个由部门或记者自己运营的各种公众号。

就技术团队而言，南都的数字准备和南风窗一样并不强。不过这一技术团队不足的状况在移动互联网的冲击到来之时有所改变，在这一轮的移动媒体冲击中，南都决定直接迎接移动互联网的挑战，做适合移动互联网的产品，因而开始尝试建立了拥有专属技术人员的"移动媒体部"。不过如前文所述，这一承担了技术支持之功能的移动媒体部仍然较为弱小，且并不稳定。

而从融合文化来看，早年一直以纸媒为中心的发展使得南都在2012—2015年我们的观察期间，其工作文化仍然是以传统纸媒为中心，并未出现显著的"融合文化"。但是，尽管与科技融合的工作文化尚未开启，但南都相对积极的数字化转型意识使得这家组织具有较强的创新文化。自2010年以来，南都这一组织内部即逐渐酝酿形成了一种"创新/创业文化"。这种创新/创业文化不仅存在于管理层，而且弥漫于基层的记者和编辑，这意味着，南都的上上下下都产生了强烈的创业意识，我们访问的记者和管理者身上都体现出这种跃跃欲试的特点，他们喜欢思考如何面对新媒体的冲击转而塑造新的适应新媒体平台的"产品"，也喜欢思考在数字化冲击下如何探索新的商业模式，这些言语在我们的访谈中往往自然流露出来。

上述中等但渐进的数字准备构成了南都的高层创意者在与数据新闻相遇之时的制度语境，这一制度条件一方面对南都高层的应对策略构成约束，使得其难以一步到位为创新实践提供全方位的支持；但另一方面也赋予了高层管理者采取渐进策略的合理性，使得其愿意不断通过灵活调整来为创新搭建一个具有一定支持性的创新结构。换句话说，以渐进和持续的策略来回应创新成为这家组织在制度嵌入下的合理"处方"。

（三）财新：充分的数字准备如何赋能支持性决策

　　与南风窗、南都相比，财新则是一家有较为充分的数字准备的媒体组织，这表现在如下方面。首先，就数字物质建筑而言，该组织从2009年即着手建设自己的网站，于2010年1月正式上线，经过几年的经营，该网站已经成为一个相对成熟的原创新闻网站。该网站更新及时，拥有多个栏目，较为充分地应用了互联网的多媒体性和交互性，这包括拥有多媒体报道的栏目，按照用户偏好进行新闻排序，在新闻之后设计有评论区，并且将评论区与社交媒体评论如微博进行打通等。其次，作为一家立足原创的新闻网站，财新在过去这些年已经逐渐搭建起了国内纸媒当中较为超前的技术部门。在本观察时期，该技术部门稳定在40人左右，这在国内的新闻组织当中居于前列。而从融合文化来看，财新较早开始的数字化战略使得它一直非常重视在组织内部培育"文理融合"的工作文化，由于网站的搭建、多媒体和可视化的报道等均需要懂数字编程的技术人员参与，该媒体在过去这些年一直致力于推动科技人员与新闻人员的相互融合。根据访谈，其主编胡舒立一直主张将新闻专业主义与科技结合起来，而可视化实验室则是这种融合文化的体现。

　　这些良好的数字准备构成了该新闻组织的高层创意者在进行创新决策时所嵌入的制度性条件：由于发展新闻网站在组织战略上的重要性很强，它就对新兴新闻内容产生了需求，尤其是，新闻网站以及移动App都对于如何在网站上更好地表达新闻，从而获得好的传播力，提了很高的要求。对高层创意者而言，创造好的结构来发挥数据新闻与科技融合的创新表现，以满足这一内容供给的需求，即成为这种条件下的合理选择。不仅如此，充分的数字准备也鼓励了高层创意者对于这一新闻形态究竟能够给新闻组织带来何种正向收益的想象，使得这家新闻组织的管理者在面对基层的数据新闻创新冲动时，能够显著地认识到这一创新的新闻形态可能给新闻组织带来的正向收益。比如，除了为数字化平台提供内容供给，财新的管理者对于数据新闻还有两个明显的期待：一是期待这种通过可视化来进行新闻表达的形式能够比传统以文字为主的报道形式更吸引读者，为App带来流量；二是期望它所代表的创新性能为这家媒体带来行业口碑，也因此这家报纸很重视通过这些创新形式的作品去申报各种行业奖项。因此对财新而言，发展数据新闻颇为重要，除了提供内容，吸引读者外，甚至成了其品牌策略的一部分，通过赢得行业声誉有助于其建立品牌效应。在这一条件下，对创新的强支持因此成为上述制度语境下的合理选择。

六、创新的常规化："制度嵌入"如何塑造基层创意者的策略选择

上述高层创意者所搭建的创新结构构成了基层创意者进行创新实践的基本语境。下文的分析将表明，三家组织的基层创意者之所以形成差异化的创新模式及创新表现，正是其在各自所处的创新结构语境下的策略性选择，或者说，正是各自组织所提供的创新结构与这些基层创意者之创意想象/能动性相互作用的结果。①

（一）南风窗：受限的创新表现与受阻隔的创新想象

南风窗为基层创意者提供的是以纸媒为中心的迟滞保守的创新结构，这一物质基础首先对其创新实践构成了限制。

由于没能为数据新闻提供数字化平台，因此其基层创意者只能在纸媒上展开创新实践，并在此基础上建立自己常规化的实践模式。南风窗所建立的

---

① 这里需要对我们用以分析数据新闻创新的维度加以说明。对新闻从业者而言，数据新闻其实代表着多种可能，它具有多重的创新维度。例如，首先，它具有数据性的维度，创新意味着数据分析方法的创新，以及通过数据分析来发现新闻事实的挖掘和实现新闻主题的表达；其次，它也具有可视化的维度，意味着通过视觉表达手法的创新可以更加简明清晰地表达主题，进而吸引读者，通过数字技术编程所实现的动态可视化比静态可视化被认为更具吸引力；最后，它具有交互性的维度，意味着数据新闻可以通过技术编码来实现与读者的交互，将读者的选择性需求在新闻的阅读行为中得到体现，这一点尤其是数字化时代吸引新闻组织的一个创新维度，因为它被认为对于提供个性化新闻将具有重要意义。下文将分析三家新闻组织在上述不同维度上的创新表现。

数据新闻实践的常规化模式可以用他们自己进行的两种区分——"图说"和"报告"来进行概括。其中，"图说"主要用于刊登对单一新闻主题的图表化报道，所涉及的数据分析方法一般较为简单。"报告"则往往是对一个更广泛或多个新闻主题的图表化报道，一般由多个图表构成，图表之间有逻辑连接，所涉及的数据分析方法往往也更为复杂，其目的往往是严肃和深入地阐释一个相对更重大的新闻主题。这一类型化的模式表明，基层创意者将创新的方向主要聚焦于数据维度，意图通过对数据的创造性分析来实现创新表现。在此条件下，受制于纸媒的介质所限，数据新闻中与科技融合的创新维度如动态可视化和交互等则无从体现。

以纸媒为中心的、相对迟滞的"创新结构"不仅限制了南风窗的基层数据新闻实践与科技融合的可能，而且阻隔了基层创意者的创新想象的实现。前文所举的基层创意者D创办的"一图观政"公众号不被组织吸纳，恰恰说明了基层创意者的数字化想象受阻或无法落实。

（二）南都：渐进延展的创新想象与创新表现

与南风窗高度类似，南都早期的数据新闻实践也聚焦于数据分析，重视数据维度的创新。基层创意者Z和她的团队采取了与南风窗相似的类型化实践模式，只不过，他们用了不同的名字来区分，分别叫作"图解"和"数据的深度挖掘"。但是这一类型化模式随着数字平台的开启而得到改变。随着南都在组织层面形成鲜明的移动媒体战略，Z和她的团队很快开始转向移动平台实验数据新闻。她们建立了一个名为"南都有数"的微信公众号，与此同时，报社也要求这一团队将他们的数据新闻作品上传给官微以及官方客户端，以让数据新闻作品有更多元的平台呈现。

组织层面向数字移动平台的拓展战略进一步拓展了Z及其工作伙伴对于数据新闻的想象和认知，也为Z的创新想象提供了可落实的空间，促使他们在新的数字化想象的基础上进行创新。这一时期，Z和她的工作伙伴开始有意识地向与数字科技融合的维度拓展，致力于在拓展数据交互性和动态可视化上有所作为。如果说在数字化的初期，他们采取的仍是"重置模式"①，即在移动平台上推送纸媒"产品"的复制版的话，②这一状况随后很快得到改变。纸媒所采取的常规化形态显然已经不能满足Z和她的团队对于数据新闻的延展想象。Z说，"在数字平台上，我们就要做更多的交互，给读者提供个性化的信息服务"。这一时期，Z和她的同事引以为豪的被称为"轻应用"的一类数据新闻作品即体现了他们的创新向交互维度的拓展。例如，2014年针对当时关于"延迟退休"议题的热点讨论，Z和其团队设计了一个具有交互性能的"延迟退休计算器"，输入简单资料，就可立即得到自己的退休年龄。这种形态的数据新闻往往侧重于不仅为用户提供特定主题的深入解释，还为用户提供探索数据和参与创造的机会，因此体现了在交互性上的创新。

南都逐渐向交互这一维度进行创新的转向，不仅是数字化物质平台对其产生的期待，同时也是基层创意者在该组织所搭建的创新结构下的合理选择：组织层面的支持性举措，如建立了移动媒体部并招募了交互技术设计师等都为Z和她的团队成员提供了支持，使他们得以产生与科技融合的创新想象并落实于实践。③

（三）财新：与科技融合的创新想象和创新表现

财新的基层创意者一开始就被赋予了数字化双平台（网站和App），这构成了其展开创新实践的物质基础，使得他们更有机会在与科技融合的创新维度上进行拓展。这家新闻组织的基层创意者尽管在最初开始数据新闻尝试之时，其思路与南都和南风窗的基层创意者高度类似，注重数据统计维度，

---

① Boczkowski PJ. Digitizing the News: Innovation in Online Newspapers[M]. Cambridge, MA: MIT Press, 2004.

② 用Z的话说，只不过被改写得更为"小而美"，即文字更少、篇幅更小且选题更为轻松而已。

③ 值得说明的是，南都在数据新闻创新上的表现并不能仅仅通过其向数字化平台拓展来予以概括，事实上，这家组织的数据新闻在后期还发展出了其他的类型化模式，如建立"南都指数"等，这一新兴的创新维度由于与本文的问题意识关联不大，因此在这里不做分析，但这一创新表现为何会出现，值得另文分析。另外，南都渐进延展的创新结构也具有不稳定性，这一创新结构因此也会对基层创新实践构成约束，使得其创新表现也呈现出不稳定的特征。例如，这家媒体在2015年6月成立移动媒体部之后所招聘的交互设计和程序人才均不稳定，出现较多外流，而数据新闻可视化和交互维度上的拓展均高度依赖交互设计师和编程设计师这两种掌握数字技术的主体，这使得自2015年底之后，此类体现了交互创新的轻应用型作品迅速减少。

希望通过好的数据分析来实现新闻价值，但由于在数字平台上实验，他们很快就跳出了仅仅关注数据分析的维度，而是转向了探索如何与数字科技进行结合，将重点放在了可视化和交互这两个在数字技术条件下更可能被赋能的维度。

对可视化和交互维度之创新的重视进一步受到这家组织管理层的重视和支持，也成为其负责数据新闻创新的"可视化实验室"的中心任务。"可视化实验室"的成立表明这家新闻组织在组织层面对于创新应该如何开展以及开展的目标是什么逐渐形成了明确的看法。这一看法的核心就是，希望数据新闻团队的成员能够通过运用数字技术的赋能，以使新闻主题尤其是重大新闻题材能够依托可视化和交互技术在数字平台上获得更好的呈现。在管理者看来，一方面，从专业的角度来说，可视化是数字时代新闻业发展的重要方向，是数字技术的赋能，新闻组织有义务抓住这一机会更好地实现新闻表达；另一方面，对组织而言，充分抓住技术赋能实现新闻的可视化和交互性表达也有助于这家新闻组织创立并维持在新闻行业的口碑和创新引领地位，对组织品牌的正面意义不言而喻。因此，对财新的基层创意者而言，领会并执行这一来自组织的期待和需求，并将其落实于实践便成为这一制度语境下的合理选择。

这一基层实践的结果，即财新在动态可视化方面获得了较强的创新表现，这可以从它的多次得奖作品中看到。财新的多个数据新闻作品获得行业奖项，为这家媒体赢得了行业口碑。例如，荣获2014年腾讯"年度数据新闻"奖以及国际新闻设计协会（Soctety for News,Design，SND）多媒体设计奖的作品《周永康的人与财》用生动的视觉形式呈现了前中央政法委书记周永康复杂的人际关系，进而揭示了周永康家人和部属攫取巨大财富之道。另一个被行业广泛称道的获奖作品《青岛石油管道泄漏》则充分体现了交互在数据新闻呈现中的作用，在这则报道中，实验者将记者从爆炸现场传回的照片、视频以及部分文字报道嵌入地图当中，读者可以通过点击地图来直击事故现场。

也正是在财新所搭建的目标明晰的"创新结构"之下，其基层创意者发明了与南风窗和南都等都不同的对于数据新闻的类型化实践方式。它更多是围绕创新所要求的人力物力来进行划分，将工作分为"轻量型"和"重量型"两种类型，以维持创新的需求与日常提供新闻供给的需求之间的平衡。前者不要求有高的创新性，主要任务是为网站栏目提供供给，满足日常版面对新闻内容的需求，后者则对创新性有高要求，配备的人力物力和政策支持均更充分，其目标是实现更积极的创新。这一类型化方式同样可以看作基层创意者对于这家组织明确的创新期待的合理回应。

七、结论与讨论

总体而言，为回应将新闻创新过程理论化的挑战，本文引入了制度主义为新闻创新研究尝试建立的一个兼顾个体与组织、结构与能动性的分析框架，并通过对我国数字化转型初期三家新闻组织发展数据新闻过程的分析检验了这一分析框架的适用性。这一框架的核心在于，将新闻创新的过程理解为新闻组织内部高层和基层这两个层次的"制度嵌入"的"创意者"跟随制度逻辑（institutional logic）进行策略性选择的过程。

运用这一框架，本文对我国三家处于数字化转型时期的新闻组织各自如何发展数据新闻这一新兴新闻样式的过程展开了比较分析，下文尝试通过表格的形式来总结这一经验分析（见表1）。

这一表格体现了制度主义创新研究框架的三个层次，三家组织的创新差异正是通过这一过程被生产出来：（1）组织在早期的数字化准备构成了各自高层创意者在当下形成创新决策的制度语境，其所搭建的"创新结构"是对各自制度语境的回应；（2）组织所搭建的"创新结构"构成了基层创意者形成创新实践和建立实践常规的制度语境，基层创意者是在各自"创新结构"的限制或使能的条件下建立工作常规，从而形塑创新表现；（3）受制于制度脚本但同时拥有一定能动性的创意者则在各自对创新的认知和想象与制度脚本的互动中形成具体的创新实践。

表1 三家新闻组织数据新闻创新的过程及差异的生成

新闻组织	早年的"数字准备"（高层创意者面对的创新生成语境）	创新结构的搭建（高层创意者的创新决策/基层创意者所面对的创新生成语境）	创新解决方案（基层创意者的类型化实践）	创新表现
南风窗	数字准备不足；缺乏数字化平台；缺乏技术团队；缺乏融合文化建设	保守的创新结构；迟滞应对；未搭建数字化平台；缺乏管理创新；定位边缘	纸媒的单平台实验；"图说"；"报告"	科技维度创新性弱；数据/统计维度的创新性强；有一定静态可视化；无动态可视化；交互性缺乏
南方都市报	数字准备中等；缺乏原创新闻网站平台；缺乏专门的应对数字化架构的技术团队；有一定的创新和融合文化基础	灵活、具有一定支持性的创新结构；渐进和持续应对；提供移动数字化平台；有持续和渐进的管理创新；定位核心，不断提升重要性	纸媒与移动平台的双平台实验；"图解"；"数据的深度挖掘"；"南都指数"；"小而美"的移动数据新闻	科技维度创新性中等；早期数据/统计维度创新；一定的动态可视化创新；一定的交互维度创新
财新	较充分的数字准备；拥有原创新闻平台；拥有技术团队；建立了融合文化	强支持性的创新结构；果断能动应对；为创新提供网站和移动端的双数字化平台；果断和能动的管理创新；定位核心，强调重要性；对创新维度提出明确需求	双数字化平台实验（网站和移动端的）；"轻量型"与"重量型"并行	科技维度创新性较强；较强的动态可视化创新；较强的交互维度创新

这一框架的理论贡献有两点。首先，它是对技术决定论的批评，按照这一框架，创新是否会发生，主要并不取决于技术本身。近年来，数字技术不断更新，短视频、VR技术、新闻游戏和人工智能等技术均成为热门话题，但本研究的启示是，技术的更新并不一定意味着创新的实现，技术更新究竟能带来何种创新后果，均取决于不同层次的创新主体与他们所嵌入的制度语境及其互动。其次，与现有研究中只强调组织/制度对创新行为的塑造或只关注个体成员的微观能动性的观点不同，本文发展的框架兼顾结构与个体能动性。能动性一方面表现在制度对行为的约束作用并不体现为决定，而是对选项的限定，制度嵌入的行动者仍然具有一定的活动空间，对创意者而言，选择的方案尽管受限于结构性约束，但未必唯一；能动性另一方面则表现在创意者对于创新所形成的认知和想象上，它们既受制于制度，但也能够跳出制度的约束而与制度语境发生交互作用，进而塑造创新的过程和表现。

在文章最后，笔者希望围绕从制度主义延伸出来的路径依赖概念来对本文的现实意义做些延伸探讨。路径依赖概念被广泛接受的一个内涵是，历史起作用（history matters），过往对于后来具有铭刻效果（imprinting effect）。本文的分析即体现了这一路径依赖的逻辑，这尤其体现在，组织在前一阶段所进行的"数字准备"会对下一阶段组织的管理决策及基层新闻创新行为产生影响。在经验案例上，本文的南风窗案例尤其体现了这一路径依赖机制所产生的消极作用，它代表的是早期未能启动数字化改革的媒体，导致在后来与创新相遇时只能受制于这一逻辑做出被动反应，从而约束了创新的数字化表现，当下这类媒体在我国可能并不在少数。

但是，路径依赖概念并不意味着对产生路径依赖的组织的领导力的否定。传统上，人们习惯于将对新兴环境的"弱响应/迟滞响应"批评为领导者缺乏创新意识或思维，认为创新的程度取决于当下的组织管理者是否足够勇敢或足够有谋略。但路径依赖概念所提示的则是对组织"有限理性"（bounded rationality）的判断，即新闻组织的决策理性并非无限，而是受制于它们各自的历史，是结合历史与当下进行"有限理性"之判断的结果。因此，应该将这种决策表现置放到更长期的变迁过程来理解，像南风窗这样的纸媒，它们之所以在数字化的变迁中响应迟滞或相对保守，是因为它们对这一在历史中形成的制度逻辑的合理回应。这类媒体在与新媒体结合之时迟疑犹豫，形成的方案在外界看来可能保守，但对于局内人而言，却仍然可能是符合这家组织当下制度逻辑的最优脚本。

按照路径依赖理论，在各方面都准备不足的条件下，重复旧的路径反而成为最优方案。它必将使得组织的决策选择越来越被窄化，最坏的结果是导致"锁定"，即组织的选择范围被大大窄化，想要逆转最初的选择或是行动模式会变得越来越难，最后导致某种行动模式被固定，无从转向其他路径。[①]对于今天处于数字化转型中的新闻组织而言，对创新进行"弱响应"即意味着可能卷入该困境：随着时间的演进，由于转换成本的日益增加、适应性学习能力的丧失以及依赖于旧路径的权力和等级被进一步强化等，一家新闻组织将可能丧失进行路径转换（数字化转型）的能力，正所谓"力不从心"。

但是，今天数字技术不断更新和日新月异的特征将为新闻组织摆脱路径依赖和避免锁定带来更大挑战。这是因为，日新月异的技术将可能让经过艰难努力才创造出来的新的路径/制度逻辑在新的时代面前很快变得不再合乎需要，新闻组织需要不断面对转换制度逻辑、打破路径依赖和创造新路径的挑战。如在Web1.0时代所建立起的制度逻辑随着Web2.0时代的到来可能不再适用，新闻网站的搭建可能很快遭遇移动媒体带来的挑战，好不容易搭建起了两微一端的标配，这一旧路径今天又面对短视频平台兴起的新挑战。这意味着，在数字化的今天，新闻组织可能需要持续处于摆脱旧路径和创造新路径的动态过程之中，面对持续"动荡"。

不过，技术迅速革新的特征也意味着机会，对那些在前一个阶段未能前瞻性地进行路径创造的组织而言，在新的技术到来之时，将仍然有可能抓住契机进行路径创造从而迎头赶上。本文的南都案例即体现了这一点，南都尽管在Web1.0时期未能积极进行数字化转型，但是在移动互联时代到来之时却

---

① Sydow J, Schreyögg G, Koch J. Organizational Path Dependence: Opening the Black Box[J]. Academy of Management Review, 2009, 34(04):689-709; Perello - Marin MR, Marin - Garcia JA, Marcos - Cuevas J. Towards a Path Dependence Approach to Study Management Innovation[J]. Management Decision, 2013, 51: 1037-1046.

抓住契机积极进行了路径创造，建立起了与纸媒进行竞争的、以移动数字化平台为中心的竞争性制度逻辑，这为这家组织后来的创新开展开启了可能。

在技术更新迅速的时代，制度逻辑的不断更迭将可能成为未来数字化时代新闻组织的普遍样态。对新闻组织及其领导者而言，富有前瞻性地进行新路径的创造，创造那些能够会合行动者、行为和资源的"十字路口"，从而让旧有的惯习和常规被直面或组合①，可能是让一家新闻组织立于不败之地的关键。

［李艳红，中山大学新闻传播学院教授、博士生导师，复旦大学信息与传播研究中心研究员。本文系国家社科基金项目"全媒体传播工程实施研究"（项目编号：21BXW002）的阶段性研究成果。本文原载于《新闻与传播研究》2021年第12期。感谢潘忠党教授在本文修改过程中给予的帮助和建议！］

---

① Hakansson H, Waluszewski A. Path Dependence: Restricting or Facilitating Technical Development?[J]. Journal of Business Research, 2002, 55(07): 561-570.

数字新闻创新的变与不变

——基于十家省报客户端新闻与纸媒报道的对比分析

王海燕

【摘要】

通过对全国十家代表性省报的客户端新闻及其纸媒报道进行系统性抽样分析和对比，本文探讨了客户端新闻作为新闻创新在内容上所显现的特点及其相对于纸媒的"变"与"不变"。研究发现，客户端新闻相对于报纸新闻，在行文表达、信源使用、背景信息提供及报道主题的取向等方面没有太大差异，在多媒体性和互动性上的表现亦没有想象的普遍；但是，在标题和导语的呈现以及内文编排和视觉化等方面发生了显著变化。本文结论认为，在数字化环境下，我国主流媒体客户端新闻在形式方面颇多创新，以迎合数字化时代的传播特点；但在内容方面创新乏力，仍因循传统媒体时代的传播惯性，集形式之变与内容之不变于一身。换言之，新闻客户端作为新闻创新或可理解为渠道创新、形式创新，而非内容创新。

【关键词】

新闻客户端；新闻创新；数字新闻；融合新闻；内容分析

一、研究背景

进入21世纪的第二个十年，新媒体发展的中国故事已经远非"互联"可以完全表达，而是已更新为"移动互联"。最新的中国互联网络信息中心第

45次报告显示，2019年1月至12月，我国移动互联网的接入流量达1220.0亿GB，比2017年增长近4倍，比2011年此数据开始统计时增长近225倍；①而与此同时，在占我国人口总量64%的9.04亿网民中，99.3%为使用移动网络的手机网民，规模达8.97亿人，是2011年时3.56亿人的2.5倍②。

在这波迅速发展的移动网络浪潮中，作为新闻创新的产物之一，新闻客户端的出现和广泛使用成为突出现象。自2010年腾讯、网易等首批新闻客户端试水运作以来，我国新闻客户端市场迅速发展，成为不仅是互联网媒体而且是传统媒体争相竞逐的方向。尤其在2014年8月18日中央全面深化改革领导小组审议通过《关于推动传统媒体和新兴媒体融合发展的指导意见》和2015年3月国务院政府工作报告中提出"互联网+"行动计划之后，传统媒体运作的新闻客户端更是迎来井喷之势，短短数年间就使"一端"成为继"两微"之后各家媒体立体化布局移动互联网的"标配"。与此同时，用户也在用行动投票，随着移动阅读成为网民获取新闻资讯的最主要手段，通过客户端获取新闻资讯更是成为网民首选，每天使用时长达人均近24分钟③，表明新闻客户端在我国互联网传播的整体格局中业已占据一席之地。

新闻客户端的发展，不仅是移动互联网和数字化技术的创新，同时也是新闻创新，是新闻业在面临越来越强的不确定性时回应"危机"的方式。目前学界对新闻客户端的研究，大部分取技术和产业角度④，或论述新闻客户端的战略布局和产业发展，或分析新闻客户端的技术特点和可供性潜力，部分

---

① CNNIC. 第 45 次《中国互联网络发展状况统计报告》[EB/OL].(2020-04-28). http://www.cac.gov.cn/2020-04/27/c_1589535470378587.htm.

② CNNIC. 第 29 次《中国互联网络发展状况统计报告》[EB/OL].(2014-05-26). http://www.cac.gov.cn/2014-05/26/c_126548744.htm.

③ 极光大数据.2018 年移动互联网行业数据研究报告 [EB/OL].(2019-01-24). https://36kr.com/p/5174154.

④ 窦锋昌，刘海贵.传统媒体搭建全媒体平台的创新模式研究 [J]. 当代传播，2019(04):5；梁智勇，郭紫薇. 中国新闻类 App 的市场竞争格局及其盈利模式探讨 [J]. 新闻大学，2015(01):7；刘颂杰，张晨露. 从"技术跟随者"到"媒体创新者"的尝试——传统媒体"新闻客户端 2.0"热潮分析 [J]. 新闻记者，2016(02):11；王茜. 打开算法分发的"黑箱"——基于今日头条新闻推送的量化研究 [J]. 新闻记者，2017(09):8.

研究关注了客户端的新闻生产[①]以及新闻创新的话语实践[②]。但总体来说，对新闻客户端作为新闻创新的方面关注较少，尤其对其新闻内容具体面貌的实证性研究较为缺乏。在这一背景下，本研究旨在通过对全国十家代表性省报客户端新闻及其纸媒报道进行系统性抽样分析和对比，探讨作为新闻创新的客户端新闻在内容上的特点，及其相对于纸媒新闻的变或不变。

二、新闻创新的文献综述及研究假设的提出

创新（Innovation）的概念源自经济管理学，最早由奥地利经济学家熊彼特（J. A. Schumpeter，1934）在20世纪30年代提出，指对既有生产要素进行重新排列组合，形成新的生产方式，从而提高效率、维持或扩大利润的经济过程。自20世纪90年代以来，随着互联网的崛起，媒体行业面临前所未有的经济压力，创新也逐渐进入了传媒实践和研究的视野，先是从媒体经营管理的角度提出[③]，继而成为全方位的媒体和新闻转型的重要命题，不仅涉及经济，也涉及技术、文化、体制、职业、内容等多个方面。[④]

媒体创新涉及诸多方面的内容。法兰西斯和贝森特认为媒体创新至少包含四个层次，可概括为4P，分别是：产品创新（Product Innovation）、过程创新（Process Innovation）、定位创新（Position Innovation）、范式创新（Paradigmatic Innovation）。[⑤]其中，产品创新指媒体机构提供的产品或服务转型，过程创新指媒体机构提供这些产品或服务的流程转型，定位创新指对媒体机构及其产品在市场竞争中位置的重新定义，而范式创新指包括媒体机

① 王侠. 液态社会中新闻生产的变革与延续——基于对新闻客户端 M 的分层访谈 [J]. 国际新闻界，2019（05）：60-79.
② 白红义. 中国新闻业的创新话语研究——以十九家新闻客户端的创刊宣言为例 [M]// 强荧，焦雨虹，主编. 上海蓝皮书：上海传媒发展报告（2018）. 北京：社会科学文献出版社，2018.
③ Mierzejewska BI, Hollifield CA. Theoretical Approaches in Media Management Research[M]// Albarran A, Chan-Olmsted S, Wirth MO. (eds.) Handbook of Media Management and Economics，Mahwah, New Jersey: Lawrence Erlbaum Associates, 2006:37-66.
④ Storsul T , Krumsvik AH. What is Media Innovation?[M]// Storsul T, Krumsvik AH. (eds.) Media Innovation: A Multidisciplinary Study of Change. Göteborg: Nordicom, 2013:13-26.
⑤ Francis D, Bessant J. Targeting Innovation and Implications for Capability Development[J]. Technovation, 2005, 25(03):171-183.

构的价值观和商业模式在内的范式转型。斯托索尔和克拉姆斯维克在此基础上进行了补充，认为传媒毕竟不同于纯粹的经济产业部门，不仅要重视技术和商业模式的创新，更要重视创新的社会性和文化性效果，因此在4P之外，还应有一个S，即社会创新（Social Innovation），指媒体机构创造性地利用现有服务或产品来促进社会目标的达成。[①]

新闻创新作为媒体创新的一个子集，指的是新闻业对新技术的采纳和应用以促使其产品、方法、思维、结构、市场、关系等发生转变的过程。[②]同媒体创新一样，学者们普遍认为，新闻创新的着眼点不仅在于商业模式的转型，更在于社会效果的达成；不仅包括技术手段的革新，也包含对新闻生产和发布流程、记者工作常规、新闻产品的定位及其品质与内涵的全方位改造。如考哈宁和诺帕雷认为，新闻创新本质上是一种未来朝向的"方法论性质的态度"（methodological attitude），包含科技（technology）、技艺（technique）、过程（process）、语言（language）、形式（format）等一系列循环的、层叠的、复杂的过程。[③]弗劳斯认为，新闻创新大致涵盖三个方面，即内容和叙事、科技和形态、商业模式。[④]其中，科技和商业毋庸讳言，内容和叙事却常被忽视，人们往往忘记新闻创新最重要的目的是新闻信息的生产和消费效率的提高，因此在技术和商业模式之外，必须考虑对包括采访、事实核查、写作、编辑、呈现、发布等在内的新闻实践过程的提升和改造。彭兰则指出，我国当下新闻创新的一个共识性方向是移动化，但移动化不应只是一种简单的平台搬迁，而应是新闻产品的系统性升级，包括产品形式、产品结构以及背后的产品思维等各方面。[⑤]

就媒体实践层面而言，博奇科夫斯基对三家在线报纸的研究发现，创新给新闻工作室带来了编辑流程的改造、新闻采集方式的变化、报道时效

① Storsul T, Krumsvik AH. What is Media Innovation?[M] // Storsul T, Krumsvik AH. (eds.) Media Innovation: A Multidisciplinary Study of Change. Göteborg: Nordicom, 2013:13-26.
② 白红义.从技术创新到新闻创新：重塑新闻业的探索性框架[J].南京社会科学，2016(10):104-112.
③ Kauhanen E, Noppari E. Innovation, Journalism and Future (Final report of the research project Innovation Journalism in Finland)[M]. Helsinki: Painotalo Miktor, 2007.
④ Flores AM. Innovation Journalism: A Multiple Concept[J]. Brazilian Journalism Research, 2017, 13(02):156-179.
⑤ 彭兰.移动化、社交化、智能化：传统媒体转型的三大路径[J].新闻界，2018(01): 35-41.

性的提高和报道形式的汇流等几个方面的变化。①厄舍对《纽约时报》进行
的个案研究也发现，经过数字化改造的新闻在即时性（immediacy）、互动
性（interactivity）、参与性（participation）方面有所提升，二者结论都偏向
创新的积极影响。②施米茨·韦斯与瓦夫梅耶（Schmitz Weiss & Wulfemeyer,
2014）证实报纸和地方电视台的网络版比电台的网络版融入更多的多媒体
特色。

不过，多明戈研究后认为，尽管编辑记者在比较线上新闻与线下新闻
的不同时常提到互动性，但在其每天的常规工作中，复制传统新闻的趋势
明显，读者仍然是被动的新闻接受者和消费者角色，远远谈不上参与者。③
叶与李通过对120家美国报纸的线上读者论坛的研究也发现，"互动论坛"
（interactive forums）最后成了"读者游乐场"（readers' playgrounds），因
为基本看不到编辑记者的回复或发言。④陈昌凤基于对国内数字化媒体先锋
《澎湃》新闻的观察发现，其在新闻发布的数量和频率以及社交功能的嵌入
上表现突出，但在内容把关、原创性和表达新颖性上有所欠缺。⑤王辰瑶、喻
贤璐通过对《人民日报》《中国青年报》《新京报》三份报纸的"微新闻"
生产的研究发现，面对这一创新性新闻实践，编辑部成员之间展开正式或非
正式合作的情况虽然存在，但冲突的关系或者不合作亦不冲突的疏离关系更
加普遍，使得创新的结果离最初的设想相去甚远。⑥

基于上述可见，新闻创新作为实践存在已久，但带来的新闻产品变化
未必显著。这可能同样显现于作为我国当下新闻创新重要发力点的客户端新

---

① Boczkowski PJ. Digitizing the News: Innovation in Online Newspapers[M]. Massachusetts: MIT Press, 2004.

② Usher N. Making News at the New York Times[M]. Ann Arbor: The University of Michigan Press, 2014.

③ Domingo D. Interactivity in the Daily Routines of Online Newsrooms: Dealing with an Uncomfortable Myth.[J] Journal of Computer-Mediated Communication, 2008, 13(03):680-704.

④ Ye X,Li X. Internet Newspapers' Public Forum and User Involvement[M]// Li X. (eds.) Internet Newspapers: The Making of a Mainstream Medium, New Jersey: Lawrence Erlbaum Associations Inc. Publishers. 2006:243-260.

⑤ 陈昌凤. 新闻客户端：信息聚合或信息挖掘 [J]. 新闻与写作，2014(09):52-55.

⑥ 王辰瑶，喻贤璐. 编辑部创新机制研究——以三份日报的"微新闻生产"为考察对象 [J]. 新闻记者，2016(03): 10-20.

闻，为此，本文提出如下假设：

H1. 客户端新闻与报纸新闻在信源引用的特点上区别不明显；

H2. 客户端新闻与报纸新闻在背景信息的提供上区别不明显；

H3. 客户端新闻与报纸新闻在行文表达的特点上区别不明显；

H4. 客户端新闻与报纸新闻在报道主题的取向上区别不明显。

但由于运行在新媒体移动平台上，客户端新闻相对于纸媒而言，有一些因技术手段不同而带来的独到之处，其中讨论较多的与新闻创新有关的两个方面是多媒体性和互动性，因此，本研究也提出如下两个问题：

Q1. 客户端新闻在多媒体性上表现如何？

Q2. 客户端新闻在互动性上表现如何？

不过，既有相关研究显示，新媒体所带来的信息呈现方式的丰富性和多元化也表现于客户端新闻中。具体地，传统媒体在新媒体实践中有意识地运用文字、视频、图片、音频，注重提升数据可视化水平，使用更多疑问式标题，以形成与用户协商、和谐对话的语境，偏好网络热词、流行语等网民青睐的亲密用词，而且在标题中常使用感叹号、问号等情感符号。

同时，一些自媒体编辑实践建议也势必会影响客户端新闻的形态，比如，多分段，"如果一段的行数超过三行，就会显得有些拥挤，每三行另起一段"；长标题，"因为要向用户传达准确的实时讯息，新闻、报社等公众号不能盲目缩短标题而忽略事实"；标题字数和行数更多；导语突出亮点，而非囊括所有新闻要素等。基于这些实践观察，本文再提出如下假设：

H5. 客户端新闻相对于报纸新闻，在标题上有明显不同的特点：

H5-1. 标题行数更多；

H5-2. 主标题字数更多；

H5-3. 主标题包含更多的情感符号；

H5-4. 主标题包含更多的亲密用词。

H6. 客户端新闻相对于报纸新闻，在导语上有明显不同的特点：

H6-1. 导语包含电头的情况更少；

H6-2. 导语包含更少的新闻要素。

H7.客户端新闻相对于报纸新闻，在内文编排上有明显不同的特点：

H7-1.分段更多；

H7-2.视觉化元素更多。

三、研究方法

我们根据代表性抽样的原则选择了十家省报媒体，涵盖我国媒体的地域差异（东、南、西、北、中）、经济发展差异（沿海、内陆）和媒体属性差异（机关媒体、市场化媒体），分别为：南方日报、南方都市报、解放日报、东方早报、湖北日报、楚天都市报、贵州日报、贵州都市报、黑龙江日报、黑龙江晨报。通过对十家代表性主流媒体客户端新闻进行内容分析以及与其对应的报纸新闻对比，本文试图探究这十家媒体新闻创新在内容层面的表现。

对这十家媒体，我们主要对其在2018年发布的客户端新闻进行了抽样分析，同时也分析了对应报纸2012年和2018年的新闻作为参照。为保证不同年份及不同平台之间的比较匹配性，我们每年选择完全一致的时间段，且为尽量避开周期性重大事件发生的时间（如春运、春节、"5·12"地震纪念日、"10·1"国庆节等），选取每年6月至9月，使用建构周（constructed week）方法，从6月11日起每隔8天（一星期+1天）间隔抽样，共抽取14天，组成两个完整的建构周。

本研究的分析单元为单篇报道。我们在每天的客户端或报纸中选取其都市新闻板块前6篇报道进行编码，若不足6篇则按实际篇数编码。选择都市新闻是因为这是各家媒体原创新闻的重点领域，最能反映各家媒体的创新面貌，同时又是各家报纸都规律性更新或出版的板块。最终我们得到符合条件的样本共2400个，其中包括2018年客户端新闻样本816个，2018年报纸新闻样本752个，以及2012年报纸新闻样本832个，大致平均地分布于十家抽样媒体。值得说明的是，《东方早报》由于2017年起停刊，其报纸内容仅分析2012年，客户端分析的是该报整体转型后着力打造的"澎湃新闻"。其他各报对应的官方客户端分别为："南方+"（《南方日报》）、"南方都市报"（《南方都市报》）、"上观新闻"（《解放日报》）、"湖北日报"（《湖北日报》）、"看楚天"（《楚天都市报》）、"今贵州"（《贵州日报》）、"都市E家"（《贵州都市报》）、"黑龙江日报"（《黑龙江日报》）、"劲彪新闻"（《黑龙江晨报》）。总体样本概况见表1。

表1　样本概况

报纸及相应客户端名称	2012年报纸	2018年报纸	2018年客户端	总数/占比
《解放日报》（"上观新闻"）	84	84	84	252（10.5%）
《东方早报》（"澎湃新闻"）	84	0	84	168（7%）
《南方日报》（"南方+"）	84	84	84	252（10.5%）
《南方都市报》（"南方都市报"）	84	84	84	252（10.5%）
《贵州日报》（"今贵州"）	78	80	76	234（9.8%）
《贵州都市报》（"都市E家"）	83	84	79	246（10.3%）
《黑龙江日报》（"黑龙江日报"）	83	84	80	247（10.3%）
《黑龙江晨报》（"劲彪新闻"）	84	84	81	249（10.4%）
《湖北日报》（"湖北日报"）	84	84	84	252（10.5%）
《楚天都市报》（"看楚天"）	84	84	80	248（10.3%）
沿海媒体总数	336	252	336	924（38.5%）
内陆媒体总数	496	500	480	1476（61.5%）
机关媒体总数	413	416	408	1237（51.5%）
市场化媒体总数	419	336	408	1163（48.5%）
总计	832（34.7%）	752（31.3%）	816（34.0%）	2400（100%）

本研究要探讨的问题是客户端新闻相对于报纸新闻在内容上有哪些变化，因此我们根据研究假设，重点对报道文本的内容和形式特点进行编码，主要包括以下内容：报道的基本信息（所属媒体、报道时间等）；标题特点（行数、字数、使用符号情况、使用人称情况以及使用亲密称呼的情况等）；导语特点（是否含有电头、导语中5W要素的使用情况）；内文编排

特点（总体篇幅、分段情况、视觉化情况）；行文表达特点（是否表达了主观性意见、是否进行了煽情化描述、是否聚焦人物故事等）；信源引用特点（信源数量、信源类别以及匿名信源使用情况等）；背景信息提供情况；报道主题取向等。同时，仅针对客户端样本，我们也对多媒体性手段的使用情况以及互动性设置的情况进行了编码。

一共有五位编码员参与了编码，正式编码前，我们对其进行了近半年的系统培训，以充分熟悉编码本。培训结束后，我们随机选择了占样本总量10%的报道进行编码员间信度测试，最终测得各项变量的Krippendorf's α值在0.802至0.989之间，达到满意水平。

四、客户端新闻之不变

（一）信源使用

从信源的使用个数来看，客户端和报纸平均每篇报道的数量均在2个以上且不超过3个，客户端2.24个，报纸2.50个，t检验显示，两者之间有显著差异，$t=2.640$，$df=2398$，$p<0.01$。但是，这一显著性主要是由时间引起的。当去掉2012年的报纸样本，仅比较2018年的报纸和客户端新闻时，我们发现，差异的显著性消失了，客户端2.24个，报纸2.26个，$t=0.188$，$df=1566$，$p>0.05$。这表明，2012年到2018年我国新闻业的总体趋势是信源使用越来越少，这一趋势几乎无差异地反映在报纸和客户端上，客户端作为一个新型媒介形态并没有采纳相对于传统报纸而言的新型信源引用形式。同时，如表2所示，仅比较2018年的样本的话，客户端和报纸中无信源新闻占各自样本量的比例均为14.1%，使用单一信源的分别占30.6%和31.9%，使用两个信源的分别占21.8%和20.3%，交叉报表分析显示两者区别不明显，$x^2=3.341$，$df=4$，$p>0.05$，说明无论是报纸还是客户端，在信源使用上都欠缺多样性。

表2　报纸与客户端引用信源均值和不同数量的占比

媒体类别	信源均值/个	信源数量和占比 / %				
		0个	1个	2个	3个	>= 4个
App（2018年）	2.24	14.1	30.6	21.8	15.1	18.4
报纸（2018年）	2.26	14.1	31.9	20.3	12.8	20.9
报纸（2012年）	2.72	11.1	26.6	23.9	14.3	24.1
报纸（两年合并）	2.50	12.5	29.1	22.2	13.6	22.6
显著性检验[①]（与所有报纸比较）	$t=2.640^{**}$	$x^2=6.905^{n.s.}$				
显著性检验（与2018年报纸比较）	$t=0.188^{n.s.}$	$x^2=3.341^{n.s.}$				

进一步分析，我们还发现，客户端和报纸新闻的主要信源特点高度类似。两类媒体中的主要信源都是政府及其工作人员，在客户端中的占比相对报纸略高，客户端为41.3%，报纸总体是38.2%，其中，2012年报纸40.0%，2018年报纸36.2%；其次是社会个体/普通群众；再次是商业机构和专家/媒体；最不受重视的是非盈利性社会组织。值得关注的是，客户端和报纸均有近1/3的报道无法判定信源类别，客户端为28.3%，报纸总体是29.0%，其中2012年是26.3%，2018年是32.0%。卡方检验显示无显著性，客户端与所有报纸比较的话，$x^2=5.688$，$df=5$，$p>0.05$；与2018年报纸比较的话，$x^2=8.129$，$df=5$，$p>0.05$，见表3。这说明二者几无分别，都存在信源模糊性，也意味着，H1得到支持，即客户端新闻与报纸新闻在信源使用的特点上差别不大。

表3　全文主要信源类别判断

媒体类别	政府/官员	商业机构	专家/媒体	非盈利社会组织	社会个体/普通群众	无法判断
App（2018年）/%	41.3	9.2	7.2	1.2	12.8	28.3
报纸（2018年）/%	36.2	8.8	6.4	1.9	14.8	32.0

---

① 本文所有表格中报告的显著性检验值，如无特殊说明均为：*** 代表 p<0.001，** 代表 p<0.01，* 代表 p<0.05，n.s.=not significant（不显著）。

续表

媒体类别	政府/官员	商业机构	专家/媒体	非盈利社会组织	社会个体/普通群众	无法判断
报纸（2012年）/%	40.0	10.1	6.0	1.3	16.2	26.3
报纸（两年合并）/%	38.2	9.5	6.2	1.6	15.5	29.0
显著性检验（与所有报纸比较）	$x^2=5.688^{n.s.}$					
显著性检验（与2018年报纸比较）	$x^2=8.129^{n.s.}$					

（二）背景提供

同样，在背景信息的提供上，分析结果也显示，客户端新闻与报纸新闻没有显著差异。

背景信息是新闻的重要组成部分，能帮助读者了解新闻事件的来龙去脉，增加报道的深度，在新闻的专业传统中一向得到强调，但如表4所示，本研究发现，无论是客户端还是报纸，都有1/3以上的报道未提供背景信息，在客户端中占36.6%，在报纸总体中占35.4%，其中，2012年报纸36.5%，2018年报纸34.2%。从比例上看，客户端总体上略高于报纸。但卡方检验显示，二者差异并不显著，与所有报纸相比，$x^2=0.353$，$df=1$，$p>0.05$；与2018年报纸相比，$x^2=1.040$，$df=1$，$p>0.05$。因此，H2得到支持。

表4 未提供背景信息的报道占比

媒体类别	App（2018年）/%	报纸（2018年）/%	报纸（2012年）/%	报纸（两年合并）/%	x^2（客户端与所有报纸比较）	x^2（客户端与2018年报纸比较）
比例	36.6	34.2	36.5	35.4	$0.353^{n.s.}$	$1.040^{n.s.}$

（三）行文表达

在行文表达上，我们分析了主观性、煽情化、故事化三个方面，具体表达分别为"行文中是否包含记者/编辑的个人观点或看法""行文中是否对所报道事件或人物进行了煽情化描述""是否将报道焦点放在人物故事上"。分析结果发现，在这三个方面，客户端新闻和报纸新闻均没有明显差别。

如表5所示，3.6%的客户端报道包含了记者/编辑的主观看法，而报纸新闻总体是3.2%，其中，2012年报纸是3.5%，2018年报纸是2.8%，虽然客户端新闻比报纸略高，但是二者之间差异不显著，不管是2018年的客户端相对于两个年份的报纸而言（x^2=0.267，df=1，p>0.05），还是2018年的客户端相对于2018年的报纸而言（x^2=0.735，df=1，p>0.05）。同样，6.0%的客户端报道进行了煽情化描述，而报纸新闻总体是6.8%（其中，2012年7.0%，2018年6.6%），客户端相较报纸比例略低，但差异不显著，与两个年份的报纸相比如此（x^2=0.583，df=1，p>0.05），与2018年的报纸相比亦如此（x^2=0.274，df=1，p>0.05）。故事化叙事方面，客户端报道中占比15.6%，报纸占比14.5%（其中，2012年13.0%，2018年15.7%），差异不显著，与两个年份的报纸相比的话，x^2=0.522，df=1，p>0.05，仅与2018年报纸相比的话，x^2=2.041，df=1，p>0.05。

从三个方面合并考虑，说明H3得到支持，客户端新闻与报纸新闻在行文表达上没有表现出显著不同。

表5　App和报纸内文表达情况比较

媒体类别	主观性	煽情化	故事化
App（2018年）/%	3.6	6.0	15.6
报纸（2018年）/%	2.8	6.6	15.7
报纸（2012年）/%	3.5	7.0	13.0
报纸（两年合并）/%	3.2	6.8	14.5
x^2（客户端与所有报纸比较）	0.267 [n.s.]	0.583 [n.s.]	0.522 [n.s.]
x^2（客户端与2018年报纸比较）	0.735 [n.s.]	0.274 [n.s.]	2.041 [n.s.]

（四）报道主题

从报道主题的取向上看，分析显示，客户端和报纸平均约85%的样本致力于报道与公共生活相关的事务，有近14%的样本以非公共性的私人事务为报道取向，约1%的报道处于模糊地带，介于公共性与非公共性之间。如表6所示，从比例来看，客户端和报纸差距微小，几乎可以忽略不计；而卡方检验进一步表明，这些微小的差异性不具备统计学意义上的显著性，客户端与所有的报纸样本比较的话，$x^2=0.009$，$df=2$，$p>0.05$，与2018年的报纸样本比较的话，$x^2=0.470$，$df=2$，$p>0.05$。这说明，H4得到支持，客户端新闻与报纸新闻在报道主题取向上没有差别。

表6　客户端和报纸报道主题取向占比

媒体类别	公共事务/%	非公共事务/%	难以分辨/%	显著性检验	
				客户端与	客户端与
客户端（2018年）	85.5	13.6	0.9	2018年报纸	两年报纸
报纸（2018年）	85.0	13.8	1.2	比较	比较
报纸（2012年）	85.8	13.6	0.6		
报纸（两年合并）	85.4	13.7	0.9	$x^2=0.470^{n.s.}$	$x^2=0.009^{n.s.}$

五、多媒体性与互动性

在预测客户端新闻相对于报纸新闻而言有变亦有不变之外，鉴于客户端具有的报纸所没有的一些技术可供性，我们也单独针对客户端新闻提出了两个研究问题，即其分别在多媒体性（Q1）和互动性（Q2）上表现如何，这也是人们普遍寄望的网络新媒体可能带来新闻业变化的两个主要方面。但是，本研究分析发现，媒体实践的现实远跟不上想象，客户端新闻并没有如人们期待的一样呈现出显著的多媒体性，亦没有包含大量的互动性。

在多媒体性方面，我们具体分析了视频、音频、动画、H5共四种多媒体呈现手段。如表7所示，只有3.2%的客户端报道包含了视频，0.7%包含了动画，而前几年热门的H5甚至为零，仅有音频略成气候，在13.4%的报道中出现。从出现的数量来看，平均每篇客户端报道中包含的视频为0.04个，最多的一篇有4个；动画平均为0.02个，最多7个；音频平均有0.11个，最多1个。如果把这几种多媒体手段合并统计的话，则有15.1%的报道包含了至少一个多媒体元素，平均每篇报道包含的数量为0.17个，最多7个。总体而言，多媒体元素的数量和比例均偏低。

表7　客户端新闻多媒体手段使用情况

数量及占比	视频	音频	动画	H5	包含四种中至少一个
平均每篇数量/个	0.04	0.11	0.02	0	0.17
单篇最多数量/个	4	1	7	0	7
占比（数量为1或以上）/%	3.2	13.4	0.7	0	15.1

在互动性方面，我们首先分析了客户端新闻对七种意在鼓励读者或用户与编辑部或信源互动的联系方式的包含情况：电话号码、微信号、微博账号、电子邮箱地址、通信地址、网址、二维码。结果发现，仅有10.4%的报道包含了七种联系方式中至少一个。其中最为普遍的是网址，出现在5.8%的报道中；其次是电话号码，在4.7%的报道中出现；微信居第三，为1.5%；而微博、电子邮箱、通信地址、二维码的比例均在一个百分点之下。可见，客户端新闻通过提供联系方式而鼓励互动的情况并不普遍。

表8　客户端新闻中包含互动元素的比例

单位：%

电话号码	微信账号	微博账号	电子邮箱	通信地址	网址	二维码	包含以上至少一个
4.7	1.5	0.1	0.4	0.4	5.8	0.4	10.4

互动性作为互联网技术的一大特征，其赋予数字化新闻的可供性，并非只体现在联系方式的提供上，也体现在其对评论、转发、点赞、点击跳转等互动行动的鼓励上，因此，我们还分析了客户端新闻是否允许超链接、是否允许评论、是否允许点赞、是否允许转发等。结果发现，所有的客户端新闻均开通了评论和转发功能，90.1%的客户端新闻开通了点赞功能。但值得注意的是，这些评论功能绝大多数是形同虚设，普遍存在点击无反应的情况，或者可以点击和输入评论但结果不能出现在评论列表中，大多数新闻的评论区空空如也，或寥寥数条"表扬式"语句，编辑记者的回复极少。同时，仅有

1.6%的客户端新闻包含了允许页面跳转的超链接功能。可见，客户端新闻的互动性设置倾向于对简单性动作的鼓励，而对深入的复杂性动作则普遍持谨慎态度。

六、客户端新闻之变

（一）新闻标题的创新

H5提出客户端新闻的标题呈现出与报纸新闻不同的特点，分别表现为标题行数更多（H5-1），主标题字数更多（H5-2），以及情感符号和亲密词汇使用更多（H5-3、H5-4）。通过单样本 t 检验、方差分析和交叉报表分析，我们发现这组假设均获支持。

首先，从主标题字数上看，在所分析的客户端样本中，平均每篇新闻的主标题长度为24.16字，最长的有46字，最短的9字；而报纸新闻的主标题，所有样本的平均长度为13.28字，最长的36字，最短的1个字；而仅看2018年报纸样本的话，平均长度为14.14字。可见，客户端新闻的标题远远比报纸更长，与两年报纸样本比较的话，$t=54.969$，$df=2398$，$p<0.001$，与2018年报纸样本比较的话，$t=39.587$，$df=1566$，$p<0.001$，可见t值虽有所收缩，但显著性仍然强烈（见表9）。说明不仅在两种媒介之间比较的话，客户端标题相对报纸标题呈现拉长趋势，而且在同一媒介类型（报纸）内部进行比较的话，2018年也相对于2012年呈现出长标题趋势。

表9 主标题字数比较

媒体类别	平均值	标准差	最大值	最小值	显著性检验	
					客户端与2018年报纸比较	客户端与两年报纸比较
App（2018年）	24.16	5.93	46	9		
报纸（2018年）	14.14	3.76	36	2		
报纸（2012年）	12.50	3.52	29	1		
报纸（两年合并）	13.28	3.72	36	1	$t=39.587$***	$t=54.969$***

对标题行数的分析显示与主标题字数相同的特征，客户端比所有报

纸样本的标题行数更多，平均分别为2.12行和2.03行（t=3.087，df=2398，p<0.01）；同时，2018年的报纸比2012年的报纸标题行数更多，分别为2.07行和1.99行（t=2.033，df=1582，p<0.05）；而且，2018年的客户端也比2018年的报纸标题行数更多，分别为2.12行和2.07行（t=1.522，df=1566，p<0.05）。

其次，从标点符号的使用来看，75.6%的客户端样本在标题中使用了标点，而只有31.4%的报纸样本使用了标点（x^2=423.732，df=1，p<0.001），其中较为显著的是对感叹号和问号的使用，23%的客户端样本使用了感叹号，而报纸只有1.1%（x^2=329.271，df=1，p<0.001）；7.5%的App标题使用了问号，而报纸只有1.6%（x^2=54.211，df=1，p<0.001）。与此相呼应的是，客户端新闻标题比报纸新闻标题更倾向于使用"啊、呢、呀、吗"等情感助词，占比分别为10.3%和3.9%（x^2=39.385，df=1，p<0.001），更倾向于使用"亲、亲爱的、小伙伴、最美××"等情感化名词，占比分别为5.1%和3.0%（x^2=6.686，df=1，p<0.05）。可见，客户端新闻标题的感情化倾向普遍比报纸高。

总体而言，与研究假设相一致的是，客户端的新闻创新在标题上有显著体现，表现为：行数更多、字数更多、标点更多、情绪化符号和用词更多。一定程度上，这说明人们经常以或批判或戏谑的口吻说起的"标题党"特点或趋势在客户端新闻中的确有所体现。

（二）新闻导语的创新

H6针对的是导语，提出客户端新闻相比报纸新闻，在导语中包含电头的情况更少（H6-1），包含的5W新闻要素更少（H6-2）。同样，交叉报表和卡方分析的结果显示，这组假设基本上得到支持。

如表10所示，客户端样本中包含了电头的比例只有33.1%，而报纸总体却有66.0%，其中，2018年报纸为67.6%，2012年报纸为64.7%。客户端与报纸之间差异显著，与所有报纸比较，x^2=236.05，df=1，p<0.001；与2018年报纸比较，x^2=185.95，df=1，p<0.001。而对于传统导语所强调的"5W"（时间when、地点where、人物who、事件what、原因why）新闻要素，大部分在客

户端新闻中的比例低于报纸，包括时间、人物、事件，仅看2018年客户端和报纸样本的话，分别为80.0%比87.1%，88.5%比92.4%，92.2%比95.6%，且卡方检验均显著，只有地点和原因两个要素，客户端新闻比例略低，不过卡方检验的结果显示其显著度较低或无效。这说明，客户端在大部分指标上呈现出显著的"去要素化"特点，但在"地点"和"原因"上的发展趋势需要进一步观察。

表10　导语包含电头和不同新闻要素的占比情况

媒体类别	电头	5W新闻要素				
		时间	地点	人物	事件	原因
App（2018年）/%	33.1	80.0	51.6	88.5	92.2	11.5
报纸（2018年）/%	67.6	87.1	47.5	92.4	95.6	11.2
报纸（2012年）/%	64.7	82.2	47.1	93.8	94.1	10.2
报纸（两年合并）/%	66.0	84.5	47.3	93.1	94.8	10.7
x^2（客户端与2018年报纸比较）	185.95^{***}	14.19^{***}	$2.66^{n.s.}$	6.98^{**}	8.05^{**}	$0.05^{n.s.}$
x^2（客户端与所有报纸比较）	236.05^{***}	7.76^{**}	4.00^{*}	14.96^{***}	6.70^{**}	$0.40^{n.s.}$

（三）内文编排的创新

H7针对的是内文编排的特点，研究发现，我们提出的客户端新闻相比报纸新闻分段更多（H7-1）和视觉化更强（H7-2）的预测都得到支持。

如表11所示，客户端新闻平均每篇文章有8.52个段落，比2018年报纸多1.74段，比两年报纸合并多1.62段；t检验显示，这些差异都具有显著性，客户端与2018年的报纸相比，$t=4.580$，$df=1566$，$p<0.001$；与两年所有报纸样本相比，$t=5.391$，$df=2398$，$p<0.001$。

这说明，至少从段落编排形式来看，客户端新闻相对于报纸来说给读者一种更加琳琅满目的感觉，这可能意味着内容丰富度的提升，但也可能意味着碎片化和视觉化的加强。不过结合下面关于视觉化的分析，我们认为其指向前者的可能性更大。

表11　客户端和报纸新闻段落数量比较

媒体类别	平均值/个	标准差/个	最大值/个	最小值/个	显著性检验	
App（2018年）	8.52	9.00	169	1	客户端与2018年报纸比较	客户端与两年报纸比较
报纸（2018年）	6.78	5.447	38	1		
报纸（2012年）	7.00	5.859	46	1		
报纸（两年合并）	6.90	5.667	46	1	$t=4.580$***	$t=5.391$***

如表12所示，客户端新闻相对于报纸新闻有着显著更强的视觉化表达，不仅包含视觉元素的新闻占比更多，而且单篇报道平均使用视觉元素的数量更多。在客户端新闻样本中，73.4%包含了视觉化元素，而报纸只有41.1%使用了视觉化元素，其中2018年的报纸为38.2%，2012年的报纸为43.8%。卡方检验显示，客户端与报纸之间差异显著，与所有报纸比较，$x^2=225.257$，$df=1$，$p<0.001$；与2018年报纸比较，$x^2=197.768$，$df=1$，$p<0.001$。具体而言，我们统计了照片、图像、插图、图表、地图等五种视觉元素的数量，单样本 t 检验显示，客户端新闻平均每篇报道使用了2.06个视觉元素，而报纸新闻平均每篇仅有0.51个，前者是后者的4倍之多。其中，2012年的报纸平均为0.52个，2018年的报纸平均为0.48个。客户端和报纸之间差异显著，与所有报纸比较，$t=23.66$，$df=2398$，$p<0.001$；与2018年报纸比较，$t=17.39$，$df=1566$，$p<0.001$。这说明，H7-2关于视觉化的假设从占比和均值两个层面都得到支持。

同时，这也为H7-1关于段落数更多的发现提供了可能性解读，即客户端新闻在内文编排上显著体现出通过大量分段和大量使用视觉元素的方式分解整块阅读、调节阅读节奏的趋势，不仅更加视觉化，同时也更加碎片化。

表12　App和报纸新闻的视觉化元素数量比较（平均值/最高值）

媒体类别	所有视觉元素/个	照片/张	图像/张	插图/张	图表/张	地图/张
App（2018年）	2.06 （18）	1.84 （18）	0.6 （6）	0.06 （5）	0.05 （4）	0.04 （7）
报纸（2018年）	0.48 （8）	0.38 （5）	0.01 （1）	0.06 （7）	0.03 （3）	0.01 （2）
报纸（2012年）	0.52 （6）	0.39 （6）	0.03 （1）	0.08 （4）	0.03 （1）	0.00 （1）
报纸（两年合并）	0.51 （8）	0.38 （6）	0.02 （1）	0.07 （7）	0.03 （3）	0.01 （2）
t（客户端与2018年报纸比较）	17.39***	17.06***	3.42***	0.01 n.s.	1.47 n.s.	2.70*
t（客户端与所有报纸比较）	23.66***	23.66***	3.78***	−0.52 n.s.	2.01*	4.05***

　　鉴于视觉化的显著性，我们进一步对其做了细节化分析，发现在所分析的五种视觉化手段中，不管是客户端还是报纸，最偏好的视觉表达方式均为照片，如表12所示，客户端新闻平均每篇使用了1.84张照片，最多的一篇报道用了18张照片；报纸平均每篇用0.38张照片，最多一篇6张。第二偏好的视觉方式，客户端是图像，平均每篇报道用了0.6张图像，而报纸是插图，平均每篇0.07张。同时，值得注意的是，作为新兴的视觉表达方式，图表和地图呈现崛起的势头，客户端新闻平均每篇报道包含0.05张图表和0.04张地图，而报纸平均每篇有0.03张图表和0.01张地图。同时，不管是照片、图像还是图表、地图，客户端对各项视觉元素的使用都显著多于报纸，仅在插图上，客户端与报纸不相上下，差别不显著。

　　上述分析显示，客户端新闻在诸多方面表现着与报纸不同的特点，从标题字数、行数、情感符号的使用，到导语的去电头化和去要素化，到内文编排的视觉化等，客户端新闻在"外观"上可谓发生着一目了然的变化。但是，在深层次的新闻内里，包括信源使用、背景提供、行文表达的特点以及报道主题的总体取向等方面，客户端新闻与报纸新闻并无太大差别。

七、结论

从内容分析的角度，本文研究了我国主流媒体客户端的新闻创新及其在终端产品上的体现。通过与报纸新闻的比较，我们发现，我国主流媒体客户端新闻在形式方面颇多创新，以迎合新媒体时代的传播特点；在内容方面创新乏力，仍因循新媒体时代之前的传播惯性。

具体地，就形式而言，客户端新闻在标题上，显著地行数更多、字数更多、情感符号更多、情感用词更多，体现着坊间常言的"标题党"趋势；在导语上，显著地更少使用电头，更少包含新闻"5W"要素，尤其是人物、时间、事件三要素，一定程度上体现着"去要素化"趋势；在内文编排上，显著地更多分段、更多使用视觉化元素，体现出"视觉化"甚至"碎片化"的趋势。就内容而言，客户端与传统媒体在信源的使用上区别不大（都缺乏多样性），在背景信息的提供上区别不大（都经常性地缺失背景），在行文表达上区别不大（都表现出一定的主观性、煽情化、故事化），在报道主题上差别不大（都有一定程度的私人化和去公共性取向）。同时，客户端新闻的多媒体表现有限，互动不普遍。

那么，如何理解客户端新闻创新？首先，这与媒体开展新闻创新的背景和路径不无关系。一方面，在传统媒体中，传统的力量常常过于强大，编辑记者个体在实际工作中推动创新的意愿并不强烈，很多甚至持抵抗态度[1]；另一方面，由于对外在环境认知和未来前景感知的双重不确定性，媒体机构在采纳和发展创新性新闻实践时习惯性地处在欲扬又抑、既放又收的矛盾状态中。[2]其次，我国的媒体创新往往是"自上而下"的政策导向型动作，尤其是传统主流媒体，更加明显地体现出"任务性"和"指标性"特点，如尹连根和刘晓燕所发现的，融合举措整体上呈现出"姿态性融合"特征而非脱胎换

---

[1] Domingo D. Interactivity in the Daily Routines of Online Newsrooms: Dealing with an Uncomfortable Myth[J]. Journal of Computer-Mediated Communication, 2008, 13(03):680-704.

[2] 李艳红．在开放与保守策略间游移："不确定性"逻辑下的新闻创新[J]. 新闻与传播研究，2017(09):40-60+126-127.

骨性质的数字化新闻转型。①在这样一种相对被动的大背景下，形式上的创新更积极、主动，以吻合于新媒体时代的受众需要，内容上的创新更被动、有限，以吻合传统媒体固有的导向要求，便是情理之中的事情。其结果则如本文所呈现的，传统媒体客户端新闻集形式之变与内容之不变于一身。有鉴于此，新闻客户端作为新闻创新也许更应该被理解为渠道创新、形式创新，而未必带来相应的内容创新。

本研究的主要不足在于，没有对新兴媒体平台（如互联网原生媒体）生产的新闻文本进行比较性分析。否则，本研究的发现可能更具普遍性。这也是后续研究应该关注和努力的。

（王海燕，澳门大学社会科学学院传播系副教授。本文原载于《新闻记者》2020年第9期。）

---

① 尹连根，刘晓燕．"姿态性融合"：中国报业转型的实证研究 [J]. 新闻与传播研究，2013(02): 99-112.

从媒介逻辑到平台逻辑

——数据化运营的南方号实践

代　羽　张梦圆

【摘要】

平台化社会构建了全新传播格局和数据化、信息化、智能化生活场景。媒体深融转型建设新型主流媒体平台是应对移动互联网生态变化的主动作为。在我国"中央-省级-市区级-县级"四级主流媒体体系中，省级党媒作为中坚力量肩负着传播主流价值观、助力国家治理现代化的使命与担当，"南方+"客户端是南方报业传媒集团倾力打造的移动媒体客户端，其南方号平台创业界先河，构建起"新闻+党务政务+服务"的内容生产传播与党媒服务体系，不断摸索"内容创新+技术加持+运营协同"的新型主流媒体平台化运营的新逻辑和价值创造新方式，以数据化运营为基础诠释了"媒介逻辑"与"平台逻辑"的演进和博弈，在争夺内容创新和价值引领的互联网发展的"下半场"中发挥核心优势。

【关键词】

数据化运营；新型主流媒体；媒介逻辑；平台逻辑

在我国，主流媒体一直以来都是一种价值媒体，有自己的价值逻辑和功能定位，这与基于商业利益的平台媒体是两种不同的媒体类型。在当前传播权力格局被重构的时代，主流媒体尤其需要扮演好"为全社会的传播提供价值引导和专业服务的重要角色"①。近年来，主流媒体主要通过两种方式来实现平台化的发展路径：一种是主流媒体通过嵌入商业平台，成为社交平台的内容生产者和提供商，借助于平台的力量来实现舆论引导并产生商业效益；另一种则是通过自建平台的方式，通过整合地方的新闻机构、政务机构、教育服务、社会资源、文化团体以及用户群体等，建构出一种"新闻+政务服务商务"的内容生产传播与党媒服务体系②，架接起一个新闻信息与公共服务的平台，为新闻媒体、政府机构和用户提供一项"本地化"的平台服务。主流媒体嵌入商业平台成为传播主体存在一定的弊端，为主流媒体打造自身平台提供了空间，建设自主可控的新型主流媒体平台是媒体融合向纵深发展的题中之义。从全国32家省级党报纷纷上线了新闻客户端，面对平台社会发展需要，商业互联网平台冲击的主动作为，厘清"媒介逻辑"和"平台逻辑"的演进与博弈，把握"平台逻辑"的内核，也就是构建数据化运营的技术底层和协同生产方式，所以平台技术能力和运营效果的差距就是平台数据的重要性、应用性和创新性。本文以南方报业传媒集团打造新闻客户端"南方+"为例，浅析平台由数据引导的内容生产和协同运营的创新方式，以南方号的数字化运营为基础，分析省级党报打造的自主可控平台如何在"平台逻辑"中找准定位。

2021年，"南方+"客户端发稿量超过90万条，流量超过25亿。"南方+"注重打造平台生态，以政务号为重点不断引入各类"南方号"，是业界首创的机构入驻与内容原创生产模式，在国内率先打造政务新媒体平台。近六年的快速发展，南方号平台实现了广东全省政务新媒体全覆盖，吸引了南部战区、南部空军、广东发布、广东政法、广东检察、广东教育、广东市场监管等超过7000家单位入驻。南方号不断提升系统性、平台化、数字化运行效能，以政媒互动新生态赋能旗帜鲜明、队伍齐整的广东政务新媒体集群建设，为全省政务信息策采编发构建智慧化、服务化及创新型平台，激扬主旋

---

① 喻国明.新型主流媒体：不做平台型媒体做什么？——关于媒体融合实践中一个顶级问题的探讨[J].编辑之友，2021（05）:5-11.

② 郑佳欣，代羽，吴枫.南方号：平台化时代新型主流媒体内容生产逻辑再造[J].传媒，2021（16）:20-22.

律，澎湃正能量，壮大主流价值传播，充分发挥党媒党端的政治价值属性和内容生产优势，在争夺内容创新和价值引领的互联网发展的"下半场"中发挥核心优势。

一、平台社会语境下主流媒体转型路径

适应移动互联网和生态场景多元化的步伐，内容的社交化生产传播也成了互联网聚合用户与提高用户黏性的必然趋势。移动化、社交化的深度普及，互联网作为社会基础连接方式，连接的层次不断加深、边界不断拓展。[①]随着互联网连接资讯、社交、消费、娱乐等社会生活的深入，当代社会已经进入"平台社会"时代[②]。在西方，查德威克立足于Facebook、Google、Airbnb和Uber等平台向全世界蔓延的现象，指出互联网平台已经深度介入人类社会的各项行为活动中，对生活、文化、经济、政治等方方面面产生影响。[③]范迪克则提出"平台社会"观念，对平台社会的运行机制与生态系统做了较为全面的研究。[④]

在我国，"平台化"同样构成了一种全新的经济结构与社会文化形态，如腾讯、天猫、美团、滴滴等互联网企业，已在新技术驱动下实现了对社会生产与再生产过程的重塑，一些政务、主流媒体集团、医卫、高等院校等机构，亦纷纷建立起平台系统，将其业务扩展到在线世界当中。"平台化"已成为通过数字技术系统连接个人、组织、企业和平台的一种运行机制和生态模式，[⑤]"平台社会"[⑥]是中国社会发展的一种新形态。

---

① 姜丽.新媒体时代受众媒介参与研究——以互联网"众筹新闻"为例 [J].新闻研究导刊.2017(08):74-175.

② 张志安，冉桢.互联网平台的运作机制及其对新闻业的影响 [J].新闻与写作，2020(03):66-74.

③ Gerlita C, Helon A. The Like Economy:Social Buttons and the Data-intensive Web[J] . New Media & Society, 2013(08):45-49

④ Nielsem R, Ganter SA. Dealing with Digital Intermediaries: A Case Study of the Relations between Publishers and Platforms[J] .New Media & Society, 2018(04):35-38.

⑤ 黄璜.平台驱动的数字政府：能力、转型与现代化 [J].电子政务，2020(07):2-30.

⑥ 喻国明.互联网发展的"下半场"：传媒转型的价值标尺与关键路径 [J].当代传播，2017(04):4-6.

（一）国内外"平台化"研究

平台社会的崛起有赖于数字技术体系的发展。1957年，《伦理与信息技术》杂志首次提出"数字化与全球伦理"问题，率先从技术与伦理层面探讨早期"平台"的机制问题。国外对"平台化"的研究，大致集中在三个方面。

一是从"平台化"的技术基础结构方面进行分析。如：穆德等认为，"云计算"为知识获取、培育共享的知识型社会提供了技术基础[①]。本利安等指出"云计算"是"平台化"运行的基础结构[②]。范迪克等认为平台系统有三个运行机制：数据化、商品化和选择性[③]，并将"平台"定义为"以数据为驱动，由算法与界面进行自动化和组织化，依据某种业务模型促使属权关系正当化，并通过用户协议来进行管理"[④]。朱峰和马尔科·伊安斯蒂具体分析"平台"五个方面的能力：网络效应（通过用户吸引更多用户）、聚合或分散到本地市场的能力、非中介化（用户之间可直接连接）、多重归属的脆弱性与网络桥接（使平台可利用另一平台的用户及数据）。[⑤]

二是立足于个案分析，对"平台化"的具体功能与效用展开分析。如：巴隆以欧洲移动电信行业为例，认为平台化对移动电信行业的结构有决定性影响。保罗·兰利和安德鲁·莱森认为，"平台经济"是"社会与技术中介作用的独有展现形态"。雷博恩等指出，在线平台的经济和基础设施渗透到网络中，影响了文化内容的生产、分配与流通。[⑥]卡拉佐吉安尼等分析了数字中介平台中的意识形态生产。

---

① Heimas J, Timms H. Understanding "New Power" [J] .Harvard Business Review,2014(12):8-10.

② Ananny M, Crawford K. Seeing without Knowing:Limitations of the Transparency Ideal and its Application to Algorithmic Accountability[J]. New Media & Society ,2018(03):12-15.

③ 李德团 . 互联网平台企业媒介实践的网络隐喻与资本动因——以钉钉B站求饶事件为例 [J]. 国际新闻界，2020,42(12):68-87.

④ Just N. Governing online Platforms：Competition Policy in Times of Platformization[J]. Telecommunications Policy, 2018(05):23-25.

⑤ Dijjk JV, Rieder B. The Recursivity of Internet Governance Research[J] .Internet Policy Review, 2019(03):32-36.

⑥ Aradau C, Blanke T, Greenway G. Acts of Digital Parasitism:Hacking, Humanitarian Apps and Platformisation[J] .New Media & Society, 2019(11):1.

三是探讨"平台化"的社会危机及其治理问题。尽管说"平台化"给人类生活带来极大便利，但它仍潜在一些社会危机。莫朱姆德认为在线平台会无意间引起社会冲突，如一些分类广告平台。阿拉杜等认为平台与用户之间关于平台所采用的数字技术具有知识鸿沟，平台所掌握的数据量以及延伸的数据价值的再利用仅对平台有利而对用户未必有益。据翁托尼调查发现，有超过一半加拿大人认为，以Facebook和Google等公司为代表的大型技术平台正在使社会变得更糟，具体表现在：隐私侵犯、虚假新闻、盗版横行、道德滑坡以及监管缺位等问题。

国内方面，最早关注"平台化"始于互联网行业。2006年，《互联网周刊》发表《平台化的真实价值》一文，率先对企业"平台化"商业价值做出初步论述。随着信息技术发展，互联网企业步入"平台商业模式崛起的时代"①，纷纷布局"平台化战略"，使"平台社会"成为热点。业界方面，刘涛、张瑞敏、李晓枫一致认为"平台化"是企业发展的"大势所趋"②③④，陈春花提出"平台化是互联网时代发展的原动力"⑤，忻榕、陈威如、侯正宇提出"大平台+小前端+富生态+共治理"的框架，认为这构成了平台化企业组织的基本特征。⑥学界方面，陈昌凤和石英杰较早关注欧美媒体的"平台化""社会化"潮流，指出西方媒体正成为一种"传播与运营信息的平台"⑦。张志安等立足于本土新闻业态，指出媒体平台化和平台媒体化已成为媒介融合的典型特征和趋势。⑧曾祥敏和姜宇佳指出平台融合是媒体融合转型的核心。⑨宋建武立足于媒介融合形势，指出互联网的总体趋势是平台化、移

---

① 陈威如.平台商业模式的崛起 [EB/ OL].(2019-12-12).https://www.sohu.com/a/360055206_475956.

② 刘涛.移动互联网三大法宝 平台化竞争大势所趋 [J].互联网天地，2011(09):40-41.

③ 张瑞敏.企业平台化是大势所趋，必须这么做 [J].市场观察，2014(09):17-19.

④ 李晓枫.平台化是大势所趋 [J].金融电子化，2015(05):4.

⑤ 陈春花.7-11带来的新零售启发：效率依赖于共生平台系统 [EB/ OL].(2018-01-15).https://www.sohu.com/a/216704962_660818.

⑥ 忻榕，陈威如，侯正宇.平台化管理——数字时代企业转型升维之道 [M].北京：机械工业出版社，2019.

⑦ 陈昌凤，石英杰.平台化与社会化：欧美媒体的新潮流 [J].新闻爱好者，2012(15):8-10.

⑧ 张志安，曾励.媒体融合再观察：媒体平台化和平台媒体化 [J].新闻与写作，2018(08):86-89.

⑨ 曾祥敏，姜宇佳.内容创新 技术赋能 平台化建设——2017年媒体融合发展综述 [J].电视研究，2018(03):20-23.

动化、智能化。①胡泳认为，我们进入了一个"被平台控制的世界"且平台可分为两种类型——"数字市场"和"创造力平台"，平台崛起来自"三股力量"：无处不在的网络、信誉体系及低成本共享基础设施。②针对"平台化"存在的问题，学界亦做出具有针对性的研究，如史安斌和张耀钟列举了平台媒体的"数据之恶"：身份错位与数据逐利、广告变酷与数据变现、数据泄露与隐私风险等，认为平台媒体应"坚守价值导向"③。刘新传和崔啸行反思了平台社会过度娱乐化与缺乏创新，信息鸿沟与圈层分化等与平台技术和商业利益驱动极度相关，平台公共性存在缺位。④肖红军提出"平台化履责"是企业实践社会责任的新范式。⑤杨三喜谈到互联网平台不能回避社会责任。⑥夏德元、张博和徐玲英探讨了算法主导的内容平台体现社会责任等问题。⑦

（二）新型主流媒体平台化发展研究

关于主流媒体平台化也存在一些争论。例如，主流媒体是否可以平台化？存在哪些问题？不论是主流媒体嵌入商业平台还是主流媒体打造自身平台，可以说都是"媒体平台化"的重要方式，二者都要遵从平台运行的基础机制。事实上，由于商业性的社交平台有着海量的用户数据、成熟的技术基础并体现出强连接的属性，主流媒体嵌入商业平台，成为平台内容的传播主体，主要采取的是一种"新闻+社交"的方式，遵循的是"渠道为王"的发展思路。相较于嵌入商业平台的发展模式，主流媒体通过自建平台来实现媒介融合，则可能面临一系列问题，如技术接入不足、资金投入不够、用户数据流失、商业变现能力欠缺、平台竞争激烈等，都可能是制约主流媒体平台化

---

① 宋建武.媒体深度融合：平台化、移动化、智能化[J].视听界（广播电视技术），2018(04):43-48.
② 胡泳.我们缘何进入了一个被平台控制的世界？[J].互联网经济，2019(05):78-83.
③ 史安斌，张耀钟.数据之恶：平台媒体的罪与罚[J].青年记者，2019(22):77-80.
④ 刘新传，崔啸行.平台社会短视频传播的技术反思与生态重构[J].新闻战线，2019(11):44-46.
⑤ 肖红军.平台化履责：企业社会责任实践新范式[J].经济管理，2017,39(03):193-208.
⑥ 杨三喜.互联网平台不能回避社会责任[J].中国广播，2019(01):96.
⑦ 夏德元，张博，徐玲英.算法主导的内容平台：如何体现媒体的社会责任？[J].传媒评论，2019(01):44-46.

的重要因素。

持主流媒体无法平台化的观点主要以喻国明、彭兰教授为代表。在喻国明看来，网络平台具有开放性、多元性和普适性三大主要特性，其价值逻辑是通过基础性的功能服务（如搜索、社交和交换）来与用户、信息（知识）、物（商品和服务）进行一种规模性的连接，并形成用户与用户、用户与机构、机构与机构之间的关联与互动。而主流媒体作为一种价值媒体，强调以主流意识形态对社会公众进行价值引领，它不是"以用户规模最大化和商业利润最大化为运作的第一诉求"，而是关乎政治价值、文化价值和社会价值，进而分割出一块属于自己的平台领地，由此，"主流媒体以成为互联网平台为转型目标，既不适合其内在品性，而且在实操操作上也无法实现"①。

而持主流媒体可以平台化的观点则认为，平台化是传统主流媒体打造新型主流媒体，实现媒介融合与转型升级，增强主流话语的"四力"建设的重要方式。宋建武认为，"未来的将是平台型（平台化）的媒体"，"建设新型主流媒体，融媒体的趋势是建立生态级媒体平台"②。

（三）省级媒体平台化转型及"号"的形式研究

"媒体平台化"已成为我国当前一种最主要的新闻生态，对此学界已有较为丰富的讨论。学界已有较多学者注意到央媒的平台化转型。无论是在技术、资源、内容生产能力还是用户规模上，央媒平台化在媒体的平台化中具有得天独厚的优势。蔡雯、汪惠怡也认为打造自主可控、推进主流媒体平台化转型是当前深化媒体融合的关键，提出主流媒体要在大运营思维的驱动下将自主可控平台发展为具有公共属性的数字基础设施。但也以人民日报的"人民号"、新华社移动客户端、央视的综合性视听新媒体旗舰平台三大央

---

① 喻国明. 新型主流媒体：不做平台型媒体做什么？——关于媒体融合实践中一个顶级问题的探讨 [J]. 编辑之友，2021(05):5-11.

② 宋建武. 未来媒体将是平台型媒体 [N]. 光明日报，2016-11-05（006）.

媒平台建设为例，分析了其存在用户活跃度不足、开放性有限的问题。①陈雪娴以人民日报的"人民号"为例，分析了它的运营现状，阐述了主流媒体搭建自主可控平台的特点，讨论了主流媒体客户端作为内容聚合平台的平台化路径。②

　　然而，关于省级主流媒体的平台化研究，目前仍略显不足。事实上，省级主流媒体的平台化，既是媒体平台化的题中之义，是后者的重要组成部分，同时也是省级媒体实现融合转型升级的重要战略，是巩固传统主流媒体舆论阵地③的必然手段。从研究现状看，省级主流媒体平台化的研究，主要可从两个方面进行把握。一方面的研究立足于当前平台化的背景，对省级主流媒体平台化的理论依据和重要功能进行论证。如吕尚斌、熊芳芳指出，省级主流媒体的平台化可以整合政务资源，融入社会公共服务建设。④张英培和胡正荣把"省级媒体"置入媒介融合的"四级融合发展布局"中进行讨论，认为省级主流媒体平台化是媒体平台化以及打造新型主流媒体的传播网络和生态体系的重要一环。⑤另一方面的研究则主要是通过调研与个案分析方法，分析省级主流媒体在平台化实践中的问题与对策。如朱天和唐婵以"四川观察""川报观察"为例，从思维理念、组织架构、生产实践等维度，探讨了省级主流媒体嵌入互联网平台的发展状况。⑥张芸则结合河北省的主流媒体状况，揭示出省级主流媒体存在思路不清晰、路径不明确、技术人才流失、运营发展困难等现实问题。⑦

　　尽管如此，地方主流媒体仍然可以通过新闻资讯与政务服务叠加的方

① 蔡雯，汪惠怡.主流媒体平台建设的优势与短板——从三大央媒的平台实践看深化媒体融合[J].编辑之友，2021(05):26-31.
② 陈雪娴.主流媒体如何通过"平台号"推进深度融合——以"人民号"为例[J].青年记者，2021(15):62-63.
③ 杜一娜.从"相加"迈向"相融"——省级党报如何融合转型[J].记者观察，2018(09):6-9.
④ 吕尚彬，熊芳芳.构建智慧型治理平台：省级广电媒体发展新维度[J].出版广角，2021(05):69-71.
⑤ 张英培，胡正荣.从媒体融合到四级融合发展布局：主流媒体发展改革的新阶段[J].出版广角，2021(01):6-9.
⑥ 朱天，唐婵.对省级党媒政经类客户端新闻生产理念与实践的观察解析——以"四川观察"和"川报观察"为例[J].中国出版，2020(04):26-31.
⑦ 张芸.省级媒体深度融合的现实问题与理论思考——基于河北省的调研[J].新闻与传播研究，2018,25(S1):128-129.

式——而非创建一种大而全的"入口级平台"——来实现平台化转型。一方面，省级主流媒体是新闻内容的生产者，原本就有数量可观的用户基础，平台运行的选择性机制中就包括用户对于本地信息资源的关注和选择。平台化转型无疑能够让主流媒体生产的新闻内容以多元化的媒介方式传播给受众，更好地发挥舆论引导力。另一方面，当前各地通过建设新闻（视频）客户端的方式，整合了当地的各种社会服务资源，建立起了当地政务机构、教育部门、社会服务与用户之间的平台联系，通过"新闻+内容"与"新闻+服务"的方式，有效推进了平台化转型。

郭全中以"南方+"客户端为例，阐述了作为区域新媒体平台技术、内容、组织构架"一体化"打造建设平台级媒体的可能[①]；宋建武和黄淼基于"平台型媒体"的概念、逻辑和运营对浙江日报集团的平台化转型分析，认为其在"互联网枢纽型传媒集团"建设过程中，"共识明确，在平台与技术、产品、用户和组织之间的协同关系形成统一的理念和共识，是我国平台型媒体的代表之一"[②]；宋建武和陈璐颖以浙江报业、湖南广电和湖北广电为例分析了报业集团和广电集团各自通过内容优势和政务服务优势建设区域性生态级媒体平台、打造新型主流媒体的路径[③]；宋梦茜和宋建武以湖南广电的"芒果TV"模式和湖北广电的"长江云"模式为例，讨论对比了广电集团推进媒体融合发展所具备的资源优势及其路径的参照意义。[④]此外，蔡雯和葛书润等通过对编辑访谈，梳理了澎湃号、新京号和南方号所代表的三家主流媒体客户端平台生产模式，以及借鉴商业平台运营模式进行"协同主体"化与外部互联网内容创作主体之间的互动，媒介逻辑与平台逻辑在这些以"号"为主的平台上得到一定体现。[⑤]但事实上，澎湃号与南方号、新京号处于不

① 郭全中.中国区域新媒体平台的"一体化"路径——以"南方+"的实践为例[J].新闻与写作，2021(09):63-68.

② 宋建武，黄淼.移动化：主流媒体深度融合的数据引擎[J].传媒，2018(03):11-16.

③ 宋建武，陈璐颖.建设区域性生态级媒体平台——打造新型主流媒体的路径探索[J].新闻与写作，2016(01):5-12.

④ 宋梦茜，宋建武.区域平台与垂直平台：我国广电集团的转型战略分析[J].当代传播，2020(01):34-37.

⑤ 蔡雯，葛书润.协同与博弈：媒体型平台上的外部内容创作者——基于澎湃号、新京号与南方号的考察[J].新闻记者，2021(02):3-13.

同的赛道，在平台化的成熟程度与用户体量、发展模式上不在一个竞争逻辑中。

二、"媒介逻辑"与"平台逻辑"演进与博弈

随着移动互联网技术加速了传播格局和社会关系的变化，"媒介逻辑"逐步向"平台逻辑"演进，媒介使用的过程让人与人、人与物、物与物之间的社会网络交换关系中的相互关联和互动成为共同行为，而基于此种共同行为形成了新群体，新群体内部与外部的重要链接可归纳为"媒介逻辑"对社会影响的核心作用。"平台逻辑"对社会的影响并非"媒介逻辑"的数字化延伸或复刻，而是产生了一定的变化和演化。因为，数据是平台的根本，在"平台逻辑"运行中，社会网络中的一切行为或非行为，一切交换关系或非交换关系，都可进行编码化、数据化、标准化、可计算化和智能化，这是基于平台的数据归集。所谓，万物得其本者生，百事得其道者成。平台对底层数据的全域归集和建模分析，是将传播的时空特征以及环境与社会关系的变化规律浓缩呈现为可视化可研判的路径模型，从而为研判平台、社会网络以及新群体发展趋势提供依据。

（一）社会秩序调适机制发生演进

"媒介逻辑"和"平台逻辑"运行目的归根结底是传播体系和格局的建设，而这也是媒介对社会秩序构建的作用，即在社会网络关系中起到调适作用，"调适是指人与人之间、不同的群体之间或不同文化之间相互配合、相互适应的过程，经过调适，产生彼此和谐的关系，人们可以通过调适，部分地改变自己的行为方式或生活习惯，更好地适应环境变化"。[1]在现代社会治理中，"媒介逻辑"向"平台逻辑"的演进路径中，传播体系的调适机制也发生了明显的弱化和新机制形成的演化，新机制的建立和发展越发显著。

---

[1] 袁方. 社会学百科辞典 [M]. 北京：中国广播电视出版社，1990.

（二）公共性存在差异

"媒介逻辑"是大众传媒公共性和公益性的体现，绝大多数媒体是国有资产属性，"党媒姓党""党管媒体"是"媒介逻辑"的根本底色。而"平台逻辑"具有技术门槛、市场潜力和泛化应用性，一些科技平台掌握在私有资本手中，这类平台依赖于用户聚合、数据捕获和智能开发，可能出现对公共机构的建制制度的僭越、对公共话语的破坏，表现出平台复杂的公共性。

（三）效果评价指标体系发生演进

社会网络关系中对"媒介逻辑"运行效果的评价多围绕"效果""影响""使用"等展开，是基于感性认知的描述和表达，是现象化的总结提炼，而"平台逻辑"对评价指标进行了迁移和进阶，基于数据建模层面的"传播路径""生态坐标""培育潜力"，一切基于数据，最大限度地具象化，以至于排斥情感层面的因素，也存在最小数据单元（颗粒度）和太过于标准化的风险。

"南方+"客户端诠释了新型主流媒体平台构建过程中，如何在"媒介逻辑"中寻找"平台逻辑"，如何将两种逻辑通过新制度主义范式来融合、统一、博弈、辩证。尤其是南方号平台，宣传定位为"政媒互动的新生态"，"政"指政务机构主导的政务新媒体，"媒"指主流媒体。政务机构与媒体的互动在传统媒体时代一直以"媒介逻辑"运行着，媒体深度融合的关键在于平台化转型。政务机构与媒体在"平台逻辑"之下如何运行，南方号的构建回答了此问题：以开拓吸引政务机构甚至一个地市、一个垂直系统集体入驻南方号平台，通过融媒体平台实现自主编发，而南方号提供平台的开发运维、智能审核校对、编辑选题指导、活动社群产品运营等全方位立体化的主流媒体专业服务。

三、数据构建平台生态运营维度和实践路径

新的新闻生态形成，对传播主体、传播方式与传播效果等进行重构，

从而构成了新的新闻形态。随着传播的移动化、智能化、社交化深入发展，商业互联网平台以用户量、内容聚合和算法优势，逐渐占据了传播内容生产和分发的主要管道。互联网平台作为传播生态中的工具和系统，面向主流媒体、自媒体、商业媒体提供内容生产分发服务，根据平台规则通过社交互动、行为算法、人工干预等方式将平台上所聚合的内容进行分众化、个性化的精准分发，由此形成信息平台与媒体内容的组合形态。因此，互联网平台正在成为信息传播网络中的中心节点，越来越多地扮演着"聚合器"和"分发器"的角色。一方面，这使得专业媒体逐渐丧失了对新闻选择的主导权，造成了"专业媒体影响力不断下滑，而社交平台传播能力不断增长"[1]；另一方面，专业媒体通过入驻社交媒体平台，成为平台内容供应商，又陷入"有爆款、影响小""有内容、无用户"的困扰，受制于商业平台，主流媒体强大的内容生产优势日渐变成各大互联网平台的"内容奶牛"。优质内容通过第三方渠道触达用户，也丧失了对自身品牌的关注以及用户数据的掌控、开发和运营。

（一）新型主流媒体助力国家治理现代化

新型主流媒体的党媒属性，是党和政府执政的重要手段和治国理政的重要平台。[2]习近平总书记指出："媒体融合发展不仅仅是新闻单位的事，要把我们掌握的社会思想文化公共资源、社会治理大数据、政策制定权的制度优势转化为巩固壮大主流思想舆论的综合优势。"[3]随着移动化、智能化和平台化社会的发展，社会公共事件治理需要走向精准化、科学化和智能化。在"泛在连接"、资讯泛社会化、信息碎片化、社会心态情绪极化的当代语境下，主流媒体参与国家治理需要更强的舆论引导、权威资讯、政务服务与协商引导的能力。

---

① 白红义.重构传播的权力：平台新闻业的崛起、挑战与省思 [J].南京社会科学，2018(02):95-104.

② 黄楚新，刘美忆.我国新型主流媒体与国家治理体系和治理能力现代化[J].中国出版，2020(15):10-15.

③ 习近平.加快推动媒体融合发展 构建全媒体传播格局 [J].求是，2019(06):1.

国家治理现代化不断深入，对主流媒体所肩负着的使命担当提出了更高要求。加强全媒体传播体系建设，并将媒体融合上升至国家战略驱动层面，通过自上而下的顶层设计，我国将媒体融合嵌入现代化治理体系、治理能力的重要方式和资源中，主导新媒介技术的使用与中央、省、市、县四级融媒体资源的整合。①主流媒体在国家治理体系中找到其发展坐标和资源路径，而且主流媒体的优质内容生产能力和传播能力，是建立起国家治理中的服务能力的基础。

随着现代信息技术深度嵌入国家治理，智慧治理已经成为现代国家治理的重要范式。②主流媒体平台对数据的掌控也是国家现代化治理的体现。打造自主可控的平台也是维护国家安全、意识形态安全、数据安全的需要。党媒平台能够依赖自有平台收集用户数据，加强网络舆情和网民心态的动态监测，有助于主流媒体主动作为，加强舆论监督和引导。此外，当主流媒体被打造为平台级媒体之后，依托于其数据资源、用户连接和技术基础，通过与数字政府平台之间形成合力，有助于提高国家治理体系和治理能力现代化。③

因此，主流媒体打造自主可控平台的必要性不言而喻。尽管"造船"成本远高于"借船"，但共识是，平台拥有者掌握规则定义权，只有平台运营好才有用户忠诚度。用户和数据掌握在"他平台"，全靠平台传播力和用户黏性。④国家治理现代化对媒介体系、机制和实践方式具有内在需求，也以其政治逻辑塑造了不同媒体发展格局和国家治理体系。媒介逻辑在媒介化社会不同阶段展现了不同的技术-社会逻辑，从而要求国家治理体系做出制度性调整。

（二）平台与产品运营思维构建

"运营"的观念与实践，广泛渗透于我国社会文化生产与生活的各个领

---

① 龙小农，陈林茜.媒体融合的本质与驱动范式的选择 [J].现代出版，2021(04):39-47.

② 韩志明.智慧治理驱动国家治理现代化的技术逻辑 [J].国家治理，2021(09):16-19.

③ 蔡雯，汪惠怡.主流媒体平台建设的优势与短板——从三大央媒的平台实践看深化媒体融合 [J].编辑之友，2021(05):26-31.

④ 南方+客户端.三问深融下的主流媒体破局之路 [Z/OL].微信公众号"传媒"，2021-10-23.

域。20世纪90年代之后，政策界与业界对于新闻媒体的产业属性、发展规律和价值功能有了更为深入全面的认识。由此，产业化经营成为当时大众传播媒介一种新的发展趋势。"新闻运营"成为新闻内容生产与信息服务的一项重要内容。

新闻产品是新闻采编业务流程向产品化转移的结果，与稿件等传统新闻作品有所区别。刘汉青认为，新闻产品以用户需求为生产目标，产品化理念贯穿新闻生产的全过程。① 单滨新补充解释传统新闻生产以作者出发点和内容呈现形式为导向，而新闻产品则以用户为导向。② 田静认为，新闻产品还应具备社交功能和价值实现的路径化。③ 当下，学界业界对融媒体产品的个案研究较为丰富，尤其是重大事件的时间区间内，学者会对区间内融媒产品进行质和量、特征、传播情况等研究分析，为新闻产品研究提供了大量的案例研究基础。

随着新闻产品化概念不断延伸，以产品生产方式机制来诠释新闻产品运营，刘义昆和赵振宇表示传统新闻作品是在具有一定门槛相对封闭的业务逻辑下由新闻机构独立主导完成。④ 张旸依托"中央厨房"实践应用，在组织构架、业务流程和产品输出等方面进行了全面梳理，总结出平台新闻生产方式具备统一指挥、多主体协同、资源调度等功能。⑤ 彭兰对媒体运营的看法为"一种业务运作整体模式与策略，即运用所有媒体手段和平台来构建大的报道体系"。⑥

（三）"新闻+政务服务商务"运营模式

时至今日，新闻业态在互联网技术的推动下发生了翻天覆地的变化，"新闻运营"被视为"传播战略中的重要一环"⑦，开始受到高度重视。具

---

① 刘汉青. 当代中国电视人的职业良心培养 [J]. 河北师范大学，2014(05):21-22.
② 单滨新. 打造更多彰显主流媒体格调的新闻产品 [J]. 传媒评论，2018(11):22-25.
③ 田静. 产品思维是媒体融合转型基点 [N]. 吉林日报，2018-11-06.
④ 刘义昆，赵振宇. 新媒体时代的新闻生产：理念变革、产品创新与流程再造 [J]. 南京社会科学，2015(02):103-110.
⑤ 张旸. 人民日报"中央厨房"构建行业新生态 [J]. 青年记者，2017(07):19-21.
⑥ 彭兰. 从社区到社会网络——一种互联网研究视野与方法的拓展 [J]. 国际新闻界，2009(05):87-92.
⑦ 周洋，阎安，刘永昶. 融合新闻传播实务 [M]. 南京：江苏凤凰教育出版社，2017.

体而言，数字时代的"新闻运营"主要可从以下方面进行把握。其一，从运营技术上说，互联网平台已成为新闻内容生产与信息服务的基础设施，它颠覆了传统的新闻行业形态，促使新闻机构利用新技术来开展新媒体布局，并搭建出全媒体新闻生产与服务的平台矩阵。这其中，新闻客户端的开发与运营就是平台矩阵中的重要阵地。其二，从运营理念上说，"用户思维"不仅是互联网思维的本质与核心，也是数字时代新闻生产与运营的核心策略。在媒体的社交化与社交化的媒体大行其道的今天，"以用户为中心"，了解用户需求、回应用户关切、提升用户体验，是新闻媒体赢得核心竞争力的必然选择。其三，从运营内容上说，重视新闻内容的产品属性，"内容为王"仍然是新闻运营的重要支撑。立足于营销视角确定运营内容、经营目标，明确自身的产品内容和信息服务，是新闻机构打造品牌、开展运营、占领市场的生存之道。其四，从运营形式上说，数字时代的新闻运营，与传统媒体的新闻运营不同，它是一种互联网产品，就必然遵循数字时代的运营规律，这包括建立一系列以用户为中心的"新闻+服务""新闻+社交""新闻+消费""新闻+政务""新闻+商务"等运营模式，真正推动媒体融合，实现新闻媒体的运营转型。

（四）提升平台数据化运营能力

"南方+"客户端南方号平台自上线以来，备受社会各界关注，广东各地市各垂直系统政务新媒体以矩阵形式入驻南方号，南方号入驻数量、内容生产量、用户阅读量等关键数据不断攀升。为进一步加强南方号平台数字化应用，提升广东政务新媒体建设能力和水平，2017年3月起，南方日报、"南方+"客户端发布南方号影响力排行榜（见图1），通过监测每一个南方号的发布数、阅读数、订阅数、分享数等关键数据，并综合考虑文章原创度、首发、各指标平均数等多个指标建立"南方号指数"，建立南方号生命周期档案及成长型平台生态坐标。

就南方号平台的运营来说，重中之重就是不断完善优化南方号指数的底层数据与模型分析能力，不断迭代升级榜单容量和形式，丰富榜单产品种类和应用场景以及跟踪监测南方号影响力排行榜的"传播力、影响力、效果反馈"。

图1 南方号影响力排行榜月榜

2021年4月，广东省政法委联合南方日报发布广东政法矩阵南方号影响力排行榜，该榜单以季度为周期进行指标统计。此外，南方号榜单类产品库还包括每周热文榜、话题榜等，如两会期间推出"两会排行榜"；新冠肺炎疫情期间推出"战'疫'指数排行榜"。

南方号影响力榜单产品库已成为平台运营重要抓手，上榜作品及南方号将根据榜单所属项目的奖励机制进行长尾运营。激励包含推荐上"南方+"客户端首页、频道、策划联动等流量扶持，年度奖项评选参考依据，直播、栏目合作等平台赋权，优先体验平台新产品新功能等，南方号平台携手入驻政务机构新媒体构建的政媒互动新生态更丰富多元、绿色健康。南方号平台生长内驱力、向外延展力、跨界想象力都备受业界、学界关注，在"南方+"客户端的多个输出产品和活动中，南方号作为底层基础，较好地实现了资源整合串联，以"号"的形式创建连接，以矩阵、产品、活动的形式整体封装进行传播推广，打造出正能量强声量的势态。

四、结语

互联网平台重构了传播格局，使得主流媒体在互联网场域的传播力面临挑战。打造自主可控的传播平台，必定是建设新型主流媒体的重要目标。探索"新闻+政务服务商务"政府、媒体和社会的一体同构，主流媒体深度融合是"媒介逻辑"向"平台逻辑"演进过程，平台型媒体成为新闻宣传、舆论引导与监督、文化休闲娱乐综合场景化工具，发挥信息采集传播沟通、社会整合预警动员综合功能，体现国家、政府、社会治理能力。

从南方号平台运营视角出发，数据化运营能力成为媒体平台的着力点和抓手，在南方号指数、月榜、每周热文榜、话题榜的正向激励中，南方号平台根据矩阵主和运营者需求开放更多数据服务，并做好每项评估指标的诠释，有效引导政务新媒体内容生产和运营，增强平台黏性、认可度、归属感，共同构建全媒体传播体系。以拳头产品为基础，以数据为导向，挖掘深层次运营需求，提升平台深度服务能力、传播力和影响力，奋力做好新型主流媒体的价值创新实践，成为平台社会的舆论引导者、社会治理的参与者。

（代羽，"南方+"客户端南方号运营中心总监，中山大学新闻传播学院硕士；张梦圆，"南方+"客户端南方号运营中心数据经理。）

非营利新闻模式的困境与创新

——以法国调查新闻网站 Mediapart 为例

刘颂杰　彭才兴　阿兰·彼得

【摘要】

数字时代的新闻业面临互联网冲击，传统商业模式濒临崩溃。过度的商业化和较为单一的资金来源使得媒体公共性和独立性之间冲突日烈。在此背景下，非营利新闻模式作为非商业化模式兴起，一度成为拯救新闻业危机的"范式"，又在随后十年的实践中遇到问题。本文将研究问题聚焦在非营利新闻模式目前遭遇的困境，结合目前业界的实践案例，认为该模式尚未化解单一资金来源带来的风险，并且出现了商业模式缺失等新问题。为了探索非营利新闻模式的创新，本文以法国调查新闻网站"Mediapart"为例，分析其介于非营利新闻模式与股份制公司之间的模式——"非营利性媒体公司"，并探讨该机构如何通过制度设计找到新闻商业化与独立性之间的平衡点，作为一种新闻制度创新能否扩散到其他新闻机构。

【关键词】

新闻创新；非营利新闻；非营利性媒体公司

一、引言

（一）研究背景及意义

以互联网为代表的技术因素，深刻改变了人们获取信息的方式，这是对新闻业传统分发模式的致命一击。社交媒体平台不只是吸引了越来越多的人获取和阅读新闻，也使广告主更乐意将广告投放到数字媒体而不是印刷媒体上。收入支柱和受众的双重流失，将传统媒体推向了数字化转型之路。

从结果来看，《华尔街日报》和《纽约时报》在数字订阅和付费墙模式上进行了成功的探索，但传统媒体的数字化转型依然没有打破依赖广告和订阅用户的资金来源模式的限制。2020年伊始，美国报业巨头麦克拉奇（McClatchy）正式申请破产保护，由纽约对冲基金Chatham全权接管旗下30家媒体公司。拖垮巨头的不仅是投资失误和繁重养老金，还有数字化转型最大的悖论——传统报业即使开通数字订阅，其收入也很难弥补由于读者不再愿意阅读印刷报纸所造成的损失。[①]而且，华尔街资本的进入使得新闻业成为盈利的工具，这会引发人们对新闻专业性的担忧。除此之外，更多地方新闻报纸的破产、消失带来了学界对"正在扩大的新闻荒漠化"的警告。

早在2009年，《美国新闻业的重构》的作者伦纳德·唐尼（Leonard Downie, Jr.）和迈克尔·舒德森（Michael Schudson）在考察处于困境中的新闻业后，他们坚信国家、基金会、大学与研究机构应该在不同层面上支持独立调查报道和社区新闻，提出了一种"将能够充分地投入公众事件新闻报道的新闻组织，转变成非营利性组织或者低利润有限责任公司"的模式。[②]在此之后，美国新闻业出现了一种新的资金来源模式，即非营利新闻模式。借助社会不同层面的力量进行协作，帮助新闻业走出传统新闻业单一资金来源模式的困境。当下，美国有250多家致力于编辑独立性、非营利的、无党派的媒体机构。[③]在美国之外，全球还有不少国家和地区进行了非营利新闻的探索。

这十年的发展和实践，积累了大量案例，也出现了不少问题，对此模式进行研究将给我国新闻业转型带来思考和启示。

---

① 美国报业巨头申请破产，又一家媒体集团被华尔街收购 [Z/OL]. 微信公众号"全媒派"，2020-03-03.

② Downie Jr, Leonard,Schudson,et al. The Reconstruction of American Journalism.[J]. Columbia Journalism Review, 2009, 48(04):28-51.

③ INN.Member Directory[EB/OL].https://inn.org/members/.

（二）研究对象与研究问题

本文的研究对象是Non-profit journalism（或者non-profit news），即非营利新闻模式，在美国的新闻实践中，这种模式被认为是商业化的对立面。非营利新闻模式使得新闻机构不再为债务、发行收入和利润发愁，它们和正常新闻机构一样进行媒介经营和管理，同样为公众服务，主要依靠私人捐款和基金会赠款来支付运营费用。这类非营利新闻机构都有着非常鲜明的特点：以从事调查报道为核心，追求独立、公正、平衡，注重强调对地方性、社区性、个别领域小众新闻议题的覆盖①，即"利基新闻"（niche）。

非营利新闻模式在21世纪并不是新鲜事物，但"危机视角"下的新闻业面临一个关键问题：新闻业在市场竞争中应该独立保证自己的生存，还是依靠外部力量（基金会、受众捐赠或政府补贴）？2009年，《美国新闻业的重构》中，两位作者提倡"国家补贴新闻业"和"非营利新闻模式"，但他们的观点引起了争议，因为西方媒体大多持有一种意识，即"对待政府资助，必须小心谨慎。要批评政府，做好监督，这是新闻行业的职责所在"②。同年，非营利新闻研究所（Institute for Nonprofit News，INN）成立，致力于为非营利新闻机构成员提供专业的支持服务，使得北美非营利新闻机构数量迅速增长，非营利新闻模式进入新的发展阶段。有国内学者对美国非营利新闻模式的实践案例进行了梳理，对非营利模式的发展前景表示乐观，未来的实践仍将继续，"在传统媒体市场萎缩而新兴媒体商业模式还不明朗的严峻现实下，依然大有可为"③。

值得关注的是，针对非营利新闻模式存在的问题，出现了一种介于非营利新闻模式和股份制公司之间的创新实践，有学者称之为"非营利性媒体公司"④，如法国的Mediapart、美国的《费城问讯报》（*The Philadelphia*

---

① 靳天锐．报业非营利转型的逻辑、困境与策略研究 [D].苏州：苏州大学，2018.

② 张博．专访哥大新闻学院领军人舒德森：新闻是必要的，报纸不是 [EB/OL].(2015-03-17). http://www.thepaper.cn/baidu.jsp?contid=1311820.

③ 陈映式．美国非营利新闻模式的探索与创新 [J].中国记者，2014(09):119-121.

④ [法]朱莉娅·卡热．媒体的未来 数字时代的困境与重生 [M].北京：中信出版社，2017.

Inquiry）以及《盐湖城论坛报》（*The Salt Lake Tribune*）等。因此，本文的研究问题主要有以下两点：（1）在互联网技术冲击之下，为解决资金来源和独立性的冲突问题，非营利新闻机构做了哪些尝试？存在哪些问题？（2）"非营利性媒体公司"的制度安排，是如何寻找媒体的商业性和公共性之间的平衡点的？

对传媒经济学和公共政策的研究中，由于该领域的研究具有很强的现实语境属性，并且现象的边界通常复杂且模糊，案例分析往往是相当有效的研究方法。因此，本文主要以2019年底刚完成转型的Mediapart为例展开分析。

二、非营利新闻模式的源起与困境

（一）源起：试图解决资金来源与独立性的冲突

不管是传统媒体、数字媒体还是平台媒体，想要发展和独立，都需要解决钱从哪里来的问题。牛津大学路透新闻研究所所长拉斯马斯·尼尔森博士（Dr. Rasmus Nielsen）认为，目前新闻业主要有五种商业模式：以读者（用户）为中心的业务（付费墙、会员制等）、以广告为中心的业务、与新闻业务相关的服务（市场分析、公关公司等）、非营利新闻模式以及依靠政府或者公共财政资助[①]。从新闻业的历史和发展规律来看，即使内容从纸上走到了屏幕上，流量（阅读量、点击率）代替了发行量，媒体对读者和广告两大核心资金来源的路径依赖，在未来很长一段时间里很难被彻底抛弃，只能在拓宽资金来源方式方面进行探索。

这种路径依赖使得媒体很难跳出传统商业模式的限制，为非营利新闻模式的兴起提供了条件。

第一，资金来源与媒体独立性之间的冲突。在理想情况下，媒体应该具有可持续的商业模式与多样化的资金来源方式。可持续的商业模式是其正常运营和稳定产出的前提，多样化的资金来源方式能够分散资本的话语权。但

---

① 张志安，王海燕，范吉琛. 变革中的新闻业及其未来——牛津大学路透新闻研究所所长尼尔森教授访谈[J]. 新闻记者，2019(10):73-80.

是，在金融危机后的十几年里，移动终端和社交媒体领域，新闻业都被数字寡头平台全面压制，连基本的读者业务和广告收入都难以维持。美国麦克拉奇（McClatchy）报业破产并被纽约对冲基金接手以及贝索斯收购华盛顿邮报等案例带来新闻业金融化隐忧。另外，媒体接受公共补贴也使得媒体陷入信任危机。

第二，市场失灵与新闻公共性之间的矛盾。北卡罗来纳大学教堂山分校传媒与新闻学院在对本地新闻的研究中，发现全国近1/5的本地报纸已经消失，"幽灵报纸"和"新闻荒漠化"现象正在加剧。调查报道和事实核查需要投入大量成本：资金、人力和时间。[①]2009年，调查记者Laura Frank在一篇关于调查报道的文章中写道："当面临裁员时，调查报道总是第一个目标。因为调查报道需要更多经验丰富的记者花费更多时间，而且牵涉法律斗争。通常，这是新闻媒体进行的最昂贵的工作。"这使得调查报道领域出现缺位的风险。

从2009年维克多·皮卡德（Victor Picard）等三位学者在《拯救新闻：全球新闻业变革策略》中提出"非营利新闻"这一概念开始，到《美国新闻业的重构》的两位作者伦纳德·唐尼和迈克尔·舒德森从拯救独立新闻报道的角度，鼓励政府对非营利新闻机构提供补贴，并呼吁慈善家、基金会对非营利新闻机构提供资金，这一思路影响至今。非营利新闻机构致力于解决上文所述的两大冲突，是对传统资金来源模式与媒体独立性冲突的回应，也是新闻公共性的回归。

在美国，有代表性的非营利新闻模式具体可分为慈善捐助型、大众筹资型、高校附属型等三种运行模式，[②]主要依赖个人的小额捐赠、机构大额赠款、公众及广告商投放广告等。其中最为重要、也是多数非营利新闻机构最为依赖的资金来源是基金会的赞助。这使得新闻机构的资金得到保证，不为营利担心。并且，可以回避政治资金的干预，充分发挥独立性。

---

① Abernathy PM. The Expanding News Desert[M]. Center for Innovation and Sustainability in Local Media, School of Media and Journalism, University of North Carolina at Chapel Hill, 2018.
② 王斌，刘柏煊.美国非营利新闻的基本理念、生产模式与可持续性[J].新闻记者，2015(09):42-50.

例如，比尔和梅琳达·盖茨基金会（Bill & Melinda Gates Foundation）2021年捐赠了至少 3.19 亿美元用于资助数百家组织的媒体项目，其中就包括向非营利性媒体机构ProPublica捐赠了100万美元[①]；2021年，奈特基金会（Knight Foundation）为Carolina Beacon项目的启动捐赠了10万美元，资助这个非营利、独立和无党派的数字新闻组织为北卡罗来纳州提供有关州政府的高质量新闻。[②]

（二）困境：独立性依然成疑

非营利新闻模式在美国的兴起，提供了大量实践案例，使得对非营利新闻的研究和反思也比较深入，其中国内外学者对非营利新闻模式目前存在的问题和困境进行了细致的研究，主要有三类问题：其一，资金来源干扰独立性；其二，议程设置隐含公共性危机；其三，过度依赖资助，无法形成可持续的商业模式。

（1）单一资金来源（如基金会资助）会干扰非营利性媒体的独立性。学者郭之恩以"ProPublica 在"两房滥贷"事件中涉及的主要资助方不进行报道为例，认为基金会很有可能干扰其报道方针的独立性。[③]另外，创始人的权力受其资本撑腰，在非营利新闻机构中依然处于权力优势地位，可能还没有相关约束制度。还有研究表明，有违法行为捐赠者利用对非营利新闻机构捐赠来遮掩自己的不当行为，甚至利用机构来修复自己的名誉[④]。

（2）非营利新闻模式主要依靠基金会资助和私人赞助，这些资金可能带有很强的目的性，存在"隐含议程"[⑤]，而Rodney Benson在《基金会能解决新闻业的危机吗？》中也对这一风险发出警告，"媒体依赖基于项目的资金，会有被基金会关注的议程所捕获的风险，失去调查那些最重要的

---

① 参见 https://www.gatesfoundation.org/about/committed-grants?q=pro%20publica。
② 参见 https://knightfoundation.org/grants/carolina-beacon-development-project。
③ 郭之恩. 透视美国"非营利新闻机构"[J]. 中国记者, 2012, 12:112-114.
④ Koehn D, Ueng J. Is Philanthropy Being Used by Corporate Wrongdoers to Buy Good Will?[J]. Journal of Management & Governance, 2010, 14(01):1.
⑤ 王斌，刘柏煊. 美国非营利新闻的基本理念、生产模式与可持续性 [J]. 新闻记者, 2015(09):42-50.

问题的能力"①。大多数非营利新闻机构创办的目的是针对单个议题生产新闻，比如，五个坚守特定新闻主题的新闻编辑室The War Horse、The Marshall Project、The Trace、Chalkbeat和The Hechinger Report分别涵盖了退伍军人事务、刑事司法、枪支暴力、地方教育新闻以及教育中的创新与不平等，这些公共议题对基金会有着非常大的吸引力。

（3）非营利新闻机构过度依赖基金会等资金来源方式，无法实现可持续的商业运营。Benson提出非营利新闻同样面临严峻的财务压力，依旧会受到资本、平台等权力的干扰。并且，任何一家非营利新闻机构仍需要弄清楚如何带来各种收入以实现可持续发展，而不是依靠可以随时撤资的捐助者。

正因为非营利新闻业的发展存在诸多问题，近年来在欧美新闻界出现了新的实践模式，试图在公共性与商业性之间找到"第三条道路"。

三、非营利性媒体公司：法国Mediapart的制度创新

非营利性媒体公司，介于非营利新闻模式和股份制公司之间，由法国经济学家Julia Cagé在其著作《媒体的未来：数字时代的困境与重生》中提出，她认为这种将商业活动和非营利性结合起来的模式，有可能成为媒体的未来。

法国独立调查新闻网站Mediapart就是这一模式的典型案例。2008年，《世界报》（Le Monde）前总编辑Edwy Plenel联合三位记者François Bonnet、Gérard Desportes、Laurent Mauduit以及两位具有商业背景的人士Marie-Hélène Smiejean、Godefroy Beauvallet，共同创立了Mediapart出版公司。这一名称既有"参与式媒体"（participative media）的意思，也代表一种"媒体分离"（media apart）的趋势，象征着创始人对这一项目的目标。Mediapart 由两个部分组成：由记者运营的新闻部分和"俱乐部"部分。订阅者可以在俱乐部中发布他们的个人文章，既有新闻也有评论，发表文章的订阅者通常是意见

---

① Benson R. Can Foundations Solve the Journalism Crisis?[J]. Journalism, 2018, 19(08):1059-1077.

领袖、政治家、学者。在其12年的发展历史中，Mediapart走上了一条完全不同于法国传统主流媒体的发展模式。

Mediapart的报道多集中于政治和经济领域，每种报道都有一套专门的事实核查系统，记者也会与读者合作，一起揭露丑闻、调查真相。他们的一些调查报道需要花费记者数月甚至数年时间。Mediapart揭露过法国总统萨科齐与卡扎菲的交易、法国预算部长秘密持有离岸账户等政治丑闻，也关注过多宗政客的性丑闻，他们发表的报道直接导致法国两位部长级官员和其他几位政治人物下台。

每年3月，Mediapart都会在其网站上公布年度财务报表。历年的业绩（见表1）也证明了Mediapart在商业模式上的成功。其营业收入快速增长，在创办第三年就实现了盈利。Mediapart在新冠肺炎疫情期间维持高速发展，2020年和2021年连续两年的营业收入都在2000万欧元以上，年净利润达400万欧元。

表1　2008—2021年Mediapart营业收入和利润及数字订阅用户数、记者数量统计

年份	营业收入/欧元	利润/欧元	数字订阅用户数/户	编辑记者规模/人
2008	未披露	−2825229	未披露	未披露
2009	1331000	−2133196	未披露	24
2010	2819000	−1355675	46870	24
2011	5026500	572349	58443	31
2012	5968500	702853	64226	31
2013	6843700	903595	84329	33
2014	8761800	−1081315	107568	35
2015	10386487	716664	118099	39
2016	11362961	1891012	130920	45
2017	13659445	2195285	140426	45
2018	13835322	1993037	150553	47
2019	16835745	2319430	169829	61
2020	20485401	4006201	218099	69
2021	21313745	4007519	213553	72

资料来源：Mediapart历年发布的财务报表。

Mediapart从创办之初便只有在线新闻而无纸质印刷内容，数字订阅用户数量在2021年超过21万人，相较于创办之初已经增加了4倍。总编辑Edwy Plenel和初创团队大部分成员的记者出身，使得他们始终专注于新闻内容。这一点也能从核心报道业务记者的数量看出来，历年都是Mediapart整体雇员的"半壁江山"，维持着高质量调查报道的高效产出和内容影响力。

Mediapart追求的独立发展轨迹，恰好与非营利新闻模式在全世界兴起和实践有一定的重合。如前文所述，非营利新闻模式在基金会资金干预报道立场等方面受到争议。Mediapart的创始人也在思索如何借助非营利模式转型的优势。在这个过程中，Mediapart是如何进行"破局"的？又是如何借助对非营利新闻模式的创新，维持甚至强化了自始至终被创始人强调的独立性？这一实践又会对媒体的未来产生怎样的影响？

（一）作为法国新闻界"开创者与实验者"的Mediapart

在Mediapart网站的介绍里，它自称是一种"数字化的、完全独立且具有参与性的信息报纸"，并宣布要通过独立调查报道，解决"法国正在经历的民主、经济、道德三重危机"。创始团队坚信，"如今，只有通过新闻网站才能在法国推出具备独立性和综合性的每日新闻"[①]。其作为法国新闻界"开创者与实验者"，主要呈现出以下五个特点。

第一，Mediapart是由新闻人创建并控制的媒体，主要是四位来自《解放报》和《世界报》的离职新闻人。这一特点对Mediapart影响深远。首先，创立公司的启动资金来自离职补贴和依靠社会关系获得的"善意的支持"。其次，这使得Mediapart对媒体独立性和公共性有着更严格的标准，驱使它选择独立新闻报道和追求"不受到任何的外部压力"。

第二，为了保证独立性，Mediapart选择拒绝广告收入和政府补贴，仅依靠读者获得收入。法国大部分媒体被商业资本控股，编辑部的独立性受到影响。Mediapart创始人希望彻底颠覆依靠广告驱动的商业模式，也没有国家财

---

① 参见 https://www.mediapart.fr/qui-sommes-nous。

政补贴，只依靠读者支持。这使得Mediapart是当时法国唯一没有广告的新闻网站。

第三，服务读者并依靠读者。Mediapart仅以读者订阅方式获得收入，注重报道质量和读者关系的维护，使其更像是"由利益相关者驱动的媒体"（Stakeholder-Driven Media，SDM），这一概念由欧洲工商管理学院（INSEAD）在《权力无处不在》（*Power Is Everywhere*）中提出。因此，他们为读者提供了被称为"俱乐部"的个人空间，使其既是社交网络又是博客平台，是一个进行信息交流和讨论的场所，尊重表达自由、多元化和他人的声誉或权利。

第四，为了依靠读者获得收入，Mediapart是付费墙与定价策略的先行者。当Mediapart实行付费墙时，在全世界新闻行业中，付费墙的想法依然罕见。较早的《华尔街日报》（1997年）、《纽约时报》（2011年）和《泰晤士报》（2012年）都比Mediapart晚。这是一家特殊的"报纸式网站"，每天根据不同时段有不同版本，而不像新闻聚合网站进行全天候滚动更新，方便其实行"免费浏览、正文收费"的模式。另外，Mediapart在营销方面非常创新，比如，"支付1欧元获得15天试用期"的低门槛试用策略；根据读者群体的定位实行三层定价策略，学生或低收入者可以享受半价优惠，有意捐赠的人可以以更高的价格订阅。

第五，Mediapart为了维持独立性，对保障记者独立提出诸多限制和要求。记者不能接受任何直接或间接的礼物和利益，在社交媒体上不能以Mediapart身份进行发言等。

上述对Mediapart的特点的梳理有助于我们理解这家新闻机构的历史背景、为追求独立性而选择新的商业模式，以及为什么要走上摆脱创始人影响的非营利性媒体公司转型之路。

（二）实现非营利性媒体公司转型的四个阶段

1. 第一阶段：创始人控制的股份有限公司

Mediapart最初的组织形式是简化股份公司（Société par Actions Simplifié，

SAS，类似英美的有限责任公司）。创始初期的资金一部分来自六名创始人的个人资金投入，一部分资金可能来自Edwy Plenel等新闻人因"放弃条款"[①]获得的离职补贴，这提供了相对充足的启动资金。Mediapart又利用社会资本发动愿意支持Mediapart的投资者和朋友们，他们的"善意支持"统一以"Mediapart之友协会"的名义存在。除此之外，Mediapart还引入了两家公司Doxa和EcoFinance作为外部投资人，最终构成了"6名联合创始人+2名外部投资人+Mediapart之友协会"的股权格局（见图1）。

Mediapart 转型前：由创始人控制股权的股份有限公司(SAS)

创始人与雇员协会

· 创始人（François Bonnet，Laurent Mauduit，Edwy Plenel，Marie-Helene Smiejan）占有 42.08%

· 雇员协会 占有 1.46%

Mediapart 之友协会与个人

· Mediapart 之友协会 占有 16.79%

· F. Vitrani /L. Chemla 占有 1.54%

伙伴投资者

· DOXA 占有 31.81%

· Ecofinance 占有 6.32%

图1 Mediapart转型前股份示意图[②]

初始资本接近300万欧元，其中132.5 万欧元来自 6 位创始人（Edwy Plenel和Marie-Hélène Smiejean各 55万欧元，Laurent Mauduit 提供10万欧元，François Bonnet提供8万欧元，Gérard Desportes提供4万欧元，Godefroy Beauvallet的金额未知）；110 万欧元来自 Ecofinance 和 Doxa；50.4万欧元来自由 46 人建立的 Mediapart 之友协会。

---

① 放弃条款（clause de cession）是 1935 年由法国议会投票一致通过的一项关于记者地位的条款，允许任何记者在其工作的杂志或日报被出售时，自愿离开企业，同时享受解雇赔偿金。

② 来自 Mediapart 网站，图中原文为法文，由笔者翻译。参见 https://static.mediapart.fr/files/2019/07/01/libre-et-independant.pdf。

其中，联合创始人、雇员协会①、Mediapart之友协会占到了六成股份（其中，创始人的资本比例达到42.08%），外部投资人只占不到40%。以创始人为核心的新闻人持股局面，为Mediapart追求和保持独立性和专业性提供了最基础的保证。

一方面，筹款的顺利让Mediapart不必为弥补资金缺口寻求政府补贴或广告收入，从而摆脱了对广告收入的路径依赖，创始人对广告与免费网站模式不看好，确定了网站收费的策略；另一方面，付费策略帮助Mediapart对读者群体进行筛选。他们认为需要培养有付费意愿和习惯的读者群，才能为未来获得持续支持提供基础。

在这个阶段，媒体的独立性得益于股权结构的相对稳定，因为联合创始人拥有控股权，Mediapart从一开始就确立了对经济独立性的追求。

2. 第二阶段：提出向非营利模式转型的构想

对Mediapart来说，创始人的控股权是始终悬在头顶的"达摩克利斯之剑"。经营情况良好时，创始人控股有助于抵御商业化对Mediapart公共性的侵蚀。然而，创始人借助资本带来的话语权（投票权）或是撤资权，依然可以影响到媒体的独立性。另外，经营情况不景气时，Mediapart还会面临外部商业资本通过收购并控股进入到决策层的风险，创始人曾经就职的《世界报》就接受了企业家联盟的收购，类似"工人合作生产协会"（SCOP，即完全由员工持股）的雇员协会制度并没有发挥作用。因此，出于对现有风险的考虑，Edwy Plenel于2019年提出了向非营利性媒体公司转变，让Mediapart超越创始人影响的构想。

Edwy Plenel将捐赠基金会视为媒体非营利转型的重要途径，对于传媒行业来说，捐赠基金可能是解决媒体资金不足问题的有效路径。2008年，法国《经济现代化法》在其框架内设立了"捐赠基金会"这一新模式，具有创建手续简单、捐赠人有权享受税收减免优惠等优势，更重要的是，"捐赠基金

---

① 雇员协会是法国媒体机构中常见的员工联合持股方，有些媒体甚至完全由员工持股，比如通过"工人联合生产协会"（Société Coopérative et Participative, SCOP）的机构来持股。

会既不涉及最高行政法院的法令，也不需要政府代表入席董事会"①，形成了政治独立性不受威胁，还能使捐赠者免税的双赢局面。

如今，捐赠基金会正在向法国媒体行业开放。此前，Mediapart在与法院的增值税率平等化之争中获胜，改变了法国在线新闻在规则和法规方面的竞争环境，使它们可以与传统媒体更平等地竞争。这为Mediapart提供了成立捐赠基金会的信心和法理依据。

成立捐赠基金会的目的是筹集资金，保护Mediapart的经济独立性，并且，根据Plenel的说法，公司的利润将被用于支付工资、实现增长而不是向股权所有者分配股息。

3. 第三阶段：捐赠基金会成功建立

2019年8月14日，"自由新闻基金会"（FPL）在巴黎成立，其目的是确保 Mediapart 的资本"不可转让、不可购买、不可投机"②。而这一捐赠基金则是由Mediapart的共同创始人联合"知情权协会"（ADS）成立的。

ADS旨在"捍卫信息自由、新闻界的多元化和新闻业的独立性；在数字革命时代为保护知情权和言论自由做出贡献；以共同利益和平等权利，拒绝歧视和不公正待遇为宗旨，以人文价值促进公共利益的新闻事业"。

在第一次会议上，FPL制定了道德宪章，这将成为其接受、管理和分配给它的资金（主要来自接受个人、公司的捐款）的根本依据；组成战略委员会，负责对提交给其的文件进行初步研究并向其董事会提供建议；招聘具有永久雇员身份的执行董事；创建网站，确保其活动完全透明。

4. 第四阶段：完成非营利性媒体公司转型

2019年底，FPL创建了保护Mediapart独立协会（SPIM），并通过SPIM收购了Mediapart的所有股权，最终获得其全部所有权。此举确保了Mediapart的的资本不可被转让、不可被收购、不可被投资，使其经济独立性不可逆转。

首先要解决的是筹集收购Mediapart的资金。除了440万欧元的储备金之

---

① ［法］朱莉娅·卡热.媒体的未来 数字时代的困境与重生 [M].北京：中信出版社，2017.

② 参 见 https://www.mediapart.fr/journal/france/020719/mediapart-rend-son-independance-irreversible?onglet=full。

外，还筹集了以8.5年期550万欧元的银行贷款和来自外部股东Doxa的250万欧元的卖方信用贷款，另外也有一些股东如Jean-Louis Bouchard（外部股东Ecofinance）选择捐赠了他价值约100万欧元的股份。这得益于Mediapart近几年良好的业绩表现，在过去几年中，至少产生了200万欧元的净收入，足够支撑它偿还银行的贷款。这让Mediapart在维持未来正常运营的前提下，继续将利润用于支持其内容的发展和团队的成长。最重要的是，Mediapart"找到了一种创新的、前所未有的解决方案来保持我们的经济独立性"[1]，即成功转变为非营利性媒体公司。

至此，Mediapart向非营利性媒体公司的转型完成了三个层级的制度安排（见图2），这三个层级的结构：一是捐赠基金会（FPL）；二是股份受捐赠基金会控制的民事公司（SPIM属于民事公司，由FPL创建并完全所有）；三是负责报纸经营但股份由民事公司认购的股份有限公司，即原本由创始人创立的Mediapart出版公司。

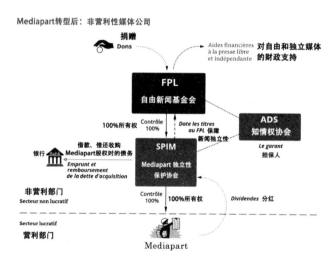

图2　Mediapart非营利性媒体公司的制度安排[2]

①　来自Mediapart网站，原文为法文，由笔者翻译。参见https://www.mediapart.fr/journal/france/020719/mediapart-rend-son-independance-irreversible。
②　来自Mediapart网站，原文为法文，由笔者翻译。参见https://www.mediapart.fr/journal/france/020719/mediapart-rend-son-independance-irreversible。

（三）非营利性媒体公司如何保障媒体独立性

2020年，Mediapart迎来了新模式下的元年。Mediapart成功转变为非营利性媒体公司，使其成为介于商业公司和非营利组织之间的存在。在此之前，非营利转型思路并不新鲜，前有斯科特基金会与《卫报》，以及德国的贝塔斯曼模式。非营利性媒体公司的创新之处在哪里呢？

第一，Mediapart成功超越了创始人控股的局限性。让·斯特恩在其著作《国家出版社的赞助人》中说，"保护媒体公司免受自身股东可能的贪婪影响是必要的，而维护公司完全的独立性在于明确放弃合伙人的利润"①。Mediapart之前的独立性在于创始人一致的新闻价值理念，他们都致力于解决媒体资金独立的问题。在他们控制Mediapart期间，不接受任何广告收入和政府补贴，这完全在于他们的自律意识，再利用股权的优势地位保持了这一模式可以长期实行。最初两年公司一直在亏损，Edwy Plenel自己也负债了十年。没有制度性的安排，Mediapart的独立性非常脆弱，容易被外部资本收购并控制。所以，Mediapart通过自由新闻基金会、保护Mediapart协会和知情权协会之间的制约关系，成功将对独立性的追求变成了制度性安排。

第二，非营利性媒体公司保留了商业媒体公司的活力，解决了目前非营利新闻模式中仅依靠基金会的单一资金来源问题。Mediapart在过去12年里，只依靠读者订阅获得收入的模式取得了成功。为了避免在市场竞争中失去优势，它和一般商业媒体机构一样，通过提高独立报道的质量，提供多样化新闻报道的呈现，并且注重维护与读者群体的关系，依赖用户黏性来获得更多订阅收入。这一模式的背后是Mediapart商业运营逻辑的成熟，但是媒体不同于其他企业，它的首要目标是提供一种公共产品，一种高质量、自由的、独立的民主辩论必不可少的新闻信息，而不是利益最大化和股东分红。而非营利性媒体公司成为"破局"的关键，正是在商业性与公共性中找到了平衡点。

---

① Isabelle Hanne.La presse veut toucher le fonds [EB/OL].(2014-03-23).https://www.liberation.fr/ecrans/2014/03/23/la-presse-veut-toucher-le-fonds_989326.

同时，捐赠基金会可以持续吸引外部资金。法国的捐赠基金会使人们之前通过"出版与多元化协会"进行免税捐赠的流程得到了简化，减少了流程中行政力量的干预。更重要的是，通过捐赠基金会给予的任何性质的捐赠都是"免费的、不可撤销的"（和其他基金会一样），使得媒体企业的独立性有了长期保障。

第三，Mediapart在向非营利性媒体公司转型的过程中，注重设置"防火墙"制度，避免媒体独立性受到捐赠基金的影响。FPL并不直接控制Mediapart，而保护Mediapart协会（SPIM）的作用仅限于管理Mediapart的股权，而无权干预其日常经营。而且，FPL和SPIM创立的目的都是保证Mediapart的独立运营，其资金的目的性并不会影响到报道议程和方针。创始人创办的ADS则在外部发挥监督作用。这里的"防火墙"，内防捐赠基金过度干预的风险，外防市场资本侵入危机。法国很多媒体公司都被富豪收购，如《解放报》、《回声报》（LV集团）等。但Mediapart已经借助法律结构免受任何形式的掠夺、失控或对股权的突然袭击。

总之，Mediapart利用一种新的管理和融资安排，让媒体避开危及自身的风险，其商业模式没有因为这一方式发生改变，对于读者来说，没有广告的同时还能有高质量的新闻报道。越来越多忠实读者的订阅又为其提供了收入来源，并且可以通过捐赠基金进行更大金额的慈善捐赠（而不仅仅受限于目前的定价策略）。

可以说，非营利性媒体公司较好地解决了目前非营利新闻模式存在的问题，保留了新闻机构原有的商业模式，捐赠基金会带来的更多是一种资金保障，而不是某种利益诉求。非营利新闻模式中，不同基金会关注的领域和追求的社会影响不同，它们资助媒体有自己的目的性，可能会要求媒体在其关注的领域引起关注，以获得更多慈善捐赠。

当然，这一模式也有其局限性。首先，最主要的缺陷来自捐赠基金本身的局限性，作为"简化版"的基金会，它受到的监管并不完善，制度完全由起草委员会制定，这一过程依然存在一定风险。另外，非营利性媒体公司转型究竟会对商业表现产生多大的影响，目前还有待观望。

四、新闻创新与非营利新闻模式

既然新闻业的危机最明显的表现是生存困境——销量下滑、广告锐减，以及种种关联后果，那么新闻创新显然应把新闻业（尤其是传统媒体）从眼下的泥沼中拉出来。"数字新闻业正从虚弱的幼儿阶段逐渐步入抵抗力更强、更有活力的青年阶段。"[①]不同类型、不同地区的新闻媒体在新冠肺炎疫情中展现出高度的灵活性，并创造性地加速改造新闻工作。正如BBC一位编辑所说"疫情正在加速趋势性创新的到来"[②]。

少数传统新闻媒体成功实现从广告模式到内容付费模式的"转型"，但大多数媒体仍在继续探索可持续化策略。2021年，哥伦比亚大学国际和公共事务学院学者Anya Schiffrin和他的学生共同撰写了《拯救新闻业：后新冠世界的愿景》报告，先审视了世界各地提出的"拯救新闻业"方案，综合比较后提出了以下四大举措：政府对新闻业进行资金救济，增加基金会、慈善机构等对新闻业的投资，新闻媒体要建立新的商业模式，让科技巨头为新闻买单。[③]

近几年，美国新闻界涌现出越来越多的非营利媒体，美国非营利新闻协会（Institute for Nonprofit News，INN)于2021年发布的最新数据显示，其200多家会员机构大部分成立于近十年间，其中近1/3出现在近五年之内。特别是新冠肺炎疫情肆虐、商业媒体广告收入锐减的2020年，20家非营利媒体涌现出来。

除了美国之外，在法国，一家媒体成功从商业媒体向非营利新闻模式转型。2020年5月14日，Altice France宣布将把《解放报》（*Libération*）转让给Presse Indépendante S.A.S.（PI），这是一家由非营利组织Fonds de

---

[①] 王辰瑶，刘天宇.2020年全球新闻创新报告 [J]. 新闻记者，2021(01):38-56.

[②] Thorpe EK, Sutcliffe C, Houston P. Media Moments 2020[EB/OL].(2020-12-17).https://voices.media/new-report-media-moments-2020/.

[③] Anya Schiffrin, Hannah Clifford and Kylie Tumiatti, with Allynn McInerney and Léa Allirajah. New Report Outlines COVID-era Proposals to Save Journalism.[EB/OL].(2021-01-13).https://www.cjr.org/business_of_news/new-report-outlines-covid-era-proposals-to-save-journalism.php.

Dotation pour une Presse Indépendante（FDPI）拥有的管理和控股公司。作为该项目的一部分，Altice France向FDPI捐赠了现金和PI的股份，然后PI收购了Libération的股份。此次出售已于2020年9月3日结束。交易完成后，集团不再对Libération行使控制权。

"非营利"并不表示媒体机构真的不营利。事实上，非营利媒体也需要赚钱，只是占比有所侧重，其收入可以非常多样化，比如，基金会的资助、公众募捐、公共财政拨款，有些甚至还会接受广告投放。通常，多元化的资金来源模式能够避免单一资金来源模式对非营利媒体报道选题和立场的干预。

法国另外一家成立于2018年的调查性报道媒体Disclose近年也发展迅速，已经扩展到在线新闻、播客制作、视听制作和出版领域，同时捍卫了一种新的模式：一个没有股东的结构安排和向公众开放的非营利性组织。这种前所未有的结构使它的经济独立永久化，并保护其免受任何外部收购的企图。为了防止单一资金来源模式对报道立场的干预，Disclose通过众筹、数字订阅和纪录片、流媒体、出版内容等方式创造多样收入来源，在2020年收入占比中已经接近三成。①

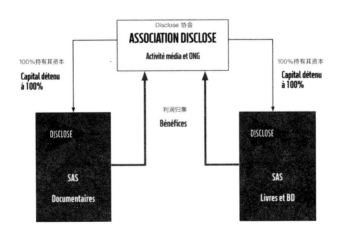

图3 Disclose收入来源

① 出自 Disclose 2020 Impact Report。

五、结语

Mediapart在其关于非营利转型安排的声明中提到："只有读者才能购买我们。"①

就目前来看，Mediapart借助捐赠基金会向非营利性媒体公司转型这一案例，其创新意义和价值所在，不仅是真正解决当前非营利新闻模式实践中，基金会单一资助方式造成的独立性困境，也包括帮助学界和业界继续对这一模式进行反思，非营利新闻模式并非一劳永逸，因为"民主需要资本投资，而资本投资并不能始终保持严格的平等"，依然要警惕资本借非营利新闻机构"洗白"，重建资本的权力话语。

更有价值的经验在于对非营利新闻模式的巧妙结合上，最大的特点就是保留商业属性（有收入但不是进行利润分红）。Mediapart从一开始就是商业媒体机构，到提出转向非营利性媒体公司的最初构想，其创始人都要求媒体坚持着一种近乎理想主义的独立性、公共性。引入非营利新闻模式更像是对媒体未来的投资，像是给Mediapart投了"独立性、公共性"保险一样。目前的Mediapart商业效益尚可，未来依然有捐赠基金保驾护航。

因此，非营利性媒体公司可能会成为维持媒体独立性、重建新闻业公共性的思路。或者说，转型为非营利性媒体公司，可以用于解决目前处在危机中的新闻机构，帮助如美国《费城问讯报》等进行类似的非营利性媒体公司转型。以及在《盐湖城论坛报》案例中，获得美国国税局首次授予商业报纸非营利组织身份之后，经过短暂的过渡，停止发行纸质印刷内容，全面转向数字内容，在2021年实现财务上的可持续性，为非营利媒体提供了新的思路。

［刘颂杰，中山大学新闻传播学院副教授；彭才兴，中山大学新闻传播学院

---

① 原文"assurée par le soutien de vos abonnements"，参见 https://www.mediapart.fr/journal/france/020719/mediapart-rend-son-independance-irreversible。

硕士；阿兰·彼得（Alain Peter），法国斯特拉斯堡大学新闻教育中心博士。本文为教育部人文社会科学研究青年基金项目"互联网影响下编营分离制度的变迁与重构研究"的部分研究成果（项目编号：16YJC860008）。〕

年度观察

现代传播体系建设中的重大事件主题报道

——2021 年中国新闻业年度观察报告

张志安　谭晓倩

【摘要】

本文以2021年中国新闻业典型案例、重大事件和行业数据为基础，梳理本年度新闻业发展变化的主要特点。文章重点聚焦以建党百年为代表的重大主题宣传、以抗击新冠肺炎疫情为代表的公共危机传播、以东京奥运会为代表的全球事件报道等三类重大事件主题报道，从内容、形式、渠道、传播效果等方面展现本年度新闻业的报道表现，并立足数字新闻业发展和现代传播体系建构，对2021年中国新闻业的实践特点进行概括。头部中央级媒体持续引领，部分省市级媒体加快转型，一批县级融媒体中心迭代升级，现代传播体系构建加速推进。未来，在智能传播新技术的驱动和互联网平台基础设施化的影响下，中国新闻业需要培育出一批可持续发展的新型主流媒体和更加健全的现代传播体系，强化原创内容生产、发挥议程设置功能助力国家治理能力现代化。

【关键词】

数字新闻业；现代传播体系；新型主流媒体；重大事件主题报道

2021年是"十四五"规划的开局之年，国家开启全面建设社会主义现代化国家新征程、向第二个百年奋斗目标进军。以人民日报、新华社、中央广播电视总台等为代表的主流媒体在媒体融合、平台建设、内容科技等方面持续推动内容聚合分发、舆论引导能力提升；以芒果超媒、河南广电等为代表的省级媒体，立足本地生活，拓展业务模式，探索深度融合的地方路径；以长兴传媒、分宜县融媒体中心等为代表的县级媒体，则做强区域宣传、强化本地服务，立足分众传播，打造"新闻+政务+商务"综合平台。

同时，2021年也是中国共产党建党100周年、辛亥革命爆发110周年、"九一八"事变90周年、2020年东京奥运会延期后正式举办等重大事件频发的一年。本文以2021年中国新闻业典型案例、重大事件和行业数据为基础，梳理新闻业发展变化的年度特点，并立足数字新闻业发展和现代传播体系建构，对2021年中国新闻业的实践特点进行分析，继而提出发展建议。

一、新闻业发展变化的年度特点

（一）媒体转型与应用传播实践创新

1. 主流媒体移动化转型加速，推动内容业态升级

从2014年的《关于推动传统媒体和新兴媒体融合发展的指导意见》到2020年的《关于加快推进媒体深度融合发展的意见》，媒体融合转型的发展目标从"打造"新型主流媒体深化为"做强"新型主流媒体。[1]在此目标的引领下，中共中央办公厅、国务院办公厅加大中央和地方主要新闻单位、重点新闻网站等主流媒体的客户端建设，以移动互联重构内容生产流程、以传播矩阵建设提升引导能力。

一方面，传统媒体强化客户端建设，整合资源、深化服务，通过自建平台和入驻第三方平台两种方式增加用户、扩大影响力。2021年初，人民网研究院对我国600多家中央及省级城市主要报纸、广播、电视台的融合传播力进行评估发现，中央级媒体融合传播力继续领跑，广东、北京、江苏媒体综合传播实力强，各省市媒体融合传播各有所长。除广播频率在聚合视频客户

---

① 黄楚新，许可.展望2021：传媒业发展十大关键词[J].中国广播，2021(03):17-19.

端的入驻率较低外，报纸、广播和电视的网站、自建客户端等自有平台的开通率，以及在微博、微信、聚合新闻客户端、聚合音/视频客户端等第三方平台的入驻率都较高，超过67%。各大媒体在聚合视频客户端的覆盖率明显上升，其中报纸和电视入驻聚合视频客户端的账号数量分别增加51个和53个，增幅均超过了30%。①以人民日报、中央广播电视总台等为代表的央媒集中力量做大做强自建客户端，其中人民日报客户端在9个安卓应用商店下载量为3.5亿次，总台的电视客户端"央视影音"和广播客户端"云听"，在9个安卓应用商店下载量分别为6.08亿次和3226万次。

另一方面，主流媒体继续巩固内容优势，突出特色定位、强化服务价值，构建网上网下一体化发展，推动内容业态升级。以新华社"两报两端"为例，经过改版升级的《新华每日电讯》、《参考消息》和新华社客户端、新华网1月全新亮相。改版后的《新华每日电讯》实现传统报道、新媒体报道"跨媒介互动"，打造"融媒之纸"；《参考消息》坚守原有定位和特色，突出纸媒"精细化阅读"优势；新华社客户端从新闻聚合平台走向集"权威资讯第一发布平台""主流资讯汇聚分发平台""社会治理信息集散反馈平台"于一体的综合信息服务平台；新华网着眼于以构建新型"新闻+政务服务商务"平台为目标，打造新型"网上通讯社"。②通过差异化定位和多元化产品，新华社打造新型主流媒体的资源和条件更加充沛。此外，省、市级媒体扎根本土、服务基层，通过网上网下联动，提升本地舆论影响力。如广州日报打造了根植街区的微信公众号矩阵平台，推动基于互联网的全新融合媒体产品，进而建立起网格化的媒体传播与服务平台，增加用户黏性，服务基层社会。③

2. 新闻叙事适应网络传播特征，创新话语方式和内容形态

以可供性理论做考察，当微博、微信等社交平台，以及抖音、快手等短

---

① 人民网研究院. 2020 年媒体融合传播指数总报告 [EB/OL].(2021-04-27),http://yjy.people.com.cn/n1/2021/0426/c244560-32088214.html.

② 新华社"两报两端"改版升级，有哪些看点？ | 一文读懂 [Z/OL]. 微信公众号"新华每日电讯"，2021-01-02.

③ 网格化＋垂直化，广州日报是如何推动内容业态升级的？ | 芒种·案例 [Z/OL]. 微信公众号"腾讯媒体研究院"，2021-06-09.

视频平台成为人们获取新闻的重要渠道，主流媒体在社交矩阵账号上的内容表达和新闻叙事则必须把握平台运作逻辑、算法推荐机制和网络话语体系。

在话语方式上，主流媒体更加善于采用年轻人易于接受的、符合网络文化特点的流行用语，还借势培育"网红"记者或主持人，改变往日相对严肃的语态和气质，给网民带来新鲜的主流传播话语。中央广播电视总台用年轻态、融合化的方式传递主流声音，推出了《主播说联播》《康辉的Vlog》《冬日暖央young》等融媒产品，以更接地气的传播方式拉近与用户的距离，产生不错的宣传效果。据CSM发布的《2021年短视频用户价值研究报告》，86.4%的用户看过电视主持人发布的短视频，"观点表达、知识分享"仍是用户最期待看到的内容，"与网友互动"相关短视频内容期待值提升最大，排名升至第二。[①]

在内容形态上，主流媒体更加注重视觉化呈现方式，以适应小屏移动化、碎片化观看特征，"无视频、不传播"的短视频新闻已成常规表达。通过摘录现场音及特写画面，配以文字解说或背景音乐的短视频新闻形式，能够在短时间内迅速为读者呈现重大事件中最具视觉和情感冲击力的片段。加之视频剪辑拼贴技术的利用和背景音乐的效果给人临场感，振奋人心、令人感动或发人深省，能以故事模式、情感模式强化信息模式、政论模式的宣传效果。此外，随着视觉化呈现方式日趋主流，以中长视频为代表的Vlog新闻通过第一视角的观察记录，强化沉浸感和真实感，也成为一些时政新闻的表现形式。2021年全国两会期间，中国青年报、大河报·大河财立方等中央和省市主流媒体，均推出记者看两会Vlog栏目，用户通过记者第一视角走进两会现场，感受代表参政议政的热烈氛围。

3. 优化智能时代算法分发的主导模式，主流媒体积极打造主流算法

利用算法进行信息分发是智能时代内容分配和流量触达的主导模式，通过大数据驱动对目标用户进行全方位画像，建立传播量、浏览量、点赞量等量化指标，基于用户、内容和场景要素的协同过滤机制是算法推荐的主要逻

---

① CSM重磅发布《2021年短视频用户价值研究报告》[Z/OL]. 微信公众号"媒介杂志"，2021-10-15.

辑。在以今日头条等为代表的互联网平台以算法推荐获得用户和流量优势的同时，主流媒体也更加积极运用算法推荐，尝试解决"信息茧房"等问题，助推时政新闻的个性化和精准化分发。

以中央广播电视总台为例，推出"央视专区"时，便在组合推荐算法中融合了主流舆论引导因子。随着"5G新媒体平台"的建设，总台进一步提出了"总台算法"，即除了传播量、浏览量、点赞量等流量指标以外，还加入了价值传播因子、动态平衡网络、社会网络评价体系等更多和正能量相关的指标，试图在千人千面的基础上传播更具意义价值的内容。①基于对算法推荐局限的反思，主流媒体在探索主流算法过程中，尝试将主流价值观与主流算法相结合，既利用算法提升内容审核效率，过滤掉灰色或黑色内容，又通过融合更多推荐指标、扩大优质内容池等方式，努力为受众提供更综合、更优质的内容推荐阅读体验。

4. 积极采纳先进传播技术，打造智能化编辑部，提升传播效能

智能传播技术的运用，可全方位提升主流媒体的生产效率和传播效能：AI技术运用于新闻生产领域，提高了新闻生产的速度；3D、AR、VR、MR等技术推动媒体报道形式的更新，强化了融媒体产品的视觉和交互体验；5G、8K等技术推动直播及视频技术的高速、低延迟、高清化，更新了媒体即时传播的速度要求。5G+4K/8K超高清呈现、"智能云剪辑"、"5G+AI"报道、AI直播拆条、AI合成主播、区块链新闻编辑部等新技术被越来越多的主流媒体采用。智能化编辑部的打造，使智能工具在新闻策划、采集、编辑、反馈等全流程中的应用成为现实，形成更加智能化、模式化、标准化的新闻生产机制。

2020年12月，人民日报发布了"创作大脑"，将内容优势与人工智能和算法等整合创新内容共享生态，这个全媒体智能创作平台拥有包括直播拆条、在线快编、智能字幕、智能写作、新闻追踪等在内的全媒体智能工具箱，以及集纳海量图、文、音视频资源的智慧媒体云，利用人工智能助力新

---

① 中央广播电视总台：守正创新、技术驱动，绘制"主流"蓝图 [Z/OL].微信公众号"媒介杂志"，2021-10-06.

闻内容的高效生产。^①2021年1月，新华社客户端将AI合成主播升级为"AI合成主播超市"，8位AI主播供用户点选播报新闻。两会期间，AI合成主播雅妮运用多分身跨场景技术在人民大会堂进行现场报道。6月，新华社推出了全球第一位数字航天员"小诤"，她完成了穿越三大空间站进行报道采访的工作。10月，北京广播电视台发布了中国首个广播级智能交互——真人数字人"时间小妮"，与以往数字人产品集中在虚拟主播领域不同，"时间小妮"侧重于用户服务功能，以人工智能和情景对话的形式为用户服务。12月，每日经济新闻与小冰公司联手打造的全球首个全流程由人工智能技术驱动的视频直播电视栏目《每经AI电视》全网正式上线，实现了虚拟主播在财经新闻移动分发场景中的常态化生产。

（二）媒体角色与社会功能的多元拓展

1. 紧扣重大议题，巩固舆论主阵地，助推社会治理

2021年，主流媒体围绕全国两会、建党百年等重大事件进行了一系列的主题宣传和融合报道，充分发挥议程设置的作用，强化主流价值观和主流意识形态引导，夯实主流媒体的舆论影响力和引导力。据CTR媒体融合研究院对2021年上半年主流媒体机构网络传播力的评估，截至2021年6月底，中央广播电视总台、人民日报和新华社在新媒体渠道的最大粉丝量均在亿级以上，且三大央媒融合传播效果位列前三。^②

在服务国家和社会治理方面，主流媒体积极探索"新闻+政务+服务"的模式。"人民号"作为人民日报新媒体的内容聚合平台，定位于向用户传播高品质的内容，政务号、媒体号是"人民号"平台账号的重要组成部分，贡献了近一半的内容。整合不同系统资源，"人民号"积极开展与政务部门的合作，打造出多个"政务+服务"合作标杆案例，包括与国家反诈中心合作的"全民反诈防骗季"系列直播、与全国各地博物馆合作的"奇妙漫游云逛

① 人民日报创作大脑 | 全媒体智能创作平台 [Z/OL]. 微信公众号"创作大脑"，2020-12-24.
② 德外五号 . CTR 解读 | 2021 年上半年主流媒体网络传播力 [EB/OL].(2021-08-19). https://www.sohu.com/a/484339111_697084.

展"等。"人民号"不仅在传播设计上更互联网化、更年轻态，也因互动服务模式更亲民、便民、利民而得到网友认可。①

除正面宣传之外，建设性的舆论监督也是媒体职责所在。2021年也涌现出一系列深度调查报道，如《新京报》对餐饮品牌"胖哥俩"的暗访调查，中央人民广播电台关于山东某县存在骗取医保资金的调查，《三联生活周刊》对重庆幼童坠亡事件以及国产玻尿酸产业等的内幕调查。此类深度报道，通过专业媒体记者深入现场的采写与调查，还原真相，以小切口披露方式呈现社会发展中的难点和症结，助推了社会治理。

2.数字新基建夯实，短视频用户规模持续增长、消费与生产并重

互联网基础资源加速建设，为网络应用和产业发展夯实基础设施。目前，我国已拥有全球最大的信息通信网络，并在5G商用发展实现规模、标准数量和应用创新三方面走在领先水平。第48次《中国互联网络发展状况统计报告》显示，截至2021年6月，我国网民规模超10亿人，网络视频（含短视频）用户规模已达9.44亿人，占网民整体的93.4%。其中，短视频用户规模为8.88亿人，较2020年12月增长1440万人，占网民整体的87.8%。

另据《2021年短视频用户价值研究报告》，短视频年轻用户规模增长放缓，50岁及以上短视频用户占比从2020年的14.2%飙升至27.4%，超1/4，"银发e族"贡献主要规模增量。此外，50岁及以上用户发布短视频的比例也由去年的20.4%飙升至30.0%，"银发e族"通过短视频建立社交连接的需求更强。②2021年1月，新华社客户端8.0版全新上线，推出"全民拍"社会治理交互平台等功能。《2021年短视频用户价值研究报告》指出，短视频满足了个性化、视频化的表达意愿和分享需求，用户自制或上传短视频的比例攀升至42.8%。用户主动参与短视频内容共创，其中"个人生活记录"为主要内容类型。③

---

① 陈雪娟.人民号：如何打造平台"生态共建"的发动机？|德外荐读[Z/OL].微信公众号"德外5号"，2021-08-24.
② 《2021年短视频用户价值研究报告》上[Z/OL].微信公众号"收视中国"，2021-10-18.
③ 《2021年短视频用户价值研究报告》上[Z/OL].微信公众号"收视中国"，2021-10-18.

（三）媒体生态：强化平台主体责任，互联网信息监管力度持续强化

2021年10月，国家互联网信息办公室发布了《互联网用户账号名称信息管理规定（征求意见稿）》，提出互联网用户账号使用者在注册、使用账号名称信息中应当遵循的主要原则。此规定规范了互联网内容信息主体账号的注册和使用，进一步明确和限制了自媒体账号的内容信息发布，避免自媒体账号违规使用组织机构身份，有利于抑制虚假新闻或新闻敲诈现象。该规定还从互联网平台的责任出发，要求互联网平台积极履行账号注册和审查责任，设定互联网新闻信息服务账号的注册门槛，确保互联网新闻信息内容的专业性。

此前，国家网信办还发布了《关于进一步压实网站平台信息内容管理主体责任的意见》，敦促网站平台发挥在保障信息安全、规范传播秩序、维护良好生态等方面的主体作用，切实提升管网治网水平。当前，以微信为代表的社交平台、以阿里巴巴为代表的电商平台，日益呈现基础设施化的趋势，为此，互联网平台需要承担起规范信息传播秩序的主体责任。实际上，越来越多互联网平台企业作为信息内容生产和分发的枢纽渠道，已兼具商业属性和公共属性，在坚持正确价值取向、保障网络内容安全、维护网民合法权益等方面需有更多作为。

8月27日，国家网信办启动清朗·商业网站平台和"自媒体"违规采编发布财经类信息专项整治行动，主要商业网站平台迅速行动，开展自查自纠，集中整治扰乱财经领域网络传播秩序8类违规问题。目前，已处置违规"自媒体"账号2929个，清理有害信息47153条，关停封禁账号1793个。①以腾讯为例，9月16日腾讯公告了第三批被查处的违规自媒体账号，共清理违规内容29160条，处置账号2320个，其中不乏一些"篇篇10万+"的自媒体账号被永久禁言。②伴随互联网信息内容审核和平台监管力度的加大，媒体生态和网络空间总体上呈现出国家督办、平台自纠、自媒体账号注册和运营更加规范的态势。

---

① 严惩！2929个违规自媒体账号被处置 [Z/OL]. 微信公众号"西藏举报"，2021-09-10.
② 曹博晨. 腾讯20天处置4000多个自媒体账号！主要媒体平台已进行多轮整顿 [Z/OL]. 微信公众号"上海证券报"，2021-09-16.

二、重大事件主题报道的创新实践

（一）以建党百年等为代表的重大主题宣传

建党100周年、"十四五"规划、全国两会等是2021年主流媒体宣传报道的重大主题。围绕这些主题，主流媒体通过一系列原创报道，以音频、图文、短视频等形式，在新闻网站、新媒体客户端以及微博、抖音、快手等社交平台上快速发布、广泛触达，逐步形成中央媒体联动地方媒体、专业媒体联动互联网商业媒体的全媒体传播体系。

针对中国共产党成立100周年的报道，主流媒体运用情感化、故事化、年轻态的叙事特征，在全平台推出和分发短视频、H5等新媒体作品，同时发起了一系列建党百年的庆祝活动，提升传播的互动性，提高用户的参与度，在主题宣传中增强公众的政党认同和制度自信。

在创新报道形式上，新华社推出报道《这一个动作，告诉你中国共产党为什么行！》，以生动形象、可读性强的漫画，讲述了红军长征路上剪下一半被子送给当地百姓的故事。该报道展现了中国共产党人与人民风雨同舟、生死与共的精神，用一个故事、一幅漫画传承了红色基因，重温了党的信仰和意志。该报道被国内主流媒体和商业媒体转载，传播覆盖网站、电子报纸、"两微一端"等全媒体渠道，达到了深入人心的传播效果。在创新叙事方式上，新华社精心制作了微视频《望北斗》，敏锐抓住摇光星距地球约100光年这个契机，与党的百年生日结合在一起进行叙述。东方红一号卫星、党的十一届三中全会、香港回归、北京奥运会等重大历史事件被流畅地串联起来，最终汇成片尾浩瀚星海中的党徽标识。该视频还起用了电影《流浪地球》的视效团队，通过对CG动画等视觉特效的大量应用，让一个微视频达到了电影级的效果。上线2小时，《望北斗》全网传播量迅速破亿，微博话题"今天的北斗星光来自100年前"阅读量超16亿次，视觉冲击和情感传播的有机结合，实现了政治传播有效的"微表达"。①

在中央和地方媒体之间联动、线上线下联动方面，中央广播电视总台中国之声联合全国广播电台共同推出特别报道《中国共产党百年瞬间》，选取革命斗争时期、共和国建设时期、改革开放时期和社会主义新时代关键性历史瞬间，回顾了中国共产党一路走来的365个关键性历史瞬间，以每集2~3分钟精心制作的"短音频+"形式呈现，并在全国各地广播电台正式播出。此外，《中国共产党百年瞬间》还走进中小学校园，通过校园广播、党史公开课等形式，为学生们普及党史知识。这个系列作品的全面铺开和广泛触达充分发挥了广播的技术优势，以原声重现历史，以瞬间直击人心。

互联网商业平台也积极助力建党百年重大报道的传播和互动。如新浪新闻借助推荐策略为人民日报、新华社、央视等主流媒体加权提效，扩大建党百年相关权威资讯的传播范围和影响力，同时还通过专题报道、主动策划、联合创意等形式，吸引用户关注及互动，营造浓厚庆祝氛围。截至2021年7月1日，新浪新闻建党百年相关主题与策划总点击量达2.2亿次。

在全国两会举办以及"十四五"规划出台之际，主流媒体通过全媒体矩阵推出系列文字、图片、H5等报道作品，且通过全平台分发达到数以亿计的传播效果。比如，全国两会期间，《人民日报》推出106个版面、531篇报道、203张图片，《人民日报海外版》推出81个版面、263篇报道、186张图片，人民日报全媒体方阵共推出两会报道近2万篇；全网总传播量超180亿次。人民日报全社报、刊、网、端、微、屏等平台渠道进一步打通，策、采、编、评、发一体化格局进一步深化，同时统筹国际部、海外版、英文客户端、人民网9个外语频道、环球时报以及境外社交媒体账号等外宣平台和资源，网上网下、内宣外宣一起发力。②

（二）以抗击新冠肺炎疫情等为代表的公共危机传播

新冠肺炎疫情在全球范围持续扩散，国内疫情形势不断出现反复，抗击

---

① 易艳刚，莫鑫，王若辰.用宇宙浪漫叙事讲述百年党史，新华社《望北斗》是如何炼成的？| 融媒故事 [Z/OL].微信公众号"新华每日电讯"，2021-08-18.
② 人民日报社.凝聚起奋进新征程的强大力量——人民日报社2021年全国两会报道概览 [Z/OL].微信公众号"新闻战线"，2021-05-08.

新冠肺炎疫情是2021年的重要议题。此外，河南水灾、沈阳爆炸等公共危机事件也引发了人们高度关注。

经历了2020年的集中关注，2021年的抗击新冠肺炎疫情报道体现出常态化、数据化特点，且兼顾服务价值与人文关怀。人民日报、新华社、央视新闻等主流媒体及时公布全国确诊病例、重点地区抗疫进展，以果断有力的数据和清晰可感的政策服务抗疫大局。其中，主流媒体一些小切口、小故事的作品，彰显了以人为本的人文关怀。例如，@人民日报在微博上发布了话题"迪士尼烟花绽放时他们逆行防疫"，报道了10月迪士尼灿烂的烟火秀下，投入到紧张有序的核酸检测工作中逆行的医护人员和民警，用童话和现实结合的方式展现了防疫工作人员的艰辛工作，引发大量网友点赞。截至12月，该话题下讨论量达到10.1万次，阅读量达4亿次。网易新闻的报道《浙江疫情流调报告曝光，道尽成年人的悲欢：原来，每个人都不容易》、自媒体账号"王耳朵先生"发布的《新冠2年，我在140多份流调报告里，看到了中国人最真实的人生》等文章，也从个体视角展现出疫情防控常态化下普通人的生活。此类文章中的普通人，尽管面对艰辛却依然乐观，其精神力量更容易引起读者的共鸣。

在全球抗击新冠肺炎疫情的大背景下，中国主流媒体报道既密切关注美国、日本、印度等海外抗疫进展，也积极借助智库产品，扩大中国国际传播话语权。浙江日报报业集团天目新闻客户端发布"全球抗疫排行榜"，设置了疫情指数、疫苗指数、社会经济指数等三大维度，共12项评判指标，全方位评价全球主要经济体抗击新冠肺炎疫情的表现。《天目全球抗疫排行榜》第41期显示，中国综合抗疫表现排在榜单第一位，新加坡、日本紧随其后，美国排第二十二位。这份榜单彰显了全球疫情叙事的中国话语，有利于打破西方媒体主导的垄断话语权。

2021年河南暴雨导致洪涝和次生灾害，主流媒体和商业互联网平台快速响应，通过图片、视频、直播等方式传递灾区险情。其中，初期一手信息主要由灾难亲历者提供，主流媒体迅速启动响应机制，通过二次剪辑和文案编辑进行发布，随着特派记者深入到新闻现场后，马上开启直播，直击现场情况。新浪新闻等智能信息平台对汛情及求助信息进行推荐加权，通过信息过滤和精准匹配等智能技术，为重大自然灾害事件的救援贡献了重要力量。基于便民工具、辟谣科普等内容产品，以及平台的全景生态分发能力，充分体现出数据抓取及智能分析等技术在发现和整合险情中的作用，也彰显了互联网商业平台的社会价值。

关于河南暴雨引发洪涝灾害的传播，主流媒体扮演记录者、服务者、影响者多重角色。不少媒体发起暴雨互助话题、开辟求助通道、传递互助信息，并通过社交媒体的大众和人际传播渠道，连接资源、助力救灾。例如，微博@大象新闻发布"河南暴雨互助"微博，为河南民众提供了便捷的求助通道，在微博端获得83.7亿次阅读量，2000多万次讨论，并登上热搜。人民日报客户端则通过H5小程序，开通"河南暴雨紧急求助通道"，为受灾群众提供信息救助通道，灾民有紧急救援需求可填写表单一键发送，求助信息将被第一时间转交给相关部门。在微信、微博等社交媒体上，网友还自发创建共享式文档，通过共享编辑的形式及时分享和传递灾区求助信息，呈现出以平台用户为节点、以互联网平台为信息中枢的传播形态，使互联网商业平台发挥出重大公共危机事件传播的信息中枢作用。

除重大事件及时报道、重大政策精准解析、重要资源有效连接外，对重大灾难中小人物的个体命运呈现、对救灾处置中存在问题的理性监督，也是主流媒体灾难报道的常规作品。中国青年报《冰点周刊》的特稿《生死五号线》，以细腻的笔触还原多位受灾者的心境和处境，详细地呈现了灾难之下的人性和情感，表达出对生命的敬畏与慨叹，文章发出后在社交媒体刷屏，阅读量达10万+。四川红星新闻记者在河南暴雨现场深入采访，结合地铁轨道专家的观点，推出了报道《郑州地铁5号线"进水口"调查》。该文独家披露了政府通报之外的两个进水点，点出地铁停车场区域位置低洼容易积水等隐患。报道发出后，多家媒体跟进，公众将视线从关注地铁遇难者命运延伸至追问进水原因，对郑州"7·20"调查组的工作起到积极作用。①

---

① 红星新闻.关于郑州暴雨的记忆：那些在新闻现场的逆行者 [EB/OL].(2021-11-07). https://static.cdsb.com/micropub/Articles/202111/ad44e25fe3be70d8ca6a21a697b9913f.html?wxopenid=oBCTzj.p-2X0yK6YVHJnNb-V4eu0o.

（三）以东京奥运会等为代表的全球性事件报道

奥运会是全球性体育赛事，在延期举办的2020东京奥运会中，主流媒体充分发挥"场景传播"的优势，调动丰富资源、强化融媒形态，采用图片、短视频、直播等视觉化形式，以自建客户端和互联网平台分发为渠道，进行即时报道和整合传播。中央广播电视总台凭借独家版权资源，通过旗下新媒体客户端"央视频"对东京奥运会进行实况转播并联合总台演播室进行现场评论，17天内共派出了近800人的报道团队，实现了500场电视转播、超7000场新媒体赛事直播。截至8月8日，通过总台全媒体渠道收看东京奥运会达479亿人次，刷新了总台近十年来体育赛事触达人次新纪录。其中，央视频客户端赛事视频观看量累计达25.8亿次，单日视频观看量突破3亿人次。①

10月，CCTV-16奥林匹克频道上线，这是国际上首个以4K超高清和高清标准24小时上星同步播出的专业体育频道，频道上线仅23天观众已破亿。②这标志着我国在4K高清电视技术上已走在世界前列。此外，央视体育客户端与CCTV4K超高清频道互动，计划对北京冬奥会赛事全程4K制播，实现开幕式、短道速滑、花样滑冰等项目8K制作，加上央视数字平台对微信、微博、客户端等多渠道的全网布局和覆盖，受众随时随地可以感受冬奥会魅力。

如果说全球性赛事的报道重在给用户提供身体和视觉在场的体验，那么全球性重大时政事件的报道，则体现出主流媒体的国际传播影响力和话语权。2021年，在阿富汗、几内亚局势等全球性事件报道方面，中央广播电视总台依托以往长期准备建设的记者站点，迅速响应和启动，通过关键信源完成直播连线、进行融媒分发，极大提升了国际报道能力。

比如，在阿富汗报道中，总台多次抢占先机，成为全球重要信源，冲破了西方媒体对重大国际新闻的垄断，扭转了中国媒体长期充当"二传手"的局面。8月31日，塔利班新闻发布会上，代表中国媒体的话筒被放置在主席

---

① 479亿次！总台奥运会报道创多项传播纪录[Z/OL]. 微信公众号"CMG观察"，2021-08-09.
② 上线23天，CCTV-16奥林匹克频道观众规模破亿！[Z/OL]. 微信公众号"CMG观察"，2021-08-09.

台正中间。8月19日，CGTN主持人田薇独家专访了塔利班发言人苏海尔·沙欣，总台成为第一个独家专访沙欣的中国媒体。中东总站记者李超撰写的首篇手记《总台记者喀布尔见闻|揭开神秘面纱的塔利班发言人》在央视新闻客户端发出，以喀布尔报道员法耶兹的视角白描式呈现了塔利班首场新闻发布会情况。手记发出后20分钟内点击量突破10万次，迅速登上微博要闻排行榜。截至8月23日14时，央视新闻客户端、微博等平台新闻总浏览量超过9840万次，相关话题总阅读量突破3亿次。①据统计，总台共完成了12次塔利班官员专访，13次前阿富汗官员专访，通过44种语言对外传播到95个国家和地区，1599家境外电视台对总台报道引用播出，其中G7国家媒体占比高达75%。②此外，在几内亚局势发生变动时，总台非洲总站立即启动重大突发事件应急响应机制，打破各记者站常态分工，与国内各部门深度联动，以一切能采取的方式触达几内亚现场，获得大量一手信息。③

三、现代传播体系建构与新闻业价值坚守

路透社新闻研究所曾对2021年新闻媒体行业趋势进行预测：2021年将是数字领域发生深刻而快速变化的一年，在新冠肺炎疫情影响下将呈现新闻编辑室更加强调专业性，更多关注数据和视觉叙事格式的趋势，新闻业将重新聚焦于事实、解释和专业研究等变化和趋势。在2021年Twipe主办的"未来10年新闻业"主题峰会上，全球媒体人经充分讨论也提出了未来的新闻业将更加注重实效、记录型媒体，并将向服务型媒体转型等观点。

面对数字新闻业的变革和发展，新闻学界提出了物质性、可供性、空间转向、情感转向、实践转向、关系转向等研究视角④，其中新闻业的功能、角

---

① 发力！看这场震惊世界的全球接力报道 [Z/OL]. 微信公众号"CMG 观察"，2021-08-09.
② 22天，73 亿次！独家！独家！总台阿富汗报道声震国际舆论场 [Z/OL]. 微信公众号"CMG 观察"，2021-08-09.
③ 突发！独家！直击几内亚军事政变，全球大事再看总台 [Z/OL]. 微信公众号"CMG 观察"，2021-08-09.
④ 参考《新闻记者》2021 年第 10 期"数字新闻学引论"专题。

色、价值始终是新闻业运作的根基①，也是学术研究的核心问题。在深度媒介化的互联网社会中，面对动荡变化的国际形势、全球抗疫的重大挑战、互联网平台兴起的结构重塑，新闻业的核心价值和社会功能如何维系？拓展和可持续发展将显得更加重要。参照本年度中国新闻业的变化特点可知，国家治理和社会发展离不开新闻业对专业精神、社会功能的坚守，新闻业正在融合转型中完成技术采纳的升级、多元角色的拓展和舆论影响的再造。

国家政策始终是中国传媒转型和新闻业发展的重要推动力。与2015年"十三五"规划建议中"推动传统媒体和新兴媒体融合发展"的表述不同，中共中央发布的"十四五"规划和2035年远景目标的建议提出，推进媒体深度融合由"推动"到"推进"，从"融合发展"到"深度融合"。②国家力量驱动下的中国媒体融合，被赋予特定的社会使命和时代期望，要求媒体通过可持续发展成为国家治理和社会治理的核心资源。媒体融合转型的战略目标在于构建现代传播体系，这一体系的建设意味着媒体在发挥传播、引导、服务、治理的作用中不断提升舆论引导力，助力国家治理现代化的发展。因此，媒体融合需要在政策引导、内容科技、数字转型、供需结构及社会治理等多维视角中谋求创新。③

媒体深度融合是持续推进现代传播体系建设发展的关键路径，而建立一批有影响力的新型主流媒体则是现代传播体系形成的关键指标。从横向看，现代传播体系的建设需要主流媒体、商业互联网平台在互为助力和技术驱动下实现资源协作和生态共建。从纵向来看，则需要从中央到地方建立起多层次、立体化的现代新型媒体格局，打造出一批中央和省级新型主流媒体，同时在基层建立起一批服务社会治理的区域综合平台和融媒体中心。

当前，从中央、省、市、县级媒体融合的实践和进程来看，中国特色现代传播体系的建设呈现出这些特点：少数头部中央级媒体打造新型主流媒体，增强舆论引导的影响力，讲好中国故事，提升国际传播影响力；部分

① 白红义.数字时代的新闻理论创新[J].新闻记者，2021,464(10).
② 黄楚新，许可.展望2021：传媒业发展十大关键词[J].中国广播，2021(03):17-19.
③ 黄楚新.全面转型与深度融合：2020年中国媒体融合发展[J].现代传播（中国传媒大学学报），2021,43(08):9-14.

省、市级媒体在立足区域发展进行宣传引导、打造民生综合服务平台、助力智慧城市建设中发挥着重要作用；一批县级融媒体致力于搭建公共服务平台，推动基层自治，服务地方外宣。总体上看，以中央级媒体持续引领、省市级媒体广泛发力、县级融媒体迭代升级为特征的现代传播体系正加速推进。

下一阶段，现代传播体系建构和推进，重点是"内涵建设"，即进一步实现新型主流媒体组织变革、文化再造和影响力持续提升。简言之，新型主流媒体的建设主要面临两项任务：一是以技术为支撑，从体制机制、人才培养、内容生产、经营创新等各个角度进行调整与转型，建立真正的"新型"主流媒体；二是在互联网舆论主战场上抢夺主动权与主导权，扩大国内的主流价值影响力版图，提升国际的传播格局竞争力。①从人民日报、新华社、中央广播电视总台等央媒的融合转型中可见，坚守主流价值观、技术驱动媒体升级、建立多媒体矩阵、扩大舆论影响力等是核心关键词，但目前仍存在一些问题，如：技术升级主要依赖外包，自身缺乏对智能传播技术的研发和掌控能力；主流媒体也有"头部"效应，少数媒体综合力显著，多数媒体的数字化转型仍需加快等。

主流媒体的深度融合，还需要从生产流程改革与突破、组织机构再造与重构、机制体制融合与创新等三个方面持续推进。在生产流程上，进一步发挥智能技术在新闻生产、分发、反馈全流程中的作用，实现优质内容和移动分发的有机融合和精准触达；在组织机构上，进一步整合资源、精简机构，灵活推进项目工作室、个人IP孵化、多元投资和激励机制等运营模式的重构；在机制体制上，进一步发挥"新闻+政务服务商务"的社会功能，在解决可持续营收基础上强化具有实效的舆论引导力。

（张志安，复旦大学新闻学院教授、博士生导师，中山大学互联网与治理研究中心原主任；谭晓倩，中山大学新闻传播学院博士。）

---

① 刘珊.我们离"新型主流媒体"还有多远？[Z/OL]. 微信公众号"媒介杂志"，2021-10-05.

2021年中国传媒事件点评

范以锦　李苗苗

2021年是传媒业不平凡的一年。建党百年以及国内其他重大事件的策划报道亮点异彩纷呈，彰显了主流媒体在引导社会舆论方面的重要作用。5G、AI、区块链等技术加速渗透，在航空报道、数字文创、公共大屏等领域融合创新，使传媒业焕发新的活力。与此同时，媒体生态也变得愈来愈复杂，管理部门出台了一系列政策规范，加强对行业发展的指引。社会方方面面对媒体报道的事件持续关注，形成的舆情及应对引人深思。本文所列举和点评的传媒事件，从一个侧面反映了2021年传媒业态现状。

一、中央主流媒体引领建党百年宣传报道，众媒体多视角立体式展示建党百年恢宏画卷

事件回放：

2021年1月1日0时，人民网主页优化升级，正式拉开人民网庆祝建党百年系列活动序幕。围绕建党百年，人民日报及人民网开展大型全媒体采访，以生动活泼的形式传播有价值的内容。随后，新华社新媒体产品《送你一张船票》登场，用动画长卷的形式配合精致的画面、动人的音乐，展示了党领导人民走过的不平凡历程。中央广播电视总台推出《奋斗百年路　启航新征程》《美术经典中的党史》等新闻产品，拉开建党百年主题宣传的序幕。

点评：在建党百年的宣传报道中，中央主流媒体行动最快，力度最大，全媒体运用娴熟、精彩，在全国媒体中起到了示范作用。各地、各类媒体都

把建党百年作为2021年宣传报道的重头戏来抓，既有宏观气势的重大主题报道，又有动人心弦的故事细节描述。各媒体还运用大数据挖掘的成果，优化用户体验，把握住了内容的"言值"和形式的"颜值"，实现党史文化的有效传播，推动党史教育出新、出彩。

二、主旋律正剧《觉醒年代》获年轻人热捧，树立传播党史故事新典范

事件回放：

正值建党百年，主旋律献礼剧《觉醒年代》火热出圈，受到年轻人的大力追捧。该剧凭借演员精湛的演技、制作精良的画面、深入人心的细节及鲜活的历史故事人物频频登上微博热搜榜，被网友称作"年度最值得观看的电视剧"。

点评：《觉醒年代》的热播，打破了以往"年轻人不爱看正剧"的标签，为创作和传播红色文艺作品提供了宝贵经验。该剧成功的原因在于：第一，塑造鲜活的人物性格，拉近与观众的距离；第二，摆脱一面式、说教式的讲述，客观完整地呈现，给予观众思考的空间和判断的权利；第三，把握时代精神内核，营造出"他们即我们"的共情共感，唤醒青年对理想和使命的共鸣与传承。

三、全球首位数字航天员亮相，"数字记者"开启太空报道任务

事件回放：

2021年4月24日，新华社发布"数字航天员"计划，与腾讯互娱NExT Studios进行技术合作，采用计算机图形和人工智能技术打造了中国首位"数字记者"和全球首位数字航天员——"小诤"，专门面向航天主题和场景开展新闻报道和科普传播等工作。

点评： 数字人"小净"无须经过身体和心理的专业训练，便可出现在空间站、火星、月球等目前新闻工作者无法抵达的航天场景中，还能实现在不同场景间的"穿越"，以另类视角向观众展现生动有趣的航空报道和科普知识。"小净"的出现是5G、AI、MR、云技术等深度融合的结果，技术进步和场景思维的创新赋予了媒体生产应用场景和表现形式更多的可能性。

四、全球首个中文新闻人工智能模型发布，助推新闻采编迈出一大步

事件回放：

2021 年6 月1 日，2021 北京智源大会在中关村国家自主创新示范区会议中心开幕。会上，全球首个中文新闻人工智能模型正式发布。该模型由北京智源人工智能研究院、媒体融合生产技术与系统国家重点实验室和新华社技术局合作研发，可实现新闻内容处理、图文生成、诗词生成、问答、创意写作等功能。

点评： 这一模型的发布，实现了中文新闻领域人工智能模型从0 到1 的突破。与往常一样，模拟人类思维执行采编任务的技术一出现，就会引发其是否会取代新闻从业者的争论。其实主动权还在于人，但由于这一模型具有接近人类水平的图文创意能力，不仅能够成为新闻从业者强有力的助手，提高工作效率，所生产的内容也会越来越场景化，并通过智能化的推送实现更好的传播效果。

五、超高清电视实验频道开播，"百城千屏"落地更广泛地传播主旋律

事件回放：

2021 年2 月1 日，中央广播电视总台8K 超高清电视频道试验开播，标志着全球首次实现8K 超高清电视直播和5G 网络下的8K 电视播出。8K 超高清

电视频道播出试验信号传送到北京、上海、广州、深圳等9个城市公共场所的30多个超高清大屏同步播放。10月19日，工信部、中宣部等六部门通知开展"百城千屏"超高清视频落地推广活动，支持有条件的城市在剧院、博物馆、公共街道等设立超高清公共大屏，展播党建、北京冬奥会、文化旅游等超高清4K/8K内容。

点评：8K超高清电视频道开播，标志着我国在技术层面上实现自主创新突破。"百城千屏"项目则促进技术的落地和推广，实现技术与党建、文旅、消费、公益等多场景的勾连融合，更好地满足群众文化生活消费升级的需求，同时更广泛地传播主旋律。

六、云南大象"一路向北"引发舆论聚焦，融通世界文明的中国叙事获外媒点赞

事件回放：

从2021年4月16日开始，西双版纳的17头云南野生象一路北上。沿途民众不仅善待它们，还让它们成为在社交媒体上刷屏的主角。媒体更是认真进行专题策划，中央广播电视总台的《一路"象"北》等融媒体产品不断登上热搜榜，国际舆论好评如潮。

点评：英国BBC、美国CNN、日本NHK等众多外媒对云南大象迁徙事件基本持正面的态度，有关大象的报道被国内媒体人称为2021年"出色的国家宣传片"。这一国际传播中的成功案例，值得总结并发扬光大。其之所以取得良好的传播效果，原因在于：一方面，民众"与野生动物共存"的环保意识强，这是能做好这次报道、树立中国良好形象的前提；另一方面，媒体的持续报道，抓住了人与大象友善关系的感人细节，通过全媒体、立体式的融合传播生动展现出来，令人信服。

七、洪灾中的"救命文档"接力传播，"互联网+救灾"实现高效"信息救援"

事件回放：

2021年7月下旬，河南暴雨成灾。7月20日，一份命名为"待救援人员信息"的线上协作文档在网络上接力刷屏。截至22日19时，这份文档的浏览量接近650万次，包含了现有救援联系方式、灾情避险场所、最新道路情况、物资需求等1000多条有关河南洪灾的求助和救援信息，被网友称为"救命文档"。10月初，山西洪灾也应用了在线文档实现救灾信息搜集。

点评：在线文档以多人协作、实时同步的特性，在救灾中成为民间救援信息搜集、资源对接的公共平台，利用互联网连接起求助方和救助方，展开"指尖上的信息救援"，极大提高了救援效率。目前，这种利用在线文档建立灾情信息沟通平台属于民间自发行为，未来能否纳为官方应急预案，使之流程化、模式化，值得相关部门考量。

八、"内容+技术"双向赋能传统文化，河南卫视频频破圈为广电媒体融合创新贡献新范例

事件回放：

2021年新年伊始，河南卫视春晚节目《唐宫夜宴》火爆"出圈"，霸屏各大平台头条。相关话题在某社交平台达到2.1亿热度，单个视频播放量高达5000多万次。随后，河南卫视陆续打造了《元宵奇妙夜》《端午奇妙游》《七夕奇妙游》等特别节目，全网点击量超50亿次。

点评：河南卫视以优质内容为本，挖掘传统文化与当下时代精神的契合点，以5G、AR、VR、MR等新技术和水墨画、国宝等视觉特效为两翼，打造出审美水准极高的视听盛宴，并通过多平台、全方位、立体化的融合传播，实现了口碑和流量的双赢。这一"出圈"的成功经验，为传统广电媒体

融合创新贡献了新范例。

九、昆明"劫持案"中"蓝衣女记者"化身"谈判专家",危机之中显现记者使命与担当

事件回放:

2021年1月22日,在云南昆明有一名男子持刀致伤7人后劫持1名学生当人质。涉案人王某某在与警方对峙中,要求十分钟内见到一位女记者。案发现场,一名刚领到记者证、身穿蓝衣的女记者挺身而出,主动上前与其沟通。其间,女记者与劫犯相隔3米,进行了持续半个小时的疏导,稳定了劫犯情绪,为解救人质争取了时间和机会。

点评:新时代的挑战和机遇赋予了记者更多的使命和担当。在昆明"劫持案"中,蓝衣女记者不仅将新闻人应有的专业素养和职业精神落实在行动上,还彰显了敢于逆行的勇气和胆识、直面危机的沉着和智慧,在一线书写了新闻人的使命和担当。

十、14 岁的全红婵奥运夺冠引爆网络,过度消费当事人媒体应反思

事件回放:

在2021年8月5日进行的东京奥运会跳水女子单人十米台决赛中,第一次参加国际大赛的14岁中国选手全红婵以三跳满分的成绩高总分夺冠,其技艺不仅让场内运动员、裁判员、观众为之惊叹,屏幕前的观众为之喝彩,其充满稚气、朴实无华的话语也引发网络热议,一时成为舆论的焦点。

点评:各类媒体、自媒体对全红婵的高度关注,一方面体现了全社会对为国争光的运动员的敬仰,另一方面与少年的身份、家庭环境及与众不同的表达风格有关。关注本是正常现象,但各类媒体、自媒体蜂拥而至,不仅干扰了全红婵及家人的正常生活,也让她背负上与其年龄不相适应的巨大压

力。尤其是那种试图借助其名气攫取更多流量的做法，更不可取。

十一、抢发"袁隆平逝世"消息"抢"出假信息，媒体需警惕落入"时效焦虑陷阱"

事件回放：

2021年5月22日，有媒体称"杂交水稻之父"袁隆平因病医治无效，于5月22日上午在长沙逝世。很快，消息在网上广泛流传。袁隆平秘书回应："袁隆平目前在医院，身体状况不好。"直至当日13时多袁隆平逝世的消息才被确认。

点评：新媒体时代，虚假新闻的传播速度更快、传播范围更广、影响更为恶劣。一些媒体落入"时效焦虑陷阱"，"抢"新闻、博眼球，影响了媒体的公信力。要消除盲目抢新闻的浮躁心态，一方面，坚持新闻的真实性是新闻舆论工作者的职责使命，需加强新闻发布规范，建立健全相关法律法规；另一方面，要加强新闻舆论工作者和广大群众的媒介素养。

十二、社交媒体热议货拉拉女孩跳车事件，舆论失焦忽略平台监管责任

事件回放：

2021年2月6日21时，湖南长沙女青年车某某使用货拉拉平台打车搬家。途中，车某某和司机因车费、路线偏航等问题发生争执。车某某要求下车，司机不予理会，车某某跳窗坠亡。司机在协助调查三天后被警方释放。由于事件涉及女性安全这一敏感话题，社交媒体上出现了大量性别对立的舆论。21日，车某某的弟弟爆料货拉拉推诿责任。舆论将矛头对准货拉拉的监管缺失和善后扯皮问题。随后，货拉拉致歉。3月3日，官方调查结果公布，司机和乘客争执的焦点是平台费用问题，并非舆论猜测的性骚扰。

点评：此次的货拉拉事件，涉及女性安全这一社会敏感议题，舆论场出

现一波激化性别对立、煽动愤怒情绪的言论，如此无益于事情解决。舆论监督的对象不应是受平台规则压榨的底层服务人员，而应是计价不合理、监管不到位的平台。直到悲剧发生，才看到漏洞，付出的代价未免太大了。

十三、新版《互联网新闻信息稿源单位名单》公布，扩容及动态管理有利于加大信息发布力度和提升发布质量

事件回放：

2021年10月20日，国家网信办公布了最新版《互联网新闻信息稿源单位名单》，名单涵盖中央新闻网站、中央新闻单位、行业媒体、地方新闻网站、地方新闻单位和政务发布平台等共1358家稿源单位。

点评： 此次互联网新闻信息稿源新名单的公布及相关规定的完善，有积极意义：其一，大幅扩容，并首次将公众账号和应用程序纳入，使互联网新闻信息供给愈加丰富，为权威发声、引导舆论提供有力的保障。其二，对超范围转载的处罚，有了更明晰的依据。奖励和惩处措施并行，有利于提升内容质量、保障运行安全。

十四、《新一代人工智能伦理规范》发布，传播信息不得损害个人隐私权

事件回放：

2021年9月25日，国家新一代人工智能治理专业委员会发布了《新一代人工智能伦理规范》，其中涉及信息传播中的隐私权。

点评：《新一代人工智能伦理规范》发布，为从事人工智能相关活动的机构和个人，提出了伦理规范。由于专业媒体、各类传播平台、自媒体人进行智能化传播已成为趋势，因此这类机构和人员务必坚持职业操守，切实执行规范中提出的："充分尊重个人信息知情、同意等权利，依照合法、正当、必要和诚信原则处理个人信息，保障个人隐私与数据安全，不得损害个

人合法数据权益，不得以窃取、篡改、泄露等方式非法收集利用个人信息，不得侵害个人隐私权。"

十五、中央多部门出手整治"饭圈"乱象，为青少年营造清朗网络空间

事件回放：

2021年5月，网络上流传出一段"粉丝为选秀明星打榜，雇人倒掉27万瓶牛奶"的视频，此事引发舆论强烈谴责。5月8日，国务院新闻办公室就"清朗"专项行动举行新闻发布会。"清朗"行动针对网站平台上存在的"饭圈"谩骂互撕、挑动对立、刷量控评，包括教唆过度消费甚至大额消费、网络暴力等不良行为进行整治。8月27日，中央网信办下发《关于进一步加强"饭圈"乱象治理的通知》。

点评：受"数据为王，流量至上"的饭圈逻辑影响，本是文艺产品消费者的大众被转发量、热搜指数、榜单等量化指标所困，在平台和资本的推波助澜下，转变为"偶像经济"生产线上的"数据工人"。倒牛奶打投、借贷打榜、网络暴力、恶意造谣等"饭圈"乱象散播畸形的价值观，扰乱网络舆论环境，尤其不利于青少年的成长。重拳治理"饭圈"乱象，是营造清朗网络空间、维护社会主流价值观的有力举措。

十六、湖南广电联合国家级5G实验室，搭建芒果"元宇宙"生态

事件回放：

2021年11月，湖南广电芒果超媒宣布将以国家广播电视总局5G重点实验室为基座，联合中国移动搭建芒果"元宇宙"平台，全面参与未来传播形态竞争。芒果超媒表示将推出虚拟主持人、互动视频平台、超高清视频修复、增强平台等技术创新成果，从"互动+虚拟+云渲染"三个方面构建芒果"元

宇宙"的基础架构。

点评： 2021年，随着"元宇宙"概念游戏股爆火，"元宇宙"从科幻小说、影视、游戏等亚文化圈走入公众视野，得到科技、游戏、房地产等资本圈、媒体行业和学术界的高度关注，站上"风口"。2021年也被称作"元宇宙元年"。湖南广电对于"元宇宙"的探索实践，是传统媒体实现内容生态的升级变革，实现媒介融合、连接、赋能、进化的有益尝试。虽然当前的技术发展水平无法支撑"元宇宙"达成终极媒介形态，但依然值得期待未来媒介和"元宇宙"碰撞出来的火花。

（范以锦，暨南大学新闻与传播学院名誉院长、教授；李苗苗，暨南大学新闻与传播学院硕士。本文原载于《新闻与写作》2021年第1期，经作者授权转载。）

2021年传媒伦理研究报告

——暨2021年虚假新闻研究报告

《新闻记者》年度传媒伦理研究课题组

【摘要】

《新闻记者》持续多年的"虚假新闻研究报告"和"传媒伦理研究报告"本次合并为一文，以6类14个典型案例的分析为主体，对2021年包括虚假新闻在内的信息传播失序、传媒伦理失范的突出问题、总体特征、研究趋势做了梳理。研究发现，对新闻发布端资质的严格管理、大幅扩展"白名单"形成优质内容池、建立专业媒体与非专业生产内容隔离墙等管理措施，是虚假新闻等传媒伦理问题总体减少的主要原因；短视频领域扩张中信息失序、以"正能量"为名传播虚假信息、追求即时性报道引起失误、灾难报道中忽视人文关怀等问题仍较突出；学术界对传播失序、重塑规范理论、建设全球传媒伦理的研究值得关注。

【关键词】

十大假新闻；虚假新闻研究报告；传媒伦理研究报告；信息失序；谣言；规范理论

20年前，鉴于"虚假新闻报道愈演愈烈，令人难以容忍"①，《新闻记者》编辑部推出"年度十大假新闻"的专题策划，从每年诸多虚假新闻报道

---

① 吕怡然. 跋：鞭挞"客里空"，我们见义勇为、义无反顾 [M]// 拷问传媒公信力——新闻打假十年实录. 上海：文汇出版社，2011: 314.

中选取"最典型、影响最广、性质最恶劣"的10个案例,加以梳理和剖析。

"年度十大假新闻"评选持续10年,在学界业界都产生较大影响,并在此基础上出版了《拷问传媒公信力——新闻打假十年实录》一书。从2011年起,该专题改为"年度虚假新闻研究报告"的形式,仍以典型案例分析为主,同时更加强调对作为一种传播现象的虚假新闻问题的理论研究。2013年,在"虚假新闻研究报告"基础上,《新闻记者》杂志又推出"传媒伦理问题研究报告",同样以传媒伦理失范典型案例为中心展开剖析研讨,与"虚假新闻研究报告"形成姊妹篇。

鉴于坚持新闻真实性、反对虚假新闻历来是新闻伦理的一个重要原则;随着传播生态的变革,对传媒伦理、虚假新闻等概念范畴的新的认识和争议也不断出现;另外,按照《新闻记者》一直以来秉承的案例搜集标准,2021年无论虚假新闻还是传媒伦理失范个案,数量都相对较少(当然,也有一些存在多年的问题不断以新的个案形式出现),因此,我们将两份研究报告合二为一,继续坚持从问题意识出发,对上一年来包括虚假新闻在内的传媒伦理失范现象、治理特点、研究趋势等进行梳理,选择典型性强、影响力大的案例加以具体剖析,期望在业界学界引发关注,并有所启示。

需要说明的是,随着网络技术发展带来的社会媒介化与媒介社会化,传媒伦理已不仅仅是一种职业伦理、专业伦理,还成为一种泛在的渗透社会生活方方面面的调节原则。有学者提出应该以"符合伦理的传播"(ethical communication)来代替"传媒伦理"(media ethics)概念。[1]在本文中我们仍使用传媒伦理概念,但是讨论相对集中于涉及新近事实的传播活动,以及"从事新闻采编发布活动的专业新闻媒体"(以下简称"专业媒体")。

一、2021年传媒伦理的主要特点

重大社会危机期间,信息秩序混乱,而媒体需要帮助人们了解和理解正

---

[1] Fourie PJ. Normative Media Theory in the Digital Media Landscape: From Media Ethics to Ethical Communication[J]. Communication. 2017, 43 (02):109-127.

在发生的事情，在巨大压力下往往出现传播失序。2020年突如其来的新冠肺炎疫情，使虚假新闻等传媒伦理失范问题一度猛增。随着疫情防控进入常态化阶段，专业媒体运行逐步重回正轨。

当然，至为关键的是，我国一贯坚持以社会主义意识形态和社会主义核心价值观构建新闻职业道德体系。2021年，中宣部、中国记协印发《媒体社会责任报告制度实施办法》，已实行数年的媒体社会责任报告更加规范。中央主要新闻媒体，以及一些全国性行业媒体、省级主要新闻媒体等，从履行政治责任、阵地建设责任、服务责任、人文关怀责任、文化责任、安全责任、道德责任等方面，对2020年履行社会责任的情况进行逐项报告，对全国新闻媒体起了示范和引领作用。与此同时，相关部门不断强化各种管理措施，对虚假新闻频发及传媒伦理乱象做了有效规制，这是2021年相关案例明显减少的主要原因。

（一）专业媒体新闻生产基本形成闭环生态

数字时代，大众传播不再是专业媒体的专属权利，新闻生产、机构、技术和实践等都呈现多元混杂的特点，大大增加了信息流的不确定性。政治传播学者Chadwick（2013）将这种去中心化、流动性的传播生态称为"混杂媒介系统"（the hybrid media system）。①针对这种境况，近年来，我国管理部门采取统一标准、分类施策、压实主体责任等措施，基本实现了专业媒体新闻生产的闭环生态。

首先，进一步明确新闻"发布端"资质管理。2017年施行的《互联网新闻信息服务管理规定》第二条明确规定所谓"新闻信息"，"包括有关政治、经济、军事、外交等社会公共事务的报道、评论，以及有关社会突发事件的报道、评论"。第五条则要求"通过互联网站、应用程序、论坛、博客、微博客、公众账号、即时通信工具、网络直播等形式向社会公众提供互联网新闻信息服务，应当取得互联网新闻信息服务许可"。截至2021年9月30

---

① Chadwick A. The Hybrid Media System: Politics And Power[M]. London: Oxford University Press, 2017.

日，经各级网信部门审批的互联网新闻信息服务单位总计3026家，共计11934个服务项，非但数量较2020年（1329家单位6263个服务项）有大幅增加，而且大量下沉到地县一级。同时，"清朗"行动治理假冒仿冒新闻媒体名称、标识误导公众等，进一步强调、落实新闻信息采编发布特许规定，对"发布端"起到正本清源的作用。

其次，大幅扩容"白名单"，形成庞大的优质内容池。数字媒体永远在线、滚动发布的特点，产生对新闻内容的极大需求，仅靠专业媒体机构自采自编内容无法支撑，必然通过转载、抓取其他媒体内容等方式扩大内容池。2021年10月20日，国家网信办公布最新版《互联网新闻信息稿源单位名单》（俗称"白名单"），名单涵盖中央新闻网站、中央新闻单位、行业媒体、地方新闻网站、地方新闻单位和政务发布平台等共1358家稿源单位，与上一版名单相比总量增加近4倍，不但包括专业媒体机构，而且将一批理论网站、政务发布平台、县级融媒体中心等纳入其中，形成庞大的优质内容池，大大丰富了媒体内容资源。

最后，不断压实媒体把关责任，建立专业媒体与自媒体、用户生产内容（UGC）的"隔离墙"。从单向传播到互动传播，从单一媒介生产发布到融合媒介生产发布，数字技术颠覆了传统媒体组织形态和出版流程。为此，管理部门要大力推进媒体深度融合，同时针对转型中出现的问题，不断强调专业媒体履行把关责任：对社交媒体内容必须采访核实发布、严格新闻转载"白名单"制度、检查落实"三审三校"制度、深入推进打击虚假新闻，等等。通过这一系列措施，建立了一个专业媒体内容生产与自媒体、用户生产内容的隔离墙、防错网、警戒线。

通过上述三方面的管理措施，基本形成了一个完整有序、生态闭环的专业新闻生产系统。

（二）全方位规范网络传播秩序，自媒体、平台媒体成为治理重点

2021年，针对网络传播中的突出问题，为遏制网络传播乱象，中办、国办《关于加强网络文明建设的意见》，国家网信办等7部门《关于加强网络直播规范管理工作的指导意见》，国家网信办《关于进一步压实网站平台信息内容管理主体责任的意见》等文件相继出台；中央有关部门部署开展网络"清朗"系列专项行动、"净网"行动，有的放矢，抓住重点，重拳出击，持续全年；各平台媒体也积极履行责任，规范运营，处理违规账号。

"清朗"系列专项行动中，在内容生产发布领域，特别强调大力整治。

——假冒仿冒党政军机关、企事业单位、新闻媒体等组织机构名称、标识以假乱真误导公众的账号，不具备经济、教育、医疗卫生、司法等领域专业资质仍从事专业领域信息内容生产的账号。

——利用社会时事"蹭热点"、发布"标题党"文章煽动网民情绪的账号；传播低俗、庸俗、媚俗内容的直播、主播账号，炒作明星八卦等泛娱乐化信息，引发网民互相攻击的账号；以知识传播名义歪曲解读国家政策，干扰公众认知的账号；"带节奏"操控评论，干扰真实舆论呈现的水军账号。

——商业网站平台和"自媒体"违规采编发布财经类信息，充当"黑嘴"、敲诈勒索的"自媒体"账号。

——PUSH弹窗推送新闻信息中存在的稿源失序、内容失当、价值失范、滥用算法推荐、违规推送新闻信息等突出问题。

网络传播秩序治理体现了依法治国和以德治国相结合的特点，使网络传播生态出现明显变化。

（三）行为失范、信息失序个案时有发生，反映出一些趋势性问题

传媒道德建设具有长期性、持续性，新闻生产又是在时效压力下易犯错误的工作，各种失范、失序事件因此时有发生，造成一定的负面影响，也反映出媒体操作中一些具有普遍性的问题。

不经采访核实，专业媒体将社交媒体中用户生产内容直接作为新闻发布的情况仍有不少。专业媒体针对社交媒体中的舆论热点参与报道，是回应群众关切的重要方式；选用用户生产内容，是扩大信息来源、还原事件现场的有效手段。但有一个必须坚守的前提条件是：专业媒体要对相关信息进行采访、核实，才能实现从"信息"到"新闻"的跳跃。"新闻工作的实质是用

核实进行约束"。①但目前仍有不少媒体忽视了这一环节，让社交媒体上的失实信息污染了专业新闻内容池，2021年的案例搜集中，这是数量最多的一类。不仅如此，发生失实、失误，引发舆论关注的只是少数，更多地被受众当成"新闻"接受。

对2021年此类问题案例进行梳理还可以发现，它们大多发生在短视频领域。近年来，随着媒体深度融合推进，再加上短视频与直播成为内容端突然冒出的"黑马"，传统媒体占领新兴媒体舆论阵地，早已不局限于"两微一端"，抖音、快手、B站、知乎等都成为专业媒体账号吸引年轻人的非常活跃的重要平台。但是，新媒体快速迭代，新的传播形态、热门应用不断出现，这种"互联网+"的追随式融合路径，让专业媒体不断上项目、铺摊子，疲于奔命，在内容把关、人员培训、制度建设方面难免有疏失。要进一步解决这个问题，恐怕还得在深度融合策略方面做出制度安排并加大实施力度。

此外，一些自媒体打着"传播正能量"的旗号，炮制虚假新闻、发布煽动网民情绪的言论，也是2021年相关案例中呈现的突出问题。这些经过精心包装的内容，一方面规避了监管底线；另一方面充分利用了网民媒介素养不高、信息认知能力较低的缺陷，让人们一时难辨真伪，从而挑动网民朴素的正义情绪，收割流量，获取利益。研究者发现，中国网民信息认知能力仍显不足，立场先行的判断方式往往造成网络舆论情绪严重对立。②而且，CNNIC的调查数据显示，近20年中国网民的总体用户结构持续向低学历人群扩散，中等教育水平和高等教育水平的群体在网络舆论场结构中的比例大幅下降，网络空间底层化趋势显著。近些年的冲突性事件中，人为杜撰或有选择地突出、放大部分事实，将具体个案导向争议话题，利用蹭热点吸引注意力资源达到谋利目的，成为当下流行的网络空间商业逻辑。③这类问题如不及时遏止，将会引发更多社会撕裂事件。

① [美]比尔·科瓦齐，汤姆·罗森斯蒂尔.新闻的十大基本原则[M].刘海龙，连晓东，译.北京：北京大学出版社，2011:72.
② 马得勇.理性至上抑或立场先行[J].二十一世纪，2020(12):51-66.
③ 郑雯，施畅，桂勇."底层主体性时代"：理解中国网络空间的新视域[J].新闻大学，2021(10):16-29.

二、2021年传媒伦理问题主要案例及分析

我们搜集了2021年若干比较典型的传媒失范事件，分为六种类型进行梳理和剖析（文中未注明的日期，均为2021年）。

（一）专业媒体报道被社交媒体带偏节奏误导受众

【案例一】

2021年4月13日，两岁时被拐的广西男子覃江涛与失散30年的家人重聚。大河报旗下"豫视频"等报道，由于覃江涛喜欢吃辣和螺蛳粉，饮食习惯和当地人不一样，怀疑自己的身世，于是在2017年做了血样采集，真相浮出水面。此后，又有多家媒体报道《男子因喜欢吃辣和螺蛳粉饮食习惯和当地人不一样 采血找到失散亲人》。

4月17日，广西南国今报采访警方后报道：覃是在公安机关开展的"团圆"行动中，通过全国公安机关查找打拐/失踪儿童系统中DNA信息对比找到亲人的。覃称自己七八岁上小学时，就有同学告诉他是从广西来的。

【案例二】

6月9日，全国少工委新媒体工作平台未来网旗下微博账号"燃新闻"发布短视频称，内蒙古赤峰市一位高考考生准考证被弟弟藏了起来，最终在交警的帮助下去幼儿园接回弟弟，找回了准考证，得以按时参加考试。这条视频配以诙谐搞笑的背景音乐，很快在网络上"火"了起来，很多网友表示哭笑不得，应该把熊孩子打一顿。

当天下午，有自称考生本人的微博网友发帖表示，弟弟本意是帮姐姐保管好证件，并非故意藏起来。观察者网联系到该考生了解到真实情况：姐姐是自己忘记带身份证（而不是准考证），陪考的妈妈打电话让弟弟先把身份证找出来自己回去拿，弟弟拿了身份证在门外等不来妈妈，急着去上学（而不是上幼儿园），又没有家门钥匙，只好先藏在门口草丛里。姐姐还表示，看到很多人责备弟弟很痛心。

【案例三】

7月，山东淄博"宝马占路虎车位被堵"事件引发网友关注。一位网名"吨姐"的女性在抖音连续发布短视频称，自家车位被一辆宝马车无故占用，联系对方挪车无果，一气之下用自家路虎车堵在宝马前，一堵就是150多天。其间，吨姐称宝马车主叫来叉车，要把路虎车给叉走，自己就在车里放了价值145万元的花瓶，并在车上贴了声明："车内有贵重物品，擅自挪动，后果自负。"

随着情节跌宕起伏的短视频在抖音陆续发布，越来越多网友关注此事，吨姐也拥有了70余万粉丝。

7月9日，《潇湘晨报》以《宝马占车位被路虎堵160天 路虎车主在车内放145万花瓶》为题，报道了这一网络热点事件，除了指出不少网友支持吨姐的做法，同时提及了"但也有不少网友质疑吨姐是不是在自导自演"。

7月10日，山东淄博市警方发布通报称，"宝马占路虎车位被堵"系崔某某（网名"吨姐"）为博取眼球在网络平台编造发布，公安机关依法对崔某某处以行政拘留处罚。抖音也发布《关于虚假摆拍处罚规则升级的公告》，并封禁"吨姐"相关账号。

【案例四】

11月18日，一则《儿子牺牲6年后婆婆送儿媳出嫁》的短视频登上热搜，包括河南广播电视台"都市报道"等百余家媒体转发报道。几秒钟的画面配文称："6年前，儿子意外离世，留下了当时已经怀孕的儿媳。儿媳坚持生下了孙子，而6年后，儿媳再婚，婆婆亲自送儿媳出嫁。网友：人间温暖！"

随后，微博网友"阜阳王鹏"贴出一组截图，质疑："#儿子牺牲6年后婆婆送儿媳出嫁#有哪一家媒体采访了当事人？看看抖音吧，几个月前，相同剧本的段子满天飞！媒体把段子当成新闻去报道，不辨真伪，自损公信！"

11月19日，微信公众号"互联网联合辟谣平台"发表文章，查证发现，这可能是以一个真实故事配上移花接木的视频后，"演绎"出来的虚假新闻。

11月25日，"抖音安全中心"公众号称，经审查，"儿子牺牲6年后婆婆送儿媳出嫁"的消息"属于同质化博流量文案，且涉嫌造谣，相关视频已做下架处理"。

【案例五】

11月26日上午，北京日报客户端等媒体报道，"明年3月1日起，微信、支付宝收款码不能用于经营收款"，这一消息让习惯了移动支付的网民感到吃惊，纷纷转发。

很快，一些媒体指出"支付宝、微信支付收款码禁止商用系误读"。当天下午，北京日报客户端修改了原报道，并指出，"11月26日上午，本端报道'明年3月1日起，微信、支付宝收款码不能用于经营收款'，后迅速更正为'明年3月1日起，微信、支付宝个人收款码不能用于经营收款'，以新媒体已更正版本为准。记者了解到，'微信、支付宝收款码不能用于经营收款'为误读，此次实为对个人收款码进行规范，商户收款不受影响，以在防范风险的前提下更好发挥收款码的普惠性、便利性"。

【点评】

随着社交媒体的兴起，新闻可以不借助专业媒体而闯入公众意识，专业媒体反而可能因为某件事已经通过其他途径闯入公众意识，结果只好报道它了。[①]上述北京日报客户端等媒体对移动支付新政策的报道，就源于"'2022年3月1日起个人收款码禁用于经营性服务'及'禁止个人静态收款条码被用于远程非面对面收款'的消息近日刷屏网络"，但是记者据此解读央行新政时出了差错。

韩国学者Kim和Lee将这种公众在网络中设置议程并影响专业媒体议程的现象称为"反向议程设置"（the reverse agenda-setting）。[②]在新媒体环境下，社交媒体用户和专业媒体交织互动，形成了活跃而富有生机的信息场。

但需要注意的是，社交媒体用户内容生产往往采取"公民见证"（citizen witnessing）的报道方式，是在危机、事故、悲剧或灾难事件发生时，普通个

---

① [美] 克莱·舍基. 人人时代：无组织的组织力量 [M]. 胡泳，沈满琳，译. 北京：中国人民大学出版社，2012:54.

② Kim ST, Lee YH. New Functions of Internet Mediated Agenda-setting: Agenda-rippling and Reversed Agenda-setting[J]. Korean Journal of Journalism & Communication Studies, 2006, (50): 175-205.

人碰巧出现在现场，自发地参与到新闻生产和传播中来。[1]也有一些属于当事人自述的"主观和自白式新闻"（subjective journalism）。[2]

用户新闻生产具有非专业化的特点，常常出现偏差。一些别有用心、故意误导舆论的用户，比如，上述案例中的网民"吨姐"，也需要为此承担相应的法律责任和道德责任。而专业媒体采取制度化生产方式，不仅能够保证稳定、有规律的内容产出，更重要的是通过采访、核实等一套制度性把关程序，成为公众认可的认知权威，也由此获得专业合法性。而上述案例的问题所在，都是专业媒体照搬用户生产内容——往往只有几秒钟脱离语境的画面，而且大多发生在异地，多数"报道"缺少明确的时间、地点、人物信息，更谈不上对如何、为何的调查，显然没有履行严谨核实的责任。

需要注意的是，有些媒体以为只要完整、客观呈现社交媒体上的不同声音，就可以推卸专业责任了。比如，《潇湘晨报》在报道"宝马占路虎车位被堵"时指出："不少网友支持路虎车主吨姐的做法……但也有不少网友质疑吨姐是不是在自导自演。因为事发到现在，吨姐一直在社交平台发视频，所谓的一审判决书也未见到过。吨姐在评论区回复：案件开庭有直播，并有28万人观看。"

其实，这种报道方式及操作思路就是中国新闻业早期一度风行的"有闻必录"。《申报》1884年在报道越南战争时就提出，"本馆前曾著有论说，言法越军情未能灼知，中西各报亦多未尽真确，本馆唯有照有闻必录之例，无论传言无论电音，无论中西各报，但有关于法越军情者，一概登录，以供众览。其消息之真假，则不能臆断，故亦不复强为区别，任意弃取，想阅者自能辨之。然所登各信，实亦不能无疑"。[3]

"有闻必录"是在通信条件受限情况下，中国早期新闻业处理新闻真实

① Allan S. Citizen Witness[M]// Witschge T, Anderson CW, Domingo D, Hermida A. The SAGE Handbook of Digital Journalism. UK: SAGE Publications Ltd, 2016.

② Coward R. Speaking Personally. The Rise of Subjective and Confessional Journalism[M]. New York:Palgrave Macmillan, 2013.

③ 论越南军信 [N]. 申报，1884-04-16(01).

性原则的一种方法，同时也是作为避免社会纠纷的护身符、挡箭牌而精心设计出来的策略，虽然曾经具有争取新闻自由的价值，但从总体上看，并不符合新闻真实性的要求，是中国新闻业幼稚时期的产物。[①]随着新闻生产环境与新闻工作理念的进步，"有闻必录"的合法性基础被消解，受到以邵飘萍和徐宝璜为代表的新闻人的根本否定。[②]如徐宝璜在《新闻学纲要》中提出："报纸有闻必录，此吾国报纸之一极普通之口头禅，且常引为护身符者也，其实绝无意义。因若信一二人之传说，而不详加调查，证其确否，迳视为事实而登载之，将致常登以讹传讹之消息，且有时于不知不觉成为他人播谣之机械。此亦为以伪乱真，又乌乎可？"

我们党的新闻事业一直坚决反对客观主义"有闻必录"的报道方式。新的传播环境下，管理部门一再强调专业媒体的核实责任。如国家新闻出版广电总局《关于规范报刊单位及其所办新媒体采编管理的通知》要求：刊发新闻报道必须履行采访核实和审核签发程序，确保新闻报道准确客观、导向正确后方可刊发，不得刊发未经核实的新闻报道，不得直接使用、刊发未经核实的网络信息。

面对更加复杂的传播生态，国外媒体也存在以客观、中立为由，推卸核实责任的问题。对此，联合国教科文组织发布的《新闻业、假新闻与误导信息：新闻教育与培训手册》指出：记者不能将核实消息来源所说的可疑言论的工作交给社会上的事实核查机构（无论这些言论是在媒体上报道，还是绕过新闻媒体直接出现在社交媒体上）。新闻从业者必须超越"他说""她说"的新闻处理方式，调查被报道者所作声明真实性的能力必须得到提高。[③]这既是专业媒体的责任，也是对抗新闻业危机、重塑认知权威地位的关键。

[①] 宁树藩."有闻必录"考 [J].新闻研究资料，1986(01):95-113.

[②] 操瑞青."有闻必录"的流行与现代新闻观念的萌生——以《申报》为中心的考察（1872—1912 年）[J].新闻界，2016(09):12-20+57.

[③] UNESCO. Journalism, "Fake News" & Disinformation: IPDC is Launching a New Model Course[EB/OL]. (2018-06-17). https://en.unesco.org/news/journalism-fake-news-disinformation-ipdc-launching-new-model-course.

（二）主流媒体短视频账号移花接木肆意造谣

【案例】

11月10日，一个名为"大眼看世界"的账号在多个社交媒体平台发布标题为"海王中的女霸王"的短视频，称一名女生"恋爱一年花费男友20万元，并在异地期间与上百位男生开房"。很多网友根据短视频中的图片找到"当事"女生——一位"小红书"博主，对其进行谩骂攻击。"大眼看世界"相关账号信息显示，这是福建电视台新闻频道《大眼看世界》栏目官方账号。

11月11日，视频中的女生录制了一段澄清视频，表示"海王中的女霸王"盗用她在社交媒体发布的照片，相关内容纯属造谣。

11月13日，《大眼看世界》栏目组发布致歉信，表示该视频是"引用某博主文章"，因"编辑失误"使用了女生的照片，"在内部自审时已将视频主动删除"。栏目组还表示，已启动对相关责任人的追责程序，该账号永久关停。

【点评】

尽管这个案例与上述一组案例情况有些类似，但已不能用专业媒体被误导来解释。"大眼看世界"随意截取网络照片移花接木，制造无辜女生的谣言，突破了新闻伦理底线，更是涉嫌诽谤的违法行为。

《大眼看世界》栏目组在道歉信里称，因"编辑失误"将女生照片放入了视频，这个解释没有指出真正问题所在。短视频"海王中的女霸王"中所有信息只是对几张网络图片的拼凑，以模糊不清的网友"控诉信"为据，宣称女生"恋爱一年花费男友20万元"，"在异地期间与上百位男生开房"，完全没有经过采访与核实，其真实性十分可疑。为了显得有根有据，将网络上的个人肖像"扒"下来就用，更是法律所禁止的行为。短视频中"女海王""跟上百位男生开房"等突出信息，暴露出随意拼凑"新闻"，以低俗内容收获流量的意图。

在新的传播环境下，专业媒体正在艰难转型。如果秉承唯流量论，完全不顾专业规范和操守，将会本末倒置，偏离媒体融合转型的初衷，甚至被驱逐出传播链条。"大眼看世界"账号的永久关停对此提出了警示。

（三）"抢发"即时新闻失误自损公信力

【案例一】

1月20日23时9分，澎湃新闻发布消息称"上海新增2例本地新冠肺炎确诊病例"。虽然很快就发布更正，表示此内容系公众号"上海发布"于2020年11月20日发布的旧闻，因编辑操作失误发布，但在这期间已经央视新闻等媒体转发，被广泛传播。

【案例二】

5月22日11时左右，中国国际电视台官方微博"CGTN"发帖称，"杂交水稻之父"、中国工程院院士、"共和国勋章获得者"袁隆平因病医治无效，于2021年5月22日上午在长沙逝世。消息一出便引爆网络，网友表达悲痛的同时纷纷转发。

11时41分，"人民日报"微博发布《多方证实：袁隆平院士去世消息不实》称，记者从湖南省委宣传部、中国工程院和袁隆平院士秘书等多个渠道证实，网上关于袁隆平逝世的消息是假消息，袁隆平院士目前在医院接受治疗。澎湃新闻也从袁隆平院士秘书杨耀松处获悉，网上关于袁隆平逝世的消息是假消息。袁隆平目前在医院，身体状况不太好。"我们目前正在医院。"

11时57分，"CGTN"发布声明：经核实，袁隆平院士目前正在医院接受治疗，我们对此前报道不慎深表歉意。

当天下午，新华社等先后发布新闻：袁隆平院士于13时7分在湖南长沙去世，享年91岁。

【点评】

"抢新闻"早已植入新闻工作的基本价值观。在数字时代，过去遵循媒体出版、播报节奏的"时效性"原则更被随时报道的"即时性"原则所取代。周睿鸣对国内互联网媒体的实证研究发现，传统媒体组织向新媒体"转型"的关键维度之一就是对标"互联网时间"——由门户网站、新闻客户端和社会化媒体等互联网信息服务终端及平台共同造就的信息传播速度及其文化。①尼基·阿瑟对《纽约时报》的民族志研究也发现，"即时性"是网络新闻业中新生的、存在争议的价值观，重构了数字时代的新闻工作惯例、新闻实践，以及新闻记者的自我角色认知和新闻职责认知。记者像不停踩动轮子的仓鼠，不断更新消息，但在此过程中失误和疏漏层出不穷。而且，哪怕是热点新闻也只能在网站停留很短时间，就会被更新的内容代替，这让疲惫的记者产生"丧失斗志"之感。②

上述两个案例，正是在对即时性追求中出了错。虽然时间性是内嵌在新闻中的本质属性，即时性更是受到极大追捧，甚至在新媒体新闻中享有神话地位③，但是从伦理意义考量，在传播渠道极其丰富的当下，对新冠肺炎新增人数、袁隆平先生去世消息即时性的追求，主要为了实现新闻作为商品的竞争力，而非为满足受众的知情权，更不要说以牺牲真实、准确为代价的即时性追求。

社会学者将当前时代称为"加速社会"，随着技术加速发展，人们的生活节奏也不断加速。微博、微信、抖音、快手……无不提示信息传播的紧张节奏和人们注意力的短促。在"加速社会"流量经济的裹挟下，媒体不可避免地参与到即时性竞争中来。学者罗森博格和费尔德曼在《无暇思考》一书中总结道：新闻编辑部的所有错误归根结底都是抢第一惹的祸。准确虽然被称为新闻业的"金科玉律"，但实际上常常被"束之高阁"。因为它与媒体处理海量信息时对速度的要求相悖，又"妨碍"媒体第一时间获得独家新闻、首发新闻，最终"第一"取代了"准确"，成为很多媒体在实际新闻生产过程中的首选。④

另外，"CGTN"微博误报袁隆平去世消息后，不少批评者引用美剧《新闻编辑室》中的说法：只有医生才能宣布一个人的死亡，媒体不能。的确，作为传播中介的媒体，报道要交代消息来源，这是全世界新闻工作的共同规范。

---

① 周睿鸣.锚定常规："转型"与新闻创新的时间性 [J].新闻记者，2020(02): 21-31.
② [美]尼基·阿瑟.纽约时报是怎么做新闻的 [M].上海：上海译文出版社，2019:163-180.
③ 白红义.新闻研究：经典概念与前沿话题 [M].上海：上海交通大学出版社，2019: 71.
④ 彭增军.慢新闻：回归还是反叛 [J].新闻记者，2018(11): 42-47.

但是很多媒体对此不够重视，其中教训值得记取。令人欣慰的是，当日下午"CGTN"重新发布了准确的报道，文中特地交代信源：中央广播电视总台记者从湘雅医院获悉，"杂交水稻之父"袁隆平先生于今日13时7分因病去世。

（四）灾难事件报道忽视人文关怀导致二次伤害

【案例一】

1月15日，长沙广电旗下智慧长沙客户端发布视频，报道河北石家庄新发疫情状况，标题为《可恨！26岁石家庄女子确诊前6天下班兼职》，引发舆论质疑。

次日，"智慧长沙资讯"微博公开道歉，承认"标题导向极为错误"，"不仅给当事人造成了严重伤害，同时寒了广大网友的心"，并对编审人员做出开除、撤职和记过处分。

【案例二】

5月22日，由白银市委、市政府主办的第四届黄河石林山地马拉松百公里越野赛在白银市景泰县黄河石林大景区举行，比赛进行约四小时后出现极端天气，发生公共安全责任事件，造成21名参赛选手死亡，8人受伤。

这场导致重大人员伤亡的公共安全责任事件发生第二天，白银电视台重播了22日早上的越野赛开幕式，会场一片祥和、喜庆的氛围。网友对此提出批评，"这对受害者家属也是二次伤害"。

白银广播电视台相关工作人员回应称，重播画面是前一天自动设置的，设置时工作人员尚未获悉发生这一事故，事故发生后，几乎所有骨干和工作人员都前往现场，忘了取消重播设置，导致重播事故发生。

【点评】

上述两例报道之所以引发诟病，都是因为忽视了人文关怀的基本原则。所谓人文关怀，简单说就是同情心、恻隐之心，用休谟的话说，"同情是我们对一切人为道德表示尊重的根源"，是道德的根源和动力。①媒体报道应

---

① 李泽厚.人类学历史本体论[M].青岛：青岛出版社，2016:114-115.

秉持对人的生命、价值、命运和尊严的关怀的原则，对其不幸表示关切，否则，不但会对当事人造成伤害，也是对广大受众的冒犯。

那位确诊新冠肺炎的石家庄女子下班兼职时，显然并不知道自己已经感染，并非有意传播扩散病毒。一位年轻人8小时工作后还要再去兼职，让人感到生活的艰难和打拼的勇气，对她的染病，无论媒体还是其他人，都应该表示关心和同情。但是，新冠肺炎疫情大流行以来，无论国内还是国外，无论媒体还是个人，对感染者抱有蔑视乃至敌视甚至攻击态度的情况并不鲜见。

刘海龙认为，人们往往把新冠肺炎疫情看作一场战争，在这种非友即敌的冲突隐喻所包含的思维方式下，每个人都可能被视作病毒的媒介，人与人之间的不信任与暴力冲突就会层出不穷。[①]王明珂发现，因新冠肺炎而产生的许多人群间的恐惧与猜疑，以及各种政治、区域社群间的相互指责、攻讦与暴力，与中世纪欧洲的"猎巫风潮"颇为类似——通过寻找"女巫"并对其施以仪式化暴力，以纾解集体恐慌。[②]不断发生的对染病患者的人肉搜索、攻击辱骂，乃至对所谓疫情源头地的污名化，都属于"猎巫危机"的再现。改变这种蒙昧状态，对灾难、疫情保持人文省思，媒体应当起到积极引领作用。

另外，值得注意的是，两起事件都发生在周末。智慧长沙在致歉信中特别强调"这些周末上班的编审人员"也是"打拼大军中的一员"。一方面，媒体人加班工作的确不容易，但这正是新闻工作的特点。对辛苦加班的新闻人，无论管理者还是普通受众，应有更多"共情"，加以关怀和理解。但另一方面，也说明休息日容易成为采编流程中"跑冒滴漏"的环节，管理上有必要特别加以重视。

（五）主持人"前台""后台"行为失当累及媒体形象
【案例一】

11月12日，天津交通广播《红绿灯》节目中，男主播白羊在讨论城市美

[①] 刘海龙．病毒的传播学 [EB/OL].（2020-07-07). http://www.thepaper.cn/newsDetail_forward_8156423.

[②] 王明珂．猎巫危机：对新冠肺炎的人文省思 [J]. 中南民族大学学报（人文社会科学版），2020(05):1-7.

食话题时与女主播意见不合，情绪失控，发火大吼，继而摔门而出。在短暂音乐后，女主播单人继续主持节目。

中国播音主持网13日报道，白羊承认自己"情绪过激"。他还表示，"在节目中，我确实可能个人情感掺杂的太多了些……其实作为主持人话筒前和生活中，应该是有所区分。但是我性格上，还是希望都更真实真诚的大家交流"（原文如此）。11月13日，天津交通广播发布《致广大听众和网友的道歉信》称，《红绿灯》节目出现了严重的播出事故，造成了不良社会影响，暴露出主持人职业素养缺失和队伍管理不严等问题。按照有关规定，已对相关责任人进行严肃追责处理。目前涉事主持人已停职，并做出深刻检讨。中国广播电视社会组织联合会交通宣传委员会也针对此事发布"公开信"，呼吁全国交通广播播出机构牢牢把握正确的政治方向、舆论导向、价值取向，重视行业良好的社会形象。

【案例二】

4月，上海广播电视台6名主持人违规参加不久前刑满释放的企业主周某某生日宴并发表不当言论，引发舆论批评，暴露出主持人政治意识薄弱、职业道德缺失的问题。上海广播电视台对此进行了严肃处理。

【点评】

广播电视主持人职业具有一定的特殊性，主持人的职业角色就是一种媒介角色，媒介的传播广泛性使其生活角色与职业角色都具有相当的公众性与公示性。[①]

戈夫曼将人在不同场景下的角色扮演分为前台和后台。所谓前台，是"个体表演中以一般的和固定的方式有规律地为观察者定义情境的那一部分"，是"个体在表演期间有意无意使用的、标准的表达性装备"[②]。主持人在节目中的行为，当然属于"前台"表演的范畴，通过与受众的"隔离"，可以塑造理性化、神秘化的个人形象。在《红绿灯》节目直播过程中，虽然看似两个主持人随意聊天，但必须按照写定的"脚本"，一丝不苟地完成。

---

①　张曼缔．中国电视节目主持风格的演进与创新 [D]．广州：暨南大学，2013．
②　[美] 欧文·戈夫曼．日常生活中的自我呈现 [M]．冯钢，译．北京：北京大学出版社，2008:19．

主持人在节目中当然可以凸显自身的风格、个性，"越自然越真实"，但不能忘记这是面对无数听众的职业行为，任何个性的彰显、自然状态的流露，都是在悉心研究节目主题、认真准备素材、准确把握节奏、正确引领导向的前提下完成的，需要更加高超的节目主持艺术。此外，按照戈夫曼的说法，对"前台"越重视，表演者的行为就会越谨慎。从天津交通广播的直播事故来看，节目整体比较随意散漫，话题缺乏明显的公共价值，主持人对职业、对听众的敬畏之心不够，恐怕才是导致此次播出事故的根源所在。

职业行为之外的私人活动一般属于戈夫曼所谓"后台"行动。"后台"是表演者"确信观众不会突然闯入的地方"，是实施"那些被竭力抑制"，"可能有损于它所要造成的印象的"行动的地方，而且参与者之间亲密合作、互相保守秘密，气氛更加轻松自如。但是，梅罗维茨在《消失的地域》中指出，电子媒介"将原来私下的场景融合进原来公共的场景"，使公开和私下行为模糊化。①随着社交媒体的普及，大众传播与人际传播合为一体，更是将公共领域和私人领域打通。作为公众人物的主持人，形象辨识度高，前互联网时代也许无伤大雅的举动，今天可能转眼就成为社交媒体上公众热议的话题。对于媒体从业者来说，在私人生活中的一言一行更需谨慎。

9月2日，国家广播电视总局发布《关于进一步加强文艺节目及其人员管理的通知》，其中专门要求"规范主持人参加社会活动和网络信息发布……自觉抵制名利诱惑，不得利用职业身份和个人知名度谋取不当利益，自觉接受社会监督，做社会公德的示范者、正能量的建设者"。无论"前台""后台"，行为不当都会引起"表演崩塌"。而主持人言行不当不但使自身形象设定"崩塌"，更重要的是同时影响到所属媒体的形象。

（六）以"正能量"为名传播虚假信息弄巧成拙
【案例一】

6月7日，自媒体微信公众号"新岭南观察"发布《今晨，意大利总理

---

① ［美］约书亚·梅罗维茨.消失的地域：电子媒介对社会行为的影响［M］,肖志军，译.北京：清华大学出版社，2002.

首次承认，意冠病流行早于中国半年！》称："意大利广播总公司发布紧急新闻报道，意大利总理马里奥·德拉吉……在总理府接受记者视讯采访时首次承认，早在2019年的夏天，新冠肺炎疫情就在意大利的米兰、热那亚以及威尼斯等北部地区开始流行。""路透社报道说，德拉吉的发言直接证明了美国以及西方，所有泼在北京身上关于新冠病毒的脏水，都是凭空捏造的谎言……"这篇文章的浏览量很快达到10万+。

深圳大学传播学院教授辜晓进（2021）核查外媒，未发现任何相关报道，这条所谓"在欧洲引发了一场舆论地震"的消息显然是假新闻。辜晓进向"新岭南观察"公众号提出疑问后，该公众号删除此文。

6月12日，中国驻意大利大使馆发布"提醒"："近日，国内一些自媒体发文称，据意大利广播电视公司报道，意政府领导人承认新冠肺炎在意流行早于中国半年等内容。不少网民及媒体就此向我馆求证。我馆经认真核实提醒如下：意方领导人未做过此类表态，意广播电视公司亦未有类似报道。相信广大网民不会误信、误传此类虚假消息。"

6月13日，"新岭南观察"因"涉嫌发布不实信息"账号被封。

【案例二】

9月以来，全国不少地区发布限电通知。9月24日，自媒体微信公众号"大碗楼市""远方青木"分别发布《世纪大通胀中，一场金融战打响了！》《拉闸限电，为什么我们要限制工厂的生产？》，将限电停工解释为"国家在下一盘大棋"，背后是"大国经济博弈里看不见的刀光剑影……"文章说，"由于我国经济快速回暖，大量海外订单涌向国内，很多企业扩充生产线，既带动国外原材料价格上涨，也造成产能过剩，所以国家提前出手，限制产能、反出口企业内卷。'宁可短期不赚钱，也绝不等几年后被突然撤掉的订单搞得一地鸡毛'"。文章引起社会广泛关注，总阅读量超过3000万次，不少自媒体争相转发（深蓝财经，2021）。

9月28日，央视网发表《拉闸限电里没那么多"大棋"》指出，所谓"大棋论"遮蔽了电煤供给短缺的基本事实，营造了"为了限产而限电"和"用电紧张纯属人为设限"的错位认知，不啻为用反智论调去刺激社会情绪。在乱带节奏中产生了不小的"低级红""高级黑"的效果。对此，我们应"尊崇常识"，对此类"大棋论"直接果断地说"不"。

【点评】

从"咪蒙"到"青年大院"，再到"新岭南观察""大碗楼市"等，自媒体营销号的基本操作模式没有改变，都是通过真真假假虚虚实实的信息，煽动受众情绪，拉动流量，从而获得利润；但是在具体操作手法上，也出现以下一些变化。

首先，保证"政治正确"。比如，打着爱国主义、民族主义旗号，批判西方政治、资本集团等。像"新岭南观察"发表的《基辛格：美国"窃听门"丑闻，将使拜登"联欧遏华"政策破产》《昨天，G7峰会首日，美英两国就为中国吵得不可开交》等都属此类，一方面可以避免触碰监管底线，另一方面有效调用了网民朴素的爱国热情及道德感情。

其次，操作更加精致。这类文章往往形式严谨，逻辑自洽，颇具迷惑性。辜晓进将"新岭南观察"发布的文章称为"深度的假国际新闻"，都是引用各种国际媒体报道，看起来煞有介事，对于外语能力不高、疏于到外网搜索的读者来说，一时难辨真假。①而"大棋论"更是采用"阴谋论"的叙事策略，假称某集团或个人在幕后实施隐秘操作，故作神秘，好像掌握了高端机密信息，并在此基础上推导出一个完整的解释链条。普通读者无法核实或证伪，于是被一步步带了节奏。

这些文章在舆论场形成不小的声势，除了营销号团队蹭新闻热点、撩拨网民的情绪之外，在传播中还体现出"合谋"的特点——一些所谓的专家、网络"大V"成为转发的关键节点。6月16日，军事视频节目《防务面对面》揭露，"新岭南观察"编造"中国猎鹰1号飞机空中羞辱美军侦察机"的消息使一批"智库""专家"信以为真，不但增加了虚假信息流量，也具有替信息真实性"背书"的效果。"大棋论"流行，也和一些所谓"专家"对国家政策的过度阐释、对国际形势的偏颇分析，从而激发了那些营销号作者的

---

① 辜晓进.公号"新岭南观察"，10万＋的假国际新闻段子手[Z/OL].微信公众号"进观传媒"，2021-06-12.

"创作灵感"分不开。

从普通用户方面，研究者提出"底层（网民）主体化时代"的概括，认为占互联网最大比例的底层网民以其庞大的人口基数，通过传播、评论等机制，渗透并覆盖了几乎所有互联网平台的信息生产环节，成为网络舆论场和信息生态环境中的核心力量。他们普遍生活压力感较高，工作满意度较低，发展效能感较低，不公平感较强；与此同时，对争议性议题的关注度较高，态度较为激烈，言论表达更为情绪化，倾向于以非此即彼、二元对立的模式思考问题与发表言论。[1]很多"高级黑""正能量"内容趁机而入，网民以情感认同代替事实判断，甚至举一反三、放纵想象，从而陷入"后真相"窠臼，也是加剧信息失序、信息劣币驱逐良币的重要原因。

冠冕堂皇打着"爱国"的旗号，实则收割人们情感赚取流量的做法，无疑是对爱国情感的亵渎。[2]对这类"低级红、高级黑"现象，不能仅从传播道德角度来考察，还需要在政治-经济框架内加以剖析，并进行有效治理。

三、传媒伦理研究的热点和趋势

上文对2021年中国传媒伦理典型案例做了梳理和分析，在剧烈的数字化变革中，传播环境及传媒实践都呈现全新面貌，类似问题在全世界都有普遍性。为此，除了关注传播新技术维度的伦理问题外，传媒业者和学者也从新闻业立足的实践和理论基础维度，积极思考如何应对传媒伦理新问题，如何重构传媒伦理新规范。

（一）聚焦"信息失序"

无论是行动者的多元化和海量化，还是传播生态系统的混杂性和流动性，都大大加剧了虚假信息的生产和流通。西方民粹主义的泛滥、计算宣传

---

[1] 郑雯，施畅，桂勇."底层主体性时代"：理解中国网络空间的新视域 [J]. 新闻大学，2021(10): 16-29.

[2] 共青团中央. 令人不耻！视频主播编造"爱国故事"现惊人相似，媒体：这就是"低级红"[Z/OL]. 微信公众号"共青团中央"，2021-09-29.

技术的滥用，更加剧了这一问题的严重性。

尽管"假新闻"（fake news）概念可以追溯到15世纪，而且当前仍是学术研究和日常生活中的常用词，但在不同语境下，对于何谓"假新闻"并没有一个统一的界定。UNESCO报告认为，假新闻是一个自相矛盾的说法，因为"新闻"就意味着关涉公共利益的可核实的信息，不符合这个标准，就不应该被称为"新闻"。随着新闻生产社会化，"新闻"的边界也日益模糊，为此，《科学》（Science）发表的研究采用可证伪的"错误"（false）新闻的说法，对新闻的定义也宽泛地理解为任何包含某种断言的叙事或言论（any story or claim with an assertion in it）。①除了学术上的争议外，特朗普当选美国总统后，更是随心所欲将针对自己的负面报道污名化为"假新闻"。鉴于"假新闻"一词定义模糊，而且"权威主义政客将该词作为钳制言论的工具，攻击令权力不悦的报道和媒体，将媒体控制合理化"。2018年10月，英国政府正式禁止在政策文件和政府公文中使用"假新闻"概念。②

学术概念不仅使事物产生意义，也打开和创造感知空间，重构世界。而"假新闻"概念使用的混乱，加剧了危机时期公共话语的混乱和撕裂。为此，西方学术界倾向于用"虚假信息"（disinformation）指称那些精心策划、明知虚假而故意传播的假信息，用"误导信息"（misinformation）指称那些并非故意生产或传播的存在错误的信息。③国内外也有些学者认为，有必要以"信息失序"（information disorder）来涵括数字技术下事实性信息传播中的各种错误以及失误，认为这一术语比"假新闻"更适合捕捉媒体格局的变化，可以更精确地捕捉从"歪曲的叙述"到"完全捏造的误导性故事"的完整光谱，有助于更好理解新闻生态恶化的复杂构面。④

---

① Vosoughi S, Roy D, Aral S. The Spread of True and False News Online[J]. Science. 2018,359(6380): 1146-1151.

② 刘海龙，于瀛. 概念的政治与概念的连接：谣言、传言、误导信息、虚假信息与假新闻的概念的重构[J]. 新闻界，2021(12): 23-40.

③ UNESCO. Journalism, "Fake News" & Disinformation: IPDC is launching a new model course[EB/OL]. (2018-06-17). https://en.unesco.org/news/journalism-fake-news-disinformation-ipdc-launching-new-model-course.

④ 杨洸，郭中实. 数字新闻生态下的信息失序：对数据主义的反思[J]. 新闻界，2021(11): 14-21+31.

近20年来，我们的研究一直将"虚假新闻"传播主体限定于专业媒体，因为传统媒体时代专业媒体的报道是建构受众外部世界印象的依赖性渠道。而在当前的数字技术下，"新闻不是在数字和物理空间中毫不费力地动态移动，而是被各种行为者、活动家和感兴趣的新闻当事人'推'出来的（好像是自动在新闻生态系统中滑行）"。①在新闻生态中，专业媒体往往不再是热点社会话题传播的源头，甚至也不是转发中的关键节点，因此，比追踪具体哪家媒体犯错更重要的，是如何准确把握这种"生态性"的"信息失序"问题。未来的研究中，我们也会更多地将自媒体、平台媒体等纳入考察范畴。

当然，这并不意味着放弃对专业媒体"信息失序"责任的批评，无论是新闻发布资质管理还是长期以来形成的认知权威性，都意味着专业媒体有更大的责任防止各种层面的传播失实及误导，否则不但意味着专业媒体合法性被自我腐蚀，也将助推"后真相""反真相"社会心理的扩散。在搜集相关案例中，我们也欣喜地发现，越来越多的专业媒体、自媒体开展了"事实核查"类行动，比如，澎湃新闻开设的《明查》专栏、微信公众号"有据核查"等，不但对虚假信息加以澄清，而且是向社会阐明新闻专业标准，重塑媒体信任的重要进程。②

（二）重思规范理论

新闻理论诞生于现代新闻业出现时，一开始就是一套旨在衡量和指导媒体表现、责任和质量的规范。随着媒体格局发生深刻变化，近年来，学术界对规范性媒介理论中的西方中心主义以及忽略历史性和情境性等问题，从多方面展开了反思。

有关媒体质量和表现的概念应受到质疑。须承认，在一套规范性理念和价值观的背景下判断媒体的表现和质量是西方资本主义以"公共利益"为名的知情政治权力行为。在重新思考规范媒体理论时，应该结束这种文化家长

---

① ［英］克里斯·安德森，何仁忆. 新闻生态系统研究二十年：历史轨迹与未来发展 [J]. 中国网络传播研究，2021（19）：18-31.

② 王辰瑶，王存双. 顽固的假新闻：另类故事与传播界墙 [J]. 新闻与写作，2021(9):29-39.

主义（cultural pedagogic paternalism）。

应该彻底打破对媒体力量的强效果论（似乎媒体本身是强大的，并在所有人的生活中扮演着重要角色），这使规范性媒介理论和媒介管制合法化。

关于媒体的社会责任和质量的现代主义思维通过强调二分法，对包括管制与开放市场、文化与经济的首要地位、以人为本与以市场为中心、质量对数量、公共对私人、理性对主体性和情感、事实对虚构、严肃对娱乐、知识对流行文化、公民对消费者等问题，以不容争辩的姿态拒绝讨论。

尽管正在努力模糊、合并或弥合主流研究和批判性研究之间的鸿沟，规范性媒介理论研究仍以过时的大众传播模式（理论）为指导，其基础是过时的假设，即有限的供给、同质的内容和被动的受众。这些假设深深植根于传播研究的社会科学传统中，线性传播成为典范，但显然已不足以描述当前的后现代媒介情境。

简言之，在数字化、媒体融合和用户通过互动、互联发挥积极作用所创造的新媒介格局中，单一的规范性理论（或一套规范性理念）不再能够作为媒体实践和表现的坚实道德和规范性指导。"新"的规范性理论（在新媒介格局中）的关键应该是承认多样性，并在媒介的传播过程中及媒体的交流中认可具有普遍性的道德准则（universal human virtue）。①

除了技术革命带来的传媒变局外，西方社会保守主义、民粹主义的盛行，也对建筑在新自由主义、精英主义基础上的规范理论提出挑战。作为新闻专业主义核心的客观性理念的失效，甚至被认为是造成假新闻横行的根源。②作为"真相探寻事业"立足之基的西方新闻业，更是深陷"后真相"症候难以自拔，甚至产生"真相虚无主义"。在这一变革时代，立足中西比较与对话而展开的中国特色传媒规范理论的研究成果也不断涌现③，并为范式调整甚至革命做出自己的贡献。

---

① Fourie PJ. Normative Media Theory in the Digital Media Landscape: From Media Ethics to Ethical Communication[J]. Communication, 2017,43(02):109-127.

② Winston B, Winston M. The Roots of Fake News: Objecting to Objective Journalism[M]. London:Routledge/Taylor & Francis Group,2021.

③ 杨奇光，王润泽 . 数字时代新闻价值构建的历史考察与中西比较 [J]. 新闻记者，2021(08):28-38.

（三）建设全球传媒伦理

新冠肺炎疫情的全球大流行阻碍了世界的流动，更重要的是，不同国家、社会体制间的经济、政治、文化、意识形态冲突日益严峻，从新冠病毒阴谋论到"新疆棉"谎言、从专业媒体到网络舆论场的中西对抗事件频频发生。这种环境下，一群学者为建设"全球传媒伦理"而进行的不懈努力就更应受到重视。

斯蒂芬·沃德、克里福德·克里斯琴斯等多年来致力于推动的全球传媒伦理研究，既是一种理论探索，也是一种实践倡导，它承续上述对西方传媒规范理论的批判，针对全球化、特别是全球范围内人们之间的相互联系日益增加，而国内和国外问题之间的区别却变得模糊，银行业危机、全球新自由主义的蔓延、恐怖主义、犯罪、能源、农业和气候变化等问题都需要媒体做出反应的局面①，试图"为全球新闻媒体时代的新闻实践制定一套全面的原则和标准"。②2021年，由沃德主编、包括中国学者在内的世界多位著名学者合作完成的《全球传媒伦理手册》（*Handbook of Global Media Ethics*）由斯普林格出版社出版，是全球传媒伦理建设领域具有里程碑意义的事件。

全球传媒伦理研究反对欧洲中心论及西方化的"普世价值"观，认为与其将全球伦理视为所有人寻求的一个绝对的原则体系，不如将其视为持续发展的、寻求共同点的一系列多重对话，或者是对价值差异和所涉及问题的更好的理解。③倡导对话-倾听、开放-参与，是这一理论的突出特点。

"沟通始于倾听，而非诉说。"对话不仅仅是一种"说"的形式，更重要的是对对方的尊重和认真倾听。一味地表达自己，那是"独白"而非对话。倾听并不意味着回避与对话者的分歧和对抗，以达成浮浅的共识为目的；倾听也不意味着声音的"洗牌"，从一种精英主义到另一种精英主

---

① Ward SJA, Wasserman H. Open Ethics:Towards a Global Media Ethics of Listening[J]. Journalism Studies, 2015, 16(06): 834-849.

② 单波，叶琼. 全球媒介伦理的反思性与可能路径 [J]. 广州大学学报（社会科学版），2021(03):34-43。

③ 单波. 全球媒介伦理的多重对话与多重实现——斯蒂芬·沃德（Stephen J. A. Ward）访谈录 [J]. 跨文化传播研究，2021(03): 17-28.

义；倾听意味着承认全球社会存在深刻的不平等，历史冲突产生的相互不信任，文化、社会和经济差异以及沟通渠道的不对称；倾听的目的是跨越这些交流鸿沟，想象自己处于另一方的立场，实现对关系性存在及互相依存的理解。①

倾听的对象不但包括那些理性思考的声音，也包括那些表达愤怒和抗议情绪的声音。这也意味着全球传媒伦理反对作为媒体职业伦理的封闭性话语形式，而转变为面向所有公民的开放伦理。由此，全球传媒伦理也成为每一个身处全球化传播场域公民的责任，没有人是局外人，仅仅指责和批评毫无意义，用符合道德的方式参与对话，增进理解，制定辩论规则，一起来做（doing ethics together），才是更重要的。②

即便全球传媒伦理的倡导者也清楚，这只是一个松散的学术联合体，从理论研究落实到实践规范还有漫长的道路要走。但是，传媒事业的公共价值，不正是建筑在人类美好理想追求的基础上的吗？对理想化应然的传媒生态的追求，不正是我们每年推出这份研究报告的初衷和动力吗？

在报告结尾，我们愿意引用媒介环境学家波兹曼在第一届MEA大会主题演讲《媒体生态的人文主义》中，曾提出的四个"终极之问"：媒体在多大程度上有助于理性思维的应用和发展？媒体在多大程度上有助于民主进程的发展？新媒体能在多大程度上成为有意义信息的入口？新媒体在多大程度上增强或削弱了我们的道德感和善意？③面对更加复杂的社会和传播环境，在不断的自我反思中创新前行，是建设更加美好的未来新闻业的必经之路。

（本文执笔：刘鹏，南京大学新闻传播学院兼职教授、上海报业集团高级编辑；王侠，上海报业集团主任编辑；简丹丹，复旦大学新闻学院硕士。感谢上海市新闻工作者协会新闻道德委员会办公室对本课题的支持与指导。感谢

---

① Ward SJA, Wasserman H. Open Ethics:Towards a Global Media Ethics of Listening[J]. Journalism Studies, 2015, 16(06): 834-849.

② Ward SJA, Wasserman H. Open Ethics:Towards a Global Media Ethics of Listening[J]. Journalism Studies, 2015, 16(06): 834-849.

③ Strate L. Ethics and the Study of Media as Environments[J]. Explorations in Media Ecology, 2020, 19(01):5-22.

课题组专家《新闻记者》特聘顾问吕怡然、魏永征、贾亦凡，复旦大学新闻学院教授白红义，上海社科院新闻所副研究员方师师的指导意见。本文原载于《新闻记者》2022年第1期。）

2021年中国数据新闻年度观察

戴　玉

经历过新冠肺炎疫情之初的"暴发期"和疫情封控阶段的"收缩期"之后，中国数据新闻在2021年下半年到2022年上半年，进入明显的"沉寂期"。国内媒体的舆论环境比较紧张，疫情报道和一些严肃题材的报道整体在减少，但是数据新闻在疫情期间的爆发式增长又推高了人们对数据新闻的期待，而持续动荡的全球环境还加剧了人们对高质量数据新闻的渴求。于是在这一独特的时期，出现了一种需求和供给严重不匹配的拉扯，数据新闻在"积蓄势能"。

在这种情况下，这一年，随着社会环境剧烈变化和媒体报道重点的转变，数据新闻在对国际话题的数据调查报道方面取得了一定突破，无论是叙事方式、可视化形式还是内容角度，都有了新颖的尝试。但是其他的数据新闻，更多的是让报道更为成熟、稳定、流程化，在数据分析深度和可视化两个方面都鲜少有明显进展，甚至那些在某一方面达到较高水平的作品还在减少。

一、新闻层面：从收缩到沉寂，从发散到垂直，国际新闻异军突起

从新闻层面来看，中国的数据新闻近一年缺乏亮点作品，显得颇为"沉寂"，常规的报道则越来越规范、稳定。在经济压力下，数据新闻人不约而同地从泛化的大众选题走向更垂直、更聚焦的内容定位，操作手法也越来越追求效率。

（一）国际新闻异军突起

随着国际新闻升温，数据新闻在国际报道中开辟了调查性的节目，主要是试图用数据去挖掘美国社会存在的问题。但是话题的独特性、分析的逻辑性、深度挖掘的能力和国际传播力仍然有待提高，和全球范围内的同类国际报道相比，仍然存在差距。

2021年，国内做得最亮眼的数据新闻调查报道作品，来自以未认证的形式来发布内容的微信公众号"玉渊谭天"，尤其是其中的《出来谈谭》栏目。其围绕美国的德特里克堡，对于新冠病毒溯源话题进行了一系列的相关数据分析和调查，并且延展出美国的海外生物实验室话题。这一系列包括《649万条数据：揭秘德特里克堡内幕》《【影子战争】5629份合同，揭秘美国海外生物实验室布局》等5篇推送，光是在微信号上就积累了近30万次的观看阅读量。

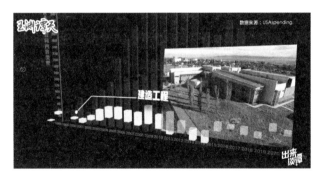

图1　"玉渊谭天"微信公众号《【影子战争】5629份合同，揭秘美国海外生物实验室布局》

《出来谈谭》栏目在数据新闻领域开创了一种基于全资料关系链的数据人物报道方法。在过往，对数据资料的搜索往往是由记者个人分别基于单个数据库去操作，比如，媒体资料库、个人论文库等，但是在这一栏目的相关报道中，能明显看到一个可以搜索各类关键词的全资料数据库对内容的支持。另外，这一栏目在操作上经常锁定新闻事件中的关键个人，将个人数据与其他资料相结合，完成人物追踪。

在叙事和可视化表达上，这一栏目突破了以往枯燥的数据化新闻第三者叙事视角，采用了灵活的"探案式"第一人称叙事方式和镜头语言，轻松、幽默地将整个查证过程记录下来，并且使用了多样的拍摄手法营造悬疑、紧张、沉重等气氛，引人入胜。

与此同时，新华社卫星新闻实验室推出了《美国种族隔离居住系列报道》，用非常清晰、直观、细致的卫星影像和其他时空数据进行有机结合，视觉美观，逻辑性较好，新闻式的行文比较冷静克制，再加上卫星数据的运用，使得作品的说服力比较强。

此外，CGTN也推出了一系列美国人权状况相关的数据新闻动画作品。

为什么中国的数据新闻突然在国际新闻的调查报道方向发力？除了因为越来越紧张的国际舆论环境之外，也和数据新闻本身在远距离报道和深度调查上的天然优势有关。此外，随着数据新闻团队的进一步成长，其本身也希望在更广阔的国际新闻领域寻找更宽松的报道空间和进一步的发展机会。

新华社卫星新闻实验室执行主任程瑛在接受作者访谈时指出："目前，国内媒体缺乏全球信息的感知和采集手段，很多国际报道基于二手信息，同时对于整体态势难以获得判断依据，趋势预警更是稀缺。而包含卫星遥感在内的时空数据及分析技术，恰好具有全局性、及时性、穿透性、非接触等优势，运用时空数据进行涉及政治、经济、社会、安全、防务，以及人道主义危机等题材的国际报道，是我们近期的重点。另外，从行业拓展上看，在国际上，卫星数据等时空数据融合分析在信息咨询领域的商用前景也多有成功案例，卫星新闻可以有效地帮助新闻机构将信息服务拓展到更广阔的领域。"

中国的数据新闻走向国际化，这是中国社会的国际化程度加深、民众的信息获取需求和习惯发生变化，以及中国媒体自身发展的必然结果。目前，这类内容以视频动画的形式为主，整体的可视化水平比较好，内容方向上比较聚焦，并没有经历数据新闻刚刚发展时的初级形态，而是一上场就保持了一定水准，比较难得。

当然，中国的数据新闻要在这一领域真正发挥作用，还面临不少阻碍。

首先是选择的国际话题总体还比较传统而且单一，仍然在聚焦外国媒体喜欢关注的重点问题，并没能充分发挥数据新闻在议程设置上的优势，缺乏有别于西方媒体的议题。其次是观点的思辨性还可以加强，内容的逻辑推演能力还有很大的提升空间。最后是目标受众比较局限，在中国受众中可能会更受欢迎，目前暂时没有出现国际性的"爆款"数据新闻作品。

（二）新的报道方向和领域

除了特定的政治议题外，中国的数据新闻还在不断开拓新的报道方向和领域。当国际化程度不断加深，关于国内的性别和环保议题也越来越多见，以算法和数据行业本身为主的垂直条线同样慢慢被开辟。

也许受社会关注度提高和奖项申报优势的多重影响，关于中国的性别平等、女性话题和环保进展，被越来越多的数据新闻所关注。比如，澎湃新闻的《体育界的"性别之争"，远没有结束》，Sixth Tone发布的《五个省的新妈妈可以多休一个月的假》（"New Mothers to Get Another Month of Leave in Five Provinces"），腾讯谷雨数据的《国产剧女配角的十年变迁：从"抢男人"到"帮女人"》等，从文化、体育、职业等多个方面关注中国女性的发展。

CGTN发布的数据新闻动画《沙尘暴侵袭下，中国的天空保卫战输了吗？》（*Did Beijing fail air pollution battle due to sandstorms*?），则利用卫星拍摄到的沙尘暴轨迹动态图，结合多个数据维度考察了中国空气污染治理的真实情况，判断是否真的存在整体向好趋势。

另外，澎湃新闻还开始撰写《算法周刊》，关注算法背后的故事和数据行业本身。澎湃数据新闻主编吕妍认为："去年，我们在题材上会更加鼓励个人去挖掘一些条线，比较关注的一个新领域就是算法。我们有结合访谈和解释性报道的方式，去看算法相关的重要议题。因为算法领域对数据记者来讲，是一个很好的机会。有的条线，科技记者、财经记者和数据记者都可以去做。但是一直说的'神经网络算法'到底是什么？这个可以请数据记者来解释。作为垂直类新闻发展的一个方向，数据领域的新闻也会越来越重要。"

（三）常规报道更加规范化

数据新闻的常规报道更加规范化、稳定化、新闻化，大部分以图文和视频为主，长条图、条漫、H5等形式的多元化作品减少。面对不可预测的经济形势，媒体更加讲求制作和传播的效率，重视内容运营及作品传播量。由此，数据新闻加垂类内容的深耕模式，受到用户认可，也越来越受媒体关注。

在数据新闻的探索期，可能会专攻数据新闻的某一方面，比如，专注于做更深层次的数据分析，或者专注于展现某一新颖的可视化形式。但是最近一年，数据新闻出品的内容也不像之前那样时常有新形式的探索，而是根据选题的具体需要去选择形式。同时，也更少见到涉及复杂数据分析过程的作品。整体来看，探索性质的内容减少了。

随着数据新闻新闻化程度的提高，数据新闻作为新闻作品，找到了一种更有效率的方式去锁定核心观点，也选择了更合适大众理解的方式去呈现核心内容，整体比较均衡、适度。

界面新闻数据频道总监陈臣认为："这一年，我们的长条图改为了短配图，长图的占比降低了。因为做长条图的成本比做文字配图的成本要高。在内容制作方面，此前我们做得较为宽泛、宏观，追求的是'大而全'。今年开始，做得较为具体、微观，追求的是'小而精'。因为，首先，我觉得内容生产一定要给别人价值，我们不想给读者过多不需要的内容，你需要什么我就给你什么，很精准。其次，也是最重要的原因，受限于团队的人力，我们只能抓住一个小点去做，尽量做得有趣、有价值。现在发稿的要求有变化，对稿子的质量也有提高，发出来的稿子都变少了。按照以前的方式制作的稿子，现在就不合格了。以前两天就能做完一篇稿子，现在可能得用四天才行。一篇稿子也得改好几遍，直到改到能上线了为止。"

在综合性的融媒体作品大大减少的时候，数据新闻的常规报道反而比之前更加成熟。生产的流程更加规范化、标准化；产出的频率更加稳定；在整体的文案质量上，数据新闻更加综合、流畅、注重文笔，重视可读性；在平面图表的设计上，也显示出比较高的创新性，而不仅仅是基础图表的设计。

由于媒体更加注重质量和效率，原本只承担创新、试水角色的数据新闻团队需要越来越全面，逐渐步入全链条的考核，不断调整自身定位、选题方向和作品可视化形式。

腾讯谷雨数据负责人郝昊表示："目前，我们面临着来自短视频和推荐算法的双重压力。短视频崛起之后，我们能明显感受到用户对于深度内容的消费时间和偏向性都有了巨大的缩减。另外，推荐算法的影响也非常大，算法对于图文这种形式不太友好，它更倾向于去推荐视频。现在我们也面临各种挑战。今年，从选题上我们做了更多的减法。之前我们一直以来都是想面向年轻的用户，做了很多生活方式的选题，公共价值和新闻性其实并没有特别高。今年的话，我们就会更加偏向新闻性的选题，因为当前用户可能会更加期待看到新闻性更强的内容。可能之后，我们会选择偏垂直领域的内容，我们也需要跟更加专业的领域去做一些结合。数据新闻应该要增加一下它面向的受众。比如说有的垂直类的公众号，关于房产、城市或者财经类的，它虽然不是自称数据新闻团队，但平时也会用大量的数据去作为写稿的支撑，效果也不错。"

随着数据新闻内容、形式不断丰富，原本已经属于垂直领域的数据新闻，又再度分化出"数据新闻+垂类条线"的细化领域。而足够垂直，也可能意味着会有更大的商业广告空间，为媒体和数据新闻团队带来渡过经济难关的机会。

（四）问卷调查类新闻兴起

2021年，数据新闻的数据分析深度有所减弱，数据来源未见明显拓宽，但问卷调查类的数据新闻在增多。

2021年，数据新闻在数据方面的进展明

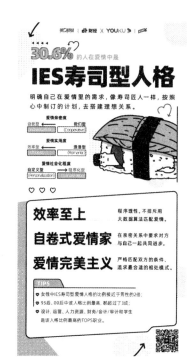

图2　DT财经《2022国产青年爱情人格小调查》

显延缓，甚至有所倒退。可能是经过之前的试水，数据新闻人逐渐选择通过与外部团队合作来提高数据分析能力，但这种合作随着经济形势的紧张而逐渐减少。媒体和外部数据团队均缺乏余力和资金去共同朝着数据新闻做进一步拓展。

但是另一种类的数据收集方式——问卷调查反而在兴起。这种方式能收集到一手数据，更贴近用户的真实情况，互动性强，也可以为商业和消费行为做一定参考，不失为一个数据深度的突破口。

比较明显的是DT财经的变化，2021年，其发布了多个在线问卷调查，比如，"2021青年厨艺大调查""2021年轻人消费行为大调查""2021国产青年恋爱交友大调查""2021烧烤菜单小调查""2022国产青年爱情人格小调查"等。

做得比较优秀的还有腾讯谷雨数据发布的《当90后成为父亲：新一代父亲的理想形象与现状报告》。整体的内容比较有深度，有不少信息增量，并且行文流畅，可读性比较强。

二、可视化层面：精美的H5作品大大减少，短视频崛起

毫无疑问，除了最普遍的图文报道之外，视频是2021年最流行的报道形式。无论是流量还是资金，都在不断证明短视频赛道

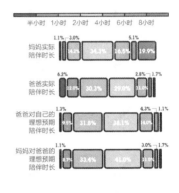

爸爸每天陪伴孩子
时长的预期与现实对比

注：实际陪伴时长中含有"无清晰感知"选项，故比例总计不是100%。

数据来源：腾讯新闻谷雨数据《当90后成为父亲：新一代父亲的理想形象与现状报告》

图3 谷雨数据《当90后成为父亲：新一代父亲的理想形象与现状报告》

图4 CGTN《冬奥百年》

图5 澎湃美数课《冰水之间：立方变形/还原记》

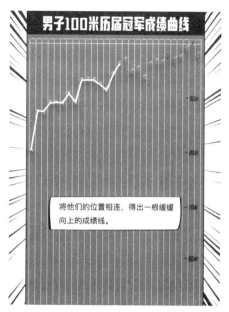

图6 澎湃美数课《东京奥运会前，我们让所有奥运冠军一起PK了一把》

已经越来越重要。也有越来越多的数据新闻团队开始尝试制作视频，但出圈的作品非常有限。另外，综合性的数据新闻H5作品已经大大减少，而且在题材上大多与北京冬奥会相关。

不过，2021年仍然有不少佳作出现。比如，CGTN推出的作品《冬奥百年》，用可交互的数据来盘点冬奥会在速度、性别平等、科技和技巧方面的不断突破。

澎湃美数课也推出了《冰水之间：立方变形/还原记》这一作品，巧妙地用正置屏幕和倒置屏幕的方法，展示全球首个可同时运行冰水项目的场馆在水冰立方转换背后的故事，将延时摄影、三维动画和信息可视化表达进行充分融合。

同时，澎湃美数课《东京奥运会前，我们让所有奥运冠军一起PK了一把》也尤为突出，这一作品结合了视频、3D图表、漫画海报、查询等多种功能。

三、组织层面：人员更稳定，但行业的就业竞争更激烈

因为经济形势的压力，数据新闻的人才流失问题有所缓解，毕竟，数据新闻团队可能还是媒体里为数不多的仍有招聘可能性的部门。想离开的人更加谨慎，但是想加入的人并没有面临更低的门槛。因为招聘名额紧俏，所以数据新闻团队对于应聘者的职业素养也有了更高、更职业化的要求。数据新闻逐渐摆脱了"遍地是新手"的初级发展阶段，专业化要求和入行门槛在不断提高。

数据新闻的人才培养也面临着方向性问题。当整体行业比较"沉寂"之时，人才培养是继续走向综合化、前沿化，以制作前沿作品为主，还是走向更务实、细分的垂直方向，回归图文或视频类的条线报道？人才培养的问题，或许也是数据新闻面临的问题，而当前的数据新闻行业正毫不犹豫地走向了后者。

［戴玉，烽火数讯（北京）科技有限公司CEO，历任《南风窗》记者、人民日报"中央厨房"数据项目负责人、上观新闻数据新闻中心数据新闻主编；黎静仪、李易轩、王羽翔对此文亦有贡献。］

2021年中国新闻摄影年度观察

杜　江　李依琪　陈子怡

　　据中国报业协会印刷工作委员会调查统计，2021年全国报纸总印刷量为608亿对开印张，较2020年的600亿对开印张增加8亿对开印张，总印刷量上升幅度为1.28%，为10年来首次环比上升，扭转了此前连续9年负增长的态势。①2021年报纸广告刊例情况继续下滑20%，2019年该数据为44亿元，经连续下滑20%以上，已不足30亿元。但在媒介融合背景之下，以此数据描述报业经营状况则意义甚微。

　　截至2021年12月31日，《贵阳晚报》《宜宾晚报》《巴中晚报》《河北科技报》《南方法治报》《洛阳商报》《合肥广播电视报》《温州广播电视新壹周》②等至少8家报纸、杂志发布公告称，将从2022年1月1日开始休刊、停刊，不再出版纸质版报纸。③

　　由人民日报带动的中央及省级媒体的改版及彩色化影响仍在持续。④2021年，由新华社主办，创刊90周年、发行量长期稳居全国日报前列的《参考消息》也全新改版，通过全新的稿件编排，融入更多的设计语言，使版面更加疏朗，提升可读性，形成"正版（12个）+五大周刊"的版面结构。《新华每

---

　　① 王勤，祝小霖.全国报纸总印刷量10年来首次环比上升 [N].中国新闻出版广电报，2022-03-30(1).

　　② 《贵阳晚报》（1980年创刊），《宜宾晚报》（2002年创刊），《巴中晚报》（2009年巴中日报《秦巴都市副刊》出刊，2013年在此副刊基础上创办《巴中晚报》），《河北科技报》（1958年创刊），《南方法治报》（2011年创刊），《洛阳商报》（2010年创刊），《合肥广播电视报》（1985年创刊），《温州广播电视新壹周》（1988年创刊）。

　　③ 胡磊.新年伊始这八家报纸将停刊，学者称"新闻永远有市场" [J/OL].(2021-12-31)[2022-05-24].https://www.cqcb.com/xindiaocha/redian/2021-12-31/4700985_pc.html.

　　④ 中华全国新闻工作者协会.中国新闻事业发展报告(2022年发布)[EB/OL].(2021-05-16)[2022-07-05].http://www.zgjx.cn/2022/05/16/c_1310592108.htm.

日电讯》（1993年创刊）也增扩版面，丰富内容，突出图片视觉，强化媒体融合，以全新模样与读者见面。①

本报告仍从观看者（摄影机构、摄影记者）、观看对象（突发事件、典型报道、主题报道）、观看方式（视觉机器）、观看结果（新闻照片运用及新闻摄影评选）等角度出发，并尝试与新闻摄影史相结合，以摄影组织机构为脉络考察摄影记者与新闻摄影的变迁，同时以新闻摄影工作方式为延展，对媒体融合中的短视频现场新闻、直播、专题报道等典型案例以一定关注。②

一、重大主题及突发事件中的新闻摄影与融合报道

【事件1】

建党百年重大主题报道

2021年新年伊始，新华社发布H5《2021，送你一张船票》③，以红船为线索串联建党百年关键事件，成为建党百年报道的现象级作品，产品总浏览量超过5亿次；④人民日报社新媒体中心推出《复兴大道100号》横屏手绘长图H5，以超长画卷与"一镜到底"的形式，融合文字、画面、声音、动画、AI交互，覆盖300多个历史事件和场景、5000多个人物、400余座建筑，记录时代沧桑巨变，描绘百年伟大征程，仅月余以自有渠道就超浏览量1.2亿次，点赞量超290万次，相关微博话题阅读量近3.5亿次，亦属代表性作品。⑤

省市级党报推出的优秀作品有：辽宁日报大型主题策划报道《人民至上》聚合文字、图片、视频、H5、长图等多样态产品，报纸推出52版长卷特

① 张樵苏.新华社"两报两端"改版升级，有哪些看点？[J/OL].(2021-01-02)[2022-05-26].http://www.xinhuanet.com/2021/01/02/c_1126944563.htm.

② 案例来源为中国新闻摄影学会"第三十二届中国新闻奖新闻摄影初评报送作品公示"等。

③ 作品链接：https://h.xinhuaxmt.com/vh512/share/9664313；H5链接：https://h5.xinhuaxmt.com/h5/2020/chuanpiao/index.html.

④ 新华社.新华社参评第三十二届中国新闻奖融合报道、应用创新和新媒体新闻专栏作品公示[EB/OL].(2022-06-14)[2022-06-30].http://www.xinhuanet.com/politics/2022/06/14/c_1211656808.htm.

⑤ 张意轩，刘畅，刘镇杰.复兴大道展长卷　百年征程入画来——人民日报社新媒体中心《复兴大道100号》是如何炼成的[J].传媒，2021(21):13-14.

刊，全网阅读量和参与受众逾5000万人次[①]；浙江日报浙视频作品《4K全景增强现实解读浙江红色地标|星火》入选2021年全国摄影艺术展览（全国共18件）；[②]深圳报业集团党史黏土动画《深圳红》系列持续火爆，全网播放量超1.6亿次。[③]

在7月18日开幕的北京国际摄影周上，由中国记协指导，中国新闻摄影学会等共同主办的"百年奋斗　百年答卷——庆祝中国共产党成立100周年"新闻摄影展[④]展出了300多个摄影专版和1000余幅新闻图片，为此主题报道的系统检阅；[⑤]此外，作为专业报刊的中国摄影报于7月2日启用毛体集字报头，并于12月31日推出年终特刊《印记：摄影作品中的中国共产党人精神谱系》（24版），尝试对中国共产党人的精神谱系以视觉化的影像呈现。[⑥]

【事件2】

西藏和平解放70周年报道

如新华社西藏分社摄影部原主任、《苦难和新生——西藏翻身农奴影像档案》[⑦]主创普布扎西所言："摄影有助于保留记忆，唤醒那些已经被遗忘的事物"，"历史需要点点滴滴地记录，也需要系统性地阐释"。[⑧]新华社摄影部与新华社西藏分社联合推出大型媒体融合报道专题，通过文字、摄影、短视频、专题海报多种形式进行立体报道，以影像档案形式呈现西藏和平解放70周年为翻身农奴带来的生活变迁。该报道英文对外专线稿件单张最

---

① 辽宁省记协.第32届中国新闻奖参评作品公示 [EB/OL]. (2022-06-08) [2022-06-30].http://lnjxw.lnd.com.cn/system/2022/06/08/030324370.shtml.

② 浙江日报视频部 2021 年工作总结。

③ 何冰冰，范以锦.深度融合实现质的提升　社会治理亟待继续强化——中国报业 2021 年回顾与 2022 年展望 [J]. 中国报业，2022(01):27-29.DOI:10.13854/j.cnki.cni.2022.01.008.

④ 庆祝建党 100 周年新闻摄影展的网址：http://www.cnpressphoto.com.cn/node_140625.htm.

⑤ 潘迪.北京国际摄影周"百年奋斗　百年答卷"——庆祝中国共产党成立 100 周年新闻摄影展开幕 [J/OL].(2021-07-18)[2022-05-26]. https://pic.gmw.cn/2021/07/18/content_35002785.htm.

⑥ 本刊编辑部.印记：摄影作品中的中国共产党人精神谱系 [N]. 中国摄影报，2021-12-30(01).

⑦ 作品链接：http://www.xinhuanet.com/english/2021-12/20/c_1310384128.htm. https://xhpfmapi.xinhuaxmt.com/vh512/share/10473746?channel=weixinp.

⑧ 普布扎西.我在现场·照片背后的故事 | 记录不容忘却的历史 [J/OL].(2021-07-23)[2022-05-26].https://new.qq.com/rain/a/20210723A02I8100.

高采用30家次，总采用5300余家次，海媒阅读量484万次；①8月17日，新华社推出全媒报道《新华全媒+|短短几十年　跨越上千年——影像记录西藏70年巨变》，报道通过数十组20世纪旧照和新千年图景组成的拼版照片展示了西藏和平解放70年间发生的巨变，照片署名蓝志贵、王纯德、任用昭、徐邦、顾绶康、程曦、土登、车刚、景家栋、刘丽嘉、陈宗烈、陈燮、袁克忠、才龙、赵奇等，涵盖第18军进军西藏起即在雪域高原拍摄采访的新华社西藏分社摄影记者及军队和地方摄影师。②

3月28日《西藏日报》汉、藏文版分别推出《纪念西藏百万农奴解放62周年》特刊，结合西藏日报摄影部大量资料照片，形象说明雪域高原的历史跨越③；8月19日，《西藏日报》（汉文版）推出60个彩色版面（30个跨版）④，生动再现了和平解放70年来 "一步跨千年"历史性成就。

【事件3】

2020年东京奥运会

延期一年召开的2020年东京奥运会因新冠肺炎疫情严控观众数量被称为"空场奥运"，现场1.6万名各国记者由此成为"世界的眼睛"，采访本次奥运会的中国摄影记者总数约60位，其中2/3来自新华社，其余由人民日报、中国新闻社、中国体育报、中国青年报等媒体派出。

新华社作为国际奥委会认可的国际通讯社，首次与美联社、路透社、法新社和盖蒂图片社组成奥林匹克摄影队（IOPP）矩阵参与报道。133人新华社史上最大的奥运会境外报道团队中，摄影团队成员超四成（摄影记者40人、编辑16人，共56人），另在17个竞赛场馆安装了30多台高空机器人遥控相机或水下相机进行报道。⑤部署于东京奥运会新闻中心的图片移动报道系统，由

---

① 新华社.新华社参评第三十二届中国新闻奖新闻摄影、新闻漫画初评作品公示 [EB/OL].(2021-05-27)[2022-06-26].http://www.xinhuanet.com/photo/2021-05/27/c_1128688474.htm.
② 新华社.新华全媒+|短短几十年　跨越上千年——影像记录西藏70年巨变 [J/OL].(2021-08-17)[2022-05-26]. http://www.xinhuanet.com/photo/2021/08/17/c_1127769901.htm.
③ 版面链接：http://epaper.chinatibetnews.com/xzrb/202103/28/content_74618.html.
④ 版面链接：http://epaper.chinatibetnews.com/xzrb/202108/19/node_01.html.
⑤ 本刊记者.另一个突破——新华社高级记者兰红光访谈 [J].中国摄影，2022(09):61-65.

新华社通信技术局采用微服务架构设计专门开发，奥运会期间该系统签发照片4万张，日均发稿2000多张，传入峰值近400张/分钟；①负责拳击项目的欧东衢拍摄发稿1800余底，整个奥运会期间至少按了20万次快门，选出来的照片基本可以说是百里挑一；②被称为我国奥运会水下摄影第一人的记者丁旭通过水下遥控机器人，成功定格张雨霏争金、女子4×200米夺冠，拍到独家照片。③

此外，该团队还推出了纪录片《追光：东京之路》④，用纪实影像讲述了七名中国运动员在新冠肺炎疫情和奥运会首次延期的背景下备战奥运的幕后故事。⑤

【事件4】

一路"象"北⑥

2021年4月16日，17头生活在西双版纳国家级自然保护区的亚洲象离开了传统栖息地出走（有2头于4月24日返回普洱市墨江县内），新华社云南分社立即派摄影记者胡超等前往现场，用镜头记录象群北迁的场景⑦，成为唯一一家现场系统航拍大象活动珍贵影像资料的媒体⑧。《一路"象"北，云南15头野生亚洲象北迁全追踪》⑨等相关报道"稿件被美联社、法新社、彭博社、时代周刊、纽约时报等170家境内外主流媒体采用。海媒方面到达量116万，互动量2.6万。图片被粉丝超过1000万的《时代周刊》（*Time*）和超过1500万

---

① 焦璐（新华社通信技术局）. 东京奥运会新华社图片移动报道系统的设计和实现 [J]. 中国传媒科技，2022(09):139-143.
② 欧东衢. 我在现场·我在东京拍奥运 | 奥运拳击场，我记录了无尽的悲欢 [J/OL]. (2021-08-14) [2022-06-30].https://xhpfmapi.xinhuaxmt.com/vh512/share/10192732.
③ 薛园. 她让中国水下摄影从无到有；单枪匹马备战北京奥运还顺手帮助外媒同行 | 非常女记者 [J]. 新华社每日电讯，2021-10-08.
④ 作品链接：http://www.xinhuanet.com/Video/2021-8/10/c_1211326004.htm。
⑤ 新华社. 新华社体育部拟报送参评中国新闻奖稿件公示 [EB/OL]. (2021-05-20) [2022-06-30]. http://sports.news.cn/c/2022-05/20/c_1128669074.htm.
⑥ 新华社记者胡超，江文耀. 大象奇游记——云南亚洲象群北移南归全程纪实 [EB/OL].(2021-08-10) [2022-06-30].https://h.xinhuaxmt.com/vh512/share/10184876.
⑦ 新华社记者胡超，江文耀. 大象奇游记——云南亚洲象群北移南归全程纪实 [EB/OL].(2021-08-10) [2022-06-30].https://h.xinhuaxmt.com/vh512/share/10184876.
⑧ 新华社. 新华社参评第三十二届中国新闻奖新闻摄影、新闻漫画初评作品公示 [EB/OL]. (2022-05-27) [2022-06-30].http://www.xinhuanet.com/photo/2022/05/27/c_1128688474.htm.
⑨ 作品链接之一：https://www.facebook.com/FlyOverChina/photos/a.1010738285782412/16162746 68562101.

的CNN转发，点赞量超过27万"。①有关专家认为，"以上报道以一群云南亚洲象史诗般的'奇幻旅游'引发'全民护象'和'全球观象'热潮，在中国生物多样性保护和新闻传播史上写下浓墨重彩的一笔"。②

《中国青年报》记者李隽辉、张艺也在第一时间赶赴现场却另辟蹊径，他们更关心这些象群出生地的情况，其报道《与象同栖》更为深入地提醒公众"当人与象的生存空间重叠已无法避免，探索人象共栖的模式是当地仍在攻坚的命题"③。

【事件5】

"7·20"郑州特大暴雨报道

2021年7月20日18时许，郑州地铁5号线列车在海滩寺街站和沙口路站隧道停运事件通过相关视频传遍网络，由此引发"7·20"郑州特大暴雨报道。

河南日报、大河报、河南商报、河南卫视、河南交通广播等多家本地媒体直击灾情，在第一时间进行了现场报道；原在信阳出差的新华社摄影记者李安，迅即往返于郑州、卫辉、浚县等地报道灾情④，新华社投入抗洪救灾第一线采访的摄影记者还有河南分社朱祥、许雅楠、李嘉南、郝源等⑤；中国新闻社摄影记者崔楠于7月24日拍发《河南新乡：民众乘挖掘机通过涉水路段》⑥；经验丰富的《新京报》摄影记者王飞于7月21日进入郑州（每年7—8月都处于备汛状态），"轻装上阵，我就带了一架无人机，三个镜头，一架单反"，⑦7月22日，他发出了《多图直击|郑州阜外医院被困人员全部转移完

① 新华社.新华社参评第三十二届中国新闻奖新闻摄影、新闻漫画初评作品公示 [EB/OL].(2022-05-27) [2022-06-30].http://www.xinhuanet.com/photo/2022/05/27/c_1128688474.htm.

② 王积龙."一路象北"对外传播的成功要素 [J].人民论坛，2022(02):114-118.

③ 李隽辉，张艺.与象同栖 [N].中国青年报，2021-06-24(微光 8 版).

④ 李安.我在现场·照片背后的故事|风雨中，用心记录生命的光彩 [EB/OL]. (2022-01-06) [2022-06-30].https://view.inews.qq.com/a/20220106A05RJG00.

⑤ 新华视界.我在现场·照片背后的故事 | 这一刻，我们"豫"难而上 [J/OL]. (2021-07-23) [2022-06-30]. https://new.qq.com/rain/a/20210723A02I8100.

⑥ 作品链接：http://www.cnsphoto.com/newDetail/single/11707200。

⑦ 新京报传媒研究.当记者 7 年，最害怕张口向他们提问 | 新京报记者河南抗洪实录 [Z/OL].微信公众号"新京报传媒研究"，2021-08-23.

毕》的图片报道①。据不完全统计，仅广州媒体参与报道的就有《南方日报》摄影记者张梓望、董天健、吴明，《羊城晚报》摄影记者梁喻、周巍，《南方都市报》陈冲、何玉帅，大多数记者兼视频拍摄并携带无人机航拍。②

不少媒体推出了专题报道和摄影图集，凤凰网的《在人间》栏目先后推出《河南特大暴雨24小时后》③《河南暴雨七日》④两篇集约式摄影报道，作者有刘栋杰（大河报记者），延婧（郑州大学新闻与传播学院副教授），绍鹏、大威、薛莉、田卫涛（自由摄影师），张亚军、刘博文、李峥苍（中国青年报记者），郑海鹏、杜强（《时尚先生》特稿记者），徐迎华（原武警水电部队摄影干事，中新社签约摄影师），郑子蒙等。作者有职业媒体记者，也有高校摄影教师及商业摄影师。

此次报道中较典型作品有湖南日报社辜鹏博的摄影报道《守护生命》（7月23日要闻3版）、大河报张琮图片报道《为你托起一片天》（7月24日A04版）、光明日报季春红的图像笔记《奋战在抗洪第一线》（8月1日09版）。⑤

综合以上，无论中央还是地方媒体，无论传统媒体还是网络媒体，仍然重视突发新闻的采访，特别是摄影记者均以到达现场为己任，同时，突发新闻中的影像生产者也变得日益多元。

在日常突发新闻采访方面，山东栖霞笏山金矿发生爆炸事故（22名工人被困，其中10名遇难，1名失踪）采访也是突发事件采访的一个成功案例，新华社山东分社记者第一时间赶赴事故现场发稿，稿件《山东笏山金矿爆炸救援直击》⑥以多语种报道在海外社交媒体平台全面发声⑦；台风"烟花"来临

---

① 作品链接：https://www.bjnews.com.cn/detail/162696607714339.html#p=1。
② 此名单由广州日报摄影记者骆昌威提供。
③ 在人间.河南特大暴雨24小时后[Z/OL].微信公众号"在人间 living"，2021-07-22.
④ 在人间.河南暴雨七日[Z/OL].微信公众号"在人间 living"，2021-07-27.
⑤ 中国新闻摄影学会.第三十二届中国新闻奖新闻摄影初评报送作品公示[EB/OL].（2022-07-04)[2022-07-05].http://www.cnpressphoto.com/2022/07/04/content_35855714.htm.
⑥ 英文标题：Rescue underway after gold mine blast traps 22 in east China.作品链接：https://apnews.com/article/international-news-accidents-china-explosions-fd89332dc51d9302204185bd75cc54bb，/https://www.foxnews.com/world/11-chinese-miners-rescued-after-14-days-trapped-in-gold-mine-after-explosion.
⑦ 新华社参评第三十二届中国新闻奖新闻摄影、新闻漫画初评作品公示[EB/OL].(2021-05-27)[2022-06-30].http://www.xinhuanet.com/photo/2022-05/27/c_1128688474.htm.

前夕，浙江日报浙视频将突发新闻报道与媒体服务功能结合，整合信息编发《慢直播 | 台风"烟花"逼近浙江　浙江沿海各港口实时画面》，同时策划视频《迎战"烟花" | 浙江动动动动起来！》，取得很好的传播效果。①

二、观看者：历史与现实

[观看者1]

"世界屋脊"上的摄影记者

西藏的新闻摄影工作是以由第二野战军第18军摄影股为主体的军队摄影工作者开创的。1950年3月，第18军摄影股以袁克忠（1921—2007，石少华学生）、林安波（1924— ，郑景康学生）为正、副股长进军西藏，②20多名随军摄影员和随军摄影记者随军采访（不少人兼具新华社18军支社记者、西南军区《西南画报》摄影记者身份）。③

照相馆学徒出身，进军西藏前入伍的蓝志贵（1932—2016）是此一摄影力量的代表，他于1953年调西藏军区政治部宣传部④任摄影记者，拍摄于1958年藏历元月"传大召"期间的《拉萨节日的欢乐》两次荣获国际金奖，这是新中国摄影史上第一个国际摄影金奖。

---

① 浙江日报视频部2021年工作总结。
② 顾棣.中国红色摄影史录[M].太原：山西人民出版社，2009:606.
③ 另据黄建鹏与蓝志贵的访谈及蓝志贵撰写的名单手稿，随着18军从西南地区进藏的有22位随军摄影员和随军摄影记者，他们是蓝志贵、袁克忠、林安波、周信源、阎钦政、倪涛、范石林、胡轮翔、许安宁、罗伟、戈维森、李万春、于秦坤、武清泉、吴桂忠、黄若愚、袁伯平、苏良质、王成云、熊跃庭、陈珺、马庆云；从1951年进军西藏到20世纪50年代中期，拍摄西藏及与西藏相关题材的摄影人还有林志常、高郎、李荣卿、冯谨、魏克、葛洛、赵连举、曾瑞麟、刘庆瑞、袁国祥、丁永泰、潘文煦[黄建鹏.曾经沧桑1950至1970年代的西藏摄影[J].中国摄影，2021(05):20-71]；另据顾棣《中国红色摄影史录》所载相关人员有：袁克忠（第18军摄影股）、蒋先德（西南军区政治部《西南画报》摄影记者）、兰志贵（第18军摄影员）、萧鸿达（西南军区摄影记者）、赵奇（西南军区文字记者、业余摄影爱好者）、张耕莘（西南军区工兵部队摄影记者）、严钦正（西南军区摄影记者）、许安宁（西南军区第18军摄影记者）、李刚夫（西南军区第18军摄影记者）、胡轮翔（西南军区第18军摄影记者）、袁伯平（西南军区第18军摄影记者）、向前（西南军区工兵部队摄影记者）、武清泉（西南军区第18军摄影记者）、景家栋（西南军区第18军摄影记者）、方纲（西南军区第18军摄影记者）（顾棣.中国红色摄影史录[M].太原：山西人民出版社，2009:663-676）。
④ 1951年5月，第二野战军第18军开始进军西藏；1952年2月，完成进军西藏任务后，以该军为基础成立西藏军区，隶属西南军区；1955年改编为大军区，直属中央军委领导；1968年12月缩编为省级军区，划归成都军区建制。

　　1951年8月1日，新华社西藏分社在昌都昂曲河北一个小头人家中成立①，此为中国共产党在西藏设立的第一个新闻宣传机构，也开创了西藏新闻摄影报道的先河（记者景家栋兼任摄影）。②1954年2月，新华社西南总分社摄影记者任用昭调任新华社西藏分社摄影记者，在相当长的一段时间里，他是分社唯一的摄影记者③。20世纪60—70年代，当地回族马鹏万、马竞秋和藏族女青年斯朗曲珠，藏族青年康松、才龙（"从奴隶到记者"）④、土登（农奴之子）⑤加入了分社摄影记者队伍，成为第二代新华社摄影记者⑥。此间，已转业到新华社的袁克忠在采访中印自卫反击战后留任分社摄影组组长，手把手教少数民族记者掌握相机，拍好新闻图片。⑦80年代后期，觉果、索朗罗布（5次到达海拔6700米高度进行采访，中国新闻奖一等奖获得者）担任摄影记者，至此，西藏分社的摄影记者全部由藏族记者担任。以后，又有格桑达瓦（2000年入社）、普布扎西（2001年入社），特约记者兼登山向导扎西次仁（曾15次登顶珠峰）加入这一队伍中。

　　1956年4月22日创刊的《西藏日报》孕育于第18军进军西藏途中创办的两份油印报纸《新闻简讯》《草原新闻》。同年，北京电影学院毕业的陈宗烈被分配到报社做摄影记者，由于中央认为西藏民主改革的条件还不成熟，决定"六年不改"，驻藏的机构与人员曾大幅精简压缩，陈宗烈成为唯一留下的摄影记者。⑧ 1959年3月，西藏分社与西藏日报社合并称"报分社"，两单位合并时期，任用昭任摄影组组长，摄影记者有陈珺、陈宗烈、马竞秋、马鹏万、吴祖政等，其他搞摄影的还有高秀峰、卢荣桃、赵宗仁，这些人都是

　　① 《新华社西藏分社简史》编辑委员会.新华社西藏分社简史 1951—2011[M].拉萨：新华社西藏分社，2011:6.

　　② 张京品.西藏民主改革与新闻报道[J].西藏研究，2019(02):126-133.

　　③ 高琴.口述影像历史——与共和国同行 1949—1978：第 1 卷[M].北京：中国摄影出版传媒有限责任公司，2019.

　　④ 刘前刚，谢帮民.从奴隶到记者[J].新闻战线.1981(04):8-9.

　　⑤ 付玲.那些年，那些事，新华社摄影记者的故事[M].北京：新华出版社，2012.

　　⑥ 《新华社西藏分社简史》编辑委员会.新华社西藏分社简史 1951—2011[M].拉萨：新华社西藏分社，2011:24.

　　⑦ 新华.新华社西藏分社历史沿革及大事记 1951—2001[EB/OL].(2008-03-15).http://m.wyzxwk.com/content.php?classid=21&id=30030.

　　⑧ 中国摄影家协会.跨越时空——西藏影像往事[M].北京：中国摄影出版社，2009:27-67.

早期新华社和《西藏日报》的摄影骨干。

1962年9月，西藏日报社与新华社西藏分社分开，恢复为原来的两个新闻单位，至1976年随后加入西藏日报摄影部的还有刘丽嘉、罗相生、王文泉、苏远中、袁进长、莫定有、雷仲选及藏族记者阿多等[①]。

70年间，以上机构与人员用影像忠诚地记录了西藏和平解放、西藏民主改革、平息叛乱、西藏自治区成立、藏传佛教西藏祈愿大法会恢复、奥运火炬登顶珠穆朗玛峰等重大历史事件，见证了农奴翻身做主至今天全面进入小康社会的历史性跨越。

[观看者2]

长津湖战役记录者——张崇岫

9月至10月，由安徽省文联、安徽省摄影家协会主办的"亲历抗美援朝——张崇岫战地摄影作品展"在合肥展出。电影《长津湖》热映，令这位随军摄影师再受关注。

时任志愿军第9兵团政治部摄影组组长张崇岫回忆长津湖战役采访："那次采访处境非常危险，当时我身上没有枪，也没有任何人的保护，到处是敌人轰炸过的场景。那种情况下，我随时都可能牺牲。而且当时我还饿着肚子，一天只吃一个土豆。虽然到处都是美军丢弃的罐头食品，但是为了拍到胜利场面的照片，我忍住饥饿，就这样跟着部队跑了300多公里赶到海边，才终于拍到志愿军和朝鲜人民军胜利会师那张照片。"[②]

张崇岫还有一张代表作《不得不举起手来》，1951年5月拍摄于第五次战役第一阶段作战期间朝鲜江口洞，记录了美24师坦克队士兵向志愿军59师战士举手投降的情景，"当时去朝鲜100多个摄影记者，就我拍到了一张美国兵从坦克里爬出来投降的照片"[③]。

---

① 黄建鹏，刘丽嘉：在《西藏日报》工作40年的摄影记者 [J]. 西藏人文地理，2009(11-12):124-145.

② 张崇岫口述，司胜平采访. 在血与火的洗礼中按下快门 [M] // 高琴，主编. 口述影像历史——与共和国同行 1949—1978：第 1 卷. 北京：中国摄影出版社，2020:30-31.

③ 张崇岫口述，司胜平采访. 在血与火的洗礼中按下快门 [M] // 高琴，主编. 口述影像历史——与共和国同行 1949—1978：第 1 卷. 北京：中国摄影出版社，2020:30-31.

1929年10月出生的张崇岫，1942年加入新四军巢南游击队，1948年秋从连队被抽调至华东野战区东线兵团新闻训练班学习摄影，随即以摄影记者身份参加淮海战役战地采访，"我一边打仗一边学，打到上海，摄影就学会了"。

他回忆，"华东摄影系统是一个单独的系统，最早的摄影人是郑景康，再往后是陆仁生"。1946年5月，郑景康（1904—1978）在山东军区开办摄影学习班，为包括张崇岫所在新四军第7师在内的各野战部队、各军分区学员进行了培训。①

[观看者3]

刘占昆：推迟的奥运，延迟的退休

2021年7月24日，东京奥运会首金在日本东京朝霞射击场产生，中国射击选手杨倩夺得女子10米气步枪冠军，奥委会主席巴赫用托盘端出奖牌颁奖，②中国青年报记者刘占昆（业界称"昆哥"）定格杨倩隔着口罩"亲吻"金牌这一瞬间，随即第一时间将照片传回，图片通过"两微一端"赢来百万人关注。

《中国青年报》素有"本报记者在场"的传统，2019年夏，已供职34年的昆哥进入报社全媒体报道2020东京奥运会名单，并由报社领导和团中央批准本该在2021年1月退休的昆哥"延迟退休"采访这届"特殊的奥运会"。③

1985年11月，年方24岁的昆哥进入中青报摄影部，老前辈洪克、铁矛（1925—2017）、贺延光传授他两条"铁律"："一是当众多新闻单位的记者在一起采访拍摄时，要拿回与众不同的、有本报特色的照片；二是当新闻现场只有你一个人采访拍摄时，要有一张比较'绝'的照片。"④昆哥很快在人才济济的中青报摄影部脱颖而出，获1987年中国十佳新闻摄影记者、1992年首届中国十大青年摄影家、首届中国新闻摄影"金眼奖"第一名、

---

① 顾棣.中国红色摄影史录[M].太原：山西人民出版社，2009.
② 刘占昆.非常时期 "非常"奥运[N].中国青年报，2021-08-06(04).
③ 刘占昆.推迟的奥运，延迟的退休[Z/OL].微信公众号"CPCINET"，2021-07-29.
④ 刘占昆.我一直在纪实摄影中努力"与众不同"[N].人民摄影，2019-03-20(05).

2004年中国体育摄影十杰等。

正如第十二届中国金像奖评委评语所言，"体育与模特"是崑哥职业生涯的"切入点"。[①]1988年北京国际新闻摄影周期间一张《春风》，让他和模特与时尚结下不解之缘；1993年的一张《9·23北京不眠之夜》，又让他的名字与奥运会紧紧相连。在体育报道方面，他是国内唯一一个连续采访过五届世界杯男足、六届世界杯女足决赛阶段比赛的中国摄影记者；在时尚界他曾出任2003年新丝路中国模特大赛总决赛评委，可谓"关键先生"。

尽管他自谦"在东京奥运会采访现场，我虽是中国摄影记者中年龄最大的，但不一定是手段最多的，我积累了30多年体育摄影和发稿的经验，有能用的，有的根本用不上了"，但我们相信：姜还是老的辣！

[观看者4]

太空摄影记者

2021年8月20日8时38分，神舟十二号航天员聂海胜、刘伯明、汤洪波迎来第二次出舱活动。本次，由聂海胜、刘伯明出舱作业，汤洪波留在舱内执行指挥与协作任务。直播信号显示，上午大约11时10分，地面指挥向两名出舱的航天员喊话，"你们可以来一个互拍"，聂海胜、刘伯明随后将身上的摄像机对准彼此，画面捕捉到了难得一见的场景。由此完成新闻影像首次自主拍摄任务，并成功实现了超高清传输。

中国航天员的太空摄影历史可以追溯到2003年10月15日杨利伟的"最牛自拍"。2019年，中国新闻摄影学会与航天员交流太空摄影业务时，徐祖根会长提出要航天员走出飞船，超越舷窗，到太空中去拍照。短短两年时间这个目标就实现了，证明我国太空摄影技术装备取得了突破性进展。[②]

"要想在太空摄影，可不是一件简单的事情。既需要适应太空环境的拍摄设备和摄影技术，同时也需要良好的拍摄时机和运气。比如在舱外进行太

① 中国摄影家协会.第十二届中国摄影金像奖颁奖，19位摄影师获此殊荣[Z/OL].微信公众号"cpanet"，2018-11-19.

② 黄丽娜.中国航天员出舱拍摄有重大突破[N].中国摄影报，2021-09-10(01).

空摄影要经受200多摄氏度的温差以及空间辐射影响。太空摄影受光照、天气以及大气云层条件影响制约，需应对好极亮、极黑高反差的曝光环境。太空失重环境也给航天员操作相机造成了一定的难度。"①太空摄影有"取景难、聚焦难、状态固定难三大难点"，航天员聂海胜在回答出舱摄影问题时谈道，"太空摄影是太空中工作的一部分，之前都是在地面确认状态后进行，很少专门安排摄影的时间。此外，出舱摄影需要适应真空环境的特殊装备，也许进入空间站时代后我们国家能够实现出舱摄影"②。

中国载人航天技术进入空间站时代，为航天员太空摄影提供了全新视角和拍摄可能，航天员训练期间摄影课程也更为系统③，每一名航天员都可能是一位太空摄影记者。

三、视觉机器与技术性图像

【技术1】

新闻摄影师——"天问一号"

"天问一号"环绕器与"祝融号"火星车分别配置中分辨率相机、高分辨率相机、导航与地形相机（NaTeCam）、多光谱相机（MSCam）、落火状态监视相机（又称"火星相机"）、开伞过程监视相机、避障相机等多种可拍摄科学载荷④，影像拍摄系其核心任务。

在此简单梳理新闻摄影师"天问一号"发稿情况：2月5日，"天问一号"完成第四次轨道中途修正，传回首幅火星图像⑤；2月12日农历新年，

① 黄丽娜.太空摄影技艺运用首开研讨会——中国航天员出舱拍摄有重大突破 [N]. 中国摄影报，2021-09-10(03).
② 人民网.中国航天太空影像技艺研讨会在北京航天城召开 [EB/OL].(2021-11-19)[2022-06-30]. http://pic.people.com.cn/n1/2019/1129/c415374-31481638.html.
③ 黄丽娜.太空摄影技艺运用首开研讨会——中国航天员出舱拍摄有重大突破 [N]. 中国摄影报，2021-09-10(01).
④ 光电汇.硬核技术指标！"天问一号"上13台科学载荷详解 [EB/OL].(2020-07-31)[2020-07-31].http://www.oeshow.cn/informationdetail/11746.
⑤ 国家航天局.天问一号完成第四次轨道中途修正 传回首幅火星图像 [EB/OL].（ 2021-02-05)[2022-06-30]. http://www.cnsa.gov.cn/n6758823/n6758838/c6811208/content.html.

"天问一号"从遥远的火星传来新春祝福，发布两段监视相机拍摄的"天问一号"探测器火星捕获过程影像（影像1时长54秒[①]，影像2时长59秒[②]）；3月26日，发布两幅由"天问一号"拍摄的南、北半球火星"侧身"影像，同时，"天问一号"探测器在距离火星1.1万千米处利用中分辨率相机拍摄了火星全景[③]；5月19日，发布"天问一号"着陆过程两器分离和落火影像[④]；6月7日，发布"天问一号"着陆区域高分影像图[⑤]，影像图由"天问一号"环绕器高分辨率相机拍摄；6月11日，"天问一号"探测器着陆火星首批科学影像图（着陆点全景、火星地形地貌、"中国印迹"、"着巡合影"等）公布，以此标志中国首次火星探测任务取得圆满成功[⑥]；6月27日，党的百年华诞前夕，我国天问一号火星探测任务着陆和巡视探测系列实拍影像发布，包括着陆巡视器开伞和下降过程、"祝融号"火星车驶离着陆平台声音及火星表面移动过程视频，火星全局环境感知图像、火星车车辙图像等[⑦]；7月12日，"祝融号"近距离"看"降落伞与背罩影像发布，作为"祝融号"着陆的补充报道[⑧]；8月17日，"祝融号"火星车完成既定探测任务报道发布，同时预告受日凌干扰器地通信即将中断的信息。[⑨]

9月13日至10月18日，处于日凌期的"天问一号"没有照片传回，持续35天处于失联状态。直至2022年元旦，国家航天局以一组精美图像向全国人民

---

① 国家航天局.国家航天局发布天问一号探测器火星捕获过程影像1[EB/OL].（2021-02-12）[2022-06-30]. http://www.cnsa.gov.cn/n6758823/n6758838/c6811250/content.html.

② 国家航天局.国家航天局发布天问一号探测器火星捕获过程影像2[EB/OL].（2021-02-12）[2022-06-30]. http://www.cnsa.gov.cn/n6758823/n6758838/c6811249/content.html.

③ 国家航天局.国家航天局发布天问一号拍摄火星侧身影像[EB/OL].（2021-03-26）[2022-06-30]. http://www.cnsa.gov.cn/n6758823/n6758838/c6811448/content.html.

④ 国家航天局.天问一号着陆过程两器分离和落火影像发布[EB/OL].（2021-05-19）[2022-06-30]. http://www.cnsa.gov.cn/n6758823/n6758838/c6812019/content.html.

⑤ 国家航天局.我国首次火星探测天问一号任务着陆区域高分影像图发布[EB/OL].（2021-06-07）[2022-06-30].http://www.cnsa.gov.cn/n6758823/n6758838/c6812111/content.html.

⑥ 国家航天局.天问一号探测器着陆火星首批科学影像图揭幕[EB/OL].（2021-06-11）[2022-06-30]. http://www.cnsa.gov.cn/n6758823/n6758838/c6812123/content.html.

⑦ 国家航天局.天问一号任务着陆和巡视探测系列实拍影像发布[EB/OL].(2021-06-26)[2022-06-30]. http://www.cnsa.gov.cn/n6758823/n6758838/c6812196/content.html.

⑧ 国家航天局."祝融号"近距离"看"降落伞与背罩[EB/OL].(2021-07-16)[2022-06-30]. http://www.cnsa.gov.cn/n6758823/n6758838/c6812290/content.html.

⑨ 国家航天局."祝融号"火星车完成既定探测任务[EB/OL].(2021-08-17)[2022-06-30]. http://www.cnsa.gov.cn/n6758823/n6758838/c6812379/content.html.

报告"天问一号"平安并致以节日问候。①

简言之，"天问一号"作为一个优秀"摄影师"，能够知悉读者心理与用户洞察能力，善于在关键节点发出声音，回应重大关切，发挥图片的纪实功能，以图证实，以图证史。

【技术2】

VR+新闻

头显（HDR）情况为：2021年5月，国内知名VR品牌Pico发布全新VR一体机Pico Neo3，三个月后，Pico被字节跳动以97亿元人民币的价格收购。2021年11月，Meta（Facebook）旗下"最强VR一体机"Oculus Quest2销售出1000万台，被认为VR硬件终于成功打开了消费者市场的大门。据国际数据公司IDC统计，2021年AR/VR头显市场同比增长92.1%，出货量达到了1123万台，其中，Meta旗下的Quest2占比为78%（约876万台），而Pico以4.5%的份额排在了第三位（约50万台）。②

国内VR全景相机仍处领跑地位，曾参与登顶珠穆朗玛峰的深圳圆周率公司于2021年3月推出8K高性能直播相机Pilot Insight及相关系统。该相机以4组高精度光学镜头高端图像传感器结合AI计算摄影算法，自动拼接输出4000万像素360°全景超高清连续影像；具备IP65防护标准，−20℃~45℃零故障运行；一次设置，可7×24小时不间断全景直播。③

"3D+360°"设备开发与制造有更为广阔的前景："天问一号"探测器完成的首次深空"自拍"，其设备就是一台双目360° Wi-Fi相机；公布的着陆火星首批科学影像图中，也有"祝融号"火星车拍摄的着陆点360°全景图。

2021年全国两会，《人民日报》记者在会场使用5G+AR采访眼镜实时进

① 国家航天局.天问一号探测器传回最新图像 [EB/OL].（2022-01-01）[2022-06-30].http://www.cnsa.gov.cn/n6758823/n6758838/c6813038/content.html.

② IDC咨询.全球 AR/VR 头显市场季度跟踪报告 2021 年第四季度 [Z/OL]. 微信公众号"IDC_CN"，2022-03-30.

③ 投影时代.圆周率发布 Pilot Insight 高性能全景直播相机 [EB/OL].(2021-03-21)[2022-06-26].http://www.pjtime.com/2021/3/211826682352.shtml.

行了现场直播；新华社联手北京移动推出"5G+8K+3D建模"的沉浸式VR新闻《听会》及全球首个5G沉浸式多地跨屏访谈。①新华社凭借全球首家在珠穆朗玛峰峰顶完成的"5G+4K+VR"直播《巅峰见证——2020珠峰高程登顶测量》获第31届中国新闻奖一等奖，这是四年内产生的第四个中国新闻奖VR新闻作品（前三个作品为央视《"天舟一号"发射任务VR全景直播》、澎湃新闻《海拔四千米之上》和每日经济新闻《ofo迷途》）。

【技术3】

无人机与卫星新闻

中国民航局飞标司发布的《中国民航驾驶员发展年度报告（2021）》显示，截至2021年12月31日，中国民用航空局颁发的无人驾驶航空器（无人机）有效驾驶员执照为120844本，其中约92%为多旋翼无人机执照，新闻拍摄、电影拍摄、婚纱摄影及影视摄影为常见无人机应用。

新华社摄影部早在2016年即建成"天空之眼"无人机队，基本实现"无人机新闻"（drone journalism）常态化生产，全社超过200位摄影记者有无人机驾驶执照，2021年新华社共播发17000多张无人机照片，海媒无人机账号粉丝2500万，发稿数量居全球媒体领先地位，"天空之眼"系列报道已播发77站，全网总浏览量过亿次，成为被广泛认可的无人机报道品牌栏目。②

新华社卫星新闻实验室推出的中国首部卫星新闻纪录片《太空的见证》获第31届中国新闻奖三等奖。卫星新闻也进入常态发稿，9月推出的卫星新闻纪录片《最漫长的战争》报道了长达20年的阿富汗战争及其恶果③；10月起以新华社微信公众号"早知天下事"之《向世界说早安》栏目推出每日美图，开创"新闻+卫星+美学"全新报道样态④；年终推出《新华社年度卫星

---

① 微泽网.2021各大媒体如何利用AR/VR玩转"两会"报道[EB/OL].(2021-03-22)[2021-06-30].https://www.weizenet.com/n/6074.

② 2022年6月12日对新华社摄影融合发展编委会编委、采访室副主任、高级记者邢广利的采访。

③ 新华社卫星新闻实验室.最漫长的战争[EB/OL].(2021-09-03)[2022-06-30]. http://www.news.cn/world/2021/09/03/c_1211355758.htm.

④ 新华社卫星新闻实验室.限量百张，别抢[Z/OL].微信公众号"新华社微信"，2022-01-29.

影像：2021，艰难的世界》①《新华社年度卫星影像：2021，奋进的中国》系列报道。②

四、观看结果：中国新闻奖初评、"金镜头"与"荷赛"

【评选1】

第31届中国新闻奖作品

11月7日，中华全国新闻工作者协会主办的第31届中国新闻奖揭晓，346件获奖作品中，共有9件新闻摄影作品：一等奖作品1件，二等奖作品2件，三等奖作品6件。③评选要求为"新闻摄影：报道新闻的摄影作品。要求新闻性强，现场抓拍，表现力强，标题准确，文字说明简洁、要素完整"。④

一等奖作品《习近平在陕西省平利县考察脱贫攻坚情况》（新华社记者 燕雁），"整幅作品构思精巧，人物生动，特别是从'总书记'到'村支书''五级书记'同框的瞬间非常难得。这一瞬间的定格既有一定的巧合因素，也离不开作者把新闻现场放在疫情防控、脱贫攻坚两大主题背景下进行的深入思考。画面中五位书记神态生动、主次分明，环境描写和前景人群恰当地衬托了主体人物，显示了作者的抓拍和构图功力"。二等奖获奖作品《一起看夕阳》系志愿者甘俊超拍摄，该照片是新冠肺炎疫情期间具有历史意义的标志性影像，"作品构图精美，在呈现落日余晖的大气磅礴的同时，展现了疫情期间医患携手战疫，最打动人心的一幕，给人以信心和希望"，"患者欣赏的不只是落日余晖，还是一个令人眷恋的美好世界，彰显人民至上、生命至上的武汉时刻，诠释了抗疫斗争始终把人民群众生命安全和身体

---

① 新华社卫星新闻实验室.新华社年度卫星影像：2021，艰难的世界[EB/OL].(2021-12-24)[2022-06-30]. http://www.news.cn/video/2021-12/24/c_1211500316.htm.

② 新华社卫星新闻实验室.新华社年度卫星影像：2021，奋进的中国[EB/OL].(2021-12-27)[2022-06-30].http://www.xinhuanet.com/politics/2021/12/27/c_1128204705.htm.

③ 中国记协.第三十一届中国新闻奖评选结果揭晓[EB/OL]. (2021-10-29)[2022-06-30].http://www.zgjx.cn/2021-10/29/c_1310277537.htm.

④ 中国记协.第三十一届中国新闻奖评选办法[EB/OL].(2021-04-02)[2022-06-30].http://www.zgjx.cn/2021-04/02/c_139854653.htm.

健康放在第一位"。①作者甘俊超出生于1999年12月，系武汉交通职业学院汽修专业学生，寒假期间选择到武汉大学人民医院东院区做志愿者、陪检员，曾表示"我应该不属于喜欢拍照的吧，就拍得比较少。这次应该是巧合吧。我也只拍过这一次"②，照片系应复旦大学附属中山医院援助湖北医疗队医生刘凯要求拍摄，也通过刘凯医生朋友圈发布。另一幅二等奖作品为《湖南日报》记者辜鹏博拍摄的《跃·悦》，"该照片作品现场气氛喜悦、律动、洋溢青春气息。瞬间抓取得当、动感强烈，把疫情之下的别样高考胜利结束表达得淋漓尽致。一图胜千言，图中有不凡。'空中一字马'考生这个主体人物激动得开心到劈叉、'一马当先'冲出考场的超常举动，其他飞奔到校门口的考生的兴奋喜悦和激动都定格在这疫情之下的特别高考这特别的瞬间"③。

三等奖作品为《金银潭ICU的呼吸》（赵迪、曲俊燕/中国青年报)、《贵州山区"带货慢火车"重现繁忙》（瞿宏伦、李慧思/中国新闻社)、《再见，索道　你好，公路》（杨顺丕、邹洪涛、黎袁媛/恩施日报)、《City dreamers城市上空追梦人》（胡志民、匡林华、张磊/中国日报)、《2020珠峰高程测量》（集体/新华通讯社)、《昼夜奋战　抢救生命》（张九强、朱淇齐、张偲、苏智峰/泉州晚报）。④

[评选2]

第32届中国新闻奖初评

2022年第32届中国新闻奖评选工作将依照修订的《中国新闻奖评选办法》执行，该办法将奖项设置由29项优化为20项，调整后的奖项设置中，新闻摄影为14个基础类奖项之一，评选要求调整为："报道新闻的摄影作品，

① 第三十一届中国新闻奖评选结果揭晓办法 [EB/OL]. (2021-10-29)[2022-06-30].http://www.zgjx.cn/2021/10/29/c_1310277556.htm.
② 南都特派记者吴斌."一起看落日"拍照者是 20 岁汽修专业学生，称照片火了是巧合 [EB/OL]. (2020-03-06)[2022-07-05].https://www.sohu.com/a/378142018_161795.
③ 中国记协.第三十一届中国新闻奖评选结果揭晓 [EB/OL]. (2021-10-29)[2022-06-30].http://www.zgjx.cn/2021/10/29/c_1310277537.htm.
④ 中国记协.第三十一届中国新闻奖评选结果揭晓 [EB/OL]. (2021-10-29)[2022-06-30].http://www.zgjx.cn/2021/10/29/c_1310277537.htm.

应现场拍摄，要素完整，新闻性、表现力强，文字说明简洁。"创新设奖分类：一是优化奖项结构；二是突破介质限制（打破报纸、广播电视、网络、移动端等介质形态），贯通各类媒体设奖。[①]经过中国新闻摄影学会初评委员会评审和数字照片专家鉴定委员会专家鉴定，依据《关于开展第32届中国新闻奖新闻摄影作品初评工作的通知》和《新闻纪实类数字照片技术规范》两个文件中的有关规定，确定35幅（组）新闻摄影作品入围参加定评。[②]

从作者单位及属性看：35幅（组），中央新闻单位10幅（组）、省级党报6幅（组）、地市级党报10幅组，其中6幅（组）来自浙江省，副省级党报、行业报、都市报各3幅（组）；作者所在新闻单位为21家，中国日报3幅（组），中国新闻社、重庆日报、海南日报、长江日报、绍兴市新闻传媒中心、温州日报6家各2幅（组），其余20家媒体各1幅（组），其中中国外文局人民画报1幅（组），中央广播电视总台1幅（组），体现了打破介质评选这一变化。从作品发布渠道上看，纸媒18幅（组），App12幅（组），网络3幅（组），通稿2幅（组）。传统纸媒仍为主要传播阵地，移动端成为重要传播平台。

从内容题材上看：少突发性新闻摄影、多非突发性新闻。主题涵盖环境生态、科技文化、疫情防控、脱贫攻坚与乡村振兴、基础设施建设、抗洪抢险、东京奥运会等。其中，《工人日报》摄影记者杨登峰、王伟伟作品《我和我远方的家——选择留京过年者别样的全家福》[③]作为新闻人物环境肖像有所突破，记者在新春佳节即将到来之际，采访了多个准备留京过年的劳动者，用幕布投影的方式，让他们在自己的工作岗位上与远方的家人隔空合影，拍摄下一张张别样的全家福。初评评语："这组照片关注了人们当下变动的生活，也关照了人们不变的一些信念。读者凭借自己的生活经验或许对

---

① 中国记协.中国新闻奖评选办法 [EB/OL].(2022-06-13)[2022-07-05].http://www.zgjx.cn/2022-06/13/c_1310621273_2.htm.

② 中国新闻摄影学会.关于开展第 32 届中国新闻奖新闻摄影作品专项初评工作的通知 [EB/OL].(2022-06-13)[2022-07-05].http://www.zgjx.cn/1310621272_16550875141071n.pdf.

③ 杨登峰，王伟伟.我和我远方的家——选择留京过年者别样的全家福 [N].工人日报，2021-02-06(4).

此类创作手法有不同的解读，但这正是这组照片留给当下的一个思考。"①

从作品形式看：单幅14幅，组照21幅，比例为2：3，少单幅，多组照。组照中拍摄时间跨年度的有4组：《永不消逝的证人》（廖峥艳/衢州日报社）②、《"诚信奶奶"十年还清2077万元债务》（雷宁、陈炜芬/丽水日报）③、《12年跟拍一项生态修复工程：昔日填埋场 今日大花园》（何雯、章斌/绍兴市新闻传媒中心）④、《怀念"孩子王"袁隆平》（张杰/海南日报）⑤，跨度分别为8年、10年、12年、18年。初评评语认为：《永不消逝的证人》以浙江衢州中日战争期间细菌战的受害者为记录对象，"在呈现形式上，可以让每位老人生前照与身后照交替出现，形成强烈的对比，给人以心灵的震撼"；《"诚信奶奶"十年还清2077万元债务》"小选题，小切口"，"导向正确，内容真实"；《12年跟拍一项生态修复工程：昔日填埋场 今日大花园》"从地方一个小切口，折射出这十年地方政府、人民百姓对生态的重视和生态观的变化问题，选题立意具有满满的正能量"；《怀念"孩子王"袁隆平》"该组图片以悼念袁隆平先生的新闻现场事件为由头，以10多年前跟拍袁隆平先生的工作生活和图片展开，这种组合本身就有相当的信息含量。将叙述点聚焦浓缩于表达老人天真豁达的精神层面，使孩子王这个概念有了影像信托……"。⑥此外，单幅照片《"最牛民房"开始拆除》⑦（陈团结/华商报）、组照《5年变出万亩绿洲》⑧（万难/重庆日报）也属多年追踪报道。

依据《关于开展第三十二届中国新闻奖新闻摄影作品初评工作的通

① 中国新闻摄影学会.第三十二届中国新闻奖新闻摄影初评报送作品公示 [EB/OL]. (2022-07-04)[2022-07-05].http://www.cnpressphoto.com/2022-07/04/content_35855714.htm.
② 廖峥艳.永不消逝的证人 [N/OL].衢州日报，(2021-09-18)[2022-07-07].http:wap.qz828.com/pages/newsDetail?id=1471914688135602178.
③ 雷宁，陈炜芬."诚信奶奶"十年还清2077万元债务 [N].丽水日报，2021-02-10(02).
④ 何雯，章斌.12年跟拍一项生态修复工程：昔日填埋场 今日大花园 [EB/OL]. (2021-12-23)[2022-07-07].http://m.shaoxing.com.cn/p/2908825.html.
⑤ 张洁.怀念"孩子王"袁隆平 [EB/OL].(2021-05-24)[2022-07-07].http:hndaily.cn/#special/623.
⑥ 中国新闻摄影学会.第三十二届中国新闻奖新闻摄影初评报送作品公示 [EB/OL]. (2022-07-04)[2022-07-05].http://www.cnpressphoto.com/2022-07/04/content_35855714.htm.
⑦ 陈团结."最牛民房"开始拆除 [N].华商报，2021-11-12(B02).
⑧ 万难.5年变出万亩绿洲 [N].重庆日报，2021-10-06(04).

知》，计划报送定评数额为40幅（新闻摄影35幅，国际传播5幅），实际评审出报送定评35幅（新闻摄影32幅，国际传播3幅），尚缺5幅①。这一方面体现了初评委员会的严格严谨，执行评选标准一丝不苟；另一方面反映了摄影记者队伍持续流失，新闻摄影生产能力不足的客观事实。

【评选3】

"荷赛"及其他国际新闻摄影比赛

2022年4月7日，广受关注的"荷赛"公布了年度世界新闻摄影奖，摄影师Amber-Bracken凭借《坎卢普斯寄宿学校》成为年度世界新闻摄影奖得主。评审团认为："这是世界新闻摄影67年历史上的第一次，年度世界新闻摄影是一张没有任何人的照片。这是对殖民历史进行全球清算的安静时刻，不仅在加拿大，而且在全世界。"②

在第65届世界新闻摄影大赛（荷赛）中，来自23个国家的24名摄影师及其作品从来自130个国家和地区的4066名摄影师的64823份参赛作品中选出，其中包括4位全球获奖者，但没有中国摄影师获奖。

本届"荷赛"在赛制、评审结构以及作品分类组别上做出了较大的调整。在赛制方面，采用全新的地区赛制，将全球划分为6个区域进行评选，分别是非洲、亚洲、欧洲、北美洲和中美洲、南美洲，以及东南亚和大洋洲。相应地，设置六个地区评审团，选出地区最好的参赛作品，供全球评审团进行最终评审。在参赛作品分类组别上，舍弃了主题分类，采用了基于作品格式的分类，分为单幅组（Singles）、故事组（Stories）、长期项目组（Long-Term Projects）和开放形式组（Open Format），同时取消了运营11年的多媒体奖，把重心放回到静态摄影。③

---

① 中国新闻摄影学会.关于开展第三十二届中国新闻奖新闻摄影作品初评工作的通知 [EB/OL].(2022-06-13)[2002-07-07].http://www.zgjx.cn/1310621272_16550875141071n.pdf.

② The 2022 World Press Photo Contest Jury.Presenting the regional winners of the 2022 World Press Photo Contest[EB/OL].(2022-04-07)[2022-05-28].https://www.worldpressphoto.org/news/2022/contest-regional-winners-announced.

③ The 2022 World Press Photo Contest Jury.Shifting to a regional model for the annual World Press Photo Contest[EB/OL].(2022-01-19)[2022-05-28].https://www.worldpressphoto.org/news/2021/new-contest-model.

针对以上调整，中新社摄影部原主任、两届"荷赛"得主贾国荣认为："'荷赛'在革自己的命。当今时代变字当头。'荷赛'一方面表明不忘摄影初心，退回静态摄影的原阵地，轻车熟路，再开拓五大洲赛域，扩大参与性。"另一方面"取消多媒体奖项，可视为反潮流的短视性变革。这反映当今新闻摄影导向的挑战和反复性"。①新华社历史上首位夺得"荷赛"金奖的摄影记者吴晓凌则认为，此种变化意味着："荷赛已经放弃了专业性"，"……眉毛胡子一把抓，湮灭了新闻摄影的类别概念。明摆着不再把摄影当回事了"，"取消多媒体项目。我举双手赞成"。总之"荷赛的格局变大了，摄影的格局变小了"。②

在第79届全球年度图片奖（Picture of the Year International，POYI）中，有两位中国摄影师获奖。③独立摄影师李强的作品《凝视》获运动生活类第一名，《冰球爱好者》获运动生活类优秀奖。之前，第76届全球年度图片奖公布获奖名单，中国摄影师李强的《缅甸孤儿院寺庙》获得日常生活类二等奖。李强曾作为摄影记者先后任职于新京报和中国新闻周刊，现在是一位自由摄影师。除此之外，他还有另外一个身份：一合媒体工作坊（Yihe Image）的创始人，他致力于帮助中国报道摄影师走向国际平台。新华社摄影部高级记者费茂华的作品《震撼时刻》（Shocking Moment）获奥运动作类优秀奖。费茂华曾任新华社摄影部体育新闻采编室副主任，现任新华社摄影部新媒体采编室副主任，是第一位既在"荷赛"中获奖、又在POYI中获奖的中国摄影师。④

五、结语：关注生命，关心命运

2021年被称为"NFT元年"（Non-Fungible Token，"非同质化代币"的

---

① 贾国荣，苏碧滢.中新社70年|贾国荣："照相机不退休，摄影人就不退休"[Z/OL].微信公众号"小牛工作室"，2022-02-08.
② 吴晓凌.荷赛的改革实质：更大的世界，更小的摄影[Z/OL].微信公众号"凌晨－不止关于摄影"，2021-10-22
③ Donald W. Reynolds Journalism Institute.Pictures of the Year International 79 The Winners List[EB/OL].(2022-02-28)[2022-05-28].https://www.poy.org/79/winners.html.
④ 赵怡宁.校友专访|奥运精神的体悟与捕捉[Z/OL].微信公众号"中国传媒大学"，2022-02-26.

简称），这种基于区块链技术的数字化凭证改变了数码照片"完美复制"的属性，照片又变得无法复制、无法替代而重获收藏价值。12月24日，新华社免费发放以2021年精选摄影报道为主题的中国首套新闻数字收藏品（11张，每张限量1万份），此后三天，视觉中国通过数字藏品平台"元视觉"首发著名纪实摄影家解海龙的照片《我要上学》（"大眼睛女孩"），售价199元限量的1万份被抢购一空。

持续这份报告九年，伴随着摄影记者与新闻摄影在艰困中走来。今天，新的技术仿佛为影像赋予了新的意义，然而每一个摄影记者都明白，对新闻摄影来说，真正的区块链是现场一个个生命、一张张面孔，以真实的气息预示一个个即将面临的命运。如贾国荣所说："无论科技如何波浪般地进步创新；无论它推动时代如何变迁；也不管过去、现在、将来的影像器材多么眼花缭乱……新闻纪实的目标焦点，始终坚决不变，那就是：关注生命，关心命运。"[①]

（杜江，中山大学新闻传播学院副教授；李依琪、陈子怡，中山大学新闻传播学院2019级新闻学专业本科生。）

[①] 贾国荣，苏碧滢．中新社70年 | 贾国荣："照相机不退休，摄影人就不退休"[Z/OL].微信公众号"小牛工作室"，2022-02-08.

2021年中国视频新闻年度观察

熊　迅　岳美黎

　　《中国互联网发展报告（2021）》显示，截至2020年底，中国网民规模为9.89亿人，互联网普及率达到70.4%，特别是移动互联网用户总数超过16亿；5G网络用户数超过1.6亿，约占全球5G总用户数的89%。随着媒体融合路径的不断进化和迭代，视频新闻的实践和尝试围绕传统新闻实践和网络短视频的媒介形态展开。目前，不同媒体和平台正在加大力量进行视频新闻生产，一是平台媒体通过聚合的方式深耕视频资讯类产品，或者海量自媒体的UGC内容，其中部分涉及新闻事件和周边信息；二是专业媒体和新闻机构不断推出的原创性视频作品，大部分具有新闻属性；三是专业媒体邀请自媒体进驻，在一定规制下进行的准PGC内容生产，短视频将成为未来新闻发布的主要方式。①

　　作为"人类社会中最社会化、最丰富和最贴切的符号系统"②，快速发展的数字视频技术和视觉传播形态为新闻的视觉表达提供新的可能，推动新闻生产的视觉转向。本文考察数字视频新闻生产的视觉化趋势，以视频的制作和传播特征为基本框架，研究2021年度视频新闻生产的内容特征及其形式创新。短视频的概念来源于全球新媒体实践。本文研究对象以短视频新闻为主，其播放时长较短，通常以分、秒为单位，以4分钟至5分钟的视频内容居多。播发平台主要为网络PC端和移动端，内容覆盖多元，具有移动化、碎片化和社交化的特点。③

---

①　李良荣.短视频将成为未来新闻发布的主要方式 [J].青年记者，2018(30):4.
②　王晓培.数字新闻生产的视觉化：技术变迁与文化逻辑 [J].新闻界，2022(02):12-20.
③　殷乐，高慧敏.传统媒体新闻短视频发展现状与传播态势 [J].当代传播，2018(06):45-48,49,50.

由于相关视频新闻数量庞大，且分散于不同平台，并且随时间流变甚广，本研究透过以下多种方式选择视频新闻作为研究对象：一是根据2021年全年微博热门事件，挑选出时事类热度最高的事件，使用舆情监测系统对各事件相关历史微博进行抓取、过滤掉非视频和非新闻类微博，按照点赞和转发量排序确定；二是通过数据爬梳出2021年全年每天数据的高点赞和高转发新闻类视频，与第一种方式进行交叉对比和筛选；三是通过B站视频检索、辅以抖音排名机构前列入驻媒体机构、微博热搜的内容、各大年度视频榜单中的新闻类视频、平台媒体中的新闻类纪录片进行分类梳理，最后进行总体筛选、确定和内容分析。总体来看，2021年中国视频新闻呈现出下文所述之基本特征。

一、题材选择与时代脉动同步

2021年拥有许多国家社会发展的重要节点和重大事件，是中国共产党成立100周年、"十四五"开局之年，也是全面建设社会主义现代化国家新征程的开启之年。新华社在12月23日的特稿中将2021年描述为"迷雾中跋涉，变局中前行"，在这样的时代大背景下，各级新闻媒体恪守客观真实的基本原则，将视频报道题材置于国家命运和人民生活之中，发展成为中央媒体和地方媒体建构国家媒介形象、展现社会整体面貌的主要框架。视频报道题材涉及社会治理、经济发展、科技创新等多个议题，从不同视角和维度共同塑造了一个发展的中国社会形象。[①]发展的过程也充满各种曲折与挑战，媒体通过影像着力呈现党和国家带领人民群众在时代变局中"跋涉""前行"的社会图景，对我国社会主义新闻事业的繁荣发展同样具有重要意义。在爬梳了全年视频新闻之后，几个和时代脉搏同步的选题成为众多新闻报道的主流倾向，同时也是经由互联网受众筛选后传播效果良好的视频选题。

---

① 储静伟. 澎湃新闻怎样做好短视频新闻 [J]. 青年记者，2020(30):12-14.

（一）建党百年的历史进程

新闻类短视频内容大多以重点时事新闻为主，注重传播当下社会关注的重要事件、热点议题，及时将关键信息传播给广大受众，以精简、概括性的语言和画面传递官方看法，凝聚社会共识。①建党百年是2021年中国社会的一项重要议题，7月1日8时，庆祝中国共产党成立100周年大会在北京天安门广场举行。当天，人民日报发布《这段话讲完，天安门广场沸腾了！》，新华社发布《伟大、光荣、正确的中国共产党万岁！伟大、光荣、英雄的中国人民万岁！》，央视新闻发布《谁妄想欺负中国必将碰得头破血流！》，这三条新闻短视频时长都不足两分钟，没有额外的解说和字幕，用现场画面最直观地表达出大会的严肃性和重要性。另外，典型人物也是建党百年系列报道中常见的报道题材，各级新闻媒体对优秀党员代表、抗美援朝老兵、时代楷模、劳动模范等人物的挖掘能够帮助构建中国社会形象，进一步彰显出时代特征。

（二）时政动态与社会治理

对于有中国特色的政治叙事和党群思想建设来说，2021年都是重要且关键的"大年"。全国两会、双减政策、三孩生育政策等重大时事政治事件都成为媒体时政新闻报道的重点，在政治传播中起到不可或缺的作用。在2021年全国两会期间，央视新闻、新华社等中央媒体在B站发布了《总理带来"好消息"！》《全国人大代表：建议再次整顿饭圈文化》等一系列视频，通过多条视频新闻对两会进行了及时、准确、全面的报道，从决策层、人大代表等多个角度呈现传递两会相关信息；地方媒体也密切关注两会主题，浙视频的《全国两会|模拟情景剧　政府工作报告给我们带来哪些福利？》用真人情景剧的形式将两会中的具体政策福利生动、活泼地向观众讲解，这是新闻媒体在两会报道形式、风格上做出的积极创新和有益尝试。

---

① 莫妍坤.抖音平台新闻类短视频发布特点分析 [J].传播与版权，2022(03):60-62.

（三）经济发展与全面小康

全球经济在新冠肺炎疫情的持续冲击下，出现了深度下滑。而中国经济通过各项宏观调控，依旧保持了稳健的增长步调，长期向好的基本面没有改变，在新兴经济体中经济发展领先。"小康、脱贫、消费、贸易"都成为这一年国家经济生活的关键词，也成为媒体报道的关键词。2021年我国已全面建成小康社会，历史性地解决了绝对贫困问题。为达到这一奋斗目标，全国上下进行了力度空前的脱贫攻坚战，各级媒体的视频新闻也聚焦扶贫这一主题，全面展现了脱贫攻坚战中领导干部和人民群众的精神风貌。

（四）航天发展与科技创新

这一年，中国的航天成果再次取得重大突破："天和"核心舱成功发射升空、中国空间站拉开建造大幕、"祝融号"火星车完成火星巡视探测、航天发射次数再创历史新高，这些都标志着我国载人航天和科学应用事业进入一个新阶段。主流媒体积极关注我国航天事业发展，组织进行了一系列多角度报道，运用直播技术向观众全面、实时传递航天动态，用视频呈现航天员的生活状态，记录航天工程设计师的背后故事，同时注重对相关科学技术知识的科普，结合动画制作进行通俗化传播。短视频既能进行重大主题策划，也能进行宏大叙事，主要是以小见大，以短见长。[①]如新华社的B站账号中专门设置航天新闻视频合集"星辰大海"，2021年共发布63条视频，运用4K、8K、IMAX电影机等先进传播技术和拍摄设备对中国的航天大事件进行多角度报道。

（五）绿色发展与生态文明

实现绿色低碳和可持续发展已经成为国际社会普遍共识。10月，我国将碳达峰碳中和纳入生态文明建设整体布局，建设绿色低碳循环发展的经济体

[①] 姜圣瑜.短视频新闻叙事逻辑探究[J].传媒，2021(23):57-59.

系。媒体将高层战略部署传递给民众，也对政策制定的必要性和相关概念知识进行解释、科普。例如，在云南大象北迁事件中，17头生活在云南西双版纳国家级自然保护区的亚洲象自2021年3月起便开始一路北上（有2头于4月24日返回普洱市墨江县内），6月初，野象群抵达昆明城区附近。媒体密切关注这15头野象的动向，对大象为何离家、如何回家进行讨论与科普，引导公众思考人与自然的关系问题。

（六）新冠肺炎疫情下的奥运报道

奥运会既是跨越国界的全球性体育盛会，也是一场形塑共同体的独特文化实践。东京奥运会在短视频平台中的传播，是情感共通和共同体形塑的过程。[①]首次延期举办、没有现场观众，2020年东京奥运会本身便带有了较高的话题性和热度。由于新冠肺炎疫情的特殊情况，东京奥运会线上观看的受众规模庞大，各国媒体机构采用先进的传播、转播技术以满足受众需求。中央广播电视总台搭建由CCTV-1、CCTV-2、CCTV-5、CCTV-5+、4K超高清，央视频、央视网、央视新闻、央视体育等多频道、多终端组成的融媒体矩阵，对东京奥运会进行立体联动报道。东京奥运会期间，总台投入500多名采编人员在前方报道，后方参与人员达2000多人，另有300多人为国际奥委会提供媒体服务。同时，杨倩、苏炳添、全红婵、中国女排等奥运热门选手、团队也成为媒体报道的焦点，从日常生活、家庭经历等各个角度进行人物的深入挖掘。东京奥运会结束后，越来越多的新闻媒体开始加入2022年北京冬奥会的宣传报道队伍当中。

（七）重大公共卫生事件

新冠肺炎病毒及其变种在全球范围持续蔓延，世界人民仍然处于疫情的笼罩之下，新冠肺炎疫情成为影响中国社会乃至国际政治、经济、文化格局的重要因素。新冠肺炎疫情发生以来，各级主流媒体和专业平台纷纷发力短

---

① 白小豆，张丽.东京奥运短视频传播中的共同体构建逻辑[J].青年记者，2022(02):49-51.

视频领域，以战"疫"为主题，多视角开启新闻短视频的生产模式。[①]2021年，抗击疫情仍然是党和政府必须进行的一项重点任务，抗疫也成为新闻媒体长期关注的重要议题。新闻媒体作为重大公共事件之下政府官方与普通群众之间重要的沟通桥梁，需要及时、准确地向群众传递政府疫情防控信息的更新，以及国际国内疫情形势的变化和趋势。在疫情报道中，人民日报、新华社等央级媒体更加注重国家话语、大局意识，而地方媒体和自媒体则更加关注具体的人和事，着重刻画疫情下志愿者、大学生、外卖员等基层百姓生活，以微小的叙事来反映宏大主题。

（八）突发灾难下的应急与救助

7月和11月，河南、山西都遭到特大暴雨的侵袭，这两场洪涝灾害带来了重大的人员伤亡和财产损失，引发全国人民高度关注。面对这场重大灾难性事件，许多记者奔赴一线进行报道，第一时间用视频记录现场情况。新华社、央视等媒体对救援现场、政府防汛新闻发布会进行现场直播，公众可以了解到与灾情有关的最新消息，同时反映相关情况和问题。除了最直接的汛情报道外，媒体也及时回应公众关切，发布了一系列聚焦现实问题的建设性新闻，如人民日报直播各级专家解读河南暴雨成因、央视新闻连线"救命文档"的创建者讲述背后动因、潇湘晨报转发网友对于"河南暴雨，如果你处在经期"的视频建议等。

（九）国际冲突与合作

2021年，国际关系和世界局势在新冠肺炎疫情的影响下更加错综复杂。面对各种风险与挑战，中国坚持多边主义和对话合作。世界经济论坛"达沃斯议程"对话会、二十国集团领导人峰会、格拉斯哥气候变化大会、中美高层战略对话……新闻媒体通过对国际会议、重要对话以及我国外交活动的报道，增进公众对当下国际局势的认知，同时也向公众展示了一个负责任的大

---

① 王南杰.突发公共卫生事件中新闻短视频的视觉动员解析——战"疫"新闻图像研究之三[J].新闻爱好者，2021(12):88-90.

国形象。尽管中国政府积极推动国际合作，但国家间的摩擦和冲突依然存在。9月25日，华为首席财务官孟晚舟女士在被加拿大方面非法拘留1028天之后平安返回祖国，新华社、中央电视台等媒体面向千万网友进行了全程直播，备受关注的孟晚舟"引渡案"正是美国实行单边制裁的结果。3月末的外国品牌"抵制新疆棉"事件也源于西方对中国的恶意揣测和打压，在多家媒体的共同报道下，国内迅速形成舆论，网友强烈谴责并自发抵制相关品牌。

二、视频新闻内容呈现的特征

（一）视频新闻的内容更为聚焦

融媒新闻生产主体的多元格局，使得媒体的话语权发生了转移，主流舆论分散、信息对冲和失焦的现象时有发生。[①]由于时长和传播方式的限制，以及当下受众碎片化的阅读趋势，短视频新闻大多侧重于介绍和描述现象，利用视觉传播的特征进行现场呈现和情感召唤，对事件原因的解释更为集中于个人选择、小群体利益或社会风气文化变化等。如针对引起舆论关注的成人试穿优衣库童装现象，四川观察和红星新闻发布视频以图片加字幕的形式对该现象进行了简要概括，并通过线上或实地采访相关店员核实情况。新京报派记者实探门店并结合多家媒体报道进行综合梳理，介绍了事件背景，从社会心理和流行文化等角度分析这一现象产生的原因。在进行较为深度的问题性报道或突发性报道时，短视频新闻对当中牵扯的错综复杂的人物、事件关系，甚至组织、制度、社会层面的反思和批评则较少涉及。

另外，正能量社会新闻也是更多地方性媒体倾向于选择的短视频新闻素材，正能量视频新闻多关注正能量、高情感和歌颂型话语，如梨视频等平台大多数新闻发布依靠UGC新闻生产模式，以民间话语为主体，用正能量视角讲述老百姓自己的故事，如《监控还原：警校生公交抓贼，动作命令教科书级》《物理硕士街边卖卤味：为选调料做百次试验，不觉得是浪费人

---

① 刘念.结构性重塑：融媒环境下视听新闻生产的关键问题及优化路径[J].中国广播电视学刊，2021(09):40-43.

才》……微观个体的经历更容易引起受众共鸣，一定程度上也增强了受众对社会主义核心价值观的认同感和归属感。不少视频新闻对影响较差的社会事件也集中表述了民间场域下的个体失范或道德缺失，但只是简单呈现了部分社会事实，对深度新闻事实进行浅层表述，体现出影像传播在报道复杂社会现实上的语汇缺失。

（二）通过视听手段凸显情感强度

随着全媒体时代的不断发展和信息传播生态的变化，受众在情感层面的需求提高，视频新闻的内容与情感之间的关系也更为紧密。

一方面，各类媒体的视频新闻制作更倾向于调动平台传播特点和受众心理，采用更具感染力的视觉画面和声音效果，充分调动观众情绪，引发情感共鸣，进而帮助达到理想的传播效果。短视频新闻生产在总体上经历了由事实导向向体验导向的观念转变，从而为未来的新闻设定了新的范式。[①]

2021年南京大屠杀死难者国家公祭日当天，央视新闻发布了一条2分27秒的微博视频《传递真相！幸存者讲述南京大屠杀惨状》，以幸存者的亲身讲述来重现历史场景。视频开头是一段历史音频，尖锐刺耳的防空警报、妇女的喊叫、小孩的哭泣混合交杂。紧接着是纪录片《幸存者说：血色1937》中的访谈片段，几位年迈的幸存者控诉着日军当年暴行，同时配以悲情基调的背景音乐。片段中频繁的面部特写镜头也让观众更直观、强烈地感受到讲述者的痛苦和愤恨情绪。一个音频条始终位于画面的正中，红色的音频符随着警报声、哭泣声、人物讲话声而不断起伏跳动。视频制作者通过在视觉和听觉上对历史资料与素材进行重新编辑和处理，使其呈现出更强的情感张力。

在突发性灾难事件报道中，视频新闻的情感强度更为显著，也有助于借助媒体力量进行社会动员。例如，郑州暴雨事件中，极目新闻的微博视频《埋废墟获救女婴母亲已身亡》报道了一位被埋废墟的母亲不幸遇难的消

---

① 常江，徐帅.短视频新闻：从事实导向到体验导向[J].青年记者，2017(21):20-22.

息，在去世前她将自己的女儿托起并抛到了安全地带，女儿最终得以获救。视频背景音乐选取自凤凰传奇的《海底》，极具穿透力的女声、沉重的旋律与救援工作的现场画面相互映衬，在短时间内对观众的心理和情感造成极大的冲击，虽然时长仅有9秒，却获得6000多万播放量，在扩大社会关注和推动民间援助方面形成一定的积极影响。

另一方面，新闻媒体在选题时更加注重挖掘细节，突出其中展露的细腻情感。在报道重大事件时常从小切口入手，更易接近受众心理。11月5日，央视新闻发布视频《袁隆平的猫还在等他回家》，多次采访过袁隆平的湖南广播电视台记者王尧记录下了袁老的猫"袁花花"的成长。伴随着清脆悠扬的童声歌谣，镜头里的"袁花花"或张望，或踱步，或玩闹，画面中还用字幕为它配上了"每天和爷爷一起经过的小路""奇怪，爷爷呢？"等心理活动。记者从常规的报道思路中另辟蹊径，用生动温馨的画面和语言展现猫的视角，侧面凸显出袁隆平亲切和蔼的人物形象，更能激发出观众对袁隆平的追思和缅怀之情。

（三）机构特征和价值导向更明确

面对互联网时代海量的热点话题和视频信息，不同的新闻机构对素材的主动性和控制性都有所加强，产出的视频作品体现出较为明显的机构特性和价值导向。微博上拥有1.4亿粉丝的人民日报在媒介融合的进程中不断做出探索和突破，以法人微博"人民日报"为主体，辅以海外版、评论版、社会版以及海外版下属微博"侠客岛"等组成了产品矩阵。由于长期承担官方党报的角色，人民日报在功能上具有较强的政治宣传色彩，强调国家话语，多关注全国性议题和重大民生话题，如8月31日对国新办举行新闻发布会进行全程直播，并进行"住建部介绍努力实现全体人民住有所居情况"的微博话题设置；混剪视频《这届全运会的凡尔赛时刻，哪个让你印象深刻》将全运会期间的多个采访视频拼接在一起，呈现积极向上的运动员风貌。从素材来源方面看，人民日报等中央媒体的新闻视频有很多转载自广州日报、扬子晚报、梨视频等地方媒体和自媒体，充分利用信息聚合优势，保证新闻来源充足，同时也有助于其他新闻媒体扩大内容传播范围和影响力。

澎湃新闻等地方媒体则更为追求原创，通过原创视频、独家报道、深度故事，让受众第一时间直击现场。同时，注重用户生产和用户体验，把专业团队和网民力量整合起来发挥作用。在内容呈现上更关注平民视角，以个人化叙事为主。如微博视频《曾赴河南救援大学生兼职更新救援装备》就以一个普通大学生在河南暴雨期间的救援行动为线索，讲述了平实动人的正能量故事。其议题在传播迭代中还会引申出更为丰富的深层讨论，从而使得媒体议程不断产生新的影响。①

（四）讲好中国故事的探索

在当前复杂多变的国际舆论场中，讲好中国故事是向世界展示真实中国的有效途径，也是构建良好国家形象、提升国际话语权的迫切需要，同时也有利于增强民族凝聚力和自豪感，树立民族自信。国内新闻媒体积极探索和创新，用多种方式向世界传播中国声音，自觉承担起引导社会舆论、传播社会主义先进文化的职责和使命。在融媒发展的大趋势下，视频新闻在制作上更强调故事性和电影表现手法的使用。②互动传播模态下的视频新闻本质仍然是新闻，碎片化、单一题材、高强度情绪渲染虽在短时间内容易博取注意力，但并不利于融合新闻的长远发展。③讲好中国故事也意味着在打磨叙事技巧的同时，更需扩大题材范围，丰富内容，重视对新闻内容的挖掘。

新闻媒体着重利用典型人物的影响力，通过讲好时代楷模、行业代表、模范干部等人物的优秀事迹，小中见大，将中国社会的发展进步蕴于微观个体的故事之中，对普通民众而言更具有感染力。华坪女子高中校长张桂梅获得"七一勋章"，她为让山区女孩走出去而做出的努力，对乡村振兴和脱贫攻坚事业有着极大贡献。多家媒体对张桂梅进行了报道，如新华社快看的《你若讲述，就是中国故事：时代楷模张桂梅》、荔枝新闻的《女高

———————————
① 宁海林.基于SICAS模型的短视频新闻传播机理研究[J].现代传播（中国传媒大学学报），2019(02):56-58.
② 孙振虎.视频新闻创作的电影化倾向[J].新闻与写作，2017(02):38-41.
③ 赵然.融合新闻视角下的短视频互动：模式、问题与路径[J].传媒，2021(13):53-55.

毕业生与张桂梅重逢放"狠话"：你教不出清华北大的，我来教》等，这些报道从教育教学、个人成就、学生评价等各个方面塑造出一个有着崇高的理想信念、甘于奉献的乡村教师形象，也反映了脱贫攻坚工作者的精神风貌。

中央电视台的《面对面》人物访谈节目早在2020年就对张桂梅进行了专访，22分钟的视频《张桂梅：大山里的女校》在国内播出后，也在海外视频平台YouTube的CCTV中国中央电视台官方账号上发布。《面对面》是该账号固定更新的栏目之一，其口号是"以更人文的态度关注社会，以更开放的视角关注中国"，已有的294个视频讲述了294个中国人的故事，构建出勤劳智慧、坚韧勇敢的中国人民形象。

2021年"新疆棉"事件引爆舆论，面对西方世界对中国人权事业的恶意歪曲和抹黑，人民日报的YouTube账号也发布了《援藏精神高于天》《出发！去西藏》《新疆反恐纪录片》等涉及新疆西藏议题的视频，通过展现中国在援疆援藏事业上做出的努力，以及其建设发展的真实现状，有力打击了国际谣言，进一步讲好中国自己的人权故事。

三、视频新闻表述形式发展创新

（一）短视频新闻的时长控制

网络视频新闻代表着未来新闻业的发展方向已经是业界的共识。[①]随着短视频形态的流行，各机构媒体纷纷加入短视频赛道，在更短的时间内向用户展示尽可能多的核心信息或高视觉冲击力的画面。在根据微博播放量整理的高点赞新闻视频中，平均视频时长为1分46秒，其中时长在1分钟以下的有114条。澎湃新闻的《郑州地铁5号线一车厢多人被困》仅为用户用手机拍摄的一个10秒现场视频，获得3455万次播放量；新京报的《独家调查！胖哥俩肉蟹煲死蟹当活蟹卖，胖哥俩肉蟹煲大量使用过期食材》时长6分39秒，内容多为

---

① 陈怡.路透研究院发布《网络视频新闻的未来》[J].中国记者，2016(08):128.

记者暗访实体店的非正常拍摄画面，获得4663万次播放量。

（二）专题报道中的新媒体技术运用

总体上看，用户已经基本完成向移动端的迁移，这为智能化媒体的普及提供了技术基础，在新闻报道中使用新的媒体技术，也得到用户的认可和追随。①

处在传播技术和媒介不断发展的大背景下，专题报道朝着更为新媒体化的方向发展。5G、VR、AR等新技术的运用大大提升了报道效率，丰富了节目样态和表达形式。在2021年全国两会报道中，新华社推出全球首个5G沉浸式多地跨屏访谈，可以让北京演播室的记者和身处各地的代表委员"面对面交流"，采访履职故事和提案议案情况。该组访谈在各个平台获得广泛传播，全网综合传播量超过3亿次。总台创造性地将AI融入直播，推出系列节目《C+真探》，上线了以AI面目识别驱动的3D超写实虚拟小编"小C"。依托最新中台技术，小C能拥有更加细微、自然的表情变化，从而一定程度上提高了用户对虚拟主播的接受度和情感共鸣。

社交媒体时代新闻专业性的内涵在技术使用、报道观念、专业知识等多方面出现了更新。同时，新闻专业性的传统要素也体现在围绕 Vlog 的新闻创新中。社交网络的个体化趋势与新闻专业性之间形成合力，有力推动记者 Vlog 成为一种具有显著社会影响力和传播力的创新新闻产品。②

新媒体化的专题报道多以更为短小精练的形式呈现。面对1万多字的政府工作报告，为迎合受众阅读习惯，人民日报、新华社、中央广播电视总台在报道时都将信息进行了可视化处理，对工作报告中的关键信息进行高度提炼。如总台依托大数据、AI等推出的智媒产品"AI看两会"，多视角、全方位梳理党的十八大以来习近平总书记两会下团组讲话的高频词、政府工作报告核心内容和网友关注话题等。

---

① 彭兰.智媒化：未来媒体浪潮——新媒体发展趋势报告 (2016)[J].国际新闻界，2016(11):6-24.
② 梁君健，黄一洋，阳旭东.数字新闻生产创新：一项关于记者 Vlog 的新闻社会学研究 [J].新闻界，2022(02):4-11.

另外，短视频、Vlog也是两会专题报道中的突出特色，以亲切的第一人称视角和平民化叙事迅速获得网民尤其是年轻用户的喜爱，他们通过弹幕与主播进行交流互动，尽情表达自身情感和想法。根据CTR媒体融合研究院统计数据，在今年两会报道中，主流媒体在短视频App（抖音、快手）共计投入账号2200个，发布短视频作品7300条以上，累计获得超3亿次互动。

（三）移动直播的不断探索

新闻直播是传统媒体发展的必然趋势①，基于移动终端的实时视频直播正成为大受欢迎的一种新的媒介呈现手段。在传统媒体全媒体转型和融合的趋势下，不少媒体机构开始布局移动直播领域，满足受众对于信息传播即时性、便利性等方面的需求。移动直播实现了影像的实时传播，实现了在事件发生后将现场信息更快捷、准确地送达受众。媒体的直播内容大多未经剪辑，受记者主观操控的幅度较小，做到了尽可能无损耗地呈现现场情况，其原生态的特性进一步提高了新闻内容的客观真实性。同时，移动直播也具有一定的伴随性，记者与观众虽处在不同空间，但通过屏幕在同时间观看同一件事情，这种陪伴感在其他传播方式中很难实现。记者在直播中使用与传统报道相比更为自然亲切的话语，注重与观众的交流互动，弹幕评论也成了直播中重要的一部分。观看者在这样的直播氛围中产生了更强的参与感和过程感。

目前新闻移动直播主要运用于突发事件、预定要举办的活动以及某些对现场感要求较高的策划类报道上。2021年1月31日，虎年春节联欢晚会在微信视频号开启了独家竖屏直播，更聚焦的构图为观众带来了更沉浸的观感体验，场观高达1.2亿次。2月11日，另一档全国性的电视节目《新闻联播》也在视频号上开启了直播，在三天内场观由60万次增长到130万次。针对庆祝建党百年大会、神舟十二号发射、孟晚舟回国等重大热点事件，新华社、人民日报、央视新闻等大量权威媒体在微博、视频号等平台直播全过程，吸引了

---

① 苏俊斌.理解网络直播——历史趋势、媒介特性及其启示[J].青年记者，2016(34):22-23.

千万用户参与互动。上海广播电视台是在直播领域具有代表性的地方媒体，2021年陆续推出"圆梦空间站"航天系列直播、"建筑可阅读"十二时辰全媒体大直播、《文明探源看东方·何以中国》大型融媒体直播特别节目、《共同守"沪"迎战"烟花"》全媒体直播报道等。

（四）纪录片的表达形式创新

作为能真实反映国家发展现状和时代特色的影像资料，2021年国产纪录片坚守纪实内核，在表达形式上继续创新。在主题叙事方面，部分获奖作品推动新闻表达话语革新，以更加贴近用户的视角和方式去诠释主题，增强体验友好性、提升传播效果。①

中国香港TVB电视台制作的扶贫纪录片《无穷之路》播出之后广受好评。制作组在全中国挑选了十个最具代表性的深度贫困地区案例，从南部热带雨林到云贵高原大峡谷，从大西北戈壁沙漠再到川藏高原，通过主持人陈贝儿的亲历走访，向香港人民展示了中国政府长久以来艰苦卓绝的扶贫工作，以及最终取得的辉煌成果。这部纪录片没有采用传统的宏大叙事视角加上宣传式的解说，而是深入扶贫地区，真实呈现所见所闻；没有将所有工作人员隐于幕后，不论是采访当地村民还是爬悬崖村的钢梯，主持人在镜头前凡事都亲力亲为，这大大拉近了与荧幕前观众的心理距离，也增强了观众的现场体验感。它为讲述中国扶贫故事提供了一个不同于内地媒体的独特视角。

首部人物纪传体、剧情式传奇纪录片《敦煌：生而传奇》于2021年3月在国内首播，由艾美奖跨国团队制作，中外敦煌学者联合解读，冯小刚配音。纪录片选取敦煌历史中五个重要节点，讲述了班超、仓慈、武则天等众多人物的传奇故事，通过对史实的严格考据，将影视化的剧情式内容和真实的历史事件进行融合表达，具有较强的故事性、趣味性和历史真实性。相较于传统历史题材纪录片的表现形式，《敦煌：生而传奇》将解说运用得更为巧妙，马伯庸等中外学者的采访使得纪录片具有更深刻和专业的内容表现；同

---

① 曾祥敏，杨丽萍.媒体融合作品创优路径探析——第三十届中国新闻奖媒体融合奖评析[J].新闻与写作，2020(12):83-88.

时，冯小刚的配音不同于以往历史纪录片严肃正经、字正腔圆的语调，而是更具有生活感和画面感，使观众获得独特的听觉感受。

（五）视频在融媒报道中广泛使用

近年来，网络新闻专题中的融媒报道已成为重大主题报道的重要载体，基本覆盖重大事件，视频在其中得到广泛使用。[①]2021年，各大网站以"奋斗百年路，启航新征程"为主题推出庆祝建党百年大型融媒体专题。在做好规定宣传的同时，各大新闻网站还自选主题、自选角度，策划推出了一大批精品力作，不仅仅在内容策划上下功夫，在页面设计上精心打磨，同时还根据内容叙述插入多个视频，将5G、大数据、虚拟现实、人工智能等先进技术也融入了大型融媒体专题的制作中，从而建立起用户对短视频新闻和新闻机构的认同感。毕竟短视频媒体的品牌化建设和特色化发展，才是短视频新闻跻身主流的终极手段。[②]

看看新闻Knews聚焦"建党百年"重大主题，推出了《理想照耀中国》、《不能忘却的纪念》、"永远跟党走"浦江光影秀等一批具有感染力和舆论引导力的融媒体项目和产品，全网传播总量近8亿次。湖南日报的《两会"蕞"现场》系列短视频报道也得到良好的传播效果，该报记者冒蕴带领受众实时直击两会现场，选题精准、音色亮眼，点击量收获多个"10万+"。天津日报与津云新媒体联合推出融媒体产品《习语近人　春风拂面》，摘录习近平总书记在近年全国两会上的重要讲话，运用微视频、长图、H5等多种形式呈现100条"习语金句"，推动习近平新时代中国特色社会主义思想深入人心。

（熊迅，中山大学新闻传播学院副教授，研究方向为视觉传播、媒介人类学、纪录片研究；岳美黎，中山大学新闻传播学院本科生。）

---

① 宋建武，李蕾，王佳航.媒体深度融合背景下专业内容生产的创新趋向——基于2018—2021年中国新闻奖媒体融合类获奖作品的分析[J].新闻与写作，2021(12):85-91.

② 常江，王晓培.短视频新闻生产：西方模式与本土经验[J].中国出版，2017(16):3-8.

2021年中国公益新闻与公益媒体年度观察

周如南　杨蕙意

　　2021年是中国公益慈善事业发展的政策关键年。在慈善事业顶层设计和政策出台方面，相关利好不断涌现。2021年初，我国脱贫攻坚战宣告已取得了全面胜利，自此转型进入乡村振兴的重要时期。8月，中央财经委员会召开第十次会议，将"共同富裕"和"第三次分配"作为一项重要议题提出。这是继党的十九届四中全会首次明确要求"重视发挥第三次分配作用，发展慈善等社会公益事业"、党的十九届五中全会再次强调"发挥第三次分配作用，发展慈善事业，改善收入和财富分配格局"之后，第三次强调发展公益慈善事业在社会发展中的重要地位。在2021年11月8日至11日在北京召开的中国共产党第十九届中央委员会第六次全体会议审议通过的《中共中央关于党的百年奋斗重大成就和历史经验的决议》中，进一步明确提出实现全体人民共同富裕的第二个百年奋斗目标。

　　对于我国公益慈善事业来说，2021注定是难忘的一年。第一，党的"共同富裕"政策引领和动员号召，促使各地方政府、企业单位和社会组织积极加入建设"共同富裕"的实践行列当中；第二，全国人大《中华人民共和国慈善法》的修订与调研也在此背景下稳步同行，与政策推行相辅相成；第三，互联网传播技术赋能下的公益慈善行动继续发光发热，民政部认定了第三批公益互联网募捐平台，一年一度的"99公益日"推陈出新；第四，2021年下半年突袭河南、山西两地的暴雨洪灾，再次凸显了媒体灾害报道、互联网社交平台在应急救援中的重要作用，也开拓了民间救援互助的公益新思路；第五，面对席卷全球的新冠肺炎疫情，政府部门、公益慈善组织等社会力量依然奋斗在抗疫前线，为外防输入、精准防疫贡献力量。

本文将通过梳理2021年公益慈善领域的热点事件，描绘我国公益慈善事业的创新发展之路，总结公益传播的实践经验，反思当下公益热点事件当中所浮现的问题与挑战，一同展望未来慈善事业发展的新征程。

一、"共同富裕"政策落地与《慈善法》修订调研齐头并进

（一）"共同富裕"政策开始推行，浙江先行示范

在2021年8月召开的中央财经委员会第十次会议上，"构建初次分配、再分配、三次分配协调配套的基础性制度安排"被纳入国家日程。这是继2019年党的十九届四中全会首次提出"重视发挥第三次分配作用，发展慈善等社会公益事业"、2020年党的十九届五中全会再次强调"发挥第三次分配作用，发展慈善事业，改善收入和财富分配格局"之后，第三次强调"第三次分配作用"与"共同富裕"目标。会议上多次强调要将共同富裕摆在更加重要的位置上，采取有力措施保障和改善民生，打赢脱贫攻坚战，全面建成小康社会，为促进共同富裕创造良好条件。会议还揭示了共同富裕的本质，即共同富裕是全体人民的富裕，是人民群众物质生活和精神生活都富裕，不是少数人的富裕，也不是整齐划一的平均主义，要分阶段促进共同富裕，要鼓励勤劳创新致富，坚持在发展中保障和改善民生，为人民提高受教育程度、增强发展能力创造更加普惠公平的条件，畅通向上流动通道，给更多人创造致富机会，形成人人参与的发展环境。[①]

另外，中央财经委第十次会议再次强调了社会分配中的公平正义，也为共同富裕的发展建设指明了具体方向。会议指出，要坚持以人民为中心的发展思想，在高质量发展中促进共同富裕，正确处理效率和公平的关系，构建初次分配、再分配、三次分配协调配套的基础性制度安排，加大税收、社保、转移支付等调节力度并提高精准性，扩大中等收入群体比重，增加低收入群体收入，合理调节高收入，取缔非法收入，形成中间大、两头小的橄榄

[①] 新华社. 习近平主持召开中央财经委员会第十次会议 [EB/OL].(2021-05-08)[2022-03-26].http://www.gov.cn/xinwen/2021-08/17/content_5631780.htm.

型分配结构，促进社会公平正义，促进人的全面发展，使全体人民朝着共同富裕目标扎实迈进。①

在2021年共同富裕政策的推行中，浙江先行成为共同富裕建设示范区。2021年6月10日，《中共中央 国务院关于支持浙江高质量发展 建设共同富裕示范区的意见》发布，提出了支持浙江高质量发展建设共同富裕示范区的总体要求，明确了"2025年浙江省推动高质量发展建设共同富裕示范区取得明显实质性进展""2035年浙江省高质量发展取得更大成就，基本实现共同富裕"的发展目标，以及"提高发展质量效益，夯实共同富裕的物质基础""深化收入分配制度改革，多渠道增加城乡居民收入""缩小城乡区域发展差距，实现公共服务优质共享"与"打造新时代文化高地，丰富人民精神文化生活"等工作细则。②

2021年7月19日，《浙江高质量发展建设共同富裕示范区实施方案（2021—2025年）》发布。方案指出，共同富裕示范区建设工作紧紧围绕高质量发展高品质生活先行区、城乡区域协调发展引领区、收入分配制度改革试验区、文明和谐美丽家园展示区"四大战略定位"，完成2025年、2035年"两阶段发展目标"。该方案详细说明了7项全面细化落实的发展目标，并提出了52项工作细则安排，在服务构建新发展格局、推进收入分配制度改革、健全为民办实事长效机制、推进城乡区域协调发展、推进社会主义先进文化发展、推进生态文明建设、推进社会治理等方面，助力浙江经济高质量发展建设共同富裕示范区。③值得注意的是，在公益慈善方面，该方案提出了全面打造"善行浙江"，实施"崇善行善、扶危济困"公益慈善先行计划，鼓励引导高收入群体参与慈善事业，兴办社会公益实体，落实公益性捐赠税收优惠政策，完善慈善褒奖制度。

---

① 新华社.习近平主持召开中央财经委员会第十次会议 [EB/OL].(2021-05-08)[2022-03-26].http://www.gov.cn/xinwen/2021-08/17/content_5631780.htm.

② 新华社.中共中央 国务院关于支持浙江高质量发展 建设共同富裕示范区的意见 [EB/OL].(2021-06-10)[2022-03-26].http://www.gov.cn/zhengce/2021/06/10/content_5616833.htm.

③ 浙江省自然资源厅.浙江高质量发展建设共同富裕示范区实施方案（2021—2025 年）[EB/OL].(2021-07-19)[2022-03-26].https://www.zj.gov.cn/art/2021/7/19/art_1552628_59122844.html.

（二）《慈善法》修订与调研同步，聚焦完善第三次分配

2021年是《中华人民共和国慈善法》（以下简称《慈善法》）实施的第5年。两会结束后，在全国人大常委会实施《慈善法》执法检查、形成执法检查报告的基础上，全国人大社会建设委员会将《慈善法》修订列入工作计划，并于3月专门召开《慈善法》修订启动专家座谈会，对修订工作提出了具体安排。事实上，《慈善法》的修订在2020年就已经提出，全国人大常委会执法检查组在2020年10月发布的报告中指出，《慈善法》在落实过程中显现了与社会财富量级、第三次分配的地位不相匹配的问题。本次《慈善法》的修订也是首次被列入全国人大常委会当年主要任务。

2021年6月，全国人大社会建设委员会委托民政部、中国社会保障学会、中国慈善联合会、清华大学、北京师范大学五家单位开展起草《草案建议稿》及收集行业意见等工作。9月16日，《慈善法》修订工作阶段性推进会在京举行。全国人大社会建设委员会副主任委员宫蒲光，全国人大常委会委员、社会建设委员会委员郑功成及相关专家学者出席会议。全国人大社会建设委员会、民政部、清华大学、北京师范大学、中国慈善联合会等单位的专家学者参加讨论，共同研讨关于《慈善法》修订工作的意见及建议。

在会议上，全国人大常委会委员、社会建设委员会委员郑功成表示，这次《慈善法》修法工作的目的是促进慈善事业健康持续发展。基于这一目标，应当突出解决一些影响事业发展的问题。一是通过修法工作改善政府和慈善界的关系。包括构建有机联动的监管协调机制并将有效监管与有效支持服务有机结合，同时充分激发慈善组织的内生动力，在政慈之间的良性互动中力推慈善事业大发展。二是要弥补相关规制的缺失。包括明确慈善应急机制、规范网络慈善与社区慈善、增加枢纽型慈善组织等内容。这种规制应当均是为了促进慈善事业获得更大、更好的发展。三是高度重视慈善组织的认定、登记、备案工作。针对当前慈善组织对取得认定的积极性不高、新增慈善组织登记难等问题，应当坚持《慈善法》的立法宗旨与意图，畅通慈善组织登记注册通道，对于立足社区的小微型慈善组织采取更加便捷的备案制。

四是进一步落实政策支持措施，如参照企业捐赠做法允许个人捐赠减免税收额度并予以连续计算，明确慈善组织的财产分类及保障制度等。郑功成认为，此次修法遇到了中央强调发挥"三次分配"作用、扎实推动"共同富裕"的好契机。当然有些问题还需要进行深入研究。如果能够通过这次修法改进政慈关系、弥补相关规制缺漏及进一步明确促进政策支持措施，将是一个巨大的进步，进而促使慈善事业融入共同富裕的现代化进程并发挥有益且重要的作用。[①]

全国人大社会建设委员会副主任委员宫蒲光在总结发言中针对下一阶段工作提出三点意见。一是要充分认识慈善事业所面临的大好形势，积极促进依法治善。党和国家对慈善事业的高度重视，以及在国家治理体系中对慈善事业的精准定位，夯实了慈善事业的政治地位和社会地位，成为推动慈善事业发展的强劲东风。二是要更加深入地研讨法律修订中的重点问题，广泛凝聚智慧和共识。他强调指出，要进一步明确本次修法的指导思想、准确定位修法的幅度和力度、妥善处理政府和慈善组织的关系、健全发展慈善事业的领导体制和工作机制、高度关注网络慈善的管理问题、进一步健全慈善应急机制以及进一步优化慈善行业管理。三是要扎实高效开展工作，又好又快地推动修法进程。[②]宫蒲光指出，要做好下一阶段《慈善法》修法工作，提高立法质量和效率，除前面所讲需要研究的重点问题之外，还有三个方面的关系需要重视。一是要处理好修订《慈善法》与现行法律有关规定间的衔接，保证法律修订后的系统性和逻辑性；二是要完善法律责任章节，增强法律的可操作性；三是要处理好与其他相关法律法规的衔接问题。

另外，2021年10月召开的全国人民代表大会社会建设委员会关于第十三届全国人民代表大会第四次会议，将修改《慈善法》列入十三届全国人大常委会强化公共卫生法治保障立法修法工作计划。同时，社会委成立修法工作领导小组，启动修法工作，正积极开展立法调研，推动修法进程，适时提请

---

① 慈善公益报.以良法促善治　以共识助发展——"《慈善法》修法工作阶段性推进会"在京举行 [EB/OL].(2021-09-18)[2022-03-26].https://www.csgyb.com.cn/news/redian/20210918/30855.html.
② 慈善公益报.以良法促善治　以共识助发展——"《慈善法》修法工作阶段性推进会"在京举行 [EB/OL].(2021-09-18)[2022-03-26].https://www.csgyb.com.cn/news/redian/20210918/30855.html.

常委会审议。值得注意的是，2022年《全国人民代表大会常务委员会工作报告》将修改《慈善法》列入预安排审议40件法律案之一，说明《慈善法》的相关修订稿将进入审议流程。如果审议通过，则意味着修改完成。

二、民政部公布第三批公益互联网募捐平台，10家平台入选

2021年，根据《慈善法》《公开募捐平台服务管理办法》有关规定，民政部按照"自愿申请、公开透明，依法依规、优中选优"原则，组织开展了第三批慈善组织互联网募捐信息平台遴选工作，并于11月15日最终发布《民政部关于指定第三批慈善组织互联网募捐信息平台的公告》。公告中公布了10家入选平台，包括：字节跳动公益（北京字节跳动科技有限公司）、小米公益（小米科技有限责任公司）、亲青公益（中国青少年发展基金会）、哔哩哔哩公益（上海宽娱数码科技有限公司）、平安公益（深圳市平安公益基金会）、360公益（北京奇保信安科技有限公司）、中国移动公益（中移在线服务有限公司）、芒果公益（湖南快乐阳光互动娱乐传媒有限公司）、慈链公益（佛山市顺德区慈善组织联合会）、携程公益（上海携程商务有限公司）[①]。

"互联网+公益"的平台运营规范近几年取得了不小的进步。2016年，在《慈善法》正式实施前夕，民政部公布了首批指定慈善组织互联网募捐信息平台，包括腾讯公益、淘宝公益、蚂蚁金服公益平台、新浪微公益、轻松筹等13家平台。2017年，民政部就慈善组织互联网公开募捐信息平台曾发布两项行业标准。标准明确提出，在平台上进行募捐的主体应是获得公开募捐资格的慈善组织，其他组织、个人包括平台本身没有公开募捐资格。平台应明确告知用户及社会公众，个人求助、网络互助不属于慈善募捐，真实性由信息提供方负责。平台不应为不具有公开募捐资格的组织、个人提供公开募捐信息发布服务。紧接着，第二批慈善组织互联网募捐信息平台于2018年公

---

① 民政部.民政部关于指定第三批慈善组织互联网募捐信息平台的公告 [EB/OL].(2021-11-15)[2022-03-26].http://www.mca.gov.cn/article/xw/tzgg/202111/20211100037942.shtml.

布，包括美团公益、滴滴公益、水滴公益等9家平台。时隔3年，第三批慈善组织互联网募捐信息平台的公布，标志着民政部共指定慈善组织互联网募捐信息平台已达32家，"互联网+公益"的平台规模进一步扩大。

根据我国《慈善法》及相关法律法规，只有民政部指定平台才具有公开募捐资格。《慈善法》在修订时曾重点讨论网络求助真实性和性质界定的问题，最终认定个人为解决自己或家庭困难发布求助信息不属于慈善募捐，真实性由个人负责，不属于慈善法调整范围。根据规定，只有具有公开募捐资格的慈善组织才有资格发起互联网募捐。民政部要求，指定平台应当严格按照《慈善法》的规定，认真执行《慈善组织公开募捐管理办法》《公开募捐平台服务管理办法》及相关互联网管理制度，遵照《慈善组织互联网公开募捐信息平台基本技术规范》和《慈善组织互联网公开募捐信息平台基本管理规范》，切实做好技术升级改造，在显著位置做出相应公开承诺，为取得公开募捐资格的慈善组织提供公平、公正的信息服务，严格区分慈善募捐信息发布和其他信息服务，自觉接受后续动态管理、行业自律管理和社会监督，保障和维护互联网慈善募捐工作健康有序发展。本次新增的10家公益互联网募捐平台再次拓宽了"互联网+公益"的实践田野，为新时代公益慈善建设注入新的活力。

三、"99公益日"全面升级，头部企业共同聚焦共同富裕

2021年9月1日"99公益日"正式启动，这也是"99公益日"的第七次亮相。据统计，第七届"99公益日"筹款再破历史纪录，超6870万人次共捐赠35.69亿元善款。加上腾讯公益慈善基金会的6亿元资金支持，总共募得善款41.69亿元，相较上年的27.2亿元再创新高。[①]这些善款将帮助到灾后重建、乡村振兴、弱势人群等促进共同富裕、共享美好生活的项目，项目重点覆盖涉及中西部、山区农村等多个欠发达地区。其中"我要上大学""希望小屋

①　人民网.聚焦共同富裕　2021年"99公益日"启动[EB/OL].(2021-09-03)[2022-03-26].http://gongyi.people.com.cn/n1/2021/0903/c151132-32216874.html.

关爱计划""壹基金儿童服务站""助医爱心小家"和"新悦读成长计划"成为共同富裕主题日最受网友喜欢的项目,引发了用户最多的共鸣和参与热情。

本次"99公益日"与往年相比稍有不同,在项目主题、项目排期、资金与技术支持、互动玩法等多个方面进行了全面的优化升级。在项目主题方面,本次"99公益日"主打共同富裕,在配捐机制、产品体系、企业联动、公益基础建设等四个方面进行了全面升级。在项目排期方面,公益日将从往年的三天增加至十天(9月1日开始到9月10日结束),并细分为主题日(1日至6日)、行动日(7日至9日)和感恩日(10日)。其中,9月5日作为"99公益日"新增的"共同富裕"主题配捐日,正是腾讯500亿元"共同富裕专项计划"的首批落地活动之一。同时,腾讯公益慈善基金会在本次公益日中投入了50亿元,用于"99公益日"及后续的激励金支持、公益数字化建设以及一线公益帮扶,旨在为中国公益事业的可持续健康发展提供助力,为"第三次分配"提供有力的公益技术平台和数字能力服务保障。在启动仪式上,腾讯集团副总裁程武还宣布设立了"5年5亿"的专项公益传播激励基金,鼓励各界媒体以及自媒体参与公益传播与实践,关注公益事业进展,监督公益项目执行。

其中,"99公益日"项目支持资金也从4亿元增加至10亿元,并更加注重对公益项目长期运营的扶助。在10亿元项目支持资金中,约六成将用于支持"99公益日"期间的项目募款,另外约四成将在公益日之后,用于对管理良好的项目进行资金和技术支持,提高这些项目的长期运行能力。另外,腾讯公益慈善基金会表示,在"99公益日"及后续投入的基础上,还将投入40亿元进行公益数字化投入和一线公益帮扶,让"99公益日"的善意扶持扩展至全年。同时,其中的30亿元,与各级政府、慈善组织一起,为低收入群体和欠发达地区提供医疗、教育等领域的全面扶持。除了直接资金援助外,腾讯公益还将提供平台支持,帮助这些项目连接更多的社会资源。

本次"99公益日"除资金支持外,腾讯还开放自身的产品与技术能力,为公益组织提供"数字化工具箱",提升项目运营、善款管理、透明披露、公众动员、社会创新等核心能力。腾讯公益随即推出了数字化项目评估模型，从健康度、透明度和自驱力三个大方向对平台公益项目进行评估。比如，一个项目的用户复捐率越高、项目和财务等信息披露越及时、质量越高，在评估模型中获得的系数就越高，将会获得更多的平台资源和配捐，模型的计算过程将会系统性、动态化地进行。

在玩法互动方面，本次"99公益日"设计了"小红花公益账户"，无论是公益捐赠、运动捐步或参与公益答题，都可以获得小红花。通过积累的小红花不但可获得更多配捐，未来还能兑换公益奖励。同时，腾讯还开放了成熟的产品与资源能力，联合智慧零售、腾讯游戏人生等平台，与百余家零售企业推出"爱心券"，捐款即可获得。该项目让"99公益日"全面覆盖餐饮、零售、酒旅、出行等多个行业，激发全民参与。

事实上，"99公益日"只是国内领头互联网企业在公益慈善事业建设中的一个小小的切口。除了"99公益日"聚焦"共同富裕"外，腾讯公司还为发展公益慈善事业做出了战略调整。2021年4月，腾讯公司进行战略升级，以"扎根消费互联网，拥抱产业互联网，推动可持续社会价值创新"作为公司的大战略。同时调整公司架构，成立了全新的可持续社会价值事业部（Sustainable Social Value Organization，SSV）。据悉，为了此次升级，腾讯拿出了500亿元作为首期战略资金，投入可持续社会价值创新，对包括基础科学、教育创新、乡村振兴、碳中和、FEW（食物、能源与水）、公众应急、养老科技和公益数字化等领域展开探索。8月，腾讯宣布再次投入500亿元启动"共同富裕专项计划"，深入结合自身的数字和科技能力，在乡村振兴、低收入人群增收等民生领域提供持续助力。

与此同时，同样作为互联网领头企业的阿里巴巴在公益慈善事业方面也做出了重大的决策。2021年9月3日，阿里巴巴集团控股有限公司宣布将投入1000亿元人民币落实十项具体行动，助力推动共同富裕。同时，阿里巴巴集团成立了"阿里巴巴助力共同富裕工作小组"常设机构，负责2025年前落实相关工作。小组将由集团董事会主席兼首席执行官张勇担任组长。此次关于共同富裕建设发展的重要行动围绕五大方向展开：科技创新、经济发展、高质量就业、弱势社群关爱和设立共同富裕发展基金。其中，阿里巴巴助力共同富裕的十项行动包括：加大科技投入，扶持欠发达地区数字化建设；扶持中小微企业成长；助推农业产业化建设；支持中小企业出海；助力高质量就业；帮助提高灵活用工群体的福利保障；促进城乡数字生活均等化；缩小数字鸿沟，加强弱势人群服务与保障；支持基层医疗能力提升；成立200亿元人民币共同富裕发展基金，助推浙江共同富裕示范区建设。①

可见，随着"共同富裕"政策的提出，在党的政策指引和动员号召之下，各企业组织纷纷响应，主动承担企业责任。尤其是互联网领头企业的加入为公益慈善事业带来积极效应：一方面，其先进的企业慈善发展战略和丰沃的资金投入起到了先行示范作用；另一方面，其信息技术优势的加权为公益慈善行动提供了更广阔的发展平台和更优越的创新方向。

四、洪涝灾害面前：同舟共济，守望相助

（一）河南水灾：互联网公益救援行动中的"内卷"与乱象

2021年7月20日至21日，一场强降雨突袭河南，河南全省300.4万人受灾，紧急避险转移37.6万人，紧急转移安置25.6万人，农作物受灾面积超21.5万公顷，直接经济损失12.2亿元。这场特大洪涝灾害引发社会各界广泛关注，媒体不断播报相关受灾救援情况，个人、政府企业、社会组织等纷纷出动，发起筹款和救援行动。受灾后不到一周的时间，河南省慈善总会公布的数据显示，捐赠资金超1000万元的爱心企业、爱心组织达到97家，其中5000万元以上的有12家。

一方有难，八方支援。在这场全民出动的救援救灾过程中，互联网线上公益筹款平台发挥了重要的作用。据方德瑞信数据统计，截至2021年8月10日，河南水灾互联网筹款上线项目累计384个，筹款总金额超15亿元，捐赠达31445600人次。在互联网和媒体的持续曝光下，2021年公募组织上线的筹款

---

① 阿里巴巴集团.阿里巴巴集团投入 1000 亿元人民币助力共同富裕 [EB/OL].(2021-09-03)
[2022-03-26].https://www.alibabagroup.com/cn/news/article?news=p210903.

项目是2020年的近3倍，筹款总额是2020年（含线下）的48倍，捐赠人数是2020年的10.5倍。[①]

"互联网+公益"的平台项目运营模式在河南水灾期间显现出了足够的优势，当然，引发这场捐款救援热潮的还有植根于互联网生态的社交媒体。2021年7月21日，河南郑州等地正处于暴雨危机的时候，有关"捐款"的话题20多次登上了微博热搜。国货品牌鸿星尔克官方微博宣布捐赠5000万元物资驰援河南，引发了全网的热烈讨论，也掀起了不少企业和网友的捐款热潮。与此同时，"#河南暴雨互助#"等微博话题也登上热搜广场。微博作为一个开放的线上社交软件成了民间个人和社会组织寻求帮助、提供救助通道的交流平台。

除了微博平台，微信群组也为河南水灾打开了一条新的救援互助通道。河南郑州暴雨期间，一份《待救援人员信息》的共享文档在各社交平台和微信群里被疯狂转发。在郑州城区断水、断电、断网，不少市民受困于大雨和城市洪涝之际，这项由个人发起的救援行动成了一则"救命文档"。这份文档的发起人是一名河南籍的上海研究生，她召集同学同事一同组建了志愿者微信群。志愿者们通过这份共享文档，一边搜集待救人员信息，一边对接民间救援队和庇护所。短短几个小时，原本只有32人的志愿者微信群扩展到了4个200~400人的微信群；一天之内，该文档就搜集了超过1200条求助信息，不少受困民众通过文档成功对接了救援人员，最终得到救助。[②]

然而，在互联网公益平台和社交媒体提供救援互助渠道的同时，也引起了不少乱象风波。当网友们热议各企业单位和公众人物捐款捐物时，也在不断比较各款项物资的价值金额。部分网友所关注的重点从灾情救援本身转移到了捐款金额的比较。当鸿星尔克宣布捐助5000万元物资之后，一批网友开始攻陷其他品牌的销售直播间，质疑其品牌价值文化，甚至上升到对直播间主播的人身攻击。此时，灾情捐款陷入了"内卷"，也陷入了"攀比"的

---

① 方德瑞信.2021年河南洪灾互联网筹款数据跟踪与分析 [Z/OL]. 微信公众号"方德瑞信CAFP"，2021-08-23.

② 邢晓楠.河南籍大学生创建"救命文档"，24小时访问破250万 [EB/OL].(2021-07-22)[2022-03-26].https://www.guancha.cn/politics/2021_07_22_599716_s.shtml.

迷思。

当然，在河南水灾期间，除了线上的筹款救援行动外，也有不少社会民间组织和个人选择奔赴前线参与灾情救援。其中，一些文艺工作者也选择赶往前线，这引发了对公益"作秀"的争议与质疑。水灾期间，由韩红带领的韩红爱心慈善基金会带着50多位明星捐赠的3000万元善款去到灾区，救援被困人员，发放救援物资。随后，其他明星团队和各种网红也来到灾区支援。其中，有人作秀摆拍，导致堵塞交通，帮了倒忙。于是不少媒体开始呼吁网红和明星应为救援让开道路。此时，短视频直播平台在河南水灾期间也陷入了"蹭流量""博眼球"的泥沼当中。

（二）山西水灾：灾情与河南相当，为何救援筹款相去甚远？

2021年10月，山西多地发生暴雨洪涝灾害，全省175.71万人受灾，被紧急转移安置12.01万人，农作物受灾面积357.69万亩，倒塌房屋1.95万间，严重损坏1.82万间，直接经济损失超50亿元。然而，这场与河南水灾相隔不到三个月、灾情严重程度相当的山西水灾却没有得到同等的关注。山西水灾期间，甚至有报道称暴雨连下60小时却"无人问晋"，在社会关注、捐赠积极性、救援参与度等方面与全国驰援河南水灾形成鲜明对比，引起公益慈善行业和关注公益慈善人士讨论和反思。

2021年10月5日，山西已出现多处决堤，上万人连夜转移，但直到10月9日左右，山西洪灾才开始被讨论。"十一"期间，仅有壹基金一家公益机构在腾讯公益平台上线筹款。10月5日后，互联网募捐信息平台持续开设筹款专页，公益组织开展募款活动。10月10日，在腾讯公益平台上筹款的机构增至25家。10月12—18日，平台上出现了捐赠高峰。但与河南洪灾"高、快"的增长率相比，晋陕洪灾筹款表现呈现疲态。据方德瑞信团队统计，截至10月26日，在13家互联网募捐信息平台中，累计上线145个山西水灾募捐项目，累计筹款总额超6200万元，捐赠达到500余万人次。平台上灾害慈善捐赠热度持续时间维持在一周左右，随着水灾热度下降，筹款总额和捐赠人次指标的增速明显减缓。在本次山西水灾筹款中，互联网平台共上线了145个项目，近半数项目筹款完成率在10%以下，仅有14.5%的项目已完成筹款目标。[①]

与河南水灾的高关注度不同，本次山西水灾未受到媒体、公众的广泛关注，互联网公众筹款呈现疲态。河南洪灾上线的筹款项目数量是晋陕洪灾的近3倍，筹款总额是晋陕洪灾的24倍，捐款人次是晋陕洪灾的6倍。晋陕洪灾仅有14.5%的项目达成了筹款目标，出现了较大的灾情响应与灾后恢复重建的资金缺口。

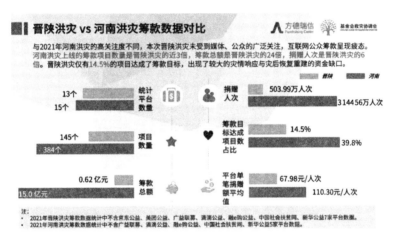

图1 两次水灾筹款数据对比

资料来源："方德瑞信CAFP"微信公众号，《2021年晋陕洪灾互联网筹款数据跟踪与分析》，2021年11月5日。

2021年河南与山西两次洪涝灾害的受灾情况严重程度相当，山西水灾的受灾人数和直接经济损失甚至超过河南水灾。然而，在两次水灾的公益项目筹款中，河南的筹款项目与金额却远远高于山西水灾。可见，自然灾害中地区的受灾程度与公益项目的推进、筹款效果之间存在矛盾。与此同时，媒体曝光度与解困式报道的推行为此现象提供了一个解释的可能：自然灾害中的公益项目筹款数量或与媒体曝光度相关。我们通过收集中国慈善家杂志、南方都市报、广州日报、公益时报、中国青年报等29家媒体关于河南、山西两

① 方德瑞信.2021年晋陕洪灾互联网筹款数据跟踪与分析 [Z/OL].微信公众号"方德瑞信CAFP"，2021-11-05.

地水灾的报道进行对比分析，进一步验证了这种猜想。

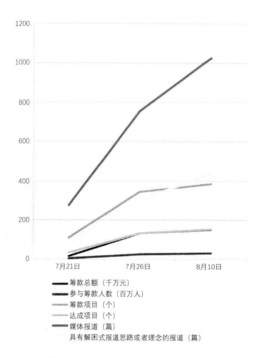

图2 河南水灾公益项目筹款与媒体报道变化趋势

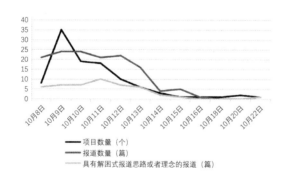

图3 山西水灾筹款上线项目与报道变化趋势

首先，河南水灾与山西水灾媒体曝光度差异较大，媒体关于河南水灾的报道数量远远超过关于山西水灾的报道数量。相应地，其中带有解困式报道思路的相关报道数量也比较悬殊。另外，鉴于河南水灾的公益筹款金额与项目远高于山西水灾的公益筹款金额与项目，以及随着时间的推进，公益筹款项目的变化趋势与报道变化趋势大体相符，两次水灾公益筹款情况悬殊在一定程度上与两次水灾的媒体曝光度有关。

近年来，频发的灾难事件具有突发性、危害性、复杂性和不确定性等特征，在灾难发生时和发生后的救灾过程的信息传播中，媒体发挥着愈来愈重要的作用，媒体的信息传播能力和舆情引导能力可以在一定程度上影响到灾难事件的舆情影响力，甚至影响救灾工作的顺利进行。

五、疫情防控从未松懈，社会互助协力前行

2021年全球新冠肺炎疫情形势依然严峻，随着德尔塔和奥密克戎变异株的流行，全球疫情大幅反弹，我国外防输入压力持续上升，全国也出现了多点散发疫情，最严重的疫情一度波及20余个省份。新冠肺炎疫情蔓延的近两年，政府相关部门不断总结疫情防控经验，调整防疫政策。为了切实贯彻落实疫情防控要求，各地民政系统及社会组织积极采取行动，社会组织的力量也在持续输出。

在疫情防控政策方面，民政部出台了一系列政策通知，动员社区社工、志愿者团体等社会组织做好疫情防控工作。2021年初，民政部部管社会组织综合党委印发《关于进一步做好春节期间疫情防控工作的通知》，得到了民政部部管社会组织积极响应。中国慈善联合会率先向其他兄弟社会组织发出了《关于做好春节期间疫情防控工作的倡议》，呼吁部管社会组织积极发挥示范引领作用，积极发挥慈善组织、社区社工、志愿者作用，各展所长、形成合力，科学有序参与疫情防控。2021年7月，民政部进一步部署加强民政系统新冠肺炎疫情防控工作，持续动员专业社会组织、社会工作机构、志愿服务组织积极参与心理疏导、健康关爱和资源链接、困难纾解等服务工作，引导志愿服务组织和志愿者在地方党委和政府的统筹部署下，依法有序参与疫情防控相关工作。

与此同时，民政部对新冠肺炎疫情的防疫安排得到了各地民政部门和社会组织的积极响应。2021年5月，广东省广州市社会组织管理局发布通知，要求全市社会组织全力配合做好新冠肺炎疫情分级分类防控工作。2021年9月，重庆市民政局印发《社会组织参与新冠肺炎疫情防控工作指南》，结合当前疫情防控新形势、新要求，引导全市社会组织进一步压实疫情防控责任，落实防控措施。2021年11月，四川省民政厅印发《关于发挥"五社联动"作用进一步筑牢疫情应对社区防线的通知》，要求充分发挥社区、社会组织、社会工作者、社区志愿者、社会慈善资源"五社联动"作用，守好筑牢应对新冠肺炎疫情的社区防线。

一系列政策倡议的推行，凝聚起了社会组织的力量，也动员了个人和企业单位积极投身防疫公益事业。2021年，每当一地出现疫情，各地的社会慈善力量就会迅速集结，开展疫情防控志愿服务，踊跃捐钱捐物，驰援疫区。2021年5月，广东省发生新冠肺炎疫情，不到一周时间，广东全省各地就先行上岗疫情防控志愿者超6万人次，其中"i志愿"系统登记录用志愿者21503人。广州市荔湾区和越秀区启动应急预案，迅速成立综合统筹组、志愿者管理组、关爱医护人员组、宣传对接组等专项组，明确分工，专人专岗，召集志愿者奔赴检测点，积极投入疫苗接种、核酸检测、防疫引导、物资供应等志愿工作中，为群众提供便捷暖心的服务，为医护人员和社区工作者分担压力。

2021年12月，陕西西安发生疫情，陕西省慈善协会直属爱心大姐服务队、先锋志愿服务队、丁水彬孝老爱亲志愿者服务队等200多支慈善志愿团队的万名"红马甲"，活跃在疫情防控的第一线，参与核酸检测现场的维护与管理服务工作，为抗疫一线医护人员提供通勤保障服务。与此同时，陕西还多方联系，整合社会资源，多渠道募集抗疫款物，发挥网络慈善优势，组织线上募捐。据悉，陕西省慈善协会从2021年12月19日开始，陆续在腾讯公益、支付宝公益、微公益、公益宝等平台上线了6个抗疫项目。截至2021年12月31日17时，六个网络平台众筹343.6万元，共有12.65万人次爱心捐赠。其间，河北慈善联合基金会第一时间启动响应，发起"齐心协力，援陕抗疫"

项目，于2021年12月25日起陆续在腾讯公益、支付宝公益、微公益等公开募捐平台上线驰援陕西的筹款项目。截至2021年12月31日14时，共募集善款105538.45元。①

除了社会志愿组织投身疫区外，互联网企业的慈善力量也利用其科技创新优势一同参与到防疫行动当中。2021年5月，联合国经济与社会事务部发布了《COVID-19疫情下的伙伴行动报告》，腾讯公益慈善基金会在战"疫"中的行动案例入选报告。新冠肺炎疫情期间，腾讯公益慈善基金会设立了15亿元人民币战疫基金以及1亿美元的全球战疫基金。在其腾讯公益线上平台，专门设立"战疫筹款专题"，支持100多个慈善组织开展了160多个筹款项目，筹集到超过6亿元人民币的捐款。②同时，腾讯公司也在运用其技术和创新能力助力医疗医药行业抗击疫情。比如，腾讯公司免费开放云超算能力，助力新冠病毒药物研发；与钟南山团队成立大数据及人工智能联合实验室，在流行病筛查、人工智能医学影像、流行病疫情预测预警等领域展开合作。

六、结语

2021年是公益慈善事业继往开来、守望相助的一年。这一年，我国脱贫攻坚取得全面胜利，正式迈向完善第三次分配制度、发展建设共同富裕的下一阶段。国家和社会的前进步伐不断推进着公益慈善事业向前发展，无论是公益慈善法规和政策的推行修订，还是企业在慈善领域中体现的责任与担当，都激发了我国公益慈善事业的新一轮活力。这一年，各大媒体、互联网等公共传播平台与各地公益慈善组织一同砥砺前行在防洪抗疫的前线，依靠媒体曝光、线上公益筹款和社交媒体平台的技术支持，灾害救援和慈善筹款取得了卓越的成效，进一步启发了当下应急救灾线上救援、信息共享的新思路。诚然，在媒体与互联网的参与中，仍然潜伏着媒体关注度存在偏差、自

---

① 张迎迎.2021年度中国慈善公益观察·社会组织抗疫|社会组织同心抗疫这一年[EB/OL].(2022-01-04)[2022-03-26].https://www.csgyb.com.cn/news/shehui/20220104/32052.html.

② 光明网.《COVID-19疫情下的伙伴行动报告》发布　高度重视技术创新手段[EB/OL].(2021-05-08)[2022-03-26].https://tech.chinadaily.com.cn/a/202105/08/WS6095f212a3101e7c974e05e.html.

媒体利用灾害事件蹭流量等问题尚待解决。

公益之路漫漫，任重道远。回望2021，我们依然在不断前行。向前看2022，面对变幻莫测的新冠肺炎疫情，面对共同富裕的伟大目标，公益慈善事业还将迎接更多未知的挑战。不过，新政策的指导、新平台的建设、新技术的赋权也给我们带来数不尽的机遇和奇迹。期待来年，公益之路上的脚步将更加行稳致远，进而有为。

（周如南，中山大学新闻传播学院副教授，中山大学广州大数据与公共传播基地副主任；杨蓁意，中山大学新闻传播学院大数据传播专业硕士。）

第四辑

中国新闻业年度观察报告（2022）

年度调查

2021年电视新闻节目收视回顾

王　昀

2021年3月，十三届全国人大四次会议表决通过《全国人民代表大会关于完善香港特别行政区选举制度的决定》，这是继制定实施香港国安法后，中央依法治港的又一重大举措；4月，空间站"天和"核心舱进入预定轨道，中国空间站建造进入全面实施阶段，6月和10月，两批次中国航天员入驻，开启中国航天的"空间站时代"；7月1日，庆祝中国共产党成立100周年大会在北京天安门广场隆重举行，各界代表7万余人以盛大仪式欢庆中国共产党百年华诞，习近平总书记发表重要讲话；7—8月，东京奥运会举办，中国体育代表团共获得38金、32银、18铜，完美收官；11—12月，国家主席习近平先后同美国总统拜登和俄罗斯总统普京举行视频会晤。这些重大事件无疑都成为2021年度的新闻热点。本文根据CSM媒介研究2021年在全国102个城市的收视调查数据，对新闻节目的收视状况进行分析和梳理，与业界共享。

一、新闻节目整体收播状况

1.新闻节目收视比重和资源利用效率均较疫情之前有所提升

近十年来，新闻节目的播出比重始终稳定在10%~11%，收视比重在2020年新冠肺炎疫情发生之前也稳定在13%~14%。在特殊的2020年，新闻节目的收视比重蹿升至16.8%，资源利用效率高达68%。而在疫情常态化的2021年，播出比重仍稳定在10.4%，收视比重虽较2020年回落至14.5%，却较疫情前的2019年有1.2个百分点的增长，资源利用效率也由2019年的26.7%提升到39.0%，涨幅达46%，足见人们在这一年对新闻节目的关注度仍维持在较高水

平（见图1）。

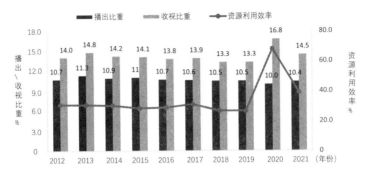

图1　2012—2021年新闻节目收播比重及资源利用效率（历年所有调查城市）

资料来源：CSM媒介研究。

2.各地新闻节目人均收视总时长水平差异较大

在不同城市，人们对于不同类型节目的收视喜好往往存在一定差异。观察35个中心城市（包括直辖市、省会、计划单列市）2021年17—24时时段的新闻节目收视，我们发现，广州、成都、昆明、哈尔滨和上海全年的新闻节目人均收视总时长均在70小时以上，高出其他城市较多。尽管较2020年各地的人均新闻收视总时长均有所下滑，但程度不同。其中，南昌地区降幅最大，达45.1%，拉萨、沈阳、银川、天津、贵阳、南宁和西宁的降幅也在30%以上；而济南和深圳两地的降幅仅为5.1%和9.3%，厦门、郑州、福州、上海、合肥、海口和重庆的降幅均不到20%（见图2）。

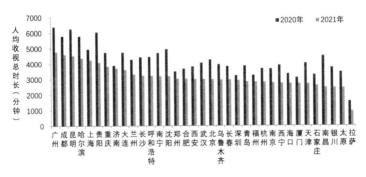

图2　2020—2021年晚间新闻节目的人均收视总时长（17—24时，35个城市）

资料来源：CSM媒介研究。

3.新闻节目全天收视走势趋同，多个时段同比上一年小幅下降

2021年新闻节目在全天各时段的人均收视时长分布与前两年整体趋势保持一致。相比2020年，全天在多个时段有小幅收视下降，主要表现在12时、18时和19时前后；而相比新冠肺炎疫情前的2019年，全天各时段收视水平十分接近，在19时的全天人均收视时长峰值还由2.8分钟增长到了3.2分钟（见图3）。

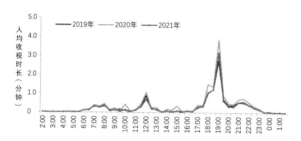

图3　2019—2021年新闻节目全天各时段人均收视时长（历年所有调查城市）
资料来源：CSM媒介研究。

4.全年新闻热点不断，收视小高峰频现

2021年的电视新闻节目市场，不同于2020年的集中于疫情防控主题，而是回归了新闻节目的常态，更加多元、丰富，从国内如台海局势到国际如美国国会骚乱，从自然如云南象群北上到人文如三星堆遗址重大发现，从民生如河南暴雨灾害到主旋律如建党百年报道，都牵动着广大观众的注意力，形成一个又一个的收视高峰（见图4）。

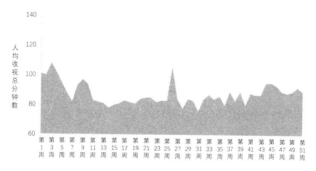

图4　2021年新闻节目全年收视总量分周走势（所有调查城市）
资料来源：CSM媒介研究。

5.25~34岁、小学及以下新闻节目观众构成小幅提升

对比近三年的电视新闻节目观众构成可以看到，各类目标观众对新闻节目的整体收视表现十分稳定，男性、45岁及以上、中等受教育程度观众始终是电视新闻节目的主要受众。其中，45岁及以上新闻节目观众累计占比近七成，但25~34岁的中青年观众在2021年较前两年有12%的提升，55~64岁观众小幅减少；小学及以下受教育程度观众在2021年的构成中有较明显增长，高中和大学及以上观众构成与2020年相比略降，与2019年相比保持稳定（见图5）。

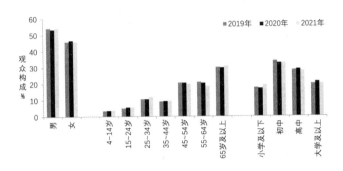

图5　2019—2021年新闻节目观众构成对比（历年所有调查城市）
资料来源：CSM媒介研究。

二、新闻节目收视竞争格局

1.省级上星频道新闻节目收视份额提升明显

2021年，在全国电视大屏新闻节目收视市场各级频道竞争表现中，所有上星频道收视占比逾七成，其中，中央级频道继续以43%的收视份额领跑，大事要事看主流媒体已然成为人们的收视习惯，尽管较2020年下降了5个百分点，但仍位居榜首，与2019年相比基本持平，仅减少了0.8个百分点；省级上星频道新闻节目收视份额近五年来连年递增，并在2021年提升显著，增长了近5个百分点，涨幅超过20%。相比上星频道，地面频道在新闻节目中的竞争力有限，占比不足三成，其中，省级非上星频道占比18.5%，同比2020年小幅

增长近1个百分点；市级频道占比8.1%，同比略降；其他频道新闻节目占比较低，仅为3.2%（见图6）。

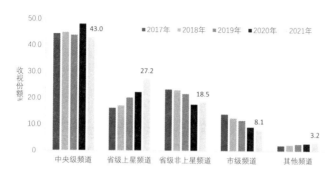

图6 2017—2021年新闻节目各级频道收视份额（历年所有调查城市）
资料来源：CSM媒介研究。

2.中央级频道的新闻评述类节目优势突出，地面频道以民生新闻为代表的其他新闻节目更受关注

在不同新闻节目类型中，评述类节目通常是指具有一定权威性和专业性的新闻评论员或电视媒体对当前具有较高新闻价值的事件、问题或社会现象所表示的意见和态度进行解释分析，具有一定的时效性和指导性，也是近几年资源利用率较高的新闻节目类型。中央级频道在此类新闻节目中具有先天优势，因而在2021年新闻评述类节目中，中央级频道占比高达64.4%；在综合性新闻节目中，中央级频道和省级上星频道平分秋色，各自占比均接近四成；新闻/时事其他类节目中包含了大量的各地民生新闻，此类节目取材贴近当地群众生活，成为地面频道的主阵地，省级和市级地面频道在该类新闻节目中累计获得了49.6%的收视份额，较上一年增长了8.2个百分点（见图7）。

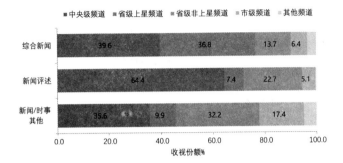

图7　2021年各级频道不同类型新闻节目收视份额（历年所有调查城市）

资料来源：CSM媒介研究。

3.部分省级上星频道新闻节目收视增长明显

上面我们提到省级上星频道在2021年新闻节目的收视份额提升不容小觑，由2020年的22.3%增至2021年的27.2%，涨幅超过20%。从具体频道来看，上海东方卫视的新闻节目收视份额占比最高，为5.1%，较2020年同期增长了1.2个百分点；北京卫视紧随其后，以4.4%的新闻收视份额位居第二，同比提升了0.7个百分点；江苏卫视、浙江卫视和广东卫视的新闻收视份额涨幅十分突出，均超过45%（见图8）。

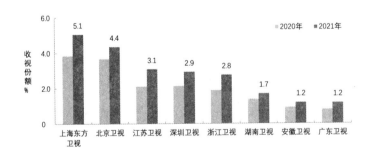

图8　2020—2021年部分省级上星频道新闻节目收视份额对比
（历年所有调查城市）

资料来源：CSM媒介研究。

4.各级频道新闻节目亮点纷呈

2021年，在上星频道的新闻节目中，专题新闻及时报道时政盛事，常态栏目深度解读新闻热点。两会期间，21个上星频道播出两会相关节目，累计观众达到2.07亿；建党百年报道屡掀收视热潮，46个上星频道播出《庆祝中国共产党成立100周年大会特别报道》，累计观众达到1.02亿；乡村振兴硕果累累，中央台新闻频道等31个上星频道共同播出《走进乡村看小康》，累计观众达到1.73亿；中国空间站的里程碑之年，中央电视台综合频道等7个频道播出《筑梦空间站》系列报道，累计观众达到1.61亿；中央台四套周播栏目《中国舆论场》《深度国际》，累计观众分别为1.61亿和1.44亿。

地面频道坚持贴近性和服务性宗旨，民生新闻更受观众欢迎。晚间时段代表性民生新闻栏目在本地表现引人注目，收视率最高超过5%，市场份额最高超过45%。扬州二套《今日生活》以敏锐的触角、开阔的视野和活泼的方式为观众提供更细致入微的新闻资讯服务；贵州广播电视台公共频道民生新闻直播栏目《百姓关注》设置讨论互动、本土民生新闻、读报文摘、生活资讯和国际新闻等板块，为观众提供广泛和深度的新闻资讯服务；广州市广播电视台综合频道方言新闻《广视新闻》新闻报道涉及广州、珠三角、国内时政、民生新闻、国际新闻和体育新闻等；无锡广播电视台都市资讯频道新闻节目《阿福聊斋》以方言说新闻、演新闻、唱新闻，以亦庄亦谐的风格和别具一格的方式讲述本地新闻、民风民俗和奇闻趣事；内蒙古电视台新闻综合频道的民生新闻栏目《新闻天天看》设有"天天头条""天天现场""天天好事"和"天天帮忙议"等节目板块，与观众形成良好互动；金华电视台教育科技频道的调查性报道栏目《百姓零距离》以问题为导向，聚焦公众关注热点，遵循新闻传播和媒体发展规律，致力于形成舆论引导新格局。

结语

在2020年突发的新冠肺炎疫情中，各级广电新闻媒体都发挥了重要和积极的引领和服务作用，使得电视大屏的主流媒体公信力迅速提升，并一直延续至2021年。在这一年,虽然新闻节目收视总量有所回落却仍处高位;在这一年,大屏新闻内容不再集中于疫情防控主题,而是更加全面多元;这一年时值建党百年之际,电视新闻媒体践行主流媒体担当,充分提升文化自信心与民族自豪感。同时,传统电视新闻节目借助诸多新媒体平台等不断扩大声量,进而反哺电视大屏,形成越发成熟和良性的传播体系。未来,我们期待电视新闻媒体有更加稳健的发展和更加自信的表达。

[文章来源:中国广视索福瑞媒介研究(CSM)。]

媒体从业者短视频号的
发展状况与发布策略分析

林功成　　伍可滢

【摘要】

本研究以媒体从业者的短视频账户为对象，讨论了媒体从业者如何在短视频平台进行内容生产及账号运营。本文共抓取了5008个活跃媒体人的抖音账户。研究发现，头部抖音号可以分为三类：新闻评述和节目搬运型，即将广播电视节目、新闻报道/评述搬运到短视频平台上的账号；广播电视加个人人设型，即以打造广播电视主持人身份，揭秘电视台工作流程为主要内容的账号；拥有个人IP的网红主播型，即致力于打造个人IP并淡化媒体人职业呈现的账号。基于对不同案例的讨论，本文对媒体从业者短视频号的发布策略进行了分析。

【关键词】

媒体人；抖音；短视频；直播

近些年，媒体机构打造个人IP的策略兴起，越来越多的媒体人在抖音平台开设账号。2021年，媒体从业者大幅涌入短视频平台，且发展势头迅猛。媒体从业者凭借其在媒体行业多年的经验，在专业素养与粉丝基础上具有一定的优势。在短视频平台上，他们以丰富的内容呈现与生动的表达方式颠覆了其在传统媒体中的严肃形象，打造出独特的个人IP，多元化实现商业变现。就此，本研究以媒体从业者的短视频账户为研究对象，探讨媒体从业者如何在短视频平台进行内容生产及账号运营等问题。基于以上问题，本文尝试从媒体从业者短视频号发展现状的角度进行探究，研究结果旨在为媒体从业者提升运营能力和适应转型提供参考。

一、媒体从业者的短视频实践

传统媒体转型一直受到媒体业界和学界的关注。新媒体迅速发展让传统媒体日渐式微，媒体从业者在转型过程中面临多方面的挑战，这要求媒体从业者需快速适应传播渠道多元化、传播主体泛化、受众选择个性化、受众互动多样化的变化。[1]而从媒体从业者自身角度来说，受众习惯的改变和流失，不仅要求媒体人掌握新媒体技术[2]，还引发了其身份认同的困惑，对职业前景产生忧虑。[3][4]有学者指出，媒体从业者转型选择比较丰富，主要包括向记者型评论员转型、"跨行"进入互联网行业、从事网络主播等。[5]其中，向短视频行业转型并成为主播，是越来越多媒体从业者（尤其是广电行业主持人）的共同选择。

自2016年抖音等短视频平台上线以来，部分媒体从业者就开始尝试借助短视频平台实现转型发展。新技术的发展使传媒进入了融媒体时代，传统媒体和新媒体实现了内容、平台和终端融合。这不仅影响了用户信息消费，也深刻影响着信息传播过程和媒体平台生态。由于互联网时代用户消费呈现碎片化特征，短视频媒体因符合这一特征而迅猛发展。[6]截至2021年12月，我国短视频用户规模达9.34亿，短视频使用率占网民整体的90.5%。[7]用户向短视频平台大规模迁移促使各大媒体转战短视频领域，传统媒体孵化MCN公司

① 徐红晓.融媒浪潮下广电主持人的转型发展 [J].传媒，2019(17):35-37.
② 谢晓旻.全媒体语境下记者转型策略探析 [J].当代电视，2016(08):96-97.
③ 杨海鹰.转型中国语境中的传播劳动:以平面媒体新闻从业者身份变迁研究为例 [J].新闻大学，2014(02):106-114.
④ 陈敏，张晓纯.告别"黄金时代"——对52位传统媒体人离职告白的内容分析 [J].新闻记者，2016(02):16-28.
⑤ 徐红晓.融媒浪潮下广电主持人的转型发展 [J].传媒，2019(17):35-37.
⑥ 叶铁桥.媒体人要勇于跨界 [J].青年记者，2018(12):112.
⑦ 澎湃新闻.第49次《中国互联网发展状况统计报告》发布 [EB/OL].(2022-02-25).https://m.thepaper.cn/baijiahao_16854030.

及鼓励旗下员工进入短视频平台已成为屡见不鲜的现象。通过对不同媒体的比较发现，广播电视媒体更多地借助短视频平台与用户交互，通过专业策划或截取口碑较好的长视频片段实现二次传播。然而，单纯的二次传播不符合"短视频"传播的规律，无法发挥出传统媒体从业者在短视频平台中转型的最大优势，这使媒体从业者在短视频平台转型中陷入困境。①有研究指出，媒体从业者只有主动适应短视频平台特征，更新自身技能，在内容上实现创新，才能实现成功转型。由于短视频平台信息传播方式呈现多元化的特征，这要求传统媒体从业者兼备文字功底和音视频技术。②媒体从业者只有掌握市场观念与市场思维，即需要洞察用户，掌握用户思维、产品思维和运营思维，才能把控转型关键。③还有学者认为媒体从业者面临从"手艺作坊"思维到工业化内容产品方法论思维的转变④，具体表现为：一是需要适应短视频行业规模化和标准化的生产要求；二是持续让内容输出具有"网感"，这需要话语表达生活化和灵活运用表情及肢体动作等非语言符号。⑤⑥

不过，上述研究多是从案例角度出发，缺乏定量的分析基础。有关媒体从业者与短视频平台的研究主要集中在短视频对媒体从业者提出的挑战和要求上，而对媒体从业者本身账号发展状况的研究还比较少。媒体从业者是如何在短视频平台进行内容生产及账号运营的？其目前的状况是怎么样的？对于以上问题的研究还很不足，缺乏基础数据的描述限制了对从业者向短视频平台转型的讨论深度和空间。

二、媒体人抖音号的发展概况

本研究以抖音为对象，抽取认证媒体人的抖音账号进行分析。样本为截

① 武楠. 短视频时代电视媒体人的转型与重构 [J]. 传媒，2017(23):41-42.
② 任大刚. 视频新闻主流化，还要迈过几道坎？ [J]. 青年记者，2019(06):12-14.
③ 曹茹，赵婧怡，赵阳. 变与不变："媒体转型人"考察——基于访谈、Nvivo 的质性分析 [J]. 传媒，2021(06):76-78.
④ 马昌博. 进化：短视频大潮中媒体人转型痛点研究 [J]. 传媒，2020(09):47-49.
⑤ 张诚. 出镜记者转型 Vlog 创作者之策略探析 [J]. 电视研究，2020(12):54-56.
⑥ 宋菁菁. 互联网视频新闻的运营法则 [J]. 新闻与写作，2019(01):92-95.

止到2020年12月通过抖音平台认证的媒体人所开设的个人账户。研究共抓取了5008个活跃媒体人账户。样本主要集中在东北、华北地区，其中，来自黑龙江的媒体人账户最多（453个），其次分别是辽宁（439个）、河南（353个）、山东（331个）、北京（含中央级媒体，291个）；新疆（33个）、西藏（7个）、宁夏（6个）等地亦有媒体人入驻。

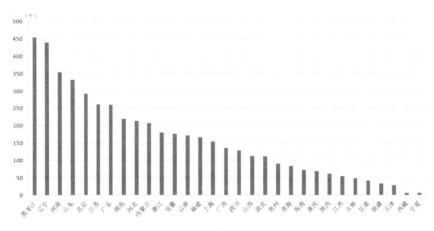

图1　媒体从业者抖音号地区分布

资料来源：短视频及直播数据平台"新抖"。

样本抖音号的平均粉丝数达到8.7万。394个抖音号的粉丝量超过10万，截至2020年底，粉丝数量排名前列的媒体人抖音号包括：涂磊（3165万）、何炅（3008万）、虎哥说车（2870万）、杜海涛（1040万）、尼格买提（977万）、新闻主播欧文浩（778万）、主持人李思思（778万）、吴昕（768万）等。对于头部抖音号来说，百万级以上粉丝媒体人账户的数量达64个，其总计粉丝量高达2.98亿。

对头部媒体人抖音号进行分析发现，在所属媒体的行政层级分布上，百万级粉丝媒体人多来自省级媒体，占比60.94%。在粉丝量破千万的账号中，这一比例更高，达到75%。不过，方差分析显示，不同行政层级间媒体人抖音号的粉丝量无统计学上的显著性差异。在职业结构上，百万级粉丝媒体人中职业为主持人的占比高达89.06%。其中，广播电视主持人凭借出色的表达能力、表演能力以及媒体资源等优势能够快速适应短视频传播方式，并取得不菲的成绩。可以预见，未来抖音平台将有更多背景为媒体机构主持人的抖音号。在地域分布上，来自北京市的百万级粉丝媒体人最多，占比25.4%，其次是湖南与浙江，分别占比17.46%与12.7%。中央级主流媒体和市场化程度较高的省级媒体，其从业者更有可能成为头部账户。

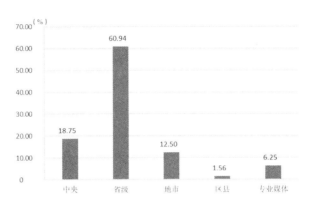

图2　百万级媒体人抖音号所属媒体行政层级分布

资料来源：短视频及直播数据平台"新抖"。

我们对64个百万级粉丝量的媒体人账户进行了进一步的分析。在性别分布上，百万级媒体人抖音号其粉丝群体中男女占比分别为52%与48%，男女性粉丝比例较为均衡。在年龄分布上，30~35岁粉丝群体占比最高，为22.62%；其次是24~29岁，为20.31%。从数据上看，18~35岁的青年群体总占比61.8%。在地域分布上，来自广东、江苏与山东的粉丝居多，分别占比9.42%、8.20%与7.64%，河南则排到第四位（6.79%），来源城市前三分别为北京、上海与重庆。

三、媒体从业者短视频号的类型与案例

本文对头部账户（粉丝量在100万以上）进行分析发现，头部抖音号可以分为三类：一是新闻评述和节目搬运型，即将广播电视节目、新闻报道/评述搬运到抖音平台上；二是广播电视背景加个人人设型，即以打造广播电视

主持人身份，揭秘电视台工作流程为主要内容的账号；三是拥有个人IP的网红主播型，致力于打造个人IP并淡化媒体人职业的呈现，内容相较于前两种更年轻化。在64个百万级粉丝量的样本中，新闻评述和节目搬运型账号占比67.19%，其播放量、点赞、评论和分享量均高于广播电视背景加个人人设型账号（占比23.44%）和拥有个人IP的网红主播型账号（占比7.81%）。为了进一步比较三类账户的运营策略和内容特征，本文采用了案例分析法，选取了三个有代表性的抖音号及其截至2021年12月底的数据，以分析并比较不同从业者短视频号的区别。

1. 新闻姐：打造新媒体新闻IP

"新闻姐"是浙江电视台城市之声主持人、记者邹雯的个人抖音号。账号于2020年5月认证开通，是城市之声频道为推进媒体融合而打造的新闻IP。截至2021年底，其粉丝数达918.72万，作品累计获赞1.62亿。2021年连续发布短视频作品473条，总点赞量达1.33亿次，平均获赞数为28.1万次/条。其中《山东派联合调查组赴平度调查》《安阳狗咬人事件为什么引众怒》等33条短视频单篇点赞超过100万次，并有240条短视频单篇点赞超10万次。自账号开通以来，"新闻姐"涨粉速度飞快，账号以新闻人理性剖析热点新闻事件为内容定位，打造客观专业的新闻发声者人设。账号将传统媒体的内容质量和短视频媒体的表现形式及风格相结合，是传统新闻类节目进驻抖音平台的成功尝试之一。

内容为王是传统媒体从业者快速在短视频领域出圈的重要法宝。"新闻姐"的短视频时长控制在两分半钟左右，内容主要分成三部分：概述新闻事件、剖析事件深层原因及表明个人观点，集中体现了时效性、专业性和拥有记忆点这三个特征。首先，选题具有很强的时效性。由于邹雯在广播端读报节目长期主持，她练就了敏锐的洞察力，能够快速挖掘当下热点选题。虽然其账号所属为浙江电视台，但所评述的新闻事件覆盖全国，选题范围广阔，且新闻话题本身自带热度，会带来巨大流量。其次，专业的新闻解说使其拥有较强的辨识度。邹雯在陈述新闻事件时会对事件进行总体性的概括，摆出清晰的时间线，交代清楚前因后果，全面还原新闻事实。而且她充分发挥主持人语言组织能力及记者采写编专业技能，视频没有拼凑剪辑痕迹，整体观感一气呵成，逻辑缜密。最后，鲜明的观点成了个人IP的记忆点。邹雯始终坚守理性的原则，对待具有争议性新闻事件时以客观的态度进行呈现。在剖析新闻事件时，常一针见血，说理逻辑清晰且环环相扣，深挖事件背后的社会问题。视频的最后会对事件进行定性，表达态度鲜明的个人观点。

"新闻姐"代表着浙江电视台的形象，拍摄大多数以电视台办公室为背景，因此更侧重表现主持人或者记者、媒体人的身份，视频鲜有凸显个人化的身份特征。在商业变现上，"新闻姐"较少用短视频或直播进行带货，2021年共开215场直播，主题多为"上班路上听新闻"，内容也是以解说评述新闻为主。总体而言，"新闻姐"所代表的转型模式，是将传统媒体中的新闻节目"搬运"到短视频平台中，同时在传统新闻节目基础上结合短视频特征，经由包装和内容质量严格把关而生成的短视频新闻解说/评述产品。从"新闻姐"的各项数据不难看出，传统的新闻节目在短视频领域存在受众市场。由于新闻的专业客观性对生产者的技能要求比较高，而媒体从业者长期积累的专业技能存在明显的竞争优势，因此媒体从业者是开发此类业务的最佳人选，这也是媒体从业者低成本和快速适应短视频平台较便捷的路径。

表1　2021年"新闻姐"账号点赞前五条视频

单位：万次

作品描述	发布时间	获赞数	评论数	分享数
#山东派联合调查组赴平度调查，背后这起三年未果的信访纠纷浮出水面#央广网评山东平度官员威胁上访者#	2021-12-29	263.9	18.3	13.0
#安阳狗咬人事件为什么引众怒？事关规则和正义，不能止于和解道歉，必须一查到底#安阳狗咬人事件狗主人想和解#	2021-11-19	222.9	16.3	7.6

续表

作品描述	发布时间	获赞数	评论数	分享数
#官方回应老人卖甘蔗被收走后大哭，纪委介入调查，对多名责任领导启动问责！两个关键问题值得追问#执法管理岂能一包了之#	2021-12-07	198.1	13.1	10.6
抗疫当前不容撒泼耍横破坏防疫大局！#女子疑不配合防疫检查称不是平民"我在美国待7年"#西安交大回应#	2021-12-22	195.6	11.0	9.4
#扬州疫情传播源头揭晓……江苏45371家棋牌室停业#南京疫情最早发病时间为7月13日#疫情防控别偷懒	2021-08-03	191.8	9.7	24.7

2. 主播潘小蓉：发挥颜值最大优势

"主播潘小蓉"为浙江电视台经济生活频道主持人潘蓉的个人抖音号。账号于2018年10月认证开通，截至2021年底，抖音粉丝数达319.49万。2021年共发布短视频作品222条，总点赞量超2631万次，其中《主持人为何那么瘦？》《主持人的主播装为啥总是五彩斑斓？》等82条短视频单篇点赞超过10万次。潘蓉现主持浙江电视台大型旅游节目《诗画浙江48小时》。作为主持人，她靓丽精致的外表让网民印象深刻，其账号以揭秘主持人工作日常为内容定位，打造时尚美妆的主持人人设，高颜值和具备专业素养的主持人IP拥有较高辨识度，其受众主要为年轻女性。

在内容上，该账号主要分享电视台主持人的工作流程和礼仪着装细节，满足受众对于主持人职业的好奇和窥探心理。选题上，原创首发短视频主题"15秒倒计时""主持人的内卷"分别达到3亿和1.5亿的播放量。潘蓉通过夸张且戏剧化的表演，以第一视角的拍摄角度呈现了主持人在开播前15秒需要应对的各种状况百出的意外，以及最后完美且幽默地解决问题的日常生活。

通过人设定位和一波三折的情境设置，唤起了受众紧张好奇的心理，也因此收获了众多粉丝。此外，"颜值即正义"是短视频平台中的"流量密码"，而潘蓉也发挥了"颜值"的最大优势。除了主持人日常分享外，她还会拍摄颜值类主播的题材，包括变装、唱歌跳舞、美妆教程和发型教程。这不仅扭转了受众对于传统主持人严肃正经的刻板印象，也大大拉近了与多数女性粉丝之间的心理距离。总体而言，"主播潘小蓉"这一账号以分享主持人生活为主，同时辅以多元发展时尚、美妆内容以不断扩大粉丝基础。

潘蓉同时兼具主持人和具备个人特征的身份，与电视台的关系是合作共赢的。一方面，视频拍摄取景主要为导播室、化妆间和电视台大楼，比较便捷。同时电视台工作人员常出演短视频中的客串角色，且摄制团队能提供专业服务，拍摄成本较低。另一方面，"主播潘小蓉"的短视频都非常轻松幽默，展现导播室活泼融洽的氛围，有利于电视台树立正面的机构形象。因此，潘蓉作为电视台的"门面"，也走出了媒体人适应短视频平台的另一条道路。潘蓉始终专注于主持人日常和美妆护肤领域，2021年共进行了64场直播，主要包括主持人日常、美妆和护肤。常在短视频中植入彩妆和护肤广告，会将产品功能与自身主持人特色相结合，在商业变现的过程中，也增强了主持人IP辨识度。同时，作为女性主持人，潘蓉熟悉女性消费心理，因此会在带货时进行试色测评，而不仅停留在口播和品牌背书层面。主持人的专业形象、自然的带货流程及受众对她的信任使她拥有较高的变现能力。

表2 2021年"主播潘小蓉"账号点赞前五条视频

单位：万次

作品描述	发布时间	获赞数	评论数	分享数
#揭秘主持人为何那么瘦？因为每天上节目都是负重前行#主持人的日常	2021-09-17	162.1	2.0	2.5
#揭秘主持人的主播装为啥总是五彩斑斓？帮你们试出zui显白的6个颜色！很意外！#显白颜色#黄黑皮#穿搭	2021-08-11	103.8	2.1	4.9

续表

作品描述	发布时间	获赞数	评论数	分享数
#倒计时15秒，又是对不起导播的一天，不过这样的吊带穿法，你想到过吗#吊带#吊带裙	2021-05-08	87.0	0.1	0.2
#普通话到底有多难？每个绕口令后面加一个"了"字，那就不是一般人能做到了。主持人邀你参赛#和潘小蓉一起烫嘴	2021-03-11	81.5	0.6	0.1
殊不知主持人也是干饭人，筷子还能这么用#发型#筷子的一百种用法@主持人潘潘	2021-05-17	66.8	0.1	0.3

3. 咩啊：迎合细分市场

"咩啊"是佛山人民电视台花生FM主持人蔡嘉诚的个人抖音号，账号于2019年8月开通，截至2021年底，抖音粉丝数达241.23万。全网粉丝量超350万，累计播放量破数十亿，也是快手平台粉丝量排名第一的广东主持人账号。该账号在2021年共发布短视频作品238条，总点赞量超过3106万次，其中《所以说千万不要随便相信一个广东人》等103条短视频单篇点赞超过10万次。据统计，该账号2021年发布粤文化段子233条，占作品总数的97.8%，发布频率约为每天一条。

作为粤语类代表账号，"咩啊"以广府文化为内容定位，通过打造年轻主播的网红人设和娱乐化的传播方式进行幽默诙谐内容输出。主要受众为两广地区的年轻人、海外华人及对粤语感兴趣的人群。在内容呈现上，以搞笑段子为主，涵盖粤语、广府习俗、广东衣食住行等。在叙事风格上，账户发挥"戏精"的演绎玩法，常一人分饰几角，不同穿衣打扮对应不同角色。视频时长均控制在30秒左右，在统一节奏欢快的背景音乐下，常采用一问一答的方式进行短平快的输出，而且每条视频都会出现一句"咩啊"，形成了洗脑的效果。总体而言，"咩啊"在粤语短视频领域中深耕，内容垂直且封面图文统一，具有鲜明的账号风格。

在个人身份和所属媒体机构处理上，"咩啊"更凸显个人身份。账户上虽存在部分有关对电台主持人职业介绍的短视频，但大体上还是以介绍粤语文化为主，代表了媒体人个人账号独立发展的新尝试。此外，为进一步扩大传播影响，"咩啊"还与大湾区知名演员联动合作，试图打开海内外粉丝市场。在商业变现方面，"咩啊"沿用"视频广告植入+直播带货"的模式。在短视频中植入推广商品，且开通了抖音橱窗，用户可通过短视频中的链接直接购买。该账号在2021年共开直播24场，通过生动有趣的玩梗成功说服消费者，把控受众对专业主持人的信任心理，从而实现粉丝流量的变现。

表3 2021年"咩啊"账号点赞前五条视频

单位：万次

作品描述	发布时间	获赞数	评论数	分享数
所以说千万不要随便相信一个广东人！#内容过于真实#广东#戏精	2021-01-09	75.3	3.2	2.0
都说粤语是鸟语，貌似洗不清了……#广东 #戏精 #粤语到底有多难学	2021-04-26	73.7	2.7	2.8
取名字之前，一定要先用粤语读一次……#广东 #内容过于真实 #戏精 #粤语到底有多难学	2021-04-10	66.4	1.1	1.0
我印象中的粤语歌好像不是这样的……#广东 #粤语歌 #戏精 #内容过于真实 #抖来笑哈哈	2021-07-02	59.4	2.7	2.3
这个Dave的名字，我总觉得怪怪的？#广东#全广州潮我看#吃喝玩乐游广州#戏精	2021-07-30	56.2	1.1	2.6

四、媒体从业者短视频的发布策略分析

媒体从业者在短视频平台中积极探索转型之路，逐渐适应短视频平台环

境，转变其内容生产思维和身份定位，实现了创新性及多元化发展。基于对媒体人抖音号的观察和对上述案例的分析，头部账户在发布策略上主要呈现以下特点。

第一，不同于官方媒体号，个人抖音号可容纳更私人化的视听表达、更标签化的内容风格、更自主化的变现手段，且对团队规模、资金成本的要求相对更低。不少媒体人抖音号凭借突出的个人化风格，最大化自身优势，形成品牌IP效应，在受众黏性、IP生存、商业变现等方面表现出色，实现了从广电人到短视频时代主流"网红"的过渡。

第二，首先从头部视频来看，视频内容大都关注社会热点事件并进行观点类述评，如澳洲华裔女子隔离期间出门跑步、双黄连抢购、青岛防疫、杭州杀妻案等。由于关乎社会公共利益和伦理道德，类似事件总能在社会上引起广泛热议。其次则是社会民生议题，如在"这场直播，我自己不能看第二次了。车主的事我管到底"的短视频中，主持人晓北帮助听众与汽车销售前台、销售经理、汽车厂家进行交涉，言辞犀利、有理有据的表现疯狂"圈粉"，收获了近300万的点赞，其背后既印证了主播作为个性鲜明的个人IP进行传播的巨大潜能，也客观反映出了公众对真实接地气、能提供专业帮助的媒体的需求和期待。还有一些内容则集中于两性情感或生活技巧，视频整体情绪偏休闲，带给受众轻松的观后体验。

第三，直播带货成为媒体从业者实现商业变现的路径之一。受新冠肺炎疫情影响，网络直播这一新业态呈现爆发式增长，"线上引流+实体消费"的数字经济新模式崭露头角。一些媒体人紧跟直播新业态，采用了新闻直播、带货直播等方式。部分直播头部账户是各地方电视台的主持人，其具备良好的口才能力、强大的控场能力和临场发挥能力。例如，主持人涂磊将节目里犀利的风格带入直播中，鲜活的个性赢得了观众的信赖。值得一提的是，汽车类账号在直播领域表现出色，如"虎哥说车"作为汽车垂直类的头部账号，因精湛的剧情化演绎，其电商直播单场成交金额（Gross Merchandise Volume，GMV）破千万。

不过，研究也发现部分媒体人账号仍存在内容老旧、观念落伍和脱离公众等缺陷。作为媒体机构在短视频平台上的转型尝试，媒体人如何充分利用和发挥内容制作优势，在打造个人风格的同时又能符合媒体从业者的专业形象，值得进一步探索。就此，本文提出如下建议。第一，媒体从业者在进行内容制作和发布时，吸引流量的同时也要保持自身的专业性。在发表观点时，媒体人应采用客观的立场，避免被大众情绪裹挟。尤其是近期较为流行的网络直播，虽然能拉近媒体人与粉丝的距离，但是如何在相关平台打造优质内容黏住用户，从而能够从"聚流量"向"聚人心"跨越并能将"网红经济"的流量转化为社会效益，仍是需要探索的方向。第二，主播的身份和角色不再是相对稳定的，而是表现为在媒体从业者、娱乐主播、社会大众之间的不断转换。尽管专业媒体人和公众的区分日益被解构，但针对一些知名媒体人，公众依然会在认知上将对其与所属媒体关联，对媒体人账号的关注寄托着公众对媒体的信任，媒体从业者也成为背后媒体的"具化"传声筒。因此，主流媒体的从业者应在符合正确立场的前提下确立自身内容定位，更多地通过加强对新闻事件短视频的生产，包括深度报道、时政评论、财经等议题，推动严肃新闻主题短视频报道模式的创新发展。

［林功成，中山大学新闻传播学院副教授；伍可滢，中山大学新闻传播学院硕士。本文系课题"中国媒体抖音发展报告2020"（负责人：张志安）的成果之一，同时系广东省舆情大数据分析与仿真重点实验室、广州大数据与公共传播研究基地的成果之一。］

广电媒体从业者短视频号的扩散路径研究

林功成　　伍可滢

【摘要】

本文以广播电视行业媒体从业者的抖音号为对象，分析了短视频在广电媒体从业者中的扩散情况及其影响因素。研究共抓取了4640个广电媒体从业者的抖音号，并主要就其扩散过程的特征进行了描述。研究发现广电媒体从业者抖音号的扩散过程经历了四个阶段，每个阶段呈现多元化的特征。广电媒体从业者抖音号的性别、进驻平台时间、所属媒体的行政级别及发布视频数等因素对账户的传播效果产生了影响：男性主播粉丝量多于女性主播；进驻时间越晚，粉丝数量越少；行政级别越高，粉丝量越多。

【关键词】

广播电视媒体；短视频；抖音；创新扩散

自2017年开始，广播电视类媒体开始进驻短视频领域，各级广电部门部署抢占短视频市场。在初创期间，广电媒体大多将短视频平台视为新的宣传渠道，利用短视频为广电节目引流。①然而，伴随着转型压力的增大及互联网平台的强势崛起，传统广电媒体意识到深耕短视频领域迫不容缓，从试水转向逐步深化，其中就涌现出一批广电媒体人涉足短视频领域的案例，以明星主持人、广电后台从业者的身份而知名的短视频博主也越来越多。然而，现有研究大多停留在对广电机构的案例分析上，且多以定性分析为主，强调广

---

① 王永.浅论城市广电文化节目的短视频传播 [J].当代电视，2019(10):86-89.

电媒体成功转型的经验性思路。①对于具体的人，也就是广电媒体从业者如何适应短视频环境的研究则相当少见。基于此，本文以广播电视行业媒体从业者的抖音号为对象，尝试分析短视频在广电媒体从业者中的扩散情况及其影响因素。

一、广电媒体从业者转型短视频的相关研究

近年来短视频平台的迅猛发展，加速了传统媒体的变革，云计算、大数据技术不仅重塑受众消费习惯，也改变了传统媒体内容生产和渠道分发，加速传媒人才流失。而网络新媒体就是主要流向之一，有研究指出广电媒体人转型主要有四个方向：向记者型评论员转型、向幕后制片人转型、知名主持人"跨行"互联网、从事网络主播②。广电媒体人的转型方向及职业选择丰富，其转型人数规模正不断扩大。同时，短视频作为网络新媒体最热门的形态之一，也备受广电媒体人的青睐。2014年至今，为寻求短视频领域红利，大批广电媒体人涌入短视频行业。而且，广电媒体从业者自带人脉、视频创作生产能力，熟悉运营技巧和传播路径，因此在短视频领域中创业具有先天优势。③随着这一浪潮，学界对广电媒体人转型原因及投身短视频领域动因的研究也逐渐增多，大致可概括为广电媒体人个人发展需要、广电机构转型要求及短视频平台扶持广电媒体人转型发展三方面因素。

（一）广电媒体从业者个人发展需要

伴随传统媒体式微，受众和广告收入流失严重，唇寒齿亡之下广电媒体人待遇下滑、个人发展受限。首先，广电媒体人经济地位降低。美通社的报告显示，在北上广深四大一线城市的记者收入调查中，75.6% 的职业记者月

① 张健.融媒体时代广电媒体经营策略——多元化平台布局MCN新模式[J].中国广播电视学刊，2020(08):114-116.
② 徐红晓.融媒浪潮下广电主持人的转型发展 [J].传媒，2019(17):35-37.
③ 孙小燕，朱伯玉.短视频自媒体的发展现状与趋势 [J].青年记者，2020(20):92-93.

收入在1万元人民币以下，其中近三成月收入在5000元以下。①也有学者对传统媒体人离职告白进行分析，工资低是传统媒体人才大量流失的重要原因，待遇问题已成为广电媒体行业的共识问题。②相比之下，短视频领域显示出巨大的商业价值，短视频平台正在积极探索多元化和深层次的商业变现模式，如抖音橱窗、KOL直播带货等。截至2020年，我国短视频行业市场规模突破2000亿元。从商业规模可见，短视频领域商业潜力大、发展前景可观，有更多机会满足广电媒体人对经济利益的追求。从利益驱动逻辑来看，广电媒体人向短视频转型具有必要性。其次，广电媒体人自我实现和职业发展空间受限。一方面，广电媒体人不断学习各种新媒体技能，专业发展受限；另一方面，广电媒体人晋升艰难，且执行重复性强工作容易产生职业倦怠。③而短视频是优胜劣汰最快的行业，衰败和逆袭如影随形。需要不断追逐内容生产热点，对广电媒体人而言，既具挑战性，也有利于调动其工作积极性。不仅如此，曾具有专业主义光环、扮演时代引领者的广电媒体人也正在失去原有的社会地位，广电媒体人正遭受身份认同危机。与此同时，早期成功转型互联网创业的广电媒体人成为业界榜样，财富、地位、荣誉等代表创业的关键词再次激励广电媒体人重新考量职业生涯。④短视频作为新业态，也为广电媒体人转型发展提供大量机遇，成为广电媒体人转型发展的重要方向。

（二）广电媒体机构转型要求

随着移动互联网技术带来全新的传播形态，全国广播电视媒体融合向着纵深推进。目前广播电视媒体融合处于关键期。⑤有研究者通过案例研究发现，中央级媒体账号表现突出；省级广电媒体账号借助综艺与明星的热度引

---

① 美通社.2017中国媒体内容生产者职业发展状态与工作习惯 [EB/OL].（2017-7-11）[2022-7-6]. https://www.prnasia.com/story/182498-1.shtml.

② 吴湘韩，张红光.当前我国传统媒体人才流失观察 [J].青年记者，2020(15):9-12.

③ 张兰.新媒体环境下新闻从业者职业认同危机 [J].青年记者，2020(36):79-80.

④ 曾娅洁.从"单位人"到"创业者"：离职媒体人的数字化转型与现实隐忧 [J].编辑之友，2019(12):57-61.

⑤ 林小勇.当前广播电视媒体融合发展现状与趋势 [J].中国电视，2020(01):62-66.

流，在广电系抖音号中保持领先地位；地市级广电媒体则凭借受众面较广的法治民生类内容出圈。①MCN模式的出现及短视频的蓬勃发展也为广电媒体融合发展提供了新的契机。各级广电都在尝试MCN模式以探索转型路径，早在2018年省级广电媒体已建立起首批MCN机构。其中，湖南广电领跑全国，最早布局MCN机构——Drama TV。②

广电媒体借助MCN模式实现创新发展广受学界关注，不少学者认为广电MCN肩负融合转型发展的任务，也是广电媒体主要发展趋势。根据不同广电媒体的条件和需求，目前广电媒体布局MCN领域主要呈现四种形式。一是独立创办MCN机构，如湖南广电，主要依托自身资源发展。二是与平台合作建设MCN机构，如黑龙江广电"龙视频"。三是参考MCN模式组建融媒体工作室，如深圳广电。四是建立自主的内容平台，如中央广播电视总台推出的"央视频"。③从构成属性的角度来看，这些广电MCN机构与电视媒体非常相似，MCN机构对应电视媒体的频道，进行内容生产的网红相当于广播电视的主播，因此MCN机构是广电媒体最为便捷的变革方向。广电媒体从业者则可能会是广电机构优化短视频运营，借助MCN模式实现创新转型的突破口。一方面，前期广电媒体进驻短视频，已为媒体人打下粉丝基础。另一方面，媒体人凭借专业素养和自带人气流量能够轻松转型成为短视频博主。可以说，广电媒体在培养社会事务意见领袖博主方面具有天然的优势。④孵化打造网红媒体人也成为广电媒体MCN机构在短视频领域扩大影响力的重要途径。

（三）短视频平台扶持广电媒体人转型发展

除了广电媒体自身探索外，短视频平台也对主流媒体进行了流量的扶持。抖音成立专门的广电合作部，负责与广电媒体进行对接，内容囊括剪辑

---

① 周逵，史晨.正当性的互嵌：广电MCN机构的创新动因与模式分析[J].新闻与写作，2020(10):47-56.
② 燕晓英.后疫情时代省级电视媒体融合策略探析[J].新闻与写作，2021(04):95-98.
③ 王宇明.MCN模式下广电媒体的转型与发展[J].青年记者，2020(32):100-101.
④ 倪琳，易旭明.MCN机构商业模式对广电优化内容生产的启示[J].电视研究，2020(10):8-11.

技巧、推荐机制、标题文案等培训服务。抖音、快手作为国内最热门的两个短视频平台，已逐步构建起短视频生态①，为培育广泛且影响力深远的广电媒体人提供良好环境基础。例如，多个互联网平台提供优厚待遇扶助支持创作者，2018年"今日头条"在后期制作投入10亿元支持创作者，并为优秀视频提供不少于10万次推荐。这些优惠政策能够有效缩短广电媒体人水土不服的过渡期，加速其转型进程。

综上所述，在广电媒体试水短视频的浪潮推动下，广电行业媒体人基于自身发展需要、广电机构转型要求及短视频平台扶持转型发展等因素，纷纷投入短视频内容的生产中。然而，一方面，广电媒体人向短视频转型已成为大势所趋，广电媒体人的转型走向是影响传媒生态的重要议题；另一方面，目前大多数研究将广电机构视为一个整体来研究其向短视频转型过程，单独针对媒体从业者短视频账号的研究较少，尤其在对广电媒体人短视频发展趋势研究上非常缺乏具体数据支撑。因此，本文试图对广电媒体从业者抖音号的扩散路径进行分析，为广电媒体人抖音号的发展及转型路径提供建议参考。

二、广电类媒体从业者抖音号的发展状况

自抖音等短视频平台上线以来，广电媒体从业者开始尝试借助短视频实现转型发展。为了掌握广电行业抖音号的发展轨迹，本文抓取了4642个活跃广电媒体从业者的抖音账号自2017年1月1日至2020年12月31日的全部数据。本文首先对广电类媒体从业者的抖音号发展进行全景式扫描，以获知目前广电媒体人短视频号的整体发展情况。

（一）描述性分析

湖南人民广播电台音乐之声主持人MIDuo于2017年1月3日注册短视频

---

① 石灿.90后新媒体人的职业生态素描 [J]. 青年记者，2019(31):23-24.

号，标志着广电媒体人抖音号开始发展。至2020年12月底，全国广电媒体从业者在抖音平台注册的账户已达4642个，整体发展势头强劲。

样本显示，中央级媒体人抖音号有153个（占比3.30%），省级媒体人抖音号有2216个（占比47.74%），地市及以下级的媒体人抖音号有2273个（占比48.97%）。不同行政层级的广电从业者在抖音平台上活跃发声，精心运营。从性别构成来看，男女比例分布均衡，女性（2713个，占比58.44%）账号略多于男性（1929个，占比41.56%）。从地域来看，东部地区的媒体人抖音号数量占据第一名（1696个，占比36.54%），其中，北京301个、山东307个、广东213个、江苏214个、河北170个、浙江152个、福建147个、上海122个、海南50个、天津20个。其次是中部地区（1014个，占比21.84%），其中，山西101个、安徽166个、江西49个、河南358个、湖北90个、湖南250个。西部地区与东北地区的媒体人抖音号数量差异不大（分别为1011个、921个，占比21.78%和19.84%），其中，黑龙江473个、辽宁403个、内蒙古226个、云南165个、广西152个、四川99个、贵州91个、青海91个、重庆71个、陕西51个、吉林45个、甘肃41个、新疆23个、西藏1个。总体来看，媒体人抖音号分布情况与当地经济发展水平和娱乐产业发展程度有密切关系，东部地区经济发达，东北地区娱乐行业近年来发展迅猛，因此媒体抖音号呈现东部多、中部和西部少的情况。

（二）扩散的整体过程

我们以2017年1月为起点，以月为单位，例如，将2017年1月编码为$t=1$，以此类推，描绘出媒体人抖音号的扩散时间线。以下各图的横坐标表示自2017年1月以来的月份数，最终统计截止时间为2020年12月（$t=48$）。从不同时间段的增长来看，本文大致将广电媒体人抖音号的发展分为四个阶段，即2017年1月至2018年1月、2018年2月至2019年5月、2019年6月至2020年3月、2020年4月至12月。

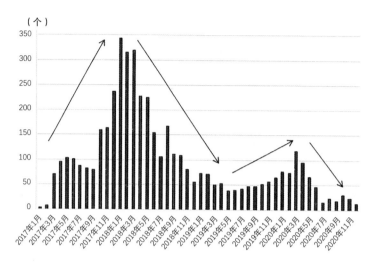

图1　广电媒体从业者抖音号的当月增长数据（2017年1月至2020年12月）
资料来源：本研究采集统计。

第一阶段是初创期，即2017年1月至2018年1月（*t*=1—13），广电从业者抖音号整体扩散处于高速增长期，此阶段共计新增1534个账户，平均每月增长量约为118个。在地域上，新增账号以文化产业发达的地区为主，新增的省份排序分别是：黑龙江（160个）、辽宁（122个）、河南（118个）、山东（110个）、湖南（100个）。从粉丝构成来看，这阶段的账户多以草根从业者为主，平均粉丝量为11.44万，有20个账户的粉丝量超过100万。

第二阶段是平稳增长期，即2018年2月至2019年5月（*t*=14—29），媒体人抖音号数量稳定，但增速下滑。此阶段共计新增2159个账户，平均每月增长量约为135个。新增账户以东北和华中地区为主，来自中央级主流媒体的账号明显增加。新增省份及直辖市前五名排序分别是：黑龙江（215个）、河南（187个）、辽宁（174个）、北京（158个）、山东（141个）。不过，这阶段的账户平均粉丝量下降至8.53万，有29个账户的粉丝量过100万，包括央视主持人尼格买提、杨帆等。

第三阶段是回升期，即2019年6月至2020年3月（*t*=30—39）。该阶段总计新增619个抖音号，平均每月增长量约为62个。新增账户仍然以东三省和文化产业较为发达的地区为主，新增前五名排序分别是：黑龙江（79个）、辽宁（69个）、湖南（44个）、北京（42个）、江苏（40个）。值得注意的是，虽然账户的数量增速回升，但账户的平均粉丝量进一步下滑至5.9万，仅有9个账户的粉丝量超过100万，如主持人刘仪伟、李湘等。

第四阶段是下降期，即2020年4月至12月（$t=40—48$）。该阶段的新增速度有较大下挫，总计新增330个抖音号，平均每月增长量约为37个。新增账户中来自边远省份的数量明显上升，新增前五名排序分别是：辽宁（38个）、云南（25个）、北京（20个）、广东（20个）、江苏（20个）。由于有影响力的广电集团和主持人基本都已进驻抖音，短视频领域增速逐渐放缓，流量红利下降，这可能负向地影响了广电媒体人的持续进驻。且越到后期，账户的增粉潜能越低，平均粉丝量5.5万，仅有3个账户的粉丝量过百万，包括河北电视台主持人方琼、山东电视少儿频道总监张玉红、湖南卫视主持人谢娜。

（三）扩散的阶段性特征

进一步的数据分析发现：从增幅来看，第一阶段的广电媒体人抖音号以省级和地市级及以下为主，各占约50%的比例，而来自中央级媒体人的账户十分有限。从粉丝量排行来看，能够在第一阶段就脱颖而出的基本都是各大电视台中知名度较高的主持人，如湖南卫视主持人杜海涛、沈梦辰等，他们先后于2017年4月、12月开设了抖音号。这些主持人兼具明星、艺人的属性，也切合了抖音早期引进明星代言的引流策略。在"二八定律"下，明星主持人账号热度最高，粉丝量最多。值得注意的是，这些明星主持人大多来自商业电视台，显示了明星艺人较高的市场触觉，然而他们的短视频号运作与所在媒体的关联不大，更具有娱乐属性。

表1　不同时间段内广电媒体人抖音号所属媒体的行政级别分布

阶段	中央级	省级	地市级及以下	总和
第一阶段	41（2.7%）	767（50.0%）	726（47.3%）	1534
第二阶段	81（3.8%）	1060（49.1%）	1018（47.2%）	2159
第三阶段	22（3.6%）	246（39.7%）	351（56.7%）	619

续表

阶段	中央级	省级	地市级及以下	总和
第四阶段	9（2.7%）	143（43.3%）	178（53.9%）	330
总和	153（3.3%）	2216（47.7%）	2273（49.0%）	4642

注：Chi-square=27.3, df=6, p<0.001。

资料来源：本研究采集统计。

在第二阶段和第三阶段，虽然省级和地市级及以下广电人的账户仍然占据前两位，但此消彼长的态势十分明显。中央级媒体人异军突起，账户数量上升至接近4%，这反映出主流媒体向融媒体转型的趋势，以中央级和省级媒体为代表的主流媒体布局短视频市场。在这段时间，除了与MCN机构合作外，部分主流媒体尝试探索自建MCN模式，借助MCN机构进军短视频领域。[1]例如，2018年7月，湖南娱乐频道开始运营短视频内容矩阵，10月率先成立MCN机构Drama TV，并倡议建立全国广电MCN同盟会；2019年7月，黑龙江广播电视台开始广电MCN与短视频内容的探索。广电媒体主持人成为MCN公司的第一批签约作者，也吃到了部分流量红利。在这一阶段，无论是与MCN机构合作，还是广电下属MCN公司都已发展成熟，在MCN团队专业运营下，媒体人抖音号平稳发展，增速也有所回升。而在上级部门的示范效应下，地市级及以下广电媒体人账户的增速在第三阶段有明显上升，从占比不到五成迅速上升到接近六成。

在第四阶段，全国广电媒体人短视频账户增速出现明显下滑。一方面，有影响力的广电媒体人基本都开启了账号，扩散速度自然会放缓。另一方面，2020年9月，中共中央办公厅、国务院办公厅印发了《关于加快推进媒体深度融合发展的指导意见》，强调广电媒体进行融合发展的工作已转变为突破重点领域和关键环节，这也意味着媒体从业者从简单入驻抖音平台变成深耕运营，媒体人短视频号从追求数量转向提升质量。因此，这一阶段的新增账户仍然以地市级及以下媒体为主。2020年初，新冠肺炎疫情的发生虽然冲

---

[1] 韩诚，韩轶青.论广电媒体MCN转型的现状、困境与发展策略[J].电视研究，2020(08):14-18.

击了传统媒体，但同时给短视频平台带来了发展契机，一小部分广电媒体人抓住此机会，进驻抖音扩大影响力及实现商业变现。①

从地域来看，根据国家统计局划分，内地31省份分属于东部、中部、西部和东北四大区域。东部地区包括北京、天津、河北、上海、江苏、浙江、福建、山东、广东和海南；中部地区包括山西、安徽、江西、河南、湖北和湖南；西部地区包括内蒙古、广西、重庆、四川、贵州、云南、西藏、陕西、甘肃、青海、宁夏和新疆；东北地区包括辽宁、吉林和黑龙江。本文沿用这一编码原则进行卡方分析，结果发现，无论在哪一个时间段内，东部经济发达地区的广电媒体人都更可能开设抖音账号。西部和中部的广电媒体人所开设的账户几乎并列占据第二位，而东北地区则占比最低。不过，考虑到东北地区仅由三个省份构成，若以各省平均媒体人账户数来看，东北地区的广电媒体人账户在数量上仍然名列前茅。

表2 不同时间段内广电媒体人抖音号的地域分布

阶段	东部	西部	中部	东北	总和
第一阶段	488（31.8%）	364（23.7%）	377（24.6%）	305（19.9%）	1534
第二阶段	840（38.9%）	459（21.3%）	453（21.0%）	407（18.9%）	2159
第三阶段	238（38.4%）	100（16.2%）	130（21.0%）	151（24.4%）	619
第四阶段	130（39.4%）	88（26.7%）	54（16.4%）	58（17.6%）	330
总和	1696（36.5%）	1011（21.8%）	1014（21.8%）	921（19.8%）	4642

注：Chi-square=48.7, df=9, p<0.001。

资料来源：本研究采集统计。

---

① 杨红彬. 广电媒体短视频运营之道探究——以河南许昌广播电视台为例 [J]. 中国广播电视学刊，2021(04):101-103.

本研究使用回归模型对影响广电媒体人抖音号传播效果的因素进行了分析。研究的因变量是账户于2020年底的粉丝数，自变量包括地域、时间阶段、性别、所属媒体的行政级别和推送的视频总数。由于粉丝数和视频数不符合正态分布，本文首先进行了自然对数转换（取自然对数），转换后符合正态分布形态。对于性别，使用哑变量编码方式编码了变量"男性"（0=女性，1=男性）。对于主播进驻抖音的时间阶段，使用对照编码（Contrast coding）方式编码了三个新变量：（1）其余阶段与第一阶段比较（1/4=第二阶段，1/4=第三阶段，1/4=第四阶段，−3/4=第一阶段）；（2）第三、第四阶段与第二阶段比较（1/3=第三阶段，1/3=第四阶段，−2/3=第二阶段，0=第一阶段）；（3）第四阶段与第三阶段比较（1/2=第四阶段，−1/2=第三阶段，0=第一阶段，0=第二阶段）。对于地理位置，使用对照编码方式编码了三个新变量：（1）非东部与东部比较（1/4=西部，1/4=中部，1/4=东北，−3/4=东部）；（2）中西部与东北部比较（1/3=西部，1/3=中部，−2/3=东北，0=东部）；（3）中部与西部比较（1/2=中部，−1/2=西部，0=东北，0=东部）。对于行政级别，使用对照编码方式编码了两个新变量：（1）省级和地市级与中央级比较（1/3=省级，1/3=地市级，−2/3=中央级）；（2）省级与地市级比较（1/2=省级，−1/2=地市级，0=中央级）。

表3　预测媒体人抖音号粉丝数量的多元回归分析结果

比较项目	系数（标准误）	标准化系数
常数项	4.028^{***}（0.112）	
男性（参考变量=女性）	0.120^{a}（0.069）	0.021
阶段特征		
第二、第三、第四阶段与第一阶段比较	-0.778^{***}（0.081）	−0.133
第三、第四阶段与第二阶段比较	-0.545^{***}（0.096）	−0.080
第四阶段与第三阶段比较	-0.520^{**}（0.163）	−0.041
地域		
中部、西部、东北与东部比较	-0.683^{***}（0.073）	−0.119
中部、西部与东北比较	0.324^{**}（0.093）	0.043
中部与西部比较	0.498^{***}（0.103）	0.059

比较项目	系数（标准误）	标准化系数
所属媒体的行政级别		
省级、地市级与中央级比较	-1.974^{***}（0.198）	-0.125
省级与地市级比较	0.695^{***}（0.070）	0.123
发布的视频数	1.075^{***}（0.024）	0.540
R^2		0.378
调整后R^2		0.376
F		253.888^{***}

注：**表示$p<0.01$，***表示$p<0.001$。

从表3所展示的结果可看出，男性与女性主播的粉丝数量在0.05的水平上有近于显著的趋势，男性主播的粉丝量多于女性主播。媒体人进驻抖音的时间越晚，粉丝数量越少。东部主播的粉丝数量多于其他地区主播粉丝数量的平均水平，中西部地区主播的粉丝数量平均水平多于东北地区，中部地区多于西部地区。媒体人所属媒体的行政级别越高，粉丝数量越多，中央级主播的粉丝数量显著多于省级和地市级主播的平均粉丝数量水平，省级主播的粉丝数量显著多于地市级主播。

三、结论及建议

本文以广电媒体从业者的抖音号为对象，分析了短视频在广电媒体从业者中的扩散情况及其影响因素。整体来看，广电媒体从业者的短视频号发展经历了创新扩散S形曲线的过程，并可以分为四个不同的时间阶段。目前，广电媒体人短视频的发展已具备了较大的数量规模，并成为短视频平台中的主要内容提供方之一。

具体来看，广电媒体从业者抖音号整体发展势头强劲，各行政级别广电媒体人重视抖音号运营。从分布来看，广电媒体从业者抖音号的性别分布均衡。地域上，东部经济发达地区的广电人开设抖音账号最多，其次是西部和中部。从扩散的整体过程来看，广电媒体人抖音号整体扩散经历了四个阶段。本文根据创新扩散理论，将其分别定义为引入期（第一阶段）、增长期（第二阶段）和成熟期（第三阶段和第四阶段）。①引入期以省级和地市级及以下的媒体人账号为主，知名度较高的主持人拥有更多的粉丝，具有较高热度。但这些抖音号运作与媒体机构相关性低，偏向娱乐属性。在增长期，来自中央级和省级媒体为代表的主流媒体新闻从业者布局短视频市场，在上级部门的示范效应下，地市级及以下广电媒体人账户的增速也有明显上升，呈现出行政级别由上而下的示范效应。而在成熟期，虽然新开账户的增幅下降，但广电媒体人抖音号往纵深发展，部分广电媒体人抓住机遇实现新的发展。对扩散效果影响因素的分析则发现，广电媒体从业者的性别、进驻抖音平台的时间、所属媒体的行政级别、发布视频数等因素对于账户的粉丝量都产生了统计上可分辨的作用：男性主播的粉丝多于女性主播；进驻时间越晚的账户，粉丝数量越少；同时，行政级别越高的账户，粉丝量越多。这说明扩散过程的不同阶段对于账户的传播效果产生了明显的影响。

最后，基于研究发现，本文提出若干实务建议。第一，在内容方面，广电从业者凭借专业技能优势，在短视频新领域收获大批热度。同时也在提示传统媒体人转变自身思维，加速转型进程。第二，平台引流是广电媒体人发展的必要条件。通过不同时间段的纵向比较，第一阶段即引入期，由于平台的扶持和早期开设账号者所具有的先手优势，广电媒体从业者获得较高的关注，平均粉丝量居于四个阶段之首。随着时间的推移，后发者的优势不在，平均粉丝量下滑。因此，如何借助平台，与平台共赢始终是内容生产者需要考虑的策略。第三，深度运营打造身份IP记忆点。广电媒体从业者的抖音号不能停留在账号入驻、完成任务指标的阶段。相反，宜结合自身特长和归属广电机构特征进行身份定位，保持连续且大量的内容输出，根据受众反馈调整内容。第四，把握时间尺度，抢占新热点市场。回归结果显示，进驻时间

---

① 虽然第四阶段的新增账号增速放缓，但目前还难以判断广电媒体从业者的抖音号是否进入衰退期。本文数据截止到2020年12月31日，因此从理论上看，暂时将第三和第四阶段合并定义为"成熟期"较为妥当。

越晚的账户粉丝量越少，广电媒体人抖音号并未完全涉足短视频所有类目，因此，在面对新内容市场时率先入场，抢占先机也是成功的要素之一。第五，调整细分发展方向。有研究发现新闻音频节目中，观众更偏向男声。[1]本研究也发现，广电媒体人抖音号当中的男主播更受粉丝青睐，男性媒体人可能更容易在资讯类等细分方向上赢得更多受众。第六，各级各地区的广电媒体宜联动共建，发挥规模效应。多维度策划整合不同行政级别的传播资源，充分挖掘地域文化资源，以中央带动省级、地市级账号，落实新闻从业者的账号矩阵式运营，展示转型后具备活力的全新"广电人形象"。

［林功成，中山大学新闻传播学院副教授；伍可滢，中山大学新闻传播学院硕士。本文系课题"中国媒体抖音发展报告2020"（负责人：张志安）的成果之一，同时系广东省舆情大数据分析与仿真重点实验室、广州大数据与公共传播研究基地的成果之一。］

---

① 黄雅兰.声音的性别：新闻客户端自动语音播报中的刻板"音"象[J].全球传媒学刊，2021,8(01):108-125.

为何不收费？媒体创新扩散中的主体性困境

——基于媒体从业者对"新闻付费"态度认知的调查与分析

龚彦方　黄晓韵

【摘要】

本文运用创新扩散理论视角从新闻属性及主体性、内容付费及互联网信息免费策略展开媒体从业者对新闻付费的态度认知调查与分析，尝试剖析在新闻付费作为媒体创新策略时，新闻组织在新闻创新扩散中所遭遇的主体性困境。研究结果表明：当下媒体从业者对新闻付费抱有"复杂而矛盾"的群体性主观态度，新闻付费作为一种创新机制并没有"说服"大多数潜在接受者，因为它与过去的经验和价值观并无一致性，也无产生明显的创新激励，且版权保护现状堪忧，使新闻付费面临维权成本高于侵权成本的困境；但是，后者主观上并未对新闻付费产生抗拒或否定。深度访谈研究发现在面对新闻付费的创新模式时，媒体机构的经营模式、传播方式与社会合作的路径依赖使得新闻从业者对与公众建立直接的"信托关系"还是间接的"二次售卖关系"产生了犹豫，与此同时一方面抱怨同质化的工作网络，另一方面又安居其中。这些主体性的困境都成为创新扩散中认知与说服的直接或间接的阻力，并最终抑制或抵制了新闻付费作为媒体创新策略的扩散。

【关键词】

新闻付费；创新扩散；认知与说服

一、问题的提出

近年来，学界在热烈讨论"纸媒消亡论"，有的甚至拟出报纸消失时间表，有的依旧看好纸媒。一方面，最近数年媒介融合成为国家宣传领域的重要战略，各级主管部门大力推动传统媒体向数字化转型；另一方面，传统纸媒近年来发行和广告收入呈断崖式下滑而纷纷进行市场化转型。因此，在数字化转型和市场化转型并行驱动之下，以"付费墙"作为盈利创新手段的新闻付费应运而生，并被视作传统媒体的重生机会。

国内媒体中最早进行内容付费的是财新传媒。2013年，财新传媒对杂志《新世纪》数字版、《中国改革》的内容实行收费；后经多次渐进式创新，财新传媒的付费墙形式升级，从"免费内容+付费内容"结合的"篱笆墙"模式，转变为当下更全面的以付费内容为主的"水泥墙"模式。2019年末，国际期刊联盟发布的《2019全球数字订阅报告》称，财新传媒拥有30万订阅读者，全世界排名第15。[①]2018年，《南方周末》设立了计量式软性付费墙，次年8月，南方报业传媒集团经营分析会公开数据显示：以内容付费工程为核心业务的数媒工场收入增加300%；2021年3月，南方报业公布数据显示，《南方周末》的内容付费工程在2020年营收超过1.44亿元。[②]

但转型实属不易，尤其新闻付费的实践并无想象的顺利。2015年，英国《太阳报》宣布终结为期两年的付费墙实践。2013年《潇湘晨报》开始对数字内容进行收费，不过持续不到几年就终止了，国内大部分媒体也没有采用付费墙模式，而仍沿用传统的"发行+广告"的"媒体经济模式"。因此本文的研究起点是新闻付费作为一种媒体创新机制为何没有在媒体组织间得到扩散。

以往有关内容付费的研究较多从知识付费的类型、用户付费意愿、机构管理等切入，"新闻付费"被看成媒体组织决策者在利用技术资源与市场

---

① 财新网.财新入围《2019 全球数字订阅报告》榜单 15 强 [EB/OL].(2019-12-23) [2022-04-15]. https://www.caixin.com/2019-12-23/10 1497066.html.

② 首次公开！南方周末账本 [EB/OL]. (2019-08-10) [2022-04-05]. http://static.nfapp.southcn.com/content/201908/10/c2509826.html?group_id=1.

资本而进行经营创新的策略选择。但实践表明，"新闻付费"并不能简而化之为某种媒体经济模式的创新，而是对以往新闻经验和生产模式的倒逼式改革；某些组织采取"付费模式"也不能仅仅归因于决策者的策略选择，还理应关注组织成员的意愿，因为决策者的策略决断和策略执行均不可能独立于组织内部成员的共识性认知，后者的主体性认知与态度往往成为创新成功与否的关键性要素。因此，本研究另辟蹊径，拟运用创新扩散中"认知"与"说服"机制为"新闻付费"的创新受阻提供实然性阐释，即当新闻付费作为一种媒体创新策略时，本研究试图通过探讨创新策略"不扩散"的原因来描述新闻创新过程中组织内部的主体性困境，并尝试探讨究竟是哪些因素导致了这些困境。具体而言包括三个研究问题：（1）从媒体组织成员的内部视角描述媒体从业者对"付费墙"的态度与认知：如何看待内容付费及新闻信息的"付费"特性；（2）从媒体的新闻生产机制与社会合作机制分别考察"付费"创新受阻的原因；（3）基于前两项研究，试图剖析中国媒体组织在新闻创新扩散中所遭遇的主体性困境。

二、理论分析：创新扩散

罗杰斯认为，创新被采纳是"充分利用创新作为最佳行动方案"的决定，而拒绝采纳则是不被说服的决定，罗杰斯将扩散定义为"一项创新在一个社会系统的成员之间通过特定渠道传播的过程"。在这个定义中，创新、传播渠道、时间和社会制度是创新扩散的四个关键组成部分。[1]结合研究问题，本文理论分析聚焦扩散理论中"认知"与"说服"的规律性特征。

（一）创新扩散中的认知与说服

罗杰斯与卡布罗均发现具备扩散潜力的创新行为在人群中的扩散呈现S

---

① Sahin I . Detailed Review of Rogers' Diffusion of Innovations Theory and Educational Technology: Related Studies Based on Rogers' Theory[J]. The Turkish Online Journal of Educational Technology – TOJET April 2006 ISSN: 1303-6521 volume 5 Issue 2 Article 3 , 2006, 5(02):14-23.

形轨迹，即早期增速较慢，但达到临界点就会进入发展起飞阶段。个体接受创新的决策过程分为五个阶段：认知、说服、决策、实施与确认。其中认知与说服是决策的前提，当潜在的组织内成员主观感觉创新相比所取代的事物价值越大、创新与过去的经验和现存的价值观冲突越小、试错成本越低、并可以通过试验观察结果，那么创新的说服力就越高，也就越容易被潜在组织和成员所接受。①但在扩散的不同阶段，促使扩散的驱动力强度是不同的：其一，当技术创新刚刚出现的时候，采用者较少，先采纳者面对不确定的市场需求，虽然产业集群内同行间的竞争较小，潜在采纳该技术的企业数量多，扩散的驱动力大，但风险也较大，因此实际采纳该项技术创新的企业较少，扩散速度较慢；其二，随着越来越多的企业采纳技术创新后，集群内其他企业在利益驱动下跟进模仿，使技术创新扩散速度加快，采纳创新技术的企业数量增多；其三，随着集群内竞争加剧，利润空间越来越小，该技术创新对企业的吸引力减弱，创新的边际收益趋缓甚至下降，扩散的驱动力减小，扩散速度降低。②

（二）传播网络的异质性与创新扩散

实证研究发现处于弱网络传播链中的人或组织比强网络传播链更易接受创新信息，这就引出了人际网络的同质性与异质性对创新扩散的差异化讨论。越是处于不同类的传播网络中，创新行为越容易得到扩散；同质性的网络则反之，这是因为在异质性的传播网络中，信息处于不对称的状态中，组织之间的差别较大，创新的试错成本也不尽相同，那么成本低的组织可能会率先采纳创新行动；但同质性传播网络中，信息类似与重叠的程度则比较高，反而不利于创新扩散。③

综上所述，创新扩散的本质是创新信息通过扩散进行说服之后被采纳

---

① Rogers EM , Simon and Schuster. Diffusion of Innovations, 5th Edition[M]. Free Press, 2003; [美]卡布罗 . 产业组织导论 [M]. 第 2 版 . 刘勇，译 . 上海：上海财经大学出版社，2019: 281-283.
② 陈旭 . 基于产业集群的技术创新扩散研究 [J]. 管理学报，2005(03):83-86.
③ [美]卡布罗 . 产业组织导论 [M]. 第 2 版 . 刘勇，译 . 上海：上海财经大学出版社，2019: 281-283.

的过程，只有观察到足够多的创新激励时，组织的主体性才有可能被说服，继而采纳创新，否则创新将会受到抵制。创新的激励指向是被说服的客体条件；但从组织内部而言，创新是否能被说服，与组织主体之于外部压力环境下的理性选择也有高度关联；其间，传播网络链的异质性则对于说服方式起到正面作用；反之，同质化的传播网络不利于创新扩散。简而言之，创新激励、组织之于外部压力的选择策略以及网络的异质化程度是影响创新扩散的三个重要维度。

三、研究对象、研究问题及方法

（一）研究对象：新闻付费

有关新闻付费的研究成果众多，基于本文研究目的，我们分别从新闻付费模式及互联网信息免费策略、新闻信息产品的复合客体性与新闻从业者的主体性的两对看似相互矛盾的概念展开对研究对象的分析。

1. 新闻付费模式与互联网信息免费策略

"付费墙"指新闻业在内容付费方面的实践，是纸质媒体供应方对在线数字内容设置的阅读准入机制。Utter指出，媒体机构主要采用三种付费模式：一是计量式付费（Metered Sites），以《纽约时报》为代表，读者免费在限定时间内阅读一定数量的报道，超时就需要支付订阅费用，这种模式也可以让用户在正式订阅之前进行阅读体验，因而更容易获得读者认可[1]；二是混合式付费（Hybrid Sites），以《达拉斯晨报》为例，以内容类型不同区分免费或付费；三是剥离式付费（Dueling Sites），以《波士顿环球报》为代表，包括完全免费和收费两个不同的媒体平台（网站）来实现。[2]

相应地，媒体机构的经营模式包括内容付费盈利（pay-for-content model）、广告主盈利（advertising revenue model）和混合盈利（hybrid revenue model）

---

[1] Yang N . Building the Wall: Will Digital Subscriptions Save the Industry?[J]. Editor & Publisher, 2012；孙志刚，吕尚彬.《纽约时报》付费墙对中国报纸的启示 [J]. 新闻大学，2013(03):109-114.

[2] Mutter AD . The State of Play for Paid Content, 2011[M]. Editor & Publisher, 2011.

三种。然而，哪个盈利方式是移动互联网内容付费产业的最优选？当下暂无结论，目前学者们广泛认可新闻机构综合采取内容付费盈利和广告主盈利的方式。①

在内容产品层面，Steinle和Brown认为，小报生产的内容具有独特性优势，所以相比大报更易使用"付费墙"；Ives持同样观点，他对宾夕法尼亚州的《兰卡斯特新纪元报》进行案例分析后，认为本地化特色明显、缺少同类竞争的社区小报实施"付费墙"是可行的，并且能够获得成功，但在实践中不能采取太过激进的方式推行。② 在用户层面，Jonathan Cook和Shahzeen Attari调查了读者对《纽约时报》实施付费墙的态度和行为。研究表明大多数读者不打算付费，最终也没有付费。尤其是那些认为收费墙会导致不平等的公众会下调对报纸的价值认知，减少访问网站，并可能利用规则漏洞间接获得付费内容。③

国内有学者通过对三家已经采用原创新闻付费的媒体和两家珠三角地区的综合性城市报纸进行调研后指出，国内纸媒在融合转型中施行新闻付费有三大困境，包括：高质量新闻短缺；技术被手机运营商、社交媒体以及移动支付系统等平台垄断，影响用户阅读体验；版权保护不力，新闻维权"诉讼成本高、赔偿收益低"。④

总体而言，学界对于媒体是否可以采用"付费墙"持有截然不同的态度。一部分学者对"付费墙"的未来展现出乐观积极的态度，因为它降低了报纸运营和出版的成本，并使得媒体不再过分依靠广告；但也有不少人认为"付费墙"难以帮助媒体进行数字化转型，因为会减少用户的访问量，进而

① Li Z, Cheng Y. From Free to Fee: Exploring the Antecedents of Consumer Intention to Switch to Paid Online Content[J]. Journal of Electronic Commerce Research,15(04) , 2014:281-299.

② Steinle P, Brown S. Embracing the Future: Visits to 50 Newspapers in 50 States Find an Evolving Industry Launching New Initiatives in an Effort to Survive and Thrive in the Digital Era[J]. American journalism review, 2012; Ives N. Success of Pay Walls At Smaller Papers Is Good Sign For Print[J]. Advertising Age, 2010.

③ Cook JE , Attari SZ . Paying for What Was Free: Lessons from the New York Times Paywall[J]. Cyberpsychology Behavior & Social Networking, 2012, 15(12):682.

④ 朱鸿军，张化冰，赵康.我国推行原创新闻付费的障碍与路径创新研究 [J]. 新闻大学，2019(07):83-95+123-124.

降低媒体在线广告的收入，如果读者可以从其他渠道免费获得"付费墙"内的内容，那么该模式反而会加剧读者流失，并利好竞争对手；此外，还有学者提出"付费墙"会造成付费用户和免费用户之间获取信息权利的不平等，这违反了信息自由和公共利益至上的理念。①

"付费墙"产生争议的前提是因为在互联网时代数字产品定价普遍采用免费策略，内容收费模式似乎与之背道而驰。因此，本文还尝试剖析"免费策略"，借以从另一面剖析"付费墙"的运作机制，使研究更具现实意义。

互联网时代的数字信息产品不存在边际生产成本，以互联网建立传播与销售渠道的成本也接近为零。同时，各产品主体高度自由竞争，不用分担和补偿隐性成本。根据微观经济学利润最大化原则，当价格、边际成本与边际收益均相等时，企业达到利润最大化。从理论上讲，对于在互联网建立销售渠道的数字产品，免费供应时企业即能实现利润最大化，因此，大多数企业的数字定价最初都会采取免费策略。2006年《连线》杂志首次提出了免费经济学 (Free Economics)，并称免费是未来经济的基本模式。照此思路，新闻类的数字化产品的免费策略也是合理的。

但是在现实中完全免费几乎不可能，因为所有数字化产品均存在一定的固定投入，尤其是创意类文化产品；即使这样，包括人才、技术与设备更新在内的边际投入也是必不可少的。现实中的企业一般采用三类实际的"免费定价"模式：第一类是"交叉补贴模式"，指供应方将商品分为A和B两种类型，A免费供应给用户，B则向用户收费，在实体经济时代，这是较为常见的免费模式之一；第二类是"三方市场模式"，指供应商将商品A免费或以极低价提供给用户，但会将用户以总量方式（如报纸发行量）转售给广告商，同时把自身所拥有的版面、时间段等作为商品B向广告商销售从而获利，这种方式是传媒产业最普遍的运营模式，传媒经济学中将此称为"二次售卖"模式；第三类是"Freemium模式"，指供应商先将商品A提供给用户群A，在这

① 辜晓进. 美国报业：数字化转型进入深水区 [J]. 新闻与写作，2016(08):25-33；刘鹏. 传统媒体融合转型的若干趋势 [J]. 新闻记者，2015(04):6-16；郜书锴. 付费发行：数字化报业发展之困境与出路——以美国《纽约时报》为例的深度分析 [J]. 浙江传媒学院学报，2014(01):17-21.

一阶段中，所有商品都不向用户收费，当用户群A中的用户对增值服务、个性化服务或升级版功能有需求时，用户A就会进行购买，进阶变成用户群B的成员，因此供应商通过向用户群B供应商品B而获利。①

近十来年，随着互联网的发展，Freemium模式成了主流。Anderson提出"注意力经济"（Attention Economy）和"声誉经济"（Reputation Economy)是主导互联网交易中的重要概念，在一定程度上，免费模式下盈利主要通过注意力和声誉的变现；换句话说，免费只是开始，基于供过于求的过剩思维，企业还需将注意力和时间作为稀缺资源，培养用户的兴趣，让用户为其付出大量时间，然后将这两者作为盈利渠道。②近年来，基于移动互联网形成的社区可以让有共同兴趣爱好和追求的人聚集在一起，形成社群，为内容提供者和用户提供了有效的接触渠道，这些都成为推动"内容付费"发展的原因。例如，有学者基于SOR理论，探讨了内容价值和外部同伴付费倾向对用户付费意愿的影响机制，同时研究了免费心理对于期望获益与付费意愿关系的调节效应，研究指出内容的独特性价值和同伴付费态度对用户付费意愿的影响作用更大；此外，社会需要、社群影响、知识提供者拥有的社会资本数量以及个体对内容价值的感知等与用户信任度的高低成正比。③

Marju等对在线新闻用户进行描述性分析，考察他们对在线新闻付费的态度以及分析不同群体付费意愿降低的影响因素，研究发现，公众为在线新闻内容付费的意愿正在缓慢提升，用户之所以愿意付费是因为希望能够获得独特、富有特色的在线内容，用户在线新闻付费意愿的降低主要是因为省钱心

① 焦微玲，裴雷.数字产品"免费"的原因、模式及盈利对策研究[J].现代情报，2017，37(08):26-32.

② Addison, Dominick. Free web access business model is unsustainable in the long term.[J]. Marketing (00253650), 2001:9-9; Dou W.Will Internet Users Pay for Online Content?[J].Journal of Advertising Research,2004,44(04):349-359.

③ 王栋晗，张珊.在线内容付费意愿影响因素研究：基于用户免费心理的调节作用[J].现代传播（中国传媒大学学报），2019,41(11):122-129; Oestreicher-Singer G , Zalmanson L . Content or Community? A Digital Business Strategy for Content Providers in the Social Age[J]. Mis Quarterly, 2013, 37(2):591-616; 赵杨，袁析妮，李露琪，等.基于社会资本理论的问答平台用户知识付费行为影响因素研究[J].图书情报知识，2018, 184(04):17-25; Alexandre B. Lopes, Dennis F. Galletta. Consumer Perceptions and Willingness to Pay for Intrinsically Motivated Online Content[J]. Journal of Management Information Systems,2006,23(02) :203-231.

理和免费获取网络信息的消费习惯。①

2.新闻信息的复合客体性及新闻主体性研究

从免费跨入收费，意味着新闻信息从公共物品间接转化为商品。以往学者对"新闻是公共品还是商品"的问题曾进行热烈讨论。新闻信息的客体特性问题的讨论始于20世纪80年代。随着传媒市场化改革，新闻信息也从过去单一的公共品属性，转变为兼具商品属性。媒体机构在发挥政治宣传作用的同时也要能自负盈亏，中国当下传媒机构的赢利模式采取普遍性的"二次售卖"，意味着媒体机构首先利用新闻信息内容吸引受众，然后将受众的注意力售卖给广告商，以此获得真正的经营利益。在这样的背景下，受众往往可以用很低的价格（以低于印刷成本的发行价格）甚至免费获得内容。②

近来，随着纸媒数字化转型，"数字环境下在线新闻应不应该收费"成为新闻业界和学术界争论的核心，关于新闻信息客体特性问题的讨论亦再度重启。有学者认为新闻是"准公共品"，符合竞争性，但不完全符合非排他性。③从使用角度而言，传媒产品的生产包括两类成本，一类是原创生产成本，另一类是边际投入成本；互联网使得传媒产品后者成本（边际投入）几近为零；如果采取免费价格策略，那么可复制性就使得逐利者只需低廉的成本便可获得巨大收益，从而使传媒产品"原创所有权"失效，极大地损失了原创者利益，久而久之原创类信息使用会大量减少直至为零。也正因如此，互联网空间中的"版权"就显得越发重要。还有研究表明，技术的进步可以改变传媒内容产品作为公共品的"非竞争性"和"非排他性"④。例如，有线电视信号通过数字方式传输，实现排他的成本降低，这样便可以通过加密的方式，让广播电视商规范电视节目的排他性，保证只有付费订阅的用户才能享用到内容；同样地，媒体机构也可以将网页设置成仅对付费会员开放，

① Himma-Kadakas M , Ragne Kõuts. Who Is Willing to Pay for Online Journalistic Content?[J]. Media and Communication, 2015, 3(04):1230-1235.
② 葛岩，卢嘉杰. 制度变迁视野里的报业市场格局 [J]. 上海交通大学学报 (哲学社会科学版)，2010, 18(02):5-18.
③ 马锋. 新闻即"公共物品"——一种经济视域的分析路径 [J]. 国际新闻界，2006(08):45-48.
④ 肖赞军. 传媒业内容产品的产品属性及其政策含义——兼与张辉锋博士商榷 [J]. 国际新闻界，2006(05):58-62；方林佑，李松龄. 传媒产品的商品属性及其产权特征 [J]. 经济评论，2005(06):21-25.

通过收费确立新闻产品的"排他性",从而能支付编辑部的原创成本并获得边际收益。

综上所述,新闻信息产品首先具有鲜明的意识形态属性,满足政治价值和公共价值的需求;其次作为劳动成果也具有可交换的使用价值,因此也具有商品属性的客体复合特征。

马克思主义的辩证唯物主义观点认为,主体性并非一个一般的抽象物或实体,它是一个关系范畴,对事物要从个体的主体认知、判断与决定,以及从人的实践和行动方面来理解,因此,新闻信息的这种复合特性不可避免地成为影响及形塑新闻从业者主体性的重要因素。①作为信息生产和传播的机构,在一定时期内,媒体机构会扮演诸如意见集合、舆论引导、信息传播等特定的社会角色,媒体从业者对自身的角色认知也有不同,其主体性表现也有差异。国内学术界早期的相关研究以记者角色认知类型划分和历史变迁为主。有学者把我国记者的职业角色划分为:宣传者、参与者、营利者和观察者,并对各种职业角色及其特征进行了详细区分。早年曾有学者提到,国内新闻媒体的办报方针是"政治家办报",新闻媒体一直都承担着宣传政党纲领的任务。中国记者的角色认知经历了从20世纪初为民立言的文人论政传统,到新中国成立后"宣传者",再到20世纪80年代后"传播者"的变化②,其间在新闻工作者的认知中,"营利者"和"观察者"的角色的重要程度上升至与"宣传者"和"参与者"同等重要的程度。

媒体从业者的职业角色随着社会变迁、尤其是信息技术介入之后发生了一些变化,学界出现了记者角色再定位研究,最近数十年中国的媒体从业者在采写活动中更重视发挥"迅速地为大众提供新的信息"和"帮助人民了解党和政府的政策"双重辅助性作用。当前,在传统媒体普遍转型的背景下,国内媒体从业者更看重报道事实、观察和解释事件等"信息功能",更加偏

---

① 陶建杰,张志安.网络新闻从业者的媒介角色认知及影响因素——上海地区调查报告之三[J].新闻记者,2014(02):63-68.
② 陈力丹,江凌.改革开放30年来记者角色认知的变迁[J].当代传播,2008(06):4-6;陈阳.当下中国记者职业角色的变迁轨迹——宣传者、参与者、营利者和观察者[J].国际新闻界,2006(12):58-62;路俊卫.新形势下新闻记者的角色认知及职业理念建构[J].湖北大学学报(哲学社会科学版),2014,41(04):105-110.

向于中立客观地报道事实。监督政府、设置议程等传统功能不断向专业性和营利性进行调适,记者的角色认知的主流正由传统的宣传教化转变为现代的信息监督,这其间互联网的使用和对互联网使用的依赖是导致记者角色认知变迁的因素之一。①

(二)研究问题及方法

根据前述研究目标以及理论分析框架,本文聚焦以下两个研究问题。

其一,通过问卷调查考察新闻从业者关于"新闻付费"的主体性认知,将从两个方面展开:(1)新闻从业者如何看待传媒产品的复合客体属性?(2)如何评价新闻付费之于媒体创新的激励?

其二,通过深度访谈考察组织成员如何看待外部因素对于媒体创新的影响,将从媒体生产机制、经营模式与社会合作三个方面展开。

问卷第一部分为"个人因素"考量,包括样本个体的人口统计学变量、基本工作情况,以及付费墙订阅情况。其中,关于"付费意愿"的测量借鉴王栋晗②的方法,其测量方法采用李克特(Likert)五点评分法。第二部分为媒体从业者传媒产品客体特征的认知调查,根据上述研究对象的分析,调查范围主要集中在:媒体从业者对于传媒产品的属性和传媒机构经济收益两个方面的认知。第三部分是根据Lin的免费心理调查问卷设计了媒体从业者免费心理现状调查③,此外还调查了媒体从业者对内容价值和新闻版权的相关认知,具体题项调查了适合收费的在线新闻类型、国内新闻版权保护现状感知等。

本研究在2021年3月至5月分别采用分层抽样和滚雪球方式向媒体机构从业者发放问卷,一共回收问卷252份,有效问卷234份,回收率为92.86%。样

---

① 喻国明.角色认知与职业意识——中国新闻工作者职业意识与职业道德抽样调查报告(之一)[J].青年记者,1998(02):5-8;张志安,吴涛."宣传者"与"监督者"的双重式微——中国新闻从业者媒介角色认知、变迁及影响因素[J].国际新闻界,2014(06):61-75;周裕琼.互联网使用对中国记者媒介角色认知的影响[J].新闻大学,2008(01):90-97.

② 王栋晗,张珊.在线内容付费意愿影响因素研究:基于用户免费心理的调节作用[J].现代传播(中国传媒大学学报),2019,41(11):122-129.

③ Lin TC,Hsu JSC,Chen HC.Customer Willingness to Pay for Online Music:The Role of Free Mentality[J].Journal of Electronic Commerce Research,2013,14(04)315-333.

本收集方向往市场化媒体和新媒体倾斜。接受调查的媒体从业者进入媒体行业大多集中在1~3年，月收入集中在5000~10000元。在问卷调查的同时公开招募访谈者，基于样本的典型性和多样性的考量，最终选择10名涵盖不同性别、口线、职业年龄和媒介机构类型的受访者，以微信和电话完成在线访谈，访谈问题与问卷调查保持一致，访谈内容整理约4.5万字。

四、新闻从业者关于"新闻付费"的主体性认知

（一）媒体从业者如何看待传媒信息产品的复合客体特性

在问卷调查中，15.38%的调查对象认为在线新闻是商品，28.63%的调查对象认为在线新闻是公共品，55.98%的调查对象认为在线新闻兼具商品和公共品特性。68.8%的调查对象认为经济新闻适合收费。在后续的访谈中，受访者分别从受众使用意愿、内容价值、新闻公共性理念以及财经媒体内部架构四个方面阐述经济新闻适合收费的理由。大多数受访者认为，时政类新闻还是应该保持免费的公共物品属性，因为它关乎公共福祉，而财经媒体的目标受众有着较高的使用意愿，所以经济新闻比其他类型的新闻更适合进行收费。

56.84%的调查对象同意"收费的内容比免费的内容质量要高"；与之对应的是媒体从业者的自我在线新闻付费意愿较高，其中，分别有23.08%、44.44%的媒体从业者选择"按单篇付费"和"按月度收费"，45.73%的调查对象选择年费价格区间在300元以下的收费标准。[①]

（二）新闻付费将对新闻业产生何种影响？

与上述付费意愿相矛盾的是媒体从业者有关互联网场域中新闻信息"免费心理"测度的总体均值为2.75，基本处于中间状态，这意味着调查者中至少

---

① 调查问卷中的"300元"参照了目前国内采用新闻内容付费的三家媒体的平均值：财新传媒、《南方周末》和《三联生活周刊》收费模式是以按月度和按年度收费为主。财新传媒、《南方周末》和《三联生活周刊》年费订阅分别是498元、188元和388元。

有一半以上的人认为新闻信息应该是"免费"的。

63.25%的调查对象认为实施付费墙会提升内容产品的质量，与此同时，仍有51.71%的调查对象认为付费墙的实施会导致原读者流向免费内容提供商，61.11%的调查对象担心读者数量会因此变少。61.11%的调查对象认为未来媒体行业收入应该同时依靠广告和在线内容收费，但超过一半的调查对象（52.56%）认为新闻收费不会提高或不能确定媒体机构整体的经营收入，几乎相同的比例（51.29%）认为媒体行业的收入不会提升或不能确定媒体工作者的个体收入。

43.16%的调查对象认为从新闻版权保护来讲，新闻付费面临的最大困境是维权成本高于侵权成本。68.8%的调查对象称亲身经历过作品版权被侵害的情况。80%的受访者认为当下版权侵害现象"很严重"或"比较严重"，该项分数总体均值仅为1.78，说明媒体从业者认为目前新闻作品版权问题很明显，与此对应，在对相关制度或政策效果的评价上分数均值仅为1.87。

综上所述，调查结果显示，当下媒体从业者对新闻付费抱有"复杂而矛盾"的群体性主观态度：一方面，认可新闻产品的商品特性以及市场转型的必然性，并具有"新闻付费"的消费主观意愿，也认可付费新闻质量高于免费；另一方面，仍然有近一半媒体从业者认为新闻信息"应该免费"，付费也不能适用于所有新闻内容，除了经济类新闻外，大多数受访者认为时政类新闻仍然属于不必付费的公共物品。此外，作为盈利模式的创新，大多数媒体从业者并不乐观地认可新闻付费对内容质量的提升能变现为理想的物质报酬，对媒体机构实践"付费墙"缺少专业信心，担心"付费墙"会使原有读者流失。

五、创新扩散的主体性困境：媒体机构的路径依赖

本文进一步以媒体机构的内部视角，从新闻生产机制的三个方面展开，阐释创新扩散中主体性困境所产生的深层次原因。

（一）自我激励的主体性困境

媒体经营与盈利是和媒体从业者物质利益最为直接相关的组织行为，因此从个体来看，新闻付费是否能提升个体收入就变得很重要。问卷调查结果显示，媒体从业者普遍认可开展"付费墙"后，内容产品质量将得到提高，但在个人收入问题上，32.91%的调查对象认为不会提升个体收入，18.38%的调查对象表示不确定个体收入会不会提高。在后续的访谈中，本研究从受访者的具体阐释中归纳出形成这一矛盾的互动机制。

首先，在媒体从业者的收入组成部分中，除了稿费等工资收入，还有类似车马费等灰色收入。在"收取车马费"这一行为上，学界和业界形成了截然相反的认识。学界将此界定为"媒体寻租"①，不少研究基于媒介素养和职业道德，猛烈抨击"记者收取车马费"的行为，称记者收取"车马费"会影响自身中立的立场，进而降低报道的客观性。而业界更多将此视为常态，在很多媒体中成了"心照不宣"的"业内潜规则"。媒体从业者认为这没有影响他们的新闻报道质量。

访谈者J："车马费是很正常的，但我觉得这不会影响我的报道，该怎么写还是怎么写。即使没有车马费，还是一样得写。"

事实上，当下大部分媒体从业者，尤其是财经记者的收入中，"车马费"占据了一定的份额。在媒体对内容进行收费后，一般会完全禁止记者收取"车马费"，对于这部分收入的缺失能否用依靠内容质量获得的物质报酬填补？这个问题暂时没有一个明确的答案。

访谈者J："我知道有少数媒体不准记者收取车马费，记者们的底薪是比其他媒体的要高，他们试图用这种方式填补车马费那部分收入。但是整体来

---

① 展江，彭桂兵.媒体道德与伦理：案例教学 [M].北京：中国传媒大学出版社，2014:69.

看，他们的待遇在同行里还是属于中等水平。如果不能收车马费，仅靠稿费能不能拿到跟以前差不多的工资，我觉得不好说。"

其次，媒体机构目前存在"营利者泛化"的现象。在传统的采编和经营分离的模式下，媒体从业者的角色认知更多为"传播者"。记者注重遵循新闻专业性，以客观、公正、平衡的原则进行报道。当采编与经营的边界变得模糊时，媒体从业者自然将"营利者"融入自身定位，化身为媒体与地方政府、企业打交道的中介，工作中心也不再是生产新闻信息内容，而是协助报社经营。

访谈者C："现在都要支持经营，记者都跑不掉的，我投身媒体行业之前，就已经做好心理准备了。这部分的工作跟你的工资挂钩，基本上每个单位的这种经营业务都跟你的工资挂钩，而且挂得还不少。也不能说是自愿，谁没个新闻理想的，我当然去想写大一些的稿件，但是这种经营业务你跑不好的话，你吃不饱饭。"

地方政府的形象宣传与广告成了绝大多数传统媒体的稳定收入来源，在媒体收入中占据了重要的位置，甚至成了某些媒体机构的主业。

访谈者D："像我们内陆的这些省份里面，哪有多少新闻采写的工作，差不多都是通稿下来。我们采写的才是贴近民生的，贴近老百姓的，这是自行采编。还有一种是执行采编，上面有命令下来，你需要去完成你的新闻工作。这些内容都是没有可以加工的地方，不让你动通稿。自行采编的新闻报道只能是1/3的量，2/3的是各种各样的宣传。"

尽管"付费墙"模式将重新聚焦内容生产本身，有利于内容质量的提升，但内容质量的提升能否直接转化为理想的物质报酬？大多数媒体从业者持不确定态度。

访谈者G："不少新媒体平台的新闻正在尝试做收费内容。从目前来看，就是增加工作量，但并没有改变其他东西。对内容质量的要求提高了的同时，没有算上更多的工作量。我们有KPI的，没有变成更多的KPI的话，那就是相当于我们要花更多的力气，但是（这部分工作量）没有算在KPI里面。"

媒体机构的新闻生产模式能确保当下媒体组织获得正常的经济收益，从而维持各项新闻生产，但它显然无法对新闻付费的创新行为产生额外的创新激励，如不能保障持续产生符合付费质量的内容信息，尤其不能确定能否弥补或替代当下某些"潜规则激励"收入。新闻付费是一种基于信息商品质量的市场交易行为，商品质量即为交易成本，所有收益只能从商品公开交易中获得；但从当下的机构生产与经营模式来看，新闻信息属性既包含了准公共品和商品，也变相成为某些潜规则中用来利益互换的"私人物品"的多重属性。因此，新闻从业者一方面深知新闻付费模式有可能带来更高质量的新闻内容，但另一方面仍然依赖于当下新闻信息多重属性的交易复杂性和潜规则而获得的直接收益。因此，面对新闻付费的创新模式，新闻从业者陷入了自我激励的主体性困境。

（二）"公众关系模式"的主体性困境

作为互联网信息传播的主要本质，"流量为王"策略备受欢迎，并得到了公众的广泛认可。大部分新闻媒体所追求的目标是让内容获得尽可能多的流量。无论是作为商业营销模式，还是作为互联网传播规律，流量都被置于相当重要的位置。如何提高内容的传播度，迎合用户浅阅读习惯？对于新闻媒体来说，"强调速度，放弃深度"成了最佳选择，"以流量替代发行量"成为主导性思维。

访谈者G："我们现在正在偏向更下沉的市场空间，这是领导的想法。领导可能觉得我们需要更多的受众。我们对于市场导向更公共性的议题的关注度上去了。原来有一些产业新闻的稿子我会写，现在不大写了，因为从受关注度来看，除了产业里面的人之外，就没有人看了。这样的稿子我们就慢慢减少。"

访谈者F："要策划能引起公众的关注的话题，最好找针锋相对的双方展开论战，这样的新闻策划比新闻报道或深度报道更能引起关注，只有有了流量才能引来广告客户。"

以流量替代发行量的模式本质仍然是传统"媒体经济"模式，即将公众的注意力贩卖给广告客户从而获得广告费，越多的注意力就越能获得更多的广告费，媒体机构与公众并不发生直接的市场关系，即"二次售卖"模式。而新闻付费模式显然与之不同，因为后者将高质量内容直接出售给公众，并接受公众的质量监督，公众/用户和新闻业之间的关系与其他生产消费关系一样是"信托关系"①，即当用户认为新闻媒体提供符合需要的新闻产品时，他们就愿意支付超出编辑部成本的预算实施购买。由此可见，在将新闻信息的收益与公众发生勾连的过程中，新闻从业者在直接的"信托关系"还是间接的"二次售卖关系"之间犹豫不决。

（三）同质化社会合作网络的主体性困境

新闻通稿是新闻通讯社在采访到重要新闻后，发给全国需要发布报道的媒体采用的已经成形的稿件。一般情况下，发给不同媒体的稿件内容完全一样。发布通稿有利于媒体在新闻时效性的前提下，对党的方针政策进行立场鲜明、文字生动的有效宣传。后来，企业为了方便宣传，防止记者对企业事件进行负面解读，影响企业形象，也会为记者提供通稿。

通稿经常出现在时政新闻中。很多时候，上级规定通稿不允许做任何修改。

---

① 王学成. "现实"与"理念"下的分裂——重思西方新闻专业主义 [J]. 新闻与传播研究，2007(01):12-17+22+94.

访谈者D："内容基本上都是一模一样的，甚至标点符号都是相同的。一个城市上百家媒体一篇通稿下来，全部是一样的，去改一个名字就行了。你怎么用呢？现在新闻很艰难，都没人看了，没有点击量的。"

此外，企业公关宣传部很多时候也会为媒体提供通稿。为提高发稿效率，媒体一般照搬通稿原文。新闻通稿的广泛使用或使公众关注的信息被过滤掉。若记者不懂得如何消除虚假信息，全文照抄，生产出来的新闻报道重要的信息量少，质量不高，甚至有可能是单纯为利益主体宣传的"新闻软文"。

访谈者G："我们还是会尽力做到客观公正，但我从结果导向上来讲，现在的产业新闻很多时候不是记者想要变成利益集团代言人，但是企业口风都很严，大家都是跟公关打交道，你不可避免地就会变成他们的（代言人）。"

一般来说，媒体对于日常事件的报道都会存在同质化问题。在这样的背景下，以往各大新闻媒体一般会通过挖掘事件深层信息、生产深度报道来寻找差异化竞争领域。但是深度报道属于编辑部成本很高的一类新闻产品，其选题一般是社会中的热点和痛点问题，需要资深记者实地调查取证，一般采写周期长。与此同时，随着新闻政策逐渐向宣传聚焦，媒体的政治功能日益凸显并成为其最重要的社会责任，媒体机构因此对于深度报道等领域的采编策略趋于调整或将部门缩编甚至取消类似的部门编制。

访谈者C："我之前写过一个稿子，一个系列报道，里面涉及了四五个人物。如果说稿子发出来的话，首先该系统会翻天覆地，其次这几个人都会丢掉他的工作。所以领导认为不适合发，可能影响太大了。"

访谈者G："现在内部线人在产经新闻里面，我觉得出现越来越少，现在愿意挖内部新闻的人越来越少，很多也是一些没有那么重要的，比如说人事变动的消息会比较多一点。"

一方面，新闻信息同质化的直接后果并非公众的阅读量减少，而是削弱了新闻信息的"排他性"，从而减弱甚至丧失了报道的竞争性，使得新闻信息通常不具备定价权，类似免费的公共产品；另一方面，同质化的社会合作网络降低了外部环境的压力，驱使组织在"共享通稿"过程中获得了至少达到平均水平的收益规模。因此，新闻从业者一方面抱怨同质化降低了内容质量，并不得不与各类经济机构博弈；另一方面又维持着这种模式的稳定性。

六、结语

根据调查与访谈可以粗略得知，当下媒体从业者对新闻付费抱有"复杂而矛盾"的群体性主观态度。新闻付费作为一种创新机制，与过去的经验和现存的价值观并无一致性，也没有产生可以替代的收益，因此并没有"说服"大多数受访者；但是，后者主观上也没有对其产生抗拒或否定，这说明新闻付费的创新扩散正遭遇潜在接受者的认知困扰。从制度环境来看，版权保护现状堪忧也成为受访者主观判断的重要依据，这既意味着个体智力劳动无法得到合法、合理的保障，也意味着"付费模式"的排他性失效。如果新闻内容产权边界无法明晰，就会导致在线新闻内容大多被迫成为免费公共品，新闻收费的产权基础也就无从谈起。

本文以媒体机构的内部视角，主要从新闻生产机制的三个方面展开，进一步阐释创新扩散中主体性困境产生的深层次原因，研究发现媒体机构的经营模式、传播方式与社会合作存在明显的路径依赖。在面对新闻付费这种创新模式时，这些路径依赖使得新闻从业者陷入了自我激励的主体性困境，对与公众之间究竟是建立直接的"信托关系"还是间接的"二次售卖关系"

产生了犹豫。与此同时，一方面抱怨同质化的工作网络，另一方面又安居其中。这些主体性的困境都成为创新认知与说服过程中直接或间接的阻力，并最终抑制或抵制了新闻创新的扩散。

依据创新扩散呈现S形的理论模型，早期创新由于采用者少而处于扩散较慢状态，我们因此相信新闻付费在中国当下的媒体组织间还处于创新扩散的早期阶段。不过，S形曲线的下半部将有多长，或者说早期阶段何时结束而进入创新采用的高潮期，很大程度上可能取决于当下媒体组织的路径依赖何时能被打破或依凭打破的成本高低而定。

［龚彦方，经济学博士、主任记者，中山大学新闻传播学院副教授；黄晓韵，中山大学新闻传播学院2019级新闻与传播专业硕士。本文系教育部人文社会科学规划基金项目"互联网媒介域的媒体创新与规制研究"（项目编号：18YJA860005）的阶段性成果。］

新闻学子的角色模范现状及其影响因素

——以上海地区为例

陶建杰　尹子伊　王凤一

【摘要】

本文以上海地区8所高校1430名新闻传播专业本科生的问卷调查数据为实证材料，分析了新闻学子角色模范的现状，比较有无角色模范的新闻学子在专业承诺、新闻业务观、职业选择等方面的差异，分析了影响新闻学子角色模范形成的主要因素。研究发现，超1/4的新闻学子心中没有角色模范，外部原因不容忽视；角色模范呈本土化、集中化趋势，"经典"与"当代"并存，自媒体鲜见；有无角色模范的学生在专业学习和职业选择方面存在显著差异，必须加强职业模范教育；教育客体和环体对学生心中角色模范形成的影响较大，同时也必须重视教育主体和介体因素的作用。本文据此提出加强新闻传播专业职业模范教育的相关建议。

【关键词】

新闻学子；角色模范；新闻教育

曾几何时，新闻工作者（以下简称"记者"）令人向往和崇敬，他们是党和人民的"耳目喉舌"，是"社会船头的瞭望者"，用责任、理性和思考呈现客观事实；他们"铁肩担道义，妙手著文章"，以笔为剑促进社会公平正义。如今，在新媒体技术冲击下，传统媒体面临挑战，自媒体、平台媒体迅速崛起，碎片化、煽情化、娱乐化倾向日益凸显。无论是从业要求、准入门槛还是社会声誉、收入待遇，都极少有一个职业像记者那样在过去20年间发生巨变。今天的记者，"工分"压力下的生活毫无规律，随时待命，拼命写稿①；恶劣的生存环境下，不断有新闻人英年早逝，职业神圣感逐渐丢失，转而成为一种"高危行业"；还有部分记者屈从利益，各种假新闻、有偿新闻频现；近年来，更是有越来越多的优秀媒体人转行……

这些变化，也使未来新闻从业者——新闻传播学子（以下简称"新闻学子"）感到迷茫与困惑：学新闻传播到底有没有前途？2016年传媒公号"全媒派"的调查显示，仅有48.9%的新闻学子将媒体作为第一就业选择；新闻传播专业就业对口率更是多年在20%左右徘徊。尽管如此，在传媒行业，新闻学子仍具有一定的就业优势。②可以预计，在未来一段时间内，他们依然是新闻从业者队伍的最主要来源。

职业社会学认为，角色模范（role model）的存在会对个体职业发展和专业理念产生重要影响。黄远生、邵飘萍、范长江、穆青、萧乾等名记者树立起来的角色模范，激励着上一代新闻工作者。进入21世纪，在价值观多元时代，今天的新闻学子还存在角色模范吗？如果存在，那么他们心中的典范新闻工作者和新闻机构又是哪些？有无角色模范的新闻学子在专业学习、职业选择方面是否有差异？影响新闻学子心中建立角色模范的主要因素有哪些？厘清这些问题，对在新闻教育中制定有针对性的措施，提升新闻学子的专业忠诚度，为未来媒体竞争储备优秀人才，促进新闻传播队伍的长期建设，具有非常重要的意义。

一、概念与文献

什么是"角色模范"？目前主要有两种定义视角：人的视角和素质视角。前者认为，角色模范是那些展示恰当行为的人，其行为和价值观能影响

---

① 夏倩芳."挣工分"的政治：绩效制度下的产品、劳动与新闻人 [J]. 现代传播（中国传媒大学学报），2013(09):28-36.

② 李韧，刘飞飞.新闻学子就业前景的实证分析 [J]. 新闻研究导刊，2014(04):59-61.

其他观察者，使他们产生相似的行为和观念。①后者认为，角色模范是个体在某种程度上感知到与自身实际相匹配的素质，并希望通过模仿来提高自我能力。②两种视角的理论支持，分别是角色识别理论和社会学习理论。最简单的理解，角色模范就是那些在具体行业中表现优异的模范、榜样。

角色模范的意义在于能强化观察者的学习动力并激发他们进入某个领域的信念。通过角色模范，个体能感受到成功的可实现性，主动提升自我③；形塑个人的职业兴趣和自我认知，最终作用于职业成就。④此外，角色模范还能通过在可接受和不可接受的行为间设定界限，让个体不做某事⑤，角色模范缺失可能导致少数群体在某些领域的失败。⑥

正因如此，角色模范得到了职业社会学的长期关注，尤其是针对在校学生。从文献看，研究对象主要集中在师范生、医学生等群体，角色模范的作用主要是促进专业学习和影响职业规划。在专业学习方面，角色模范会影响学生的专业选择⑦、提升学生专业学习积极性⑧，也是教师在教学中传递知识、技能和价值观的强大工具⑨。从职业规划看，角色模范会影响学生的实习意愿⑩和职业选择⑪。总体上说，研究发现，角色模范对学生的专业学习、职

---

① Jung J. How useful is the concept of role model? A critical analysis[J]. Journal of Social Behavior & Personality, 1986, 1(04):525-536.

② Gibson DE. Role Models in Career Development: New Directions for Theory and Research[J]. Journal of Vocational Behavior,2004,65(01):134-156.

③ Lockwood P, Kunda Z. Superstars and Me: Predicting the Impact of Role Models on the Self[J]. Journal of Personality and Social Psychology,1997,73(01):91-103.

④ Lent RW, Brown SD, Hackett G.Contextual Supports and Barriers to Career Choice: A Social Cognitive Analysis[J].Journal of Counseling Psychology,2000,47(01):36-49.

⑤ Gibson DE. Role Models in Career Development: New Directions for Theory and Research[J]. Journal of Vocational Behavior,2004,65(01):134-156.

⑥ Emery OB, Csikszentmihalyi M. The Socialization Effects of Cultural Role Models in Ontogenetic Development and Upward Mobility[J].Child Psychiatry and Human Development,1981,12(01):3-18.

⑦ Basco WT, Reigart JR.When do Medical Students Identify Career-influencing Physician Role Models?[J]. Academic Medicine,2001,76(04):380-382.

⑧ Ferry TR, Fouad NA, Smith PL. The Role of Family Context in a Social Cognitive Model for Career-related Choice Behavior: A Math and Science Perspective[J].Journal of Vocational Behavior,2000,57(03): 348-364.

⑨ Cruess SR, Cruess RL, Steinert Y. Role Modelling—Making the Most of a Powerful Teaching Strategy[J].British Medical Journal,2008,336(03):718-721.

⑩ Wright S, Wong A,Newill C.The impact of role models on medical students[J].Journal of General Internal Medicine,1997,12(01):53-56.

⑪ Henderson MC, Hunt DK,Williams Jr. JW.General Internists Influence Students to Choose Primary Care Careers: the Power of Role Modeling[J].The American Journal of Medicine,1996,101(06):648-653.

业规划均有正向的促进作用。

　　既然角色模范如此重要，那么有哪些因素会影响角色模范的形成呢？首先是个体因素。在性别上，个体往往倾向于选择与自己同性别的角色模范。有研究发现，女教师在学校的比例对女生的学习成绩有显著正向影响[①]，把女教授当作角色模范的女研究生自认为更有事业心和自信[②]。年龄也是重要的个体因素，例如，较年轻的初中生更容易选择电视里的人物作为自己的角色模范并受他们影响[③]。其次是教育因素。专业学习时长对学生角色模范选择的影响是显著的[④]；教师的作用性也不言而喻：当教师和医学生进行互动时，学生会重视和模仿教师所展现的个人品质[⑤]；实习指导医生的人格魅力和学识魅力能激发医学生的潜能，促使其提升对患者的人文关怀[⑥]。最后，家庭等环境因素的重要性也不可忽视。很多青少年会将父母看作角色模范，父母的教育水平和工作类型会影响他们的学业和职业规划[⑦]，有研究发现，父亲作为专业人士能起到角色模范作用，鼓励女儿进入非女性主导领域学习或工作[⑧]。

　　从已有文献看，国内外记者行业的角色模范研究较少。在每年的记者节，媒体会通过提及历史角色模范从而将他们所推崇的理想价值体系和行为方式人格化，也借机修补过去一年内受损的新闻理念和准则，这样做不仅能满足其他记者对"好记者"的想象，也能通过角色模范影响记者的职业理念

---

　　① 　Nixon LA, Robinson MD.The Educational Attainment of Young Women: Role Model Effects of Female High School Faculty[J].Demography,1999,36(02):185-194.

　　② 　Gilbert LA,Gallessich JM,Evans SL.Sex of Faculty Role Model and Students' Self-perceptions of Competency[J].Sex Roles,1983,9(05):597-607.

　　③ 　King MM, Multon KD.The Effects of Television Role Models on the Career Aspirations of African American Junior High School Students[J].Journal of Career Development,1996,23(02):111-125.

　　④ 　Basco Jr.WT,Reigart JR.When do Medical Students Identify Career-influencing Physician Role Models?[J]. Academic Medicine,2001,76(04):380-382.

　　⑤ 　Byszewski A, Hendelman W, McGuinty C, Moineau G.Wanted: Role Models-medical Students' Perceptions of Professionalism[J].BMC Medical Education,2012,12(01):115-124.

　　⑥ 　巩莹，张瑞丽，李惠娟.临床护理教师的角色模范对学生人文关怀能力的影响[J].中华护理教育，2011(08):358-360.

　　⑦ 　Dryler H.Parental Role Models, Gender and Educational Choice[J]. British Journal of Sociology,1998,49(03):375-398.

　　⑧ 　Lunneborg PW.Role Model Influencers of Nontraditional Professional Women[J].Journal of Vocational Behavior,1982,20(03): 276-281.

和实践。①一项针对香港新闻工作者的研究发现，有角色模范的香港记者比例较低（不足25%），他们倾向于选择符合香港新闻专业理念的非本地记者为角色模范，更认同新闻的社会影响力和专业功能。②

近年来，一些学者专门针对新闻学子进行了不同层面的研究。这些研究发现，新闻教育对新闻学子的专业承诺有积极的促进作用，能提高和增进新闻学子对所学专业的认同和情感。③在职业理念方面，新闻学子是否主动选择新闻专业的意愿对其职业满意度、新闻教育满意度等方面有明显影响。④不同类型学校的新闻学子在职业认同度上有显著差异，校内教育和校外实习对新闻学子的职业认同有显著的促进作用。⑤职业伦理观方面，新闻学子对新闻工作者的职业道德状况不太满意，认为"有偿新闻"严重，不同性别、有无实习经历的学生，职业伦理观存在差异。⑥他们对"狗仔队手法"和"写作失范"的宽容度低，但较能接受"暗访手法"，新闻认知、周边环境、新闻教育、职业取向都会影响新闻学子职业伦理观的形成。⑦职业规划方面，本科新闻学子毕业后首份工作去媒体岗位的意愿较为普遍，但长期工作选择非媒体岗位的人更多。⑧由于主流媒体提供的岗位较少，导致新闻传播专业学生的主流媒体就业率较低，他们只能进入和专业相关的单位而不是专业对口的媒体单位，这也导致新闻学子的就业满意度不高。⑨

但是，专门研究新闻学子角色模范的成果鲜见。其中，曹艳辉等对621名

---

① 李红涛，黄顺铭. 传统再造与模范重塑——记者节话语中的历史书写与集体记忆 [J]. 国际新闻界，2015(12):6-25.
② 王悦，李立峯. 记者心中的角色模范及其影响初探：香港个案研究 [J]. 新闻学研究，2014(02):1-43.
③ 陶建杰. 新媒体时代新闻学子专业承诺及其与新闻教育关系的实证研究 [J]. 新闻大学，2018(01):137-146.
④ 高晓瑜，姚婧. 新闻教育如何影响和塑造记者：新闻专业学生和新闻从业者记者角色认知的实证研究 [J]. 新媒体与社会，2018(02):259-272.
⑤ 陶建杰，张涛. 上海地区新闻专业本科生的职业认同及其影响因素 [J]. 国际新闻界，2016(08):116-133.
⑥ 萧思健，廖圣清. 未来新闻工作者如何评价新闻职业道德——复旦大学新闻学院对新闻专业学生的调查报告 [J]. 新闻记者，1999(06):33-35.
⑦ 陶建杰，张志安. 新闻学子的职业伦理观及影响因素 [J]. 新闻记者，2019(01):41-50.
⑧ 陶建杰，张志安. 过渡性职业：新媒体环境下本科新闻学子的择业意愿及影响因素 [J]. 现代传播（中国传媒大学学报），2018(09):160-168.
⑨ 胡正荣，冷爽. 新闻传播学类学生就业现状及难点 [J]. 新闻战线，2016(11):27-30.

大学生进行问卷调查后发现，有角色模范的大学生对新闻从业者违反职业伦理规范的行为接受度更低，更认同采编技能和通识教育对培养模范新闻工作者的重要性，受访者评价角色模范的高频词有"专业、公正、客观"等。此外，新闻专业学生较其他专业学生更熟悉和崇拜优秀新闻从业者。非常遗憾的是，这项研究的受访者中，新闻传播专业学生仅占45%，其他55%为非新闻传播专业学生。[①]事实上，"角色模范"的讨论，只有针对专业领域的学生才更有意义和价值。因此，这项研究并未能让我们深入观察到当下新闻学子的角色模范现状，也无法进一步考察角色模范对新闻学子职业规划的影响。

综上所述，角色模范对于大学生在专业承诺、学习投入与成效、职业规划等方面的重要性毋庸置疑，但专门针对新闻学子的相关研究极少。"媒体竞争关键是人才竞争，媒体优势核心是人才优势。要加快培养造就一支政治坚定、业务精湛、作风优良、党和人民放心的新闻舆论工作队伍。"[②]因此，清晰了解当代新闻学子的角色模范现状，比较有无角色模范的新闻学子在专业学习和职业发展意愿方面的差异，找出影响新闻学子角色模范形成的主要因素，把职业社会学的相关理论运用于新闻传播学科，培养优秀的新闻传播后备人才，正是对党和国家所提要求的具体回应，兼具理论意义和实践价值。

二、研究问题与假设

Stark认为，标准化的知识体系是专业区别于一般职业的重要特征，专业人士试图通过"认知垄断"增加自己的不可替代性，以此控制专业准入门槛。[③]教师、医生、工程师等，都属于这样的"专业"范畴。文献综述发现，专业领域的学生中，角色模范普遍存在。在新闻界，同样有一套完整的

---

① 曹艳辉，林功成，张志安. 角色模范对大学生新闻专业主义信念的影响研究 [J]. 国际新闻界，2015(07):36-52.
② 中共中央文献研究室编. 习近平总书记重要讲话文章选编 [M]. 北京：中央文献出版社，2016:434.
③ Stark R.Sociology. Belmont[M].CA: Wadsworth,1985:48.

制度和理念约束、规范新闻从业者的新闻实践。所以，本研究提出第一个问题。

问题一：新闻学子心中的角色模范有哪些，他们具有怎样的特征？

本研究关心有无角色模范的新闻学子在专业学习、新闻业务观念、职业选择方面的差异。一项针对医学院学生的研究显示，角色模范会影响学生对专业精神的感知，在专业教育中对于培养学生的道德和伦理价值观有着积极意义。[1]还有一项针对美国女大学生的研究显示，角色模范会影响她们的职业期待和职业选择，不同角色模范也会影响她们职业选择过程中的不同方面。[2]于是，我们提出问题二及三个研究假设。

问题二：心中有角色模范的新闻学子与心中没有角色模范的新闻学子在专业学习、新闻业务观念、职业选择方面有何不同？

假设一：心中有角色模范的新闻学子，具有更强的专业承诺。

假设二：心中有角色模范的新闻学子，具有更严格的业务操守与自我伦理约束。

假设三：心中有角色模范的新闻学子，更倾向于去媒体实习和工作。

根据文献综述，教育主体（教育者知识水平、人格魅力、情感态度等）、教育客体（学生自身的状况、认知能力和情感等）、教育介体（角色模范教育的内容与形式）、教育环体因素（受教育者的家庭、学校、社会环境等）等都是影响学生心中角色模范形成的重要因素。那么，对于新闻学子而言，是否也存在同样的情况呢？由于前人关于新闻学子角色模范的研究较少，我们无法提出针对新闻学子角色模范影响因素的具体假设，只探索性地提出研究问题三。

问题三：教育主体、教育客体、教育介体、教育环体中哪些是影响新闻学子角色模范的显著因素？谁的作用相对大一些？

---

① Byszewski A,Hendelman W,McGuinty C,Moineau G.Wanted: Role Models-medical Students' Perceptions of Professionalism[J].BMC Medical Education,2012,12(01):115-124.

② Hackett G,Esposito D,Halloran MS.The Relationship of Role Model Influences to the Career Salience and Educational and Career Plans of College Women[J].Journal of Vocational Behavior,1989,35(02):164-180.

三、研究设计与测量

本研究数据来源于课题组对上海地区八所高校（复旦大学、上海大学、华东师范大学、华东政法大学、上海外国语大学、上海对外经贸大学、东华大学、上海理工大学）新闻学子的问卷调查，涉及新闻学、广播电视学、传播学、网络与新媒体等相关专业。调查以专业课课堂现场填答为主，大四学生寝室发放为辅进行。根据各校信息公开网站、招生办公室网站等的公开统计数据，上述八校13~16级新闻传播类本科生招生计划共2109人，本次调查共发放问卷1693份，占学生总人数的80.3%；回收有效问卷1430份，占发放问卷的84.5%，学生总人数的67.8%。

角色模范测量：以两个填空题"哪一位是您心中典范的新闻工作者""哪一家是您理想中最佳的新闻机构"分别测量学生心中关于新闻从业者、新闻媒体的角色模范。

专业承诺测量：采用国内最主流的"连榕版"量表，从情感承诺、理想承诺、继续承诺、规范承诺四个维度，测量新闻学子的专业承诺。[①]操作中，对量表适当精简，选择16个题项，每个维度4题。精简版量表各维度和总量表的α系数分别为0.85、0.82、0.84、0.88、0.92，可信度较高。

职业伦理观测量：参考了 Weaver等前人研究成果基础并结合中国国情，设计了新闻学子职业伦理量表，涉及"违诺透露消息来源""任意编造消息源""擅用私人文件资料""为获消息纠缠对方""擅用单位机密文件""摆拍新闻事件/人物""假扮他人获取资料""隐瞒身份卧底采访""使用偷拍偷录设备""向消息源付费采访"十项，采用五点李克特量表。因子分析后，前六项归纳为"狗仔队手法"，后四项归纳为"暗访"。

新闻价值取向测量：通过多选题"你认为哪些是影响记者对新闻价值大小判断的主要因素"测量，设计"事件时效性""事件影响范围""是

---

① 连榕，杨丽娴，吴兰花.大学生的专业承诺、学习倦怠的关系与量表编制 [J].心理学报，2005(05):632-636.

否提供了新信息""事件主角的显著性""上级部门的意见""是否为独家报道""新闻同行的观点""受众反馈"八个选项。前四项指征"内在价值",后四项指征"外界评价",每选1项计1分,加总后分别计算两项得分。

好记者标准测量: 通过多选题"以下哪些方面应该成为好记者的标准"测量,并设计"全面而准确""强烈的好奇心""良好的沟通技巧""行动力和效率""客观中立""公平正义""了解社会""不畏权势"八个选项。前四项为"业务水平",后四项为"价值观念",每选1项计1分,加总后分别计算两项得分。

实习经历和职业意愿测量: 询问新闻学子"是否有校园媒体实习经历""是否有社会媒体实习经历""首份工作的优先岗位选择""长期工作的优先岗位选择",均为选择题。

角色模范影响因素的测量: 通过教师业务水平、教师对职业引导作用评价来测量教育主体因素;通过专业承诺、学习时长来测量教育客体因素;通过新闻教育的知识覆盖、技能提升评价来测量教育介体因素;通过社会媒体实习时长、媒体实习多样性、有无家庭影响来测量教育环体因素。另外,性别、是否为党员、是否新闻类专业作为控制变量,也一并纳入统计模型分析。

除了问卷调查外,课题组还对19名来自不同院校、不同年级的新闻学子进行了深度访谈,访谈的目的主要有:(1)巩固确认调查问卷分析结果;(2)针对调查问卷呈现的新闻学子角色模范现状,进一步探析其背后的深层次原因。受访者均为填写问卷的学生。为了确保样本的代表性,综合考虑了访谈对象的性别、年级、具体专业等多样性。其中,共7位男性和12位女性;8位低年级学生(大一、大二)和11位高年级学生(大三、大四);综合性大学学生8人,理工类大学学生6人,专业性大学学生5人;新闻学专业5人,新闻传播学大类专业学生4人,传播类专业10人。

四、研究发现

（一）新闻学子心中的模范新闻工作者和模范新闻机构

1430名受访者中，有825人提名了心中的模范新闻工作者，占57.7%。如表1所示，被提名频次居前十的模范新闻工作者中，7位来自中国，1位来自意大利，2位来自美国，他们被提名的次数都大于或等于10次，累计占提名总次数的73.5%。值得一提的是，7位来自国内的新闻工作者，均来自知名主流媒体，其中宣克炅和张经义是上海东方卫视的记者，这也反映了本地记者在新闻学子中的强大影响力。

表1 被提名频次居前十的模范新闻工作者

区域	姓名	国籍	被提名次数（占比）	人物简介
国内	柴静	中国	239（29%）	前央视记者、主持人，曾主持过《东方时空》《新闻调查》《看见》等栏目
	白岩松	中国	165（20%）	记者、主持人，现任中央电视台《新闻1+1》节目评论员、《新闻周刊》节目主持人
	宣克炅	中国	44（5.3%）	东方卫视融媒体中心首席记者，2004年创立《东视新闻》的《小宣在现场》栏目
	范长江	中国	17（2.1%）	记者、编辑，曾任新闻出版总署副署长、人民日报社社长等职，以他姓名命名的"范长江新闻奖"曾是我国中青年记者优秀成果最高奖
	水均益	中国	13（1.6%）	记者、主持人，曾主持过中央电视台《东方时空》《焦点访谈》等栏目，现为《环球视线》主持人

续表

区域	姓名	国籍	被提名次数（占比）	人物简介
国内	杨澜	中国	12（1.5%）	主持人，曾主持过央视《正大综艺》、凤凰卫视《杨澜访谈录》等栏目，现任阳光媒体集团董事长
	张经义	中国	10（1.2%）	记者，白宫外国记者团首位中文媒体成员，现为东方卫视驻白宫记者、SMG北美新闻中心主编
国外	法拉奇	意大利	70（8.5%）	记者，被誉为"世界第一女记者"，20世纪60年代至20世纪80年代采访过许多政治家和名人
	华莱士	美国	26（3.2%）	记者、主持人，CBS王牌节目《60分钟》主持人，采访过邓小平、江泽民、普京等多位重要人物
	普利策	美国	10（1.2%）	编辑、出版人，美国大众报刊的标志性人物，普利策奖和哥伦比亚大学新闻学院的创办人

为呈现模范新闻工作者的基本特征，我们统计了所有被提名人的性别、国籍、出生年代、供职媒体类型、从业年限：54.2%为男性；中国籍的占80.8%；近半数（43.9%）的模范新闻工作者是"70后"，其次是"60后"（27.4%），出生在1949年之前的也不少（21.2%）；绝大部分在电视广播、报纸杂志等传统主流媒体工作（93.5%），极少有自媒体人被提名；被提名人普遍拥有丰富的从业经历，从业时长在20年以上的占81.6%。

模范新闻机构方面，有950名学生填写，占66.4%，高于模范新闻工作者的填答率。被提名频次居前十的模范新闻机构中，中国媒体7家，外媒3家。在前十的提名新闻机构中，同样有2家上海本地媒体（澎湃新闻、SMG），详见表2。

表2 被提名频次居前十的模范新闻机构

区域	新闻机构	国家	被提名次数（占比）	机构简介
国内媒体	新华社	中国	90（9.5%）	中国国家通讯社，世界性的现代通讯社
	澎湃新闻	中国	84（8.8%）	新闻平台，上海报业集团改革后的首个成果
	中央电视台	中国	80（8.4%）	中国国家电视台，我国主流新闻舆论机构
	南方周末	中国	74（7.8%）	南方报业传媒集团主办的新闻媒体
	人民日报	中国	40（4.2%）	中共中央机关报，中国第一大报
	SMG	中国	25（2.6%）	上海东方传媒集团有限公司
	凤凰卫视	中国	18（1.9%）	全球性华语卫星电视频道
国外媒体	英国广播公司	英国	148（15.6%）	英国最大的新闻广播机构
	美国有线电视新闻网	美国	31（3.3%）	第一个全天候24小时的新闻频道
	路透社	英国	20（2.1%）	英国最大的通讯社，世界四大通讯社之一

统计发现，在所有被提名机构中，新闻学子更认可中国的新闻机构，占64.3%；广电媒体和印刷媒体分别占39.4%、28.8%，网络媒体和通讯社的被提名次数相近，分别占14.4%和14.2%，另有极少数自媒体被提名（1.5%）。从媒体级别看，国家级媒体占59.4%，地方媒体占40.6%。

（二）有无角色模范的新闻学子比较

1.专业承诺

t检验显示，有无角色模范（新闻工作者/新闻机构）的新闻学子，在专业承诺的四个维度和总承诺水平上，都有显著差异。有角色模范的学生，更认同自己的专业，更愿意在专业学习上付出努力，假设一得到支持（见表3）。

表3 有无角色模范的新闻学子专业承诺比较

变量		情感承诺	理想承诺	继续承诺	规范承诺	总承诺	组间比较
模范新闻工作者	有	3.46	3.07	2.89	3.43	3.21	1***,2***,3**,4***,5***
	无	3.25	2.86	2.76	3.21	3.02	
模范新闻机构	有	3.43	3.04	2.88	3.40	3.19	1***,2***,3**,4***5***
	无	3.25	2.86	2.76	3.22	3.02	

注：组间比较中，1~5分别代表了情感承诺、理想承诺、继续承诺、规范承诺、总承诺。*表示$p<0.05$，**表示$p<0.01$，***表示$p<0.001$。

2.职业伦理观、新闻业务观

在职业伦理观方面，有模范新闻工作者的学生（1.91）和无模范新闻工作者的学生（1.98）对"狗仔队手法"的容忍度有显著差异，前者（3.32）对"暗访"的容忍度与后者（3.19）也有显著差异。另外，有模范新闻机构的新闻学子（3.30）对"暗访"的容忍度与无模范新闻机构的学生（3.21）也有显著差异。

新闻价值取向方面，有角色模范（新闻工作者/新闻机构）的新闻学子，对新闻内在价值的重视程度与无角色模范的学生有显著差异。此外，有无模范新闻工作者的新闻学子对新闻价值的外界评价重视程度也有显著差异。

在判断好记者的标准上，无论有没有模范新闻工作者，新闻学子对好记者业务水平和价值观念的看法并无显著差异。而有模范新闻机构的新闻学子（2.16）相比没有模范新闻机构的新闻学子（2.04）对好记者的业务水平有更高的要求，详见表4。

综上所述，研究假设二"心中有角色模范的新闻学子，具有更严格的业务操守与自我伦理约束"基本得到支持。

表4　有无角色模范的新闻学子职业伦理观、新闻业务观比较

变量		职业伦理		新闻价值取向		好记者标准		组间比较
		狗仔队手法	暗访	内在价值	外界评价	业务水平	价值观念	
模范新闻工作者	有	1.91	3.32	2.68	1.13	2.15	1.87	1*, 2**, 3***, 4*
	无	1.98	3.19	2.47	1.21	2.09	1.86	
模范新闻机构	有	1.92	3.30	2.66	1.16	2.16	1.86	2*, 3***, 5*
	无	1.97	3.21	2.49	1.17	2.04	1.87	

注：组间比较中，1~6分别代表了狗仔队手法、暗访、内在价值、外界评价、业务水平、价值观念，仅列出了有显著差异的项目。*表示$p<0.05$，**表示$p<0.01$，***表示$p<0.001$。

3.职业选择

表5列出了有无角色模范的新闻学子媒体实习情况。从统计看，有角色模范（新闻工作者/新闻机构）的学生，无论是校园媒体实习还是社会媒体实习的积极性均高于没有角色模范的学生。卡方检验显示，有无模范新闻工作者/新闻机构与校园媒体实习、有无模范新闻机构与社会媒体实习，卡方值都达到了显著。

表5　有无角色模范的新闻学子媒体实习比较

变量		校园媒体实习			社会媒体实习		
		有/%	无/%	卡方值	有/%	无/%	卡方值
模范新闻工作者	有	54.94	45.06	4.374*	41.54	58.46	2.042
	无	49.29	50.71		37.75	62.25	
模范新闻机构	有	56.60	43.40	17.279***	42.96	57.04	10.046**
	无	44.96	55.04		34.24	65.76	

注：*表示$p<0.05$，**表示$p<0.01$，***表示$p<0.001$。

表6呈现了有无角色模范的新闻学子求职意愿情况。与实习情况相似，有角色模范的学生，无论首份工作还是长期工作，去媒体岗位的意愿都高于没

有角色模范的学生。经卡方检验，有无模范新闻工作者/新闻机构与首份工作意愿、有无模范新闻机构与长期工作意愿，卡方值都达到了显著。

这些都说明，心中有角色模范的新闻学子，的确更倾向于去媒体实习和工作。因此，研究假设三得到支持。

表6　有无角色模范的新闻学子求职意愿比较

变量		首份工作			长期工作		
		媒体岗位/%	其他/%	卡方值	媒体岗位/%	其他/%	卡方值
模范新闻工作者	有	55.81	44.19	13.196***	42.36	57.64	2.516
	无	45.96	54.04		38.11	61.89	
模范新闻机构	有	55.51	44.49	14.468***	43.31	56.69	8.083**
	无	44.82	55.18		35.41	64.59	

注：**表示$p<0.01$，***表示$p<0.001$。

（三）影响新闻学子角色模范的因素分析

为了便于分析，我们新生成了"角色模范"变量：只要提名了"模范新闻工作者"或"模范新闻机构"中的一项，就记为1，两者都没有提名的记为0。这是一个两分变量，采用分步Logistic回归逐次将主体因素、客体因素、介体因素、环体因素纳入角色模范模型进行检验和比较，结果见表7。

模型1只包含控制变量和教育主体因素。结果显示，专业、职业引导是显著指标，控制了其他变量。新闻类专业学生存在角色模范的概率（odds）是传播类专业学生的2.075倍，对教师职业引导评价每增加1个单位，学生存在角色模范的概率相应上升22.2%。

模型2在模型1的基础上，增加了教育客体因素。结果显示，专业、教师水平、专业承诺是显著指标。专业承诺水平越高的学生，存在角色模范的概率也越高。比较模型1和模型2的Nagelkerke R^2系数，发现这一系数由0.047上升到0.070，同时-2 Log likelihood值从1597.56下降到1574.79，而且两个模型都通过Hosmer and Lemeshow Test，嵌套模型比较也通过显著性检验。这表明模型2在整体解释力上优于模型1，该模型新加入的客体因素能在主体因素基础上帮助解释学生的角色模范形成机制。

模型3继续增加介体因素。结果显示，介体因素的两个指标均达到显著。对新闻教育知识覆盖方面评价越高的学生，存在角色模范的概率越高；但对新闻教育技能提升评价越高的学生，存在角色模范的概率却显著降低。比较模型3和模型2的Nagelkerke R^2系数，由0.070上升到0.080，同时-2 Log likelihood值1574.79下降到1564.69，两个模型均通过Hosmer and Lemeshow Test，嵌套比较也通过显著性检验，说明模型3的整体解释力优于模型2，新加入的介体因素明显增加了整个模型的解释力。

模型4中，环体因素被纳入后，模型的Nagelkerke R^2上升为0.112。媒体实习时间越长、实习岗位越多样的学生，存在角色模范的概率显著越高。同时，客体因素中的学习时长也变得显著，年级越高的学生，存在角色模范的概率越低。此外，主体因素中的教师水平，介体因素中的知识覆盖、技能提升等指标也都通过了显著性检验。比较模型4和模型3，-2 Log likelihood值从1564.69下降到1530.78，两个模型均通过Hosmer and Lemeshow Test，嵌套比较也通过显著性检验，说明模型4中环体因素的加入，能够在主体、客体、介体因素的基础上帮助解释学生的角色模范形成机制。

通过对四个模型的检验和比较，我们可以发现主体因素、客体因素、介体因素和环体因素的分析框架对新闻学子角色模范形成的解释是有效的。相对而言，主体因素、介体因素在角色模范形成中的解释力稍弱，其指标仅在0.05或0.01的水平上达到显著。

表7　角色模范的Logistic回归结果

变量		模型1		模型2		模型3		模型4	
		系数	OR	系数	OR	系数	OR	系数	OR
控制变量	女生[1]	−0.243	0.784	−0.290	0.748	−0.296	0.744	−0.406[*]	0.666
	党员[2]	0.318	1.374	0.341	1.406	0.356	1.428	0.248	1.281
	新闻类专业[3]	0.730[***]	2.075	0.791[***]	2.206	0.782[***]	2.186	0.779[***]	2.179

续表

变量		模型1		模型2		模型3		模型4	
		系数	OR	系数	OR	系数	OR	系数	OR
主体因素	教师水平	−0.125	0.883	−0.147*	0.863	−0.214*	0.808	−0.200*	0.819
	职业引导	0.201**	1.222	0.016	1.016	0.060	1.062	0.052	1.053
客体因素	专业承诺			0.485***	1.624	0.477***	1.611	0.435***	1.545
	学习时长			−0.066	0.936	−0.061	0.941	−0.231***	0.793
介体因素	知识覆盖					0.282**	1.325	0.320**	1.377
	技能提升					−0.264**	0.768	−0.252**	0.777
环体因素	媒体实习时长							0.251***	1.286
	实习多样性							0.321**	1.379
	有家庭影响4							−0.208	0.812
N		1405		1405		1405		1405	
Nagelkerke R^2		0.047		0.070		0.080		0.112	
−2 Log likelihood		1597.56		1574.79		1564.69		1530.78	
Hosmer and Lemeshow Test（模型拟合度检验）		Sig.=0.655 Chi-square=5.93 Df=8		Sig.=0.054 Chi-square=15.79 Df=8		Sig.=0.207 Chi-square=10.91 Df=8		Sig.=0.297 Chi-square=9.56 Df=8	
嵌套模型比较		—		LR chi2(2)=22.77 Sig.=0.000		LR chi2(2)=10.11 Sig.=0.006		LR chi2(2)=33.91 Sig.=0.000	

注：*表示$p<0.05$，**表示$p<0.01$，***表示$p<0.001$。因变量为有无角色模范，0=无，1=有。1的参考类别为"男生"；2的参考类别为"非党员"；3的参考类别为"传播类专业"；4的参考类别为"无家庭影响"。

五、结论与讨论

本文以上海地区八所高校的新闻学子为例，通过实证材料考察他们心中的角色模范现状，比较有无角色模范的学生在专业学习、求职意愿等方面的差异，并进一步探讨了影响新闻学子角色模范的因素，研究的主要发现如下。

（一）超1/4的新闻学子心中没有角色模范，外部原因不容忽视

研究显示，57.7%的新闻学子提名了"典范新闻工作者"，66.4%的新闻学子提名了"最佳新闻机构"，两者合计后，72.5%的新闻学子心中存在"角色模范"，另有27.5%的学生角色模范缺失。相比于曹艳辉等研究发现大学生心中佩服的新闻工作者56%的提及率，以及王悦等研究发现香港新闻工作者心中有理想记者的两次提名率均不足1/4，内地新闻学子的角色模范情况要相对乐观。尽管如此，仍然有超1/4的学生心中角色模范缺失。

结合学生访谈发现，角色模范缺失首先有着深刻的外部原因：新技术冲击下媒体环境深刻变革，影响了学生的就业心态。"就像医学生也可能被当前的医患矛盾影响一样，新闻学专业本身就是跟媒体大环境紧密相连。个人觉得当前媒体环境很复杂，并不明朗，所以我目前对于毕业后从事专业对口工作还是持保留意见。"（王同学，上海大学大四）大量优秀新闻人才流失，媒体发展遇到各种瓶颈，可以被称为职业典范的人或者机构少之又少。"从高中时，就想当一名像张泉灵、白岩松那样的名记者，他们也一直是我的榜样；那个时候坚持做新闻的信念感很强；可是大学三年，我亲眼见证了媒体环境的纷繁复杂，真正做新闻的越来越少，真正值得学习的新闻人才越来越少；大家似乎都是为了挣口饭吃；就连张泉灵都离开央视，自己创业，我开始怀疑，真的要走媒体这条路吗？"（刘同学，上海理工大学大三）对于这一点，新闻教育本身或许是无奈的，只能有赖于国家层面进一步加强对新闻工作者的权益保障、完善相应的人事制度。与此同时，希冀媒体机构有

更执着的坚守和自律，重视品牌和人才建设。幸好，国家已经充分意识到这一点："要深化新闻单位人事管理制度改革，既充分发挥事业体制凝聚人才的重要作用，又善于运用灵活用人机制激发新闻队伍活力，解决两套用人体制、两种人员身份带来的突出问题，增强大家的事业心、归属感、忠诚度。"①各媒体机构也在不断推动融合转型，寻求新的发展机会。

（二）角色模范呈本土化、集中化趋势，"经典"与"当代"并存，自媒体鲜见

新闻学子心中的模范，大多是中国的新闻工作者和媒体机构，还有不少学生提名上海本地的新闻机构和新闻人。"在上海嘛，总会多关注上海的新闻。宣克炅，上海人都知道，如果他在你家门口站着，肯定出事了。"（刘同学，复旦大学大三）"东方卫视的张经义很帅、很有范，英文又好，很多国际重大新闻现场，都有他，所以很喜欢。"（赵同学，东华大学大一）这些都表明，角色模范一定程度上存在"接近性"——越是在学生身边并能被了解和感知的对象，越可能成为学习的模范。这些"模范"，也较多集中在某些机构和人身上，除了部分本地媒体外，央媒具有绝对性优势。"比较喜欢看央视的新闻类节目，像之前柴静、敬一丹等主持过的《新闻调查》，又像撒贝宁主持的《今日说法》等，平台在那，主持人专业素养较高，做的东西比较有深度，吸引人。"（王同学，上海大学大四）当被问及对区域性、地方性媒体机构、模范人物是否有所关注时，有同学表示"会选择现在做得比较好的、平台影响力大一些的如湖南卫视、浙江卫视之类的综艺节目，趣味性多一些，但和央视比，主持人专业素养会弱一些"。（岳同学，东华大学大三）对于今后的职业模范教育来说，"集中"是把双刃剑：一方面，可以把少数关键人物/机构作为突破口，教育的组织更有方向和重点，相对容易产生效果；另一方面，如果这些人物/机构的同质性较高，过分专注于他们，也会影响到新闻学子的视野，更无法满足国家和社会对新闻传播人才需求的

---

① 中共中央文献研究室编. 习近平总书记重要讲话文章选编 [M]. 北京：中央文献出版社，2016:438.

多样性。因此，需要对这些角色模范进一步分析，从精神内核、代表类型、媒体形态、时代契合度等方面逐一梳理，选出一批既有高尚人格、精湛业务水平，又有行业代表性、符合今天时代精神的人/机构作为教育重点。我们还发现，排名前十的模范新闻工作者中，国外的全是"经典"，国内的基本"当代"。法拉奇、华莱士、普利策早已逝去，成为教科书上的历史人物，而白岩松、水均益等媒体人，依然活跃在一线。"外国的那些著名媒体人，教科书上讲的好像多是以前的，实际生活中接触不多。中国的白岩松、水均益等，经常能看到他们的节目，了解也多。"（周同学，华东政法大学大三）这对我们的启示是，必须把当代中国的主流媒体人/机构，作为角色模范教育的重点。只有本土化、当代化，才符合中国国情，才满足国家当下对新闻传媒行业最新的职责使命要求，将他们作为角色模范的意义和价值更大。另外，需要指出的是，尽管自媒体风头正劲，但被学生作为"角色模范"提及的几乎没有。这很可能因为，自媒体作为一种新事物时间不长且迭代频繁，但凡能称得上"角色模范"的，必然是那些已经积累起长期品牌和口碑的媒体，传统媒体恰有这些优势。而自媒体数量众多，杀出重围，在短时间内建立起清晰识别度和影响力都相对困难。"自媒体来得快去得也快，感觉主要就是吸流量，真正有影响力的深度报道，自媒体写的啥似乎想不起来。就算自媒体炒起来的话题，我还是想看南周、财新、新京报等怎么报道。"（孙同学，上海外国语大学大一）更有相当部分自媒体人，本就出身于传统媒体，主要还是靠传统媒体时期所建立的光环和影响力"吸粉"。

（三）有无角色模范的学生在专业学习、职业伦理观、新闻业务观和职业选择方面存在显著差异，职业模范教育亟须加强

研究发现，有角色模范的新闻学子，专业承诺水平更高，相对摒弃"狗仔队手法"，更能接受一些优秀新闻栏目所常用的"暗访"进行采访突破，他们更倾向于从"时效性""重要性""显著性"等核心要素去判断新闻价值，媒体机构实习和就业的意愿也更强烈。这些都充分说明，角色模范的存在与否，对学生的专业学习效果、职业价值观发育乃至今后的求职意愿和行为达成，都会产生重要的影响。"个人认为一定的职业精神教育还是有必要的，有了一定信仰、目标，就容易有了前进方向，会更忠于自己的选择；一直以来我都视白岩松为心中榜样，在学习专业知识和实践过程中会更努力向他看齐。"（肖同学，上海大学大四）也正因如此，在开展现有的以技能、知识、素养为主的新闻传播教育的同时，必须充分重视职业模范教育。"专业课对职业典范的教育都是不系统的，老师想到了就说一些。能不能有个专门的选修课？上次听了新华社'好记者讲好故事'的讲座，很感动，想成为这样的记者。"（李同学，上海大学大二）模范教育既是大学生职业教育的重要组成部分，也是思想政治教育的重要措施和"课程思政"的具体体现。通过对一个个鲜活的职业模范人物和媒体机构介绍，逐步树立起学生心中的角色模范，提高专业忠诚度、提升专业荣誉感，有助于激励他们今后投身新闻传播事业，服务于国家战略和社会需求。

作为新闻院系，加强职业模范教育需要特别注意以下三点。一是将相关教育贯穿人才培养、专业课程的始终，而不仅仅是简单增加一门课、多几个学分。新闻传播教育中，有大量的业务类课程，安排丰富的采写实践和优秀作品评析内容，更有长达8~12周不等的专业实习，这些都是进行职业模范教育的好机会。二是丰富教育内容。目前，学生普遍认为教学内容陈旧且让自己得到的锻炼有限。"有时候上课教材都用不上，案例都过时了，讲新闻伦理课程时，还在用挟尸要价等案例，其实已经距离现在好久了。"（周同学，华东师范大学大三）今后的职业模范教育，不仅是对优秀媒体人/机构的基本情况介绍，更要重视对优秀媒体人职业精神、职业价值观、专业素养、成才因素等方面的探讨，对优秀媒体机构的组织架构、制度安排、企业文化等方面的深入分析。"可能讲到了一些关于职业典范的内容，但是一般都是书本上的，像史量才、邹韬奋之类的。老师有时会临时想到一些行业典范的故事，还挺有意思的，但是不会过多深入剖析。"（张同学，上海理工大学大二）与此同时，也要避免职业模范的过度神化，模范教育不是要树立完美的新闻从业者/机构形象，而是要通过介绍和剖析，引起新闻学子共鸣，引导他们正确认识新闻工作，培养专业理念和职业精神。三是创新教育形式。

杜绝"满堂灌",可以采用"课堂教学+专题讲座+情景模拟"等多种形式进行,有助于新闻学子对教学内容的理解、吸收与沉淀,达到"事半功倍"的效果。"关于新闻采写的技能,都是在报社实习的时候学会的;课堂上对这部分的理论讲解比较多,实际操作还是很少,教学方式也很单调,没意思!"(王同学,华东师范大学大三)

(四)教育客体和环体对学生心中角色模范形成的影响较大,同时也必须重视教育主体和介体因素的作用

从统计模型的结果看,教育客体因素对新闻学子角色模范的影响力较大,这与其他学者关于初中生榜样认同度的研究发现一致。[①]这表明,角色模范教育能否取得效果的关键还是学生自身,只有学生从内心真正认同角色模范所代表的价值内核、人格品质,真心愿意把他们作为榜样进行学习,教育才是成功的。要重视学生的专业承诺,专业承诺与角色模范互为促进,爱一行做一行、做一行爱一行,可以通过增加一志愿满足率、促进学习自我效能、提高新闻教育满意度等手段,提升专业承诺水平。研究显示,高年级学生的角色模范缺失率更高,可能与高年级正处于即将毕业的迷茫期,加之职业教育的相关课程匮乏有关。因此,对高年级学生进行适当的角色模范教育显得尤为重要。

环体因素中,媒体实习时长和岗位多样性对学生角色模范确立的作用也很突出。因此,重视学生个人成长、专业学习的环境因素,在校园媒体"日常化实习"的同时,认真规划积极引导社会媒体"集中化实习",尽量让学生有固定的实习时间、多样的媒体岗位实习经历,都是培养学生角色模范的有效途径。各校需要结合实际和人才培养定位,对现有媒体实习机构进一步梳理,优中选优,瞄准那些"典范机构"建立实习基地,争取让更多的"典范从业者"成为实习带教老师。同时,学校也要安排专门的校内教师跟进,定期定时听取学生、实习单位、带教老师的反馈,保证实习效果的充分发

---

① 刘慧芳,周婷.初中生榜样认同度及其影响因素研究[J].教育评论,2017(02):89-93.

挥。此外，根据表5和表6，有无模范新闻工作者与社会媒体实习、长期工作意愿的卡方值都不显著，而有无模范新闻机构与两者的卡方值都显著。这也在一定程度上说明，相比于优秀新闻工作者，优秀的新闻机构和栏目更能激发学生的职业兴趣。新闻学子在选择长期工作时，更看重平台对个人发展的提升和推动作用，优秀的机构比优秀的从业者个体更能吸引新闻学子毕业后投身新闻工作。

教育介体，即教育的具体内容与形式，也是影响学生角色模范确立的因素。如果学生越能感受到课堂内容具有较宽广的知识面，尤其是新媒体方面的知识覆盖，他们对新闻教育评价越满意，越能安心专业学习，从而确立心中的角色模范。但为什么对课堂教育技能提升方面越满意的学生，越不容易产生角色模范呢？结合访谈，我们发现可能的解释是：学生掌握技能越多，就业机会和选择面就越多，他们"心思更活"，未必要在新闻传播行业发展。于是，这些人的角色模范缺失也就可以理解了。

令人稍感意外的是，本研究发现，教育主体对新闻学子角色模范的解释力有限。结合相关文献阅读和访谈，我们认为，这一结果并不说明教师水平、人格魅力、情感投入等教育者因素对学生角色模范确立不重要，恰恰是因为目前在这些方面都普遍做得不够，不同学校、不同专业课程间基本没有差异。因此，在下阶段，如何加强专业教师（很多也是原先的媒体人）的榜样示范作用，提升教育质量，帮助学生做好职业生涯规划，是教育者必须认真思考的问题。

［陶建杰，中山大学新闻传播学院教授；尹子伊，广东外语外贸大学新闻与传播学院讲师；王凤一，青岛日报社观海新闻新媒体编辑。本文系国家社科基金重大项目"新时代体育全媒体传播格局构建研究"（项目编号：21&ZD346）的研究成果。］

研究述评

学科范式·创新路径·拓展传承

——厘清数字新闻学理论创新的几个问题

李艳红

【摘要】

本文将数字新闻学研究置于社会科学的范式下探讨，尝试厘清今天我国学者在面对数字新闻学理论创新的挑战时所需要关注的四个基本问题。本文提出应该在以下四个方面保持思考：第一，应该明确究竟要在何种学科范式下进行理论创新；第二，倘若明确了社会科学范式下的理论建构目标，就需要遵循社会科学理论建构的基本规律；第三，对传统新闻学研究背后的基本概念或假设保持反思；第四，对新闻学研究的传统仍应强调连续而非断裂。

【关键词】

数字新闻学；理论；创新

数字技术给新闻实践带来了多方面且持久的影响。如Franklin在《数字新闻学》（*Digital Journalism*）的创刊号上所说，"数字新闻业是复杂和不断拓展的，在其早期即已经构成了一个巨大、不断变化并且难以定义的传播领域"。[①] 近年来，随着这个难以定义的传播领域的日趋复杂，对它的研究也日趋增多，作为一个新兴独立学术领域，数字新闻学的自主性正在增强。

我国新闻研究学者紧跟国际研究的步伐，近年来也就这一学术主题展开

---

① Franklin B. Editorial[J]. Digital Journalism,2013, 1(01): 1-5.

了诸多研究，并力图在理论化和建构数字新闻学的理论任务中发挥作用。在这一背景下，本文尝试从学科范式出发，厘清数字新闻学理论创新的几个问题，希望为下一阶段研究的开展拨开一些认识上的迷雾。

一、哲学还是社会科学：学科范式问题

新闻学研究从诞生时就蕴含着规范性问题/应然性问题与经验性问题/实然性问题的双重属性，其内部长期存在着哲学研究与社会科学研究[①]的普遍性张力。

就哲学范畴而言，关于什么才是合乎需要的新闻业，新闻业应该扮演何种理想角色，一直是新闻职业和新闻教育难以回避的问题。也因此，如Hallin所言，"传播学领域，尤其是新闻学研究在本质上具有很强的规范属性"[②]。《四种报刊理论》（*Four Theories of the Press*）（1984）最早系统地总结了在世界范围内存在的四种新闻规范理论，自此，有关新闻规范性问题的争鸣就一直贯穿西方新闻学研究的发生发展过程，是新闻学研究的重要面向。西方社会对新闻规范性问题的主流思考嵌入自由主义的政治哲学之中，构成了自由主义的规范性理论学说。这套学说以新闻自由和知情权概念为前提，在此基础上形成了一套关于新闻应该如何运作以更好地服务于民主社会的基本理念，包括第四权力、看门犬、民意代表以及一套指导新闻业日常操作的以客观性为核心的新闻专业主义等。这一理论在过去并非没有受到挑战，这既包括理论界内部的挑战，如社会责任理论、激进民主理论、商议民主理论以及后现代主义均曾为思考新闻的规范性价值提供了另类路径；也包括现实实践所造就的挑战，如20世纪90年代以来在美国社会出现的"公共新闻（public Journalism/civic Journalism）运动"则更多是来自新闻实践者内部的反思潮

---

① 本文所说的社会科学是指广义的社会科学，它不仅包括狭义的以实证主义为出发点所发展的量化研究传统，更包括后实证主义、阐释学派和批判学派等这些范式对实证主义的发展和补充。因此，这一社会科学是与人文学科具有较丰富的交融的学科范式，其目的是理解和认识人类的社会活动。

② Hallin DC, Mancini P. Introduction[M]//Hallin D, Mancini P. Comparing Media Systems: Three Models of Media and Politics. Cambridge:Cambridge University Press, 2004.

流，它催生了建构以公民参与和对话为核心的新闻规范性角色的理论化努力；除此之外，与全球新闻业研究的接轨以及比较研究范式的采用也促使更多美国学者越来越意识到，基于英美经验所形成的主张与实践并不具有普适性，从而接受更加多样的规范性概念。

但是，20世纪60年代以后以一系列新闻生产社会学著作的出版为标志，以描述新闻机构的内部运作和新闻生产过程为任务的新闻业研究则一开始就是在社会科学的范式下进行的。与前述对于规范性问题的探讨不同的是，这一波由社会学家主导、在美国新闻业"黄金时代"所诞生的新闻学研究潮流开启的是社会科学范式的经验研究，其目的是理解新闻业在现实社会的运行规律以及新闻业与社会政治之间呈现何种互动关系。21世纪以来，以《新闻学研究》（*Journalism Studies*）和《新闻学：理论与实践》（*Journalism：Theory & Practice*）等几本专注于新闻业研究的刊物为主要阵地所展开的当代新闻学研究仍是循着这一社会科学的道路，其目的主要是为理解新闻业在当代世界的运行、运作及其影响提供理解和解释。

上述双重属性构成了新闻学研究的独特魅力，它使得作为社会科学的新闻学研究天生就具有了规范性意义上的价值和重大性。但与此同时，双重属性的纠缠却可能为新闻学研究的理论化任务带来复杂性。这种复杂性就在于，就两种范式而言，它们均可能为新闻学研究提出不一样的核心问题，均具有不同的理论化方向，也均具有自身学科范式所决定的理论创新规律。二者使命不同，如若不加区分地混为一谈，两个目标均难以实现。作为哲学的规范性新闻学研究，它的核心学术问题围绕应然性问题展开，大致可以这样表述：（理想的）新闻（业）应该行使何种角色，新闻业应该如何运行（才合乎需要），新闻业应该如何认识和报道世界（方法论、认识论），遵行哪些伦理原则（伦理学问题），等等。因此，规范性新闻理论创新的主要任务是形成新闻业究竟应该如何运行、如何行使其理想角色的学说。而作为社会科学的新闻学研究的核心问题则围绕实然性问题展开，大致可以这样表述：新闻业究竟在如何运行，（在当下或历史进程中）扮演了什么角色，为什么会如此，以及可能会产生什么样的（社会、政治或文化）后果？在社会科学研究的定位下，新闻学理论创新的任务则应该是形成关于新闻业究竟如何运行、扮演何种角色，以及如何产生其社会政治或文化影响的实然性学说。因此，本文希望提出的第一个看法是，学术界在展开数字新闻学研究之时，首先需要明确自己所研究的学科属性，究竟是在社会科学范式下还是在哲学范式下进行理论创新？最有益的方式应该是，学者需要形成更加明确自主的意识，学术界也应依此形成不同的知识社群，在不同的学科范式下，按照各自的学科规范去完成理论批判、建构和创新的任务。

我们或可以新闻学研究中的"情感转向"（emotional turn）为例来帮助阐明两种学科范式为何应该予以区分。近年来，"情感转向"成为今天数字新闻学研究和讨论的一个热门主题①，在不同学者所发表的各种关于情感转向的阐述中，它至少夹杂着三个层面的意涵。第一，它是对于新闻学研究之现状的一种实然性判断，即学者们正在越来越多地关注情感在新闻的生产、文本和受众当中的角色，新闻学研究正在经历一个从仅仅关注事实、信息和框架到开始关注情感的转向。第二，它也是对于新闻业本身之发展和变迁现状的判断，即随着数字媒体和社交媒体的出现，新闻的生产和文本正在出现日益情感化、主观化和个人化的趋势，这不仅在新闻场域的新兴入场者如公民博客、创业媒体、各种公关营销类公众号等所创作的新闻文本中有显著表现，还表现在传统机构型新闻媒体在适配于社交媒体平台时所进行的文本呈现当中。②第三，我们也可以看到，与这一主题相关的学术文章往往也夹杂或内含一些应然性判断和倡导，如体现出一种对"情感转向"的价值上的默许或倡导，以及对传统上以客观中立为认识论的专业理念的否定和质疑。笔者并不否定这种对理性主义新闻观的批判，而是认为，将三种不同类型的判断混杂在一起讨论，不对规范性和实然性问题予以区分的话，实际上并不利于

---

① Beckett C, Deuze M. On the Role of Emotion in the Future of Journalism[J]. Social Media+Society, 2016, 2(03): 1-6; Duncan S. Sadly Missed: The Death Knock News Story as a Personal Narrative of Grief[J]. Journalism, 2012, 13(5): 589-603; Hassan R. Digitality, Virtual Reality and the "Empathy Machine"[J]. Digital Journalism, 2020, 8(02): 195-212.

② 刘昌德. 小编新闻学：社群媒体与通讯软体如何转化新闻专业 [J]. 新闻学研究，2020 (142): 1-58;Lischka JA. Logics in Social Media News Making: How Social Media Editors Marry the Facebook Logic With Journalistic Standards[J]. Journalism, 2021, 22(02): 430-447.

将情感因素纳入新闻学研究的理论化轨道。事实上，无论从规范性角度还是从社会科学角度，"情感化"的主题都具有各自理论化的空间。就规范性角度而言，新闻学研究的情感转向以及数字时代新闻表现的日趋情感化，均为重访基于理性假设基础之上的新闻规范性理论提供了契机，当然这并不意味着对情感的规范性价值的简单肯定，而是应该以一种审慎批判的态度，按照哲学研究的范式来建立对传统新闻业研究所立足的理性化基本假设的反思，围绕新闻业/实践是否应该容纳主观、在何种程度上容纳主观、如何践行主观等问题来建构和改造新闻规范性理论。从社会科学角度，新闻学研究的情感转向也为学术界进一步阐明新闻业情感化的具体表现、动力过程及后果，进而阐述数字时代情感化如何改变了新闻业的系统和运作，以及对整个社会公共生活意味着什么进行理论化说明提供了契机。但是，如果将两类问题不加区分地混杂在一起讨论，则很容易走向对情感作为规范性价值的简单肯定和欢呼，既无助于实现哲学规范性意义上的理论建构目标，也无助于社会科学路径上将这一概念所开辟的知识积累理论化。

但在现实中，由于作为社会科学的新闻学研究并非完全中立，而是往往植根于特定的对于规范性问题的观念和假设，这就使在研究任务中对二者的区分变得更加困难。例如，传统上许多新闻业研究都根植于一些规范性的观念和理论，尤其是那些与新闻在社会所承担的角色相关的观念和理论，这包括新闻业应该将受众当作知晓的公民，有能力提升公民意识，促进公众参与何为好新闻何为坏新闻等问题的探讨。①当人们在这些理念下提出研究问题之时，就意味着对这些价值观念的强化，而导致忽略对这些价值观念的反思。数字时代确实为反思植根于传统新闻学研究中的规范性假设提供了机会。但与此同时，我们也可以看到，数字新闻学研究在展开对传统新闻概念的反思之时，又同时携带甚至植入了新的规范性理念，这些新的被想当然认可的规范性理念由于缺乏足够的哲学论证，可能让学术思考走入误区。

---

① Benson R. Journalism: Normative Theories[M]//Donsbach W. The International Encyclopedia of Communication. New York: Wiley, 2008: 2591-2597.

Kreiss和Brennen通过对近20年间所发表的数字新闻学文献的研究发现，[①] 尽管这些从事经验研究的文献很少明显表达自己的价值主张，但是它们的背后却存在一些共享的规范性价值，作者将其概括为四种：一是参与，在数字和社交媒体技术可供性的条件下，学者们倾向于"想当然"地认为受众参与就是合乎需要的，新闻业应该让受众参与进来；二是去机构化/去制度化，面对网络连接的新闻生态，学者们倾向于支持打破传统媒体的专业管辖权，侵蚀传统媒体的守门人权力，挑战组织层级结构，打破生产者与消费者之间的界限，让新闻业的过程去中心化；三是创新，学者们认为新闻业应该是创新的，紧跟上技术变迁的步伐，以满足日益网络化的公众的期望，应对高度不确定的媒介商业环境；四是创业精神（Entrepreneurship），学者们认为新闻记者应该具有创业精神，在新的新闻生态中，他们需要能够成为创业者，建立自己的受众群体，自己筹资，并且在社交媒体时代建立自我品牌。两位学者认为，上述对规范性价值的理论化存在诸多缺陷，由于缺乏严谨的哲学论证，而是想当然地将其合理化，这些看法所内含的一些偏向均未能得到揭示。例如，在对参与这一价值的论证进行批评之时，作者认为，参与被当作一种开放民主的价值表现而被想当然地接受，然而这种对于参与的看法是在一种自由放任主义的角度下理解的，它仅仅强调个体参与而忽略了社群的参与。除此之外，"围绕数字新闻业所进行的规范性理论化并未能完全认识到，参与、去制度化、创新以及创业精神等均可能侵蚀新闻业其他有价值的角色"[②]，作者于是质问，参与、去中心化、创新精神真的有助于新闻业向公众提供准确和可靠的信息以及多元观点，监督政府以及其他权力主体，代表公众向精英表达，促进治理，作为精英与公民之间的制度通道以及提供对公共议题进行讨论和论辩的论坛吗？因此，数字新闻学者需要意识到并对自己所持的规范性假设更具反思性，这也意味着要对其他学者的规范性假设可能如何影响自己的工作保持反思。

---

① Kreiss D, Brennen JS. Normative Models of Digital Journalism[M]//Witschge T, Anderson CW, Domingo D, et al. The SAGE Handbook of Digital Journalism. Thousand Oaks, CA: Sage, 2016: 299-315.

② Kreiss D, Brennen JS. Normative Models of Digital Journalism[M]//Witschge T, Anderson CW, Domingo D, et al. The SAGE Handbook of Digital Journalism. Thousand Oaks, CA: Sage, 2016: 299-315.

与上述特定规范性理念被"想当然"接受的实证性研究大量兴起的现状相反的是，在数字新闻学研究的学术社群内部，真正对新闻规范性理念展开哲学研究的范例却很少，或者说，规范性概念很少得到真正哲学意义上的严谨讨论。Steensen等学者对近十年来三本最重要的新闻学英文学术刊物进行了分析①，发现尽管有关规范性概念如客观性以及伦理等关键词在很多学术文章中都被采用，但这并不说明这些文章是真正意义上的哲学探讨，相反，这些文章大多被放在社会学的框架之下，是作为一种专业实践而得到讨论的，学者们关心的问题并非新闻业是否应该客观、应该遵循何种伦理，而是新闻业所遵循的客观性实践模式或认知等发生了什么样的变化。这些都说明，新闻传播学者在哲学训练上的缺乏使得新闻学研究规范性理论始终裹足不前，这也显示了当代新闻业研究的盲点。Steensen和Ahval②以及Steensen和Westlund均认为③，如果我们想要真正去讨论与新闻业本质有关的基本问题，新闻业研究就应该向伦理学、本体论和认识论等观点学习。

基于以上论述，笔者认为，数字新闻学的理论化可能有赖于哲学和社会科学的双轨发展，在缺乏学科范式意识的前提下将二者混淆无助于理论创新。由于笔者的学术训练主要为社会科学范式，下文主要在社会科学的范畴下讨论理论创新问题，期望未来有更多学者在哲学范式下提出见解。

二、社会科学范式下的理论创新路径

若明确将数字新闻学研究置于社会科学范式下，就需要遵循社会科学研究的基本规律来进行知识积累和理论建构。作为一个独立的学科或学术领域，需要首先界定这个学科或学术领域所应回答的核心问题是什么，只有更多的学者围绕这些核心问题展开研究，进行知识积累，才具备理论化的基

① Steensen S, Grøndahl, Larsen AM, Hägvar YB, et al. What Does Digital Journalism Studies Look Like?[J]. Digital Journalism, 2019, 7(03): 320-342

② Steensen S, Ahval L. Theories of Journalism in a Digital Age: An Exploration and Introduction[J]. Digital Journalism, 2015, 3(01): 1-18.

③ Steensen S, Westlund O.The Theories: How Digital Journalism is Understood[M]//Steesen S, Westlund O. What is Digital Journalism Studies? New York: Routledge, 2020: 55-71.

础。数字新闻学研究迄今已经发展成为一个相对独立并且概念丰富的学术研究领域，拥有它自己的问题议程以及研究方式。那么，什么才是数字新闻学研究所应该回答的核心问题呢？

（一）数字新闻学研究的核心问题

笔者尝试用三组实然性提问来概括数字新闻学研究要回答的核心问题，认为数字新闻学研究主要应围绕这三个问题展开，而数字新闻学理论学说的建立应该是在对下述三个层面问题的综合回答基础之上的抽象。

（1）第一个层面的问题是：新闻业在数字时代究竟发生了什么变化，它与传统新闻业究竟产生了哪些重大差异？对这一问题的回答意味着对新闻业所发生的变迁进行经验上的描述和勾画（empirical mapping），是数字新闻学研究的基础范畴。

（2）第二个层面的问题迈向解释：为什么会发生上述变化？如何解释新闻业在数字时代所发生的变迁？对这一问题的回答往往牵涉一个核心要素——技术，但是技术并非直接和决定性地塑造新闻业，因此如何将技术在新闻业变迁中的角色理论化，是其中最重要的挑战。

（3）第三个层面的问题迈向对后果意涵（implication）的分析，即数字时代新闻业的变迁意味着什么？它可能产生哪些社会、政治和文化层面的影响？尤其是，它如何重构了公共生活？如Hermida所言，"勾画这个（受众参与的）网络连接的混杂的媒体环境，理解其对于新闻和公共生活的影响，是一个持续的事业"。[①]

那么，今天数字新闻学研究对上述三个问题是否提供了充分的回答呢？现有的研究在上述三个层面问题上的分布如何？就笔者的观察，数字新闻学学者近年围绕上述问题做出了诸多贡献，但这些贡献似乎更多集中在第一个层面。这个层面的成果斐然，学者们通过各自的方式描述并勾勒了新闻业所发生的根本性甚至是革命性变化，这些变化是多层面的，这包括在经济层

---

① Hermida A. Social Media and The News[M]//Witschge T, Anderson C W, Domingo D, et al. The SAGE Handbook of Digital Journalism. Thousand Oaks, CA: Sage, 2016: 81-94.

面，原有以广告为主的商业模式和资金来源模式受到了极大冲击，迫使媒体和记者越来越关注新闻的商业面向，不得不陷入追寻新闻的商业价值、探寻消费者付费意愿和建立付费结构以及探索非市场的资金支持模式的议题中①；从事新闻生产的主体发生了变化，新闻场域内部出现多元行动者，用户成为重要的内容生成者，公民目击正在为突发性事件捕获强有力的影像②，网络连接的公众在新闻的创作、调研、反应、混合和流通过程中扮演着值得关注的新角色③，而大众媒体时代的消息来源（source）则正在选择直接向公众发言而不再依赖于传媒中介，进而淡化甚至消解了与传统机构媒体的边界④；传统机构化的新闻生产过程也发生了变化，新闻生产过程加速⑤，尽管受到主流媒体抵抗，但受众参与成为可能⑥；出现了网络连接的新闻业（networked journalism），新闻编辑室与业余人员之间形成了各种各样的、通过数字连接的新形式的合作⑦，但与此同时也出现了专业控制与开放参与之间的张力⑧；受众测量技术的实时化则正在改变新闻业的自我理解以及新闻业对受众的想象，并可能改造传统的新闻价值，"流行性"（popularity）成为新的新闻价

① Picard RG. The Economics and Financing of Media Companies[M]. Fordham Univ Press, 2011; Picard RG. Funding Digital Journalism: The Challenges of Consumers and The Economic Value of News[M]// The Routledge Companion to Digital Journalism Studies. New York: Routledge, 2016: 146-154.

② Allan S. Citizen Witnessing: Revisioning Journalism in Times of Crisis[M]. New York:John Wiley & Sons, 2013.

③ Hermida A, Lewis SC, Zamith R. Sourcing the Arab Spring: A Case Study of Andy Carvin's Sources on Twitter During the Tunisian and Egyptian Revolutions[J]. Journal of Computer-mediated Communication, 2014, 19(03): 479-499; Papacharissi Z, de Fatima Oliveira M. Affective News and Networked Publics: The Rhythms of News Storytelling on# Egypt[J]. Journal of Communication, 2012,62(02): 266-282; Russel A. Innovation in Hybrid Spaces: 2011 UN Climate Summit and The Expanding Journalism Landscape[J]. Journalism, 2013,14(07): 904-920.

④ Carlson M.Sources as News Producers[M]//Witschge T, Anderson CW, Domingo D, et al. The SAGE Handbook of Digital Journalism. Thousand Oaks, CA: Sage, 2016: 236-249.

⑤ 王海燕.加速的新闻：数字化环境下新闻工作的时间性变化及影响 [J]. 新闻与传播研究，2019,26(10):36-54+127；陈阳.每日推送 10 次意味着什么？——关于微信公众号生产过程中的新闻节奏的田野观察与思考 [J]. 新闻记者，2019(09):23-31.

⑥ Borger M, Van Hoof A, Sanders J. Expecting Reciprocity: Towards a Model of The Participants'Perspective on Participatory Journalism[J]. New Media & Society, 2016, 18(05): 708-725; Domingo D, Quant T, Heinonen A, et al. Participatory Journalism Practices in The Media and Beyond: An International Comparative Study of Initiatives in Online Newspapers[J]. Journalism Practice, 2008, 2(03): 326-342.

⑦ Jarvis J. Networked Journalism[EB/OL]. (2006-07-05) [2021-08-20]. http://www.buzzmachine. com/2006/07/05/networked-journalism.html.

⑧ Lewis SC. The Tension Between Professional Control and Open Participation: Journalism and its Boundaries[J]. Information, Communication & Society, 2012, 15(06): 836-866.

值①；新闻的内容和叙事方式也发生了潜移默化的变迁，出现了数据形式和纯视觉形式呈现的新闻，编码、大数据以及全球连接性促使了做新闻和新闻生产的方式方法都在发生变革②，传统对新闻的客观报道的叙事方式受到了挑战，越来越情感化和个人化的叙事形式则被接受和吸纳进来等③。可以说，随着互联网技术的兴起和迭代更替，新闻业的图景已经大为不同。

相对于第一个层面的问题，围绕第二个层面和第三个层面问题取得的成果则要少得多，这也是今天数字新闻学理论学说建构的缺失环节。诚然，学者们已经尝试提出了诸多概念来阐述所观察到的新闻业的变化，如新新闻生态系统（news ecosystems）④、液态新闻业（liquid Journalism）⑤、网络连接的新闻业⑥、弥散式新闻业（ambient Journalism）⑦、用户新闻学⑧等这些概念的提出均是在阐述变迁的层面提供总体性理论/概念的努力，它们均为重新审视新闻业打开了新的视角。但是，对于导致这些变化的原因以及它可能带来的后果，相关分析则有显著不足。比较常见的是技术中心论的观点，即用技术的变革来解释今天新闻业出现的变化。学者们很自然地将技术的变化，如互联网或Web2.0的出现视为新闻业迈向新闻生态系统、液态新闻业、网络连

① Carlson M. Confronting Measurable Journalism[J]. Digital Journalism, 2018, 6(04): 406-417.

② Pavlik JV. Data, Algorithms, and Code: Implications for Journalism Practice in The Digital Age[M]///Franklin B, Eldridge S. The Routledge Companion to Digital Journalism Studies. New York: Routledge, 2017: 265-273.

③ Kuiken J, Schuta A, Spitters M, et al. Effective Headlines of Newspaper Articles in a Digital Environment[J]. Digital Journalism, 2017, 5(10): 1300-1314; Wahl-Jorgensen K. Emotion and Journalism[M]//Witschge T. Anderson W, Doming D, et al. The SAGE Handbook of Digital Journalism. Thousand Oaks, CA: Sage, 2016: 128-143; Wahl-Jorgensen K. An Emotional Turn in Journalism Studies?[J]. Digital Journalism, 2020, 8(02): 175-194.

④ Anderson CW. News Ecosystems[M]//Witschge T, Anderson CW, Domingo D, et al. The SAGE Handbook of Digital Journalism. Thousand Oaks, CA: Sage, 2016: 410-423; 张志安，汤敏. 新新闻生态系统：中国新闻业的新行动者与结构重塑 [J]. 新闻与写作，2018,(03):56-65.

⑤ Deuze M. The Changing Context of News Work: Liquid Journalism for a Monitorial Citizenry[J]. International Journal of Communication, 2008, 2: 18; 陆晔，周睿鸣. "液态"的新闻业：新传播形态与新闻专业主义再思考——以澎湃新闻"东方之星"长江沉船事故报道为个案 [J]. 新闻与传播研究，2016, 23(07): 24-46+126-127.

⑥ Jarvis J. Networked Journalism[EB/OL]. (2006-07-05) [2021-08-20]. http://www.buzzmachine.com/2006/07/05/networked-journalism.

⑦ Hermida A. Twittering the News: The Emergence of Ambient Journalism[J]. Journalism Practice, 2010, 4(03): 297-308.

⑧ 刘鹏. 用户新闻学：新传播格局下新闻学开启的另一扇门 [J]. 新闻与传播研究，2019,26(02):5-18+126.

接和出现环绕新闻等的原因。这一解释当然有其相当的合理性，但是简化的技术解释并不利于深化对数字新闻业的理解，需要进一步阐述技术与其他社会文化因素之间的交互作用可能如何形塑新闻业的形态。

在分析中更多地容纳技术与社会文化的互动，将能够帮助我们超越简单的技术解释。Wahl-Jorgensen对当代数字新闻业情感转向的分析是很好的范例。[①]他从多个动力过程为当代新闻业的情感转向提供了解释。他认为，数字时代出现越来越多情感化和个人化的叙事形式，这一方面与数字平台和社交媒体的可供性有关：另一方面数字技术催生了日益增长的用户生成内容和公民新闻，业余的、未受过训练的普通人往往以个人化和具身化的方式对新闻事件进行描述。但是，Wahl-Jorgensen并没有停留在这一一般性的技术解释，而是进一步看到了商业与技术结合对情感化转向的影响，他发现，数字技术也将公关和市场营销这类商业化的、天生就带有情感化倾向的内容带进来，参与机会的拓展使得这些多形式的情感表达也外溢到新闻生产实践之中，进而使得新闻生产实践也日益情感化。Wahl-Jorgensen进一步从文化和认知的角度提供理解，他认为，与上述过程相伴随的是它所催生的新的认知方式，新的新闻叙事传统导致了公众和新闻从业人员都更能够接受新的对于"何为真相"的新主张，而这一转变应该放在更广义的社会文化转型背景以及新闻业自身的变迁脉络中来理解：一方面，整个社会越来越认识到，情感表达并不一定侵蚀公共领域的理性，反而可能是一种积极的力量，能够促进新形式的参与；另一方面，从新闻业发展史来看，主观新闻（confessional journalism）[②]的兴起是过去几十年间新闻表达的一种逐渐增长的趋势。上述趋势随着数字新闻业和社交媒体的出现被加速并得到承认。因此，瓦尔-约根森所提供的解释并非简单的技术决定，而是一个更具解释力的技术-认知-文

---

① Wahl-Jorgensen K. Changing Technologies, Changing Paradigms of Journalistic Practice: Emotionality, Authenticity and The Challenge to Objectivity[M]//Zimmerman C, Schreiber M. Technologies, Media and Journalism. New Haven:Yale University Press, 2014: 264-283; Wahl-Jorgensen, K. Emotion and Journalism[M]// Witschge T, Anderson W, Domingo D, et al. The SAGE Handbook of Digital Journalism. Thousand Oaks, CA: Sage, 2016: 128-143.

② Coward R. Speaking Personally: The Rise of Subjective and Confessional Journalism[J]. Macmillan International Higher Education, 2013.

化的框架，是值得肯定和学习的对象，下一阶段数字新闻学理论就应该提供更多类似多层次多维度的解释。

除此之外，进行社会科学的条件性提问也有助于增进对于现象之原因的分析。以Anderson的新闻生态系统概念为例，他试图用这个概念表述在数字时代新闻业的一种典型状态，即在一个相似的空间当中，彼此关联的各个单位均参与到新闻报道的过程之中，产生连接并各自拥有自己不同的角色和功能。①我们可以通过追问这一概念存在的"条件性"来进一步清晰界定概念的内涵和外延，例如，可以追问的是，在不同的国家或社会背景下，由于技术与社会文化的交互作用可能并不相同，上述所说的数字新闻业的"网络连接性"或"生态性"是否会有不同表现？是否会体现出差异化的"连接性"或"生态性"？甚至，即便在同一个社会，围绕不同的事件，由于存在不一样的语境，这些不同事件的新闻传播中所体现的"网络连接性"或"生态有机性"是否也会体现出差异？或者，在技术不断更迭的背景下，例如，同样是Web2.0技术，随着微信对微博的替代，以及以抖音和快手为代表的视频直播媒体的流行，这些数字技术的更迭是否均改造了这种"生态性""连接性"或"液态性"的实质？笔者认为，放在具体语境下进行追问和比较性研究的尝试将有助于超越对总体性概念的描述，迈进对于新闻生态系统内部更深入细致的理解。通过具体案例去观察和描述不同语境下上述概念的表现及差异，并尝试阐释这些概念所描述现状的前因后果，将能够为数字新闻业的理解提供更丰富多元的知识。因此，将宏大概念操作化，使之成为可观察的对象，进行社会科学的条件性追问，迈向默顿所说的中程理论（middle range theory），以及增进更为丰富的"地方性知识"，是破解此类"宏大理论/概念"困境的方法论路径。

围绕第三个面向的研究同样较为不足，在笔者看来，今天的数字新闻学理论尚未对数字时代新闻业的变迁究竟给我们的公共生活带来了哪些挑战、又存在哪些契机，提供丰富且令人信服的回答。不过，其实绝大部分数字新

① Anderson CW. News Ecosystems[M]//Witschge T, Anderson CW, Domingo D, et al. The SAGE Handbook of Digital Journalism. Thousand Oaks, CA: Sage, 2016: 410-423.

闻学研究学者都是关注变迁后果的，或者说关注这种变迁将带来什么是绝大部分学者内心的关怀。因此，就笔者的观察，在数字新闻学的文献当中，对后果问题的探讨往往被融入第一个面向的研究之中进行探讨，学者们往往通过观察和分析新闻业的变迁本身来进一步理解这种变迁的深层意涵。这种情形很普遍，也很有价值。例如，近年围绕"可测量新闻业"（measurable journalism）所展开的相关研究就体现了这一路径。关于受众测量技术如何塑造新闻业近年来尤其随着社交媒体平台的兴起而日益受到重视，学者们对这个主题的研究不仅聚焦于第一个层面，如描述基于社交平台的受众测量技术具有什么样的特征，正在如何被新闻组织采纳这样的描述性问题[①]；而且关注第三个层面的问题，即这将意味着什么。于是，学者们试图通过观察新闻组织究竟如何展开对于受众以及新闻业的想象，如何处理这一技术导入所带来的张力，如何形成对于受众的反馈机制，甚至如何调整他们日常的新闻决策，改变他们的守门人角色，形成对传统新闻价值的改造等[②]，来理解这一受众测量技术究竟将给新闻业带来什么样的未来。如Carlson的概括[③]，在学者们的研究中，"可测量新闻业"将可能带来两种未来：一种是通过对新闻价值的改造，使得新闻业彻底沦为"以受众为中心的受市场逻辑主导的彻底自由放任"（audience-centered free-for-all governed by market logic）[④]；另一种是赋能于新闻组织，使它们对新闻内容的创造更符合受众兴趣，进而有助于增进新闻业的广泛影响力。这两种观点分别植根于各自对于这一变迁进程的描述和分析，也构成了两种观点的论辩。

然而，如上文关于可测量新闻业的分析，仅仅聚焦于生产层面的分析尚

① Cherubini F, Nielsen RK. Editorial Analytics: How News Media Are Developing and Using Audience Data and Metrics[EB/OL]. (2021-06-20) [2022-04-30]. https://www.digitalnewsreport.org/publications/page/6/.

② Usher N. Al Jazeera English Online: Understanding Web Metrics and News Production When a Quantified Audience is Not a Commodified Audience[J]. Digital Journalism, 2013, 1(03): 335-351; Vu HT. The Online Audience as Gatekeeper: The Influence of Reader Metrics on News Editorial Selection[J]. Journalism, 2014, 15(08): 1094-1110; Zamith R. On Metrics-driven Homepages: Assessing the Relationship Between Popularity and Prominence[J]. Journalism Studies, 2016, 19(08): 1116-1137.

③ Carlson M. Confronting Measurable Journalism[J]. Digital Journalism, 2018, 6(04): 406-417.

④ Tandoc EC, Thomas RJ. The Ethics of Web Analytics: Implications of Using Audience Metrics in News Construction[J]. Digital journalism, 2015, 3(02): 243-258.

不足以完整和系统地理解数字新闻学的影响，关于对新闻业变迁之影响和意涵的探讨，笔者认为可能有必要超越学术研究中的这种"生产偏向"，有两个方向的努力将颇为重要：一是需要迈向对新闻文本的研究，二是需要增加或者将对受众（新闻消费）和传播"效果"的研究整合进来。由于下文会有专门对这两个问题的探讨，这里不再赘述。

（二）数字新闻学理论化的目标和路径

在厘清何为学科核心问题以及对现有的研究现状做出判断的基础上，我们可以尝试提出数字新闻学研究的理论化目标。理论是对经验知识的高度概括和精练，在社会科学研究的范式下，笔者尝试将数字新闻学理论化的目标阐述为：提出理解、分析和解释/阐释数字时代新闻业/新闻生态之运行和变迁及其后果的学说。

这样一种综合性理论学说的建立可能有赖于学者们在具体研究领域和研究主题上进行理论化。在笔者看来，社会科学的理论化往往是通过三种路径来完成的：一是演绎法，这种方式一般是通过从宏观理论中得出假设然后用经验材料去检验它，这种理论化的方法往往将理论理解为一些一般性的规则、法则；二是归纳法，这种方式是通过对经验材料的总结、归纳和抽象而形成理论，这种理论化的方法往往将理论理解为可观察的模式的累积知识，这种累积知识往往是在由以往相似案例的经验研究以及围绕相同主题发展的扎根理论所构成的"地方性研究前沿"的基础上形成的[①]；三是抽象思辨的方法，这种方式往往被理论家采用，他们根据个体的直觉观察或基于他人的大量经验研究，形成一些抽象的理论架构来理解一些相对宏观的社会现象，如产生理论概念来架构和阐释现代性的面向等。理论建构的目标有助于三种路径所形成的知识之间的不断互动与对话。

学者斯廷森和韦斯特兰德通过对近年来围绕数字新闻学的研究主题所产生的研究成果，提炼出了学者们在他们的研究中运用理论的三种主要方式，

---

① Mjøset L. No Fear of Comparisons or Context: on the Foundations of Historical Sociology[J]. Comparative Education, 2006, 42(03), 337-362.

这些方式恰恰对应了上述的三种理论化路径。①第一种方式被他们称为"实用主义−参与性的理论运用路径"（pragmatist-participatory attitude towards theory），这种路径在他的研究样本中占到一半以上，主要是基于对经验材料的系统分析，对经验材料进行概括和抽象，其理论建构方式可以概括为扎根理论，这一路径对应上述的归纳法。第二种方式是引入跨学科的理论视角，通过这些理论视角烛照当前的经验材料，并在此基础上与这些跨学科的理论对话，或丰富这些理论命题，通过运用特定的理论棱镜来审视数字新闻业。他发现在现有的数字新闻业研究中，跨学科理论扮演了重要角色。这一路径与上述的演绎法有一定对应性。第三种方式是直接进行概念化（conceptualization）或相关的概念讨论，这对应的就是上述的抽象思辨方法。

在上述三种方式中，第三种方式即概念化的工作尤其值得关注，因为这往往是我们日常所说的理论所指。理论的基本元素是概念，因此，发展敏感化的概念来捕获数字时代的新闻业的复杂性，用它来描述和解释数字新闻业，定义和阐述概念之间的关系是发展理论的基础。如上文所述，近年来，数字新闻业研究领域已经涌现出不少这样的优秀尝试。但是，仅仅停留在概念上可能并不利于理论化，理论化有赖于概念化工作与经验研究工作之间的良性互动。

然而这恰恰可能是今天数字新闻学的理论化困境所在，如 Steensen 和 Westlund指出的②，在今天的数字新闻学研究中，概念化的工作与经验研究相对脱离，不少概念变成"无所不包"（catch-all）的概念之后，并未能很好地进入经验研究得到检验，或者并未能通过启发新的问题意识为进一步的经验研究打开空间。下文尝试以Hybridity（混杂性）这个概念为例来帮助理解从概念化到理论化的困境问题。Hybridity概念建立在这样观察的基础上，即传统存在于新闻与娱乐，公共事务与流行文化、事实与虚构形式之间的边界

---

① Steensen S, Westlund O. What is Digital Journalism Studies?[M]. New York: Routledge, 2020: 55-71.

② Steensen S, Westlund O.The Theories: How Digital Journalism is Understood[M]//Steesen S, Westlund O. What is Digital Journalism Studies? New York: Routledge, 2020: 55-71.

都越来越模糊。①因此，这一概念表达了学者们对今天这种边界被消解的、越来越复杂的新闻实践的一种观察，是学者们用新的方式来讨论当下这种稳定和变迁并存之多样现状的努力。这一概念于是成为有效分析各种实验、创新、背离和转型之形式和过程的富裕场所，在这里，传统的分类被拓展重新组合或被颠覆。②可以说，这个概念的提出确实敏锐地捕捉到了今天数字时代新闻实践变迁的重要倾向。但是，如果仅仅停留在命名极端，停留在阐释何为Hybridity，把它作为一个总体性概念来阐释和描述目前新闻场域的复杂性上，或者甚至停留在对这种混杂现状的美化或欢呼上，这个概念的理论意义就不大。因此理论化的下一步应该是需要将其作为一个有效的概念工具来协助经验观察和描述，需要用它作为棱镜来观察多样的混杂的实践形式。在此基础上，更进一步的理论化则有赖于学者们发展新的问题意识，寻找这个概念的解释性价值（explanatory value）。例如，Tamara Witschge等在关于对Hybridity概念的反思的文章中就提出③，学术界更应该去探讨如下这些问题：混杂实践究竟是如何出现或何以被形塑的？它们究竟如何与那些传统上存在的分类相关联？如果说混杂是对既有边界的破坏的话，那么新的秩序何以建立？混杂将可能行使什么样的修辞和实际功能？如果能对这些问题予以回答，这将进一步推进有关Hybridity的理论论述。

理论化的另一个困境在于三种理论化路径之间缺乏对话。Zelizer早在21世纪初期就提出④，新闻业的研究尽管引入了各种跨学科的视角，但是这些理论棱镜并没有帮助提供一种关于新闻业的整体性的内在紧凑的看法，而是

① Harrington S. Popular News in the 21st Century Time for a New Critical Approach?[J]. Journalism, 2008, 9(03): 266-284; Chadwick A. The Hybrid Media System: Politics and Power[M]. New York:Oxford University Press, 2013; Thussu DK. News as Entertainment: The Rise of Global Infotainment[M]. Thousand Oaks, CA: Sage, 2007; Zelizer B. Introduction: Why Journalism's Changing Faces Matter[M]//The Changing Faces of Journalism. New York: Routledge, 2009: 1-10.

② Chadwick A. The Hybrid Media System: Politics and Power[M].New York:Oxford University Press, 2013; Stross B. The Hybrid Metaphor: From Biology to Culture[J]. Journal of American Folklore, 1999, 112(445): 254-267.

③ Witschge T, Anderson W, Domingo D, et al. Dealing with the Mess (we made): Unraveling Hybridity, Normativity, and Complexity in Journalism Studies[J]. Journalism, 2019, 20(05): 651-659.

④ Zelizer B. Taking Journalism Seriously: News and the Academy[M]. London: Sage Publications, 2004.

像这些学科的"继子",在其他学科停留却没有获得足够合法的地位。这说明,对新闻学研究来说,仅仅引入跨学科理论是远远不够的,只有当这些透过跨学科理论棱镜所形成的对于新闻业的认识能够通过不断对话而贡献于对新闻业形成具有内在系统性的看法之时,才可能对新闻学的理论化产生贡献。根据Steensen和Westlund的研究①,近年来数字新闻学者在引入跨学科理论上是有明显拓展的,最常被引入的跨学科理论包括各种社会学理论和政治科学理论,然而,这些跨学科理论棱镜在提升对于数字新闻学的洞察,或参与到数字新闻学的理论对话当中,可能仍不乐观。

对中国学者而言,如果我们希望在社会科学范式的意义上进行理论建构或创新,就需要遵循上述勾勒的基本路径。近年来在我国新闻学研究领域,越来越多的学者提出应该进行理论创新,并强调对概念和方法论的反思等,这些都可以看作这个学术领域开始有意识寻求自己的学术身份的表现。按照上述社会科学理论创新的基本路径,笔者认为,经验研究仍是理论工作的基础和前提。对中国学者而言,要加入理论创新的队伍当中,关键还是在于如何运用好中国社会的本土经验资料,本土经验是每一个国家或地域的学者所具有的独特资源。对中国学者而言,中国社会所具有的独特政治体制及嵌入其中的独特传媒体制、迅猛发展的互联网科技公司和平台经济与中国传统文化和近年互联网发展密切相关的独特的受众参与文化等均构成了中国数字新闻实践展开的独特语境。因此,勾勒在这一制度和场域环境下数字化的新闻实践如何展开,将中国新闻业/新闻生态在数字时代的变迁嵌入对上述图景的理解之中并尝试概念化,并发展概念之间的关系,用以阐述中国语境下数字新闻业的动力过程及影响,这将是中国学者未来对数字新闻学的理论建构有所贡献的基础。中国学者应该在数字技术与中国社会的独特互动中发展出理解技术和社会变迁的学说。

---

① Steensen S, Westlund O.The Theories: How Digital Journalism is Understood[M]//Steesen S, Westlund O. What is Digital Journalism Studies? New York: Routledge, 2020: 55-71.

三、对传统新闻学概念的反思与拓展

下文转向新闻学研究内部来探讨理论化的问题。正因为数字新闻学研究脱胎于传统新闻学，它的理论化要面对一个重要挑战，即如何对待和反思传统新闻学研究的基本概念，如何重新厘清数字时代新闻学研究的对象，这一反思工作应该构成也确实构成了今天数字新闻学研究的重要范畴。

（一）传统新闻学研究的一些基本概念和假设

如前文所述，当代西方新闻学研究往往根植于一些特定的概念框架或基本假设，这些理念虽然并未明显表现在实证性的学术研究中，但是往往被当作不证自明的前提和假设，指导并架构了新闻研究的学者提出研究问题。这些观念包括关于什么是新闻、什么是新闻组织以及谁是新闻记者等基本问题的看法，也包括一些"想当然"的区分，如Reese和Shoemaker的描述，"传统新闻学研究往往建立在一些旧的区分的基础上，例如，将受众/业余与专业人员、实践与感知、生产与消费、技术与人、实在与虚拟、私人与公共、事实与虚构、真相与谎言等进行严格的区分"[①]。数字技术兴起所带来的新闻图景的转变促使越来越多学者对上述基本概念和基本区分提出反思。

笔者尝试将传统新闻学研究这些基本看法以理想类型的形态总结如下。

（1）对新闻场域的看法：传统新闻学研究倾向于将新闻场域看作稳定不变的。也正因此，在20世纪60—70年代新闻生产社会学研究的黄金时代，社会学家们通过在众多新闻编辑室对民族志的研究所得到的发现几乎完全一致，例如，不同新闻组织所采用的新闻常规和新闻价值观基本上完全一致，擅长解释不变的制度主义视角因此成为最恰当的理论观点对这种一致性予以解释。传统新闻学研究尤其是美国经典的新闻学研究还倾向于将新闻场域视

---

① Reese SD, Shoemaker PJ. Media Sociology and the Hierarchy of Influences Model: A Levels-of-analysis Perspective on the Networked Public Sphere[J]. Mass Communication and Society, 2016, 19(04): 389-410.

为一个与其他场域之间具有清晰边界的场域，它被认为拥有较高的自律性，而较少受到他律。作为事实性报道的行业，它显著区别于受到经济场域强大影响的娱乐行业等。

（2）对新闻组织的看法：传统新闻学研究往往假定新闻组织的基本形态是机构化/制度化的（institutionalized），由受过专业训练、秉持相似专业理念且拥有较高自主性的专业人员组成，同时具有等级化结构，并受到行业协会约束等特征，它们构成了新闻供给的垄断性主体；且组织之间是高度同质的。

（3）对新闻和新闻形态的看法：传统新闻学研究倾向于将新闻（news）视为制度化/机构化新闻业的产品，偏重于关注理性化的、以硬新闻为主的新闻形态。由于新闻的规范理论假定"硬新闻"才能够扮演告知公众和服务民主的目标，其他非硬新闻形态的新闻形式就往往被排除或被边缘化在主流关注之外。

（4）以新闻编辑室为中心的研究视角：由于上述看法，传统新闻学研究是围绕新闻编辑室展开的，揭示专业新闻人员所遵循的规则并形成常规化的实践模式是传统新闻社会学研究的关键，对新闻编辑室的民族志研究因而也成了主流的研究方法之一。

上述看法在传统新闻时代被当成自然的观念被接受，并且架构了传统新闻学研究的对象、范畴以及研究问题的方向。当然，在传统的新闻研究时代，对此的质疑也并不缺乏，但总体而言，这样的质疑在当时仍然主要存在于少数学者和学术社群当中，并没有形成潮流。直到数字时代的到来，数字技术所带来的媒介环境变迁以及与之相应的公共信息生产和传播现状的颠覆性改变才逐渐让学者们认识到，原来传统新闻业研究是建立在特定假设的基础上，而这些假设在数字时代显得如此的不符合现实，因而应该予以反思甚至抛弃。可以说，数字新闻学的理论化意识即起源于这种变化的经验现实所带来的"文化震惊"（cultural shock），或者说，数字化让传统新闻业所基于的那些假设和理念被"陌生化"了，因而产生了质疑和反思的可能。

（二）数字新闻学提出的反思需求

那么，数字新闻学的理论建构应该如何超越构成传统新闻学之基础假设的这些概念前提，将视野投向那些被传统新闻学研究概念所可能遮蔽的对象和主题，进而重新定义自己的研究对象和学术主题，这可能是数字新闻学理论建构的第一环。在这个方面，笔者认为现有的学术文献已经取得了较好的成果，下文希望通过这种梳理为新闻学在新的历史阶段的理论化工作厘清认识。

具体而言，数字新闻学的发展在如下方面提出了质疑和反思的需求。

（1）调整关于新闻场域的看法：数字时代带来了持久并巨大的变迁，这就要求数字新闻学者应改变静态观，采取动态和动力学的看法，将学术观察的重点从对现有制度不变的描述和解释转向对变迁的描述和解释。与此关联，数字实践和平台的爆炸式增长以及与此关联的政治经济结构的变化等也使得新闻业的制度边界不再清晰，新闻场域与权力和经济场域以及其他场域之间的互动更为频繁，这也对数字新闻学的研究提出要求，不能够再视新闻场域为独立自主不受外在影响的完全依靠"自律"（autonomy）的场域，而是需要将视野投向外场域、相邻场域以及与这些不同场域之间的互动，在此基础上去理解新闻场域的"他律"（heteronomy）以及在此基础上形成的混杂实践。

（2）拓展对何为新闻业主体的看法：数字化技术的发展使得专业新闻业不再垄断新闻的供给，出现了众多包括公民博客，网络原生媒体、创业媒体（news start-up），作为媒体的消息来源，以及对新闻材料进行汇聚、重新包装或精练的新闻聚合机构（news aggregators）在内的众多新兴行动者，这些在传统上并不被认为是媒体的异质组织，以及它们之间所形成的松散耦合的关系和结构，构成了"混杂的媒介体系"（hybrid media systems）。①这使得采用传统上对于新闻组织和新闻记者的定义来圈定新闻业研究的对象和范围不再适用。数字新闻学研究需要将这些新闻场域的新入场者（new entrant）全

---

① Chadwick A. The Hybrid Media System: Politics and Power[M]. London: Oxford University Press, 2013.

部纳入观察，它们构成了新闻生态系统的重要行动者。

（3）超越以理性、事实和硬新闻为主的新闻形态观：在传统新闻研究中受到重视的硬新闻其实仅是新闻生产的一个很小的维度，新闻业研究的这一硬新闻偏向早年就曾受到批评，如Dalhgren和Zelizer均认为，主流新闻学所研究的仅仅是当代新闻业"材料/物质"当中的一小部分，而忽视了那些不同形式、不同场所的新闻实践类型。①而随着数字技术的兴起，这一问题更加突出。这是因为，在数字时代传统"硬新闻"所占份额不断下降，硬新闻以外的新闻形态越来越普遍，自媒体上流行的是情感化、主观化的表达，受到自媒体的影响，或者说受到社交媒体可供性的影响，传统机构化媒体也在经历情感化转向，日益重视情绪互动。针对这一现状，学者所要做的，并不是基于原教旨的新闻观念去对其予以批判，而是应该将此类多样的新闻表达形态同样纳入观察和研究。

（4）超越新闻编辑室中心论：传统的新闻学研究以新闻编辑室为中心，然而在数字时代，新闻的生产已经远远跃出编辑室这一空间：媒介组织/专业人员与公民之间的互动增加，二者在信息创作过程中形成了更多跨域数字化新闻过程各个阶段（信息采集、过滤、处理和编辑、分发和阐释过程）的协作的关系；全球范围内媒介组织之间的连接也与日俱增，组织与组织之间形成了更多协作性的关系；于是，新闻记者像普通公民一样，成了整个网络新闻生态中的节点（nodes）而已。这就要求研究者超越新闻编辑室的边界观，转而采取一种后编辑室（post-newsroom）概念，正如英国新闻学者Anderson所倡导的，随着数字时代新闻业的技术、文化和经济结构的改变，新闻业的研究应该超越传统的新闻编辑室中心的民族志研究，而是要研究网络、组织、社会群体和机构等这些让新闻生态系统运行的主体。②

---

① Dalhgren P, Sparks C. Journalism and Popular Culture[M]. London:Sage Publications, 1992; Zelizer B. Taking Journalism Seriously: News and the Academy[M]. London:Sage Publications, 2004.
② Anderson W. Journalistic Networks and the Diffusion of Local News: The Brief, Happy News Life of the "Francisville Four" [J]. Political Communication, 2010, 27(3): 289-309; Anderson, W. Blowing up the Newsroom: Ethnography in an Age of Distributed Journalism[M]//Domingo D, Paterson C. Making Online News-Volume 2: Newsroom Ethnographies in the Second Decade of Internet Journalism. New York: Peter Lang, 2011:151-160.

（5）从新闻生产中心拓展到新闻分发/流通与阐释：在传统新闻研究中，受众仅被视为专业新闻的接收者，所受重视不多。但是在数字时代，受众的重要性越来越显著，角色也更加多样，这不仅表现在受众通过公民新闻或用户参与的方式直接参与新闻的生产，更表现在随着社交媒体平台这个混杂的媒介空间的出现，受众作为多元行动者的成员通过分发和阐释新闻，检查/监督和争议有关新闻专业工作，以及通过与其他行动者如制度化的新闻机构或记者等产生互动的多元方式参与到社交媒体时代社会性的意义协商过程中来。①因此，对数字新闻学的研究者而言，研究的任务就不仅包括对受众消费模式的考察，如偶然性新闻消费（accidental news consumption），新闻消费的社会推荐模式（socially recommended）等，而且应该考察随着社交媒体作为新闻的分发、流通和阐释空间的兴起，受众正在如何形成新的习惯，受众阐释如何参与到广义的集体性意义建构的过程中。在此基础上，笔者认为更进一步的受众研究则应与传播学的"效果研究"进一步融合，在过去，这类关于读者新闻接触及其对于读者认知、态度和观念形成等的影响往往被划分在心理学导向的效果研究的范畴，而不被新闻学研究所吸纳，但是随着公共领域进一步呈现为网络连接的状态，呼唤二者的融合和对话将显得颇为关键，如此才能更深入地理解新闻业的变迁如何塑造和影响读者的观点，进而影响民粹主义、虚假新闻传播以及政治极化等当代重大政治文化现象的变迁发展。

（6）引入新的理论视角：在传统新闻学研究中，技术几乎是不可见的，并没有成为重要的变量进入学者们的研究和理论化当中，但是这一状况需要在数字化条件下得到改变，技术变量的导入要求学者们引入一些能够将技术元素纳入并且长于分析变迁的理论流派。近年来，一些能够将技术吸纳的理论流派受到了重视，如行动者网络理论、物质主义的理论、新闻生态理论、可供性理论（affordance theory）等，都为技术在塑造新闻业的分析中发挥作用、提供框架。例如，行动者网络理论的提出目的是理解新闻的建构，淡化传统新闻学研究聚焦制度化的新闻业现状，关注处于情境化社区内的多元行

---

① Hermida A. Social Media and the News[M]//Witschge T, Anderson CW, Domingo D, et al. The SAGE Handbook of Digital Journalism. Thousand Oaks, CA: Sage, 2016: 81-94.

动者所从事的与新闻有关的实践①；可供性理论则被用来强调特定技术的可能性（或局限性）如何在不同的使用情境中得到应用②。除此之外，数字时代新闻系统的改变也要求学者超越过往以组织为中心的社会学视角，将新闻业看作一个系统，在组织与宏观政治经济之间探寻一些能够提供中层分析的视角，如制度主义、场域理论和生态理论等近年来日益受到重视。③数字技术对新闻业财政基础和商业模式的冲击也呼唤增加与经济学科相关的理论引入，以更好地理解新闻业市场竞争率等的变迁如何改造和影响了新闻业本身。

上述这些观念的改变都为数字新闻学的经验研究和概念化工作打开了诸多空间，在笔者看来，沿着这些被打开的空间，面对更为广义且更具包容性的研究对象，在传统新闻学研究的主题之外开发新的学术主题，围绕前面提出的数字新闻学最核心的三个层面的问题展开研究，将是形成和建立数字新闻学理论的必经路径。

四、与传统新闻学研究的关系：连续而非断裂

但是这并不说明数字新闻学研究要完全摆脱传统，笔者认为，在断裂和革命话语主导数字新闻学研究的当下，强调它与传统新闻学研究的连续性反而更有必要。如Schudson，M.在接受常江的访谈时所言，"无论我们如何定义未来的新闻研究，它都应该和过去一样，是紧密围绕着如何想象、界定和规范好的新闻、新闻记者和新闻机构这些问题"④。

对连续性的强调有助于数字新闻学者不再把数字新闻学作为一个孤立的学科领域来处理。数字新闻学研究作为一个跨学科的研究领域，受到了很多

---

① Domingo D, Masip P, Costera Meijer I. Tracing Digital News Networks: Towards an Integrated Framework of the Dynamics of News Production, Circulation and Use[J]. Digital journalism, 2015, 3(01): 53-67.

② Conole G, Dyke M. What Are the Affordances of Information and Communication Technologies?[J]. ALT-j, 2004, 12(02): 113-124.

③ Ryfe DM. News Institutions[M]//Witschge T, Anderson CW, Domingo D, et al. The SAGE Handbook of Digital Journalism. Thousand Oaks, CA: Sage, 2016: 370-382；白红义，张恬．社会空间理论视域下的新闻业：场域和生态的比较研究 [J]. 国际新闻界，2021,43(04):109-132.

④ 常江，克里斯·安德森，迈克尔·舒德森，托德吉特林．新闻学的未来：数字生态与全球语境——中、英、美三国新闻学学者的对谈（下）[J]. 新闻界，2020(11):14-20+61.

领域的影响，但是它主要还是脱胎于新闻学研究，也可以被置放在更广义的传播学的学科框架之中。因此，强调对新闻学研究传统的继承将有助于数字新闻学的发展。但是，如Steensen和Westlund的研究发现，由于数字新闻学研究总是强调变迁，这导致其在学术传统的继承上呈现断裂状态。①他们的分析发现，近十年来所发表的数字新闻学文章在文献引用上偏向于对新近文献的引用，例如，引用的文献大多为2010年以后的，而对之前的文献较少引用。这表明当下的数字新闻学研究强调当下和未来，而很少去检视与过去之间的关联。这一与学科历史的断裂将给数字新闻学研究带来新的风险。

为了更好地理解当下和未来，数字新闻学研究应该在以下四个方面与传统新闻学研究保持连续。

第一，研究对象及所观察的对象有连续性。传统新闻学研究的对象之一是机构化/制度化的媒体组织，这些组织在数字时代新闻场域或新闻生态系统（news ecosystem）中的角色和功能可能有所削弱或改变，但仍然是其中最为重要的行动者，因此，对它们的观察和研究应该构成数字新闻学的重要组成部分。值得肯定的是，尽管变迁的话语很强大，无论在国际还是国内的数字新闻学研究学者都仍然重视对这一范畴的研究，近年我国已经有不少成果都得自于对这类传统机构媒体的观察，包括它们如何运用新型的数字技术进行新闻创新、如何进行跨媒体的新闻编辑部融合、如何将受众测量纳入新闻编辑流程、如何规范记者对于社交媒体的采用、如何采纳并将自身适配于数字化的社交媒体平台、如何形成并建立与大型平台互联网公司的互动关系等。②研究对象的连续性还表现在，需要警惕和避免将所有当下发生的现象视为新，如一些学者指出的，很多当下被视为"新"的现象其实在历史上都存在

---

① Steensen S, Westlund O.The Theories: How Digital Journalism is Understood[M]//Steesen S, Westlund O. What is Digital Journalism Studies? New York: Routledge, 2020: 55-71.

② 王海燕．加速的新闻：数字化环境下新闻工作的时间性变化及影响 [J]．新闻与传播研究，2019, 26(10):36-54+127；陈阳．每日推送 10 次意味着什么？——关于微信公众号生产过程中的新闻节奏的田野观察与思考 [J]．新闻记者，2019,(09):23-31；李艳红．在开放与保守策略间游移："不确定性"逻辑下的新闻创新——对三家新闻组织采纳数据新闻的研究 [J]．新闻与传播研究，2017,24(09):40-60+126-127；王辰瑶，喻贤璐．编辑部创新机制研究——以三份日报的"微新闻生产"为考察对象 [J]．新闻记者，2016(03):10-20；陆晔，周睿鸣．"液态"的新闻业：新传播形态与新闻专业主义再思考——以澎湃新闻"东方之星"长江沉船事故报道为个案 [J]．新闻与传播研究，2016,23(07):24-46+126-127.

过。也正因为对此的清醒认识，在近年来几个数字新闻学研究的重要学术主题当中，多位学者都有意识地将历史的视角吸纳进来，如关于"情感转向"的分析、关于"混杂新闻业"的分析，以及关于"可测量新闻业"的分析等，这些分析都通过检视这些在当今看起来颇为崭新的现象在历史上的表现，通过与历史连续性的检视，提供了理解这些看起来"新"现象的历史文化脉络。

第二，问题意识有连续性。新闻学研究的一个基本问题可以概括为：与公众利益关联的信息究竟如何被生产出来，这套制度如何被建立，以及这意味着什么？如前所述，这一问题同样也应该成为数字新闻学的基本问题。事实上，今天数字新闻学者的努力也主要是围绕这一基本问题进行的。但是如一些学者指出的，今天的数字新闻学体现了较强的技术导向，这可能会导致对其他重要问题的忽略。就笔者的观察，数字新闻学研究在呈现一种"生产偏向"的同时，存在一种"文本缺失"的问题。例如，在传统新闻学研究中得到普遍重视的"框架分析"在数字时代的新闻学研究中基本上是消失的，这表面上看是研究方法的转移，实际上则是问题意识的忽视。关于新闻业究竟如何为社会建立意义和提供知识，如何塑造人们所处的符号世界，这一直是新闻学研究最主要的问题意识之一，它是帮助我们理解新闻业意味着什么的重要途径，但是这一问题意识以及与之相应的框架分析的方法在当下的数字新闻学研究中却很少被践行，导致意义建构的缺失构成了数字新闻学研究的一个知识盲区。正如Steensen等所言："对于未来查阅《数字新闻业研究》这本杂志的读者来说，如果他/她希望在这本杂志中找到2010年代的观念和文本如何在新闻文本中被建构，新闻业如何为它所服务的社会和文化创造意义，如何作为一个知识创造的系统起作用，以及这些问题如何与历史发展相关联，他会感到深深的失望。"[①]

在笔者看来，导致这一问题意识被遗漏和偏移的原因可能在于学术界较为急切地渴望找到一种普适性的方式来勾勒新闻业变迁的规律，上述所说的"网络连接的新闻业"、新新闻生态系统、弥散式新闻业、液态新闻业、

---

① Steensen S. Grøndahl, Larsen AM. Hägvar YB, et al. What does Digital Journalism Studies Look Like?[J]. Digital Journalism, 2019, 7(3): 320-342.

"用户新闻学"等概念都是这样的尝试，但是，如传播学5个W理论给我们的启示，要整体性地了解传播现象，就不仅需要研究传播者，而且需要研究传播内容、受众、语境和效果等各个方面。在数字新闻学的下一个十年，希望有更多学者能够重新拾起这些被忽略的环节，将它们置于具体语境中予以分析。在将与文本和意义有关的问题意识重新带回的同时，我们也呼唤重新回到地方性知识的积累，对数字新闻学的理论化有赖于对不同地域和国家、不同社会条件下各种新闻文本建构所达成的知识积累，如此才能帮助我们更为完整地认识数字时代新闻业的多重面向。

第三，理论视角有连续性。传统新闻学研究中得到重视的那些理论视角可能同样适用于对数字新闻学的研究，因此，对数字新闻学的研究并不必然意味着找寻崭新的理论来替代旧有的理论。Steensen和Westlund通过对学术文献的调查实证分析发现，①早年新闻学研究中占据主导地位的社会学理论取径其实在今天仍然占据主导地位，制度、结构化、场域和资本等概念被强调，体现了数字新闻学是一个受到多重力量塑造的制度和专业，只不过，数字时代可能为更加多样的社会学理论提供了应用场景。他们的研究也同样提示我们，应该重新拾起那些在传统新闻学研究中受到重视而在今天的数字新闻学研究中被忽视的理论视角，例如，来自人文学科传统的批判文化理论、话语理论、叙事分析与风格理论（genre theories）等。

当采用归纳的方法进行理论化之时，学术界同样不应该完全抛弃传统理论，更有益的方式是将其纳入数字化语境，批判并发展它。美国学者Reese和Shoemaker等将他们在早些年提出的层级影响模型（the Hierarchy of Influences Model）放在新的数字化条件下重新理论化就是很好的例子和榜样。②在1996年发表的《中介化信息》（*Mediating the Message*）一书中，两位学者提出了著名的分析层级影响的模型来梳理形塑媒介内容的多重因素。这一模式将

---

① Steensen S, Westlund O.The Theories: How Digital Journalism is Understood[M]//Steesen S, Westlund O. What is Digital Journalism Studies?. New York: Routledge, 2020: 55-71.

② Reese SD, Shoemaker PJ. Media Sociology and the Hierarchy of Influences Model: A Levels-of-analysis Perspective on the Networked Public Sphere[J]. Mass Communication and Society, 2016, 19(04): 389-410.

塑造媒介内容的因素区分为从微观到宏观的多个层级的因素，这五个层级分别是：个体、常规、组织、社会制度和社会系统。针对学术界在数字时代寻找新理论的潮流，两位学者于2016年就如何在数字时代的背景下继续发展这个理论发表文章。他们认为，针对数字图景的变迁，学者的任务并不应该是批判这个理论的过时或无用，而更应该是思考和探讨在今天的数字时代背景下，这个理论框架是否缺失了新的维度，它的概念前提是否需要得到调整，如何将新的维度吸纳进来，让之适用于新的媒介环境。Shoemaker和Reese于是重访这一理论观点，探讨了这一理论应该调整什么、应该保留什么以及如何将旧的与新的整合协调起来。[①]他们认为，尽管存在概念流的转变以及空间转向，层级影响的理论观点仍然是一个有用的组织模式和标准，它可以被用来观察媒介力量之间的去稳定化以及彼此之间的联合，并且也同样具有解释性力量。不过，针对数字化之后新闻图景的转变，层级影响理论需要更加强调层级之间（个体、常规、组织、制度和体制）的网络连接交互的以及多种方向的联系。因此，从两位学者对他们理论的反思来看，一个基本的命题仍然是延续的，这就是，社会结构定义并且支持了媒介化的空间，进而定义了话语空间，这一命题并没有因为技术的出现而发生本质的变化。连续而非断裂反倒构成了他们进行数字新闻学理论创新的源泉。除了这两个学者，其他学者如Sharon Meraz和Zizi Papacharissi[②]以及Peter Bro[③]等均曾重访传统新闻学研究的一些基本理论如议程设置、信息守门和框架理论等，他们均探讨了这些概念以及它们所立基的理论、方法论和经验基础在21世纪究竟如何可能继续发生意义并且与当下产生关联。

第四，价值关怀有连续性。早年的新闻学研究一直抱持着一种朴素的理想，那就是关注新闻与信息民主，关注新闻在塑造公共文化上的核心价值以

---

① Shoemaker PJ, Reese SD. Mediating the Message in the 21st Century: A Media Sociology Perspective[M]. New York:Routledge, 2013.

② Meraz S, Papacharissi Z. Networked Framing and Gatekeeping[M]//Witschge T, Anderson CW, Domingo D, et al. The SAGE Handbook of Digital Journalism. Thousand Oaks, CA: Sage, 2016: 95-112.

③ Bro, P. Gatekeeping and Agenda-setting: Extinct or Extant in a Digital Era?[M]//Franklin B, Eldridge S. The Routledge Companion to Digital Journalism Studies. London & New York: Routledge, 2016: 75-84.

及新闻如何推动社会进步等。除自由主义之外，多样的价值关怀和规范性理念如进步主义、马克思主义、协商民主和人文主义等曾构成新闻学理论的价值锚，为探讨新闻业如何塑造公共生活提供价值起点。数字技术的出现并不天然颠覆这些价值，而是值得在数字时代延续。如Robinson等所言①，"规范性意识"（normative awareness）应该是数字新闻学者的一个使命。他们所说的规范性意识，一方面是指研究者需要对自己所持的规范性假设保持警惕和反省；另一方面则是指在展开自己研究的时候，应该受到价值规范的指引，如此才能提出有价值的研究问题。

但是，在数字时代保持这一连续性似乎更具挑战，这是因为，技术所激发的乐观图景和想象也许很容易自然合理化一些价值，如Kreiss和Brennen等批判的，"参与"和去中心化等价值往往很容易被不加质疑地拥抱。②因此，面对技术的影响，学术界理论研究的重点应该建立在继续维系一直依赖的价值关怀的基础上，始终追问数字时代新闻业的变迁究竟可能如何重构公共生活。无论是任何方向的概念化和理论努力，最终都应该回到这一价值轨道当中来，如当讨论新闻的时间性，运用时间性的概念来考察数字新闻业之时，就需要追问时间性的改变究竟可能如何塑造公共信息的提供和消费，进而可能如何形塑公共生活。当然，在此过程中值得注意的有两点。一方面，对何为公共性、何为公共生活，可能需要有更具包容性（inclusive）的框架来理解，不能停留在传统上较为窄义的理性化形态上，而是需要充分考虑情感在公共生活中的影响，并将其纳入理论化的范畴，这才有可能避免理性偏见所带来的研究偏向，如忽视或贬抑任何情感化表达等。另一方面，关于技术如何塑造公共生活，追问的方向既应该是正向的，如技术能否扩大信息民主和赋权，同时更应该是反向的，对技术的反公共文化角色展开深入反思。如Schudson所言，技术所发挥的作用在多数情况下是消极的和侵蚀性的③，因

---

① Robinson S, Lewis SC, Carlson M. Locating the "digital" in Digital Journalism Studies: Transformations in Research[J]. Digital Journalism, 2019, 7(03): 368-377.

② Kreiss D, Brennen JS. Normative Models of Digital Journalism[M]//Witschge T, Anderson CW, Domingo D, et al. The SAGE Handbook of Digital Journalism. Thousand Oaks, CA: Sage, 2016: 299-315.

③ 常江，克里斯·安德森，迈克尔·舒德森，托德·吉特林.新闻学的未来：数字生态与全球语境——中、英、美三国新闻学者的对谈（下）[J].新闻界，2020(11):14-20+61.

此，采取批判研究的视角，去辨识、勾勒和揭示那些由于技术变迁所导致的错综复杂的信息传播现象中存在的"伪民主"可能是数字新闻学研究更重要的任务，也是数字新闻学理论的重要一环。

综合上述分析，笔者认为，如果说数字新闻学在第一个十年因为强调变迁及与传统的断裂而有所收获的话，在下一个十年，有意识地推进有关连续和传承问题的思考必将有助于数字新闻学发展得更加丰富与完善。

五、结语

本文从学科范式的特点出发，讨论了今天进一步展开数字新闻学研究所需要面对的一些问题，重点放在如何进行理论化和理论创新上。本文提出，通过厘清四个基本问题，将有助于数字新闻学研究下一步的理论化任务：一是应该明确究竟要在何种学科范式下进行理论创新；二是倘若明确了社会科学范式下的理论建构目标，就需要遵循社会科学理论建构的基本规律；三是对传统新闻学研究背后的基本概念或假设保持反思；四是对新闻学研究的传统仍然应强调连续而非断裂。

数字新闻学的理论化关乎数字新闻业的未来，当学者们在谈论数字新闻学的未来时，似乎难逃二元争论。一方是技术未来主义，对技术所带来的变迁充满乐观想象；另一方则是技术怀疑主义，对技术的侵蚀性角色保持始终的警惕。那么，数字新闻的时代，究竟是一个黄金时代，还是一个取悦读者的专业贫瘠化时代？这是《Routledge数字新闻学手册》（*The Routledge Companion to Digital Journalism Studies*）结语中Toby Miller的发问。[①]一方面，人们看到了传统严肃新闻业的衰落，不再能够担当信息守门人的角色。与此同时，人们也看到新闻场域中涌现了众多新闻行动者，尤其是数字赋能条件下公民新闻的成长、网络连接的新闻业以及新闻协作的多样形态；也看

---

① Miller T. Epilogue: Digital Journalism: A Golden Age, a Data-driven Dream, a Paradise for Readers—or the Proletarianization of a Profession?[M]//The Routledge Companion to Digital Journalism Studies. New York:Routledge, 2016

到数字透明性的增强、受众参与的兴起；数字技术赋能了机构化以及新兴的新闻行动者，使得他们有机会探索多样的表达形态，如数据沉浸式新闻；受众测量技术的广泛应用让媒体可以更为精确和及时地了解受众需求和偏好，并可能按照他们的偏好和需求来安排新闻的生产等。另一方面，人们也看到，与社交媒体、平台经济和大数据技术兴起相关联的是新闻价值导向迎合，读者霸权（readers' hegemony）进一步崛起，社会进一步走向娱乐化、琐碎化和最大公约数化；新闻消费的自主性与新闻多样性的增强在西方社会正在塑造政治极化，右翼和左翼民粹主义同时兴起。上述的二元悖论不仅在西方社会存在，在许多方面它们也存在于中国社会，而且似乎将在相当长的一段时间持续存在，造成迷雾一般的现实，进一步增强我们对于不确定时代的感受。

Miller认为，"将历史学与当代性并置，将政治经济学、民族志与对技术的采纳和多媒体技能并置，这才是不确定时代给我们最好的指引"①。对此，笔者的理解是，我们需要的，也许并非一个无所不包的宏大理论，而是既考虑过去、也考虑未来，既考虑文本、也考虑文本与语境之间关联，在不同的文化社群、民族国家、传播环境和历史时代展开多元研究。数字新闻学理论架构的目标，并不是追求一个单一的无所不包的理论学说，在这里，理论应该是复数，是theories，它应该是上述这些多元研究之间始终持续不断的对话行动。

（李艳红，中山大学新闻传播学院教授、博士生导师，复旦大学新闻与传播研究中心研究员。本文原载于《新闻记者》2021年第10期。）

---

① Miller T. Epilogue: Digital Journalism: A Golden Age, a Aata-driven Dream, a Paradise for Readers—or the Proletarianization of a Profession?[M]//The Routledge Companion to Digital Journalism Studies. New York:Routledge, 2016: 593.

2021年全球新闻业研究趋势

——对"变种"现象的追踪

方可成　范吉琛

【摘要】

基于对多家新闻传播学顶级期刊2021年发表的全球新闻业研究论文的梳理，本文综述了五个方面的研究：对新闻的过度获取与逃避、新闻的分享与转发、对付费订阅模式的追问、职业边界与角色认同，以及跨境合作报道。本文以"变种"为比喻，意图概括这几个方面的新现象，并介绍世界各地的新闻传播学者们是如何研究这些新现象的，又得出了哪些结论。

【关键词】

新闻回避；分享与转发；付费订阅；工作边界与职业认同；跨境报道

2021年仍然是新冠肺炎疫情笼罩之下的一年。相比2020年，人们开始逐渐适应常态化的疫情，生活变得稍稍平稳。在疫苗带来的希望之下，一些国家尝试开放，试图回到疫情前的状态，但新的病毒变种不停袭来，给各国希望建立起的免疫屏障带来新的挑战。

如果我们借用病毒"变种"的比喻来观察这一年的全球新闻业研究，也会看到：无论是在新闻生产、新闻消费，还是在商业模式、职业认同等话题上，也都出现了新的现象"变种"，需要新的研究和思考。比如，在新闻消费方面，一个广受关注的现象就是"新闻回避"（news avoidance），这可以说是受众的行为在新的社会环境和技术条件之下形成的一种"变种"。又如，在职业角色和身份认同的问题上，近年来随着#MeToo、#BlackLivesMatter等社会运动的开展，不少西方记者——尤其是年青一代记者和少数族裔记者，已经对记者作为"置身世外的观察者"的角色产生了诸多反思和质疑，使得记者的职业规范也出现了新的"变种"。

学者们追踪着这些新的"变种"现象，将其与经典的理论和既有的研究脉络相联系，产出具备新启发的理论成果。我们梳理了*Digital Journalism*，*Journalism*，*Journalism Studies*，*Journalism Practice*，*Political Communication*，*New Media & Society*等被SSCI收录的新闻传播学领域的主要期刊在2021年发表的、被引量较高的论文。在此基础上，我们总结出2021年国际新闻学研究的五个重要议题，并对相关的代表性文章进行介绍。

一、对新闻的过度获取与逃避

在日益丰富且具有高度选择性的媒介环境中，人们的新闻消费习惯呈现出两种截然不同的新"变种"现象。一些人沉浸于获取海量的新闻与资讯，无法放下手中的智能手机——在新冠肺炎疫情期间，这更意味着对那些坏消息"上瘾"，虽然知道对心理健康有损害，但依然停不下来，2021年有一个流行词"doomscrolling"形容的就是这种对新闻内容（尤其是负面内容）过度消费的不健康状态。而另一些受众则恰好相反，他们对新闻产生了主动回避的行为。在2021年，学术期刊上有多篇文章对这一"新闻回避"现象进行了探讨。

来自美国西北大学的Stephanie Edgerly教授指出，在新闻获取形式日益多样、机会增加的媒介环境中，仍然有一些人的新闻消费维持在很低、甚至是零的水平。[①]Edgerly利用来自美国成年人的调查数据，探讨了导致较低的新闻消费水平的多种因素。她的研究发现，对政治的不关心、认为新闻事不关己、对于新闻较低的自我效能感以及对新闻媒体系统知识的缺乏，均会导致

① Edgerly S. The Head and Heart of News Avoidance: How Attitudes About the News Media Relate to Levels of News Consumption [J]. Journalism, 2021,23(09): 1-18.

新闻回避的发生。同时，新闻在情绪上的负面影响，如新闻厌倦、烦躁的情绪等，则不会对新闻消费水平产生影响。同时，Tunney、Thorson和Chen组成的另一个来自美国的研究团队，对于会导致新闻回避的因素进行了更加细致的分析。①他们运用了进化心理学（evolutionary psychology）的路径，探讨人们在何时会关注（following）或回避（avoiding）会带来恐慌的新闻主题（fear-inducing news topics）。他们发现，恐慌对于大多数新闻主题而言，会导致新闻回避，而人们对这种恐慌所感知到的重要性，则会促进人们对于相关主题新闻的关注。自我效能感会导致人们对于核战争、恐怖主义、群体枪击等主题的新闻回避，但同时也会促进人们对于数据泄露、埃博拉病毒、气候等新闻主题的关注。新闻过载（news overload）会使人们对于恐慌新闻主题产生更多的回避，而较高的媒介使用习惯在总体上会促使人们对相关新闻议题进行关注。

宾夕法尼亚大学的Mukerjee和Yang运用实验的方法，考察来源媒体线索（source outlet cues）、信息线索（message cues）以及社会认可度（social endorsement cues）等方面对Facebook中新闻选择的塑造作用②。他们发现，人们会明显地避免来源于与自己支持的党派立场不同的媒体（out-party outlet）或具有相关信息线索的新闻。人们基于自己支持的党派的信息线索（in-party message cues）选择新闻的效应，则要小于对党外信息的回避。只有具备强烈党派倾向的人，才会展示出对于党内信源和信息的偏好。

由Aharoni等三位学者组成的一个来自以色列的研究团队，通过对以色列年轻人的深度访谈，并对新闻回避进行文本和物质层面的概念化，探索了年轻人回避新闻的多种动机。③质化分析发现，年轻人的媒介消费叙事展现出三个层面的新闻回避：回避某些话题或某几家新闻媒体，回避那些自己无法控

① Tunney C, Thorson E, Chen W. Following and Avoiding Fear-Inducing News Topics: Fear Intensity, Perceived News Topic Importance, Self-Efficacy, and News Overload [J]. Journalism Studies, 2021, 22(05): 614-632.

② Mukerjee S, Yang T. Choosing to Avoid? A Conjoint Experimental Study to Understand Selective Exposure and Avoidance on Social Media [J]. Political Communication, 2021, 38(03): 222-240.

③ Aharoni T, Kligler-Vilenchik N, Tenenboim-Weinblatt K. "Be Less of a Slave to the News": A Texto-Material Perspective on News Avoidance among Young Adults [J]. Journalism Studies, 2021, 22(01): 42-59.

制的媒体技术，以及为了降低整体的媒介消费而回避新闻。这对于新闻回避的研究而言是一个有益的框架，尤其有启发的是：它让我们知道，新闻回避并不仅仅是回避某些内容，还包括回避一些具体的数字科技及产品。另外，研究者还发现，在以色列的社会政治环境下，重度和轻度的新闻消费者新闻回避的动机是类似的。

　　同时，还有一些论文具体到新冠肺炎疫情的情境下，对新闻回避进行了研究。一个来自荷兰的研究团队对疫情初期（2020年4月到6月）荷兰的新闻回避程度进行了追踪调查①。研究表明，新闻回避的行为在这一时期有所增加，这可以被新闻为公众带来的负面情绪和感受所解释。同时，新闻回避会增加人们所感知到的幸福感。新闻回避可以被理解为人们在消费新闻时一种行为上的平衡。疫情当前，人们需要获知相关资讯，但有时，回避新闻对于保持精神健康则是必要的。Ytre-Arne和Moe的研究表明，为了应对害怕或是不知所措的感觉，即便是最关注社会的公民，也会故意或间歇性地回避新闻。②因此，新闻回避应当被理解为一种条件化的策略（situational strategy）。

　　上述梳理表明，在新闻获取的选择日益丰富的今天，可能令一些人意外的是：新闻回避是新闻消费中一种不可忽视的现象。导致新闻回避的因素仍然众说纷纭，同时，新闻回避对个人和社会所产生的影响，仍需进一步研究。

二、新闻的分享与转发

　　新闻的扩散、传播及热度的提升，特别是在社交媒体等线上环境中，在很大程度上取决于用户的分享与转发。同时，新闻分享不仅仅是基于个人考量和抉择的一种个人行为，也会对新闻媒体产生影响。2021年，国际新闻与

① De Bruin K, De Haan Y, Vliegenthart R, Kruikemeier S, Boukes M. News Avoidance during the Covid-19 Crisis: Understanding Information Overload [J]. Digital Journalism, 2021, 9(09): 1394-1410.
② Ytre-Arne B, Moe H. Doomscrolling, Monitoring and Avoiding: News Use in COVID-19 Pandemic Lockdown [J]. Journalism Studies, 2021, 22(13): 1739-1755.

传播学界有多篇文章对新闻分享进行了探讨，这些研究也展示了一些关于新闻分享与转发的新现象。

由Waruwu等五位学者组成的研究团队基于深度访谈提出：新闻分享可以被理解为一种群体性的新闻验真（news authentication）策略。[①]个人在将新闻分享到社交媒体的群组中时，并不会明确地要求他人帮忙验证新闻。然而，群组内的成员间，不仅会定期分享新闻，也会共同验真，这形成了一种微妙的共同期待，也是一种潜在的道德义务。若社群内成员确认了新闻的真实性，分享者会据此加强自己最初对新闻真实性的判断；若有接收者对新闻的真实性提出了质疑，新闻真实性的不确定性就会提升，并影响分享者未来的分享行为。因此，研究者提出，新闻验真并非个人进行的一次性行为，而是循环进行的群体性策略。

同时，还有几篇文章探讨了会影响个人进行新闻分享的因素。首尔大学的Kim基于《纽约时报》中与健康相关的新闻的转发数据，探讨了信息特征及社会认可度是如何影响用户新闻分享的持续时间的。[②]研究结果显示，与信息效用有关的资讯特征会增加通过电子邮件进行分享的持续时间，而具有积极情绪或者争议性的信息特征则会延长通过社交媒体进行分享的持续时间。可以唤起情感或是文章中缺乏与死亡相关的词汇，均可以延长基于电子邮件或社交媒体进行分享的持续时间。同时，若新闻出现在"最常被发送邮件"的列表中，则更有可能延长用户的分享行为，这表明了社会认可度所驱使的累积效应（cumulative advantage effects）。社会认可度与资讯特征还存在着相互作用，即当同时出现在"最常被发送邮件"的列表中时，在资讯特征层面具备分享价值的新闻比不具备分享价值的新闻，被分享的持续时间会更长。

Johannesson和Knudsen通过一项实验，考察了推荐者和新闻叙事的属性，

---

① Waruwu BK, Tandoc EC, Duffy A, Kim N, Ling R. Telling Lies together? Sharing News as a Form of social authentication [J]. New Media & Society, 2021, 23(9): 2516-2533.

② Kim HS. How Message Features and Social Endorsements Affect the Longevity of News Sharing [J]. Digital Journalism, 2021, 9(08): 1162-1183.

对于个人阅读或者推荐新闻的影响。①研究表明，阅读和分享资讯是两种类似但不同的现象，选择性分享新闻比选择性接触新闻更加显著。同时，对于支持某一政党的新闻的选择性分享则取决于个人是否了解推荐者的属性。

Hasell分析了22个新闻组织发布在推特上超过30万次的推送与转发，以了解政治新闻类型及新闻内容中的情感对社交媒体上政治新闻分享的影响。②结果表明，党派新闻在推特中被频繁转发，同时党派新闻相比非党派新闻更有可能包含情绪的表达。党派新闻和情绪化的新闻内容在社交媒体中被不成比例地放大，这可能会对依赖于社交媒体获取政治新闻的人造成重要影响。

新闻分享对新闻媒体也会造成一定影响。Aruguete等三位学者的研究表明，极化的读者群体会使新闻组织变得进一步极化。③同时，声誉较低的媒体组织会出现更为严重的极化现象。

上述梳理表明，新闻的分享与转发首先是一种个人与集体层面的行为，对于新闻的扩散与流通具有重要的作用，并有可能带来全社会的增益，当然也可能带来极化等负面影响。同时，为了追求更多的分享与转发，新闻组织的工作流程与价值观也会发生一些变化。对于新闻分享的理解与概念化需要持续深入，并进一步探讨其对个人、群体和社会等层面的作用。

三、对付费订阅模式的追问

依赖广告收入曾是新闻媒体最主要的商业模式。然而随着数字技术的发展、新兴媒体的崛起，全球范围内的媒体组织在广告收入上都出现了断崖式下跌。寻求新的可靠的商业模式，对新闻组织而言是事关存亡的重要议题。建立付费墙、推动付费订阅，是一种广受关注的"变种"替代方案。在

---

① Johannesson MP, Knudsen E. Disentangling the Influence of Recommender Attributes and News-Story Attributes: A Conjoint Experiment on Exposure and Sharing Decisions on Social Networking Sites [J]. Digital Journalism, 2021, 9(08): 1141-1161.
② Hasell A. Shared Emotion: The Social Amplification of Partisan News on Twitter [J]. Digital Journalism, 2021, 9(08): 1085-1102.
③ Aruguete N, Calvo E, Ventura T. News Sharing, Gatekeeping, and Polarization: A Study of the #Bolsonaro Election [J]. Digital Journalism, 2021, 9(01): 1-23.

过去的一年，有多篇学术文章对影响受众采纳付费订阅的因素等议题进行了探讨。

Wadbring和Bergström利用Amazon Redshift的流量数据，考察了具有不同付费订阅经历的订阅者的行为。①研究发现，相比于免费用户，付费订阅的用户表现更为活跃、更具融入感，同时在使用方式上也更加多元。免费用户总体上活跃度较低，特别是新近加入的年轻用户。

Nechushtai和Zalmanson考察了55家在美国阅读量最大的报纸是如何构建其价值主张，以邀请读者订阅的。②他们的研究分析了这些报纸在"立即订阅"网页中呈现的信息（informational）、社会（social）以及规范（normative）元素。研究发现，每家报纸都在这个网页中提到了与报纸保持定期关系的信息价值，有62%提到了订阅后所带来的情感或是社群中的好处，33%还提到了规范和价值上的好处。这表明，报纸在推广订阅时，经常基于社会和规范的价值，而不仅仅是信息上的价值。在美国，规模、类型、地区及政治倾向不同的报纸，均采取相似的订阅推广策略。

Goyanes等三位西班牙学者通过网络实验，考察了作者、独家性（exclusiveness）、媒体类型是如何影响受众为数字内容进行付费的意愿的。③研究表明，记者的知名度和信息的独家性，都会增加读者对在线新闻所具有的经济价值的评价。当一篇新闻出自著名记者之手且是独家的时候，相比于传统媒体的发布渠道，读者会更有意愿为通过新媒体渠道发布的新闻付费。研究者认为，这些结果可能表明读者新闻消费模式的改变、对品牌价值的认可，同时新闻生产也可能从传统媒体向新媒体转移。Chen和Thorson在美国开展的调查研究显示，用户对新闻质量的感知、习惯的强度（habit strength）、进行社会

---

① Wadbring I, Bergström L. Audiences behind the Paywall: News Navigation among Established versus Newly Added Subscribers [J]. Digital Journalism, 2021, 9(03): 319-335.

② Nechushtai E, Zalmanson L. "Stay informed", "become an insider" or "drive change": Repackaging Newspaper Subscriptions in the Digital Age [J]. Journalism, 2021, 22(08): 2035-2052.

③ Goyanes M, Pablo Artero J, Zapata L. The Effects of News Authorship, Exclusiveness and Media Type in Readers' Paying Intent for Online News: An Experimental Study [J]. Journalism, 2021, 22(07): 1720-1738.

文化互动的意愿及娱乐，对用户的付费意愿有积极的影响。[①]

由Kim等四位学者组成的研究团队指出，现有研究大多关注影响用户付费意愿的因素，而他们则关注了会导致用户取消新闻订阅的因素。[②]研究显示，定期的新闻阅读、地方性的新闻内容、使用广告屏蔽插件，以及订阅邮件通讯（newsletter）都可以降低用户取消订阅的概率。这为新闻组织保障用户体验、维护读者群提供了一些经验参考。

上述梳理表明，付费订阅作为新闻业一种新的商业模式，在全球范围内已有广泛的实践。影响用户进行新闻付费的因素是多元的，因此，如何鼓励用户进行付费订阅并维护读者群、减少退订现象，是新闻组织应当考量的问题。既有研究可以为中国媒体探索新的商业模式提供借鉴，但仍需开展本土化的研究。

除了付费订阅之外，捐赠也是近几年兴起的一种支持新闻业的财政模式，但对这种模式的经验研究还不多。Harlow在七个拉美国家中，考察了公众为新闻业进行捐赠的意愿的影响因素，初步填补了这方面研究的一块空白。[③]她的研究结果表明，新闻内容、新闻业的独立性与客观性，以及媒体代表社群而非商界精英或政府官员的利益，是公众为新闻业进行捐赠的主要驱动力。也就是说，愿意给媒体捐赠的公众非常看重新闻背后的社会意义。

四、职业边界与角色认同

新闻工作的边界与记者的职业认同是新闻专业主义中的重要内容，并且时刻处在动态的变化之中。具体而言，它们是记者与媒体组织在常年且广泛的新闻实践中，与政治、经济、社会、文化、技术、受众等诸多维度的要素

---

① Chen W, Thorson E. Perceived Individual and Societal Values of News and Paying for Subscriptions [J]. Journalism, 2021, 22(06): 1296-1316.

② Kim SJ, Zhou Y, Malthouse EC, Kamyab Hessary Y. In Search for an Audience-Supported Business Model for Local Newspapers: Findings from Clickstream and Subscriber Data [J]. Digital Journalism, 2021: 1-21.

③ Harlow S. Entrepreneurial News Sites as Worthy Causes? Exploring Readers' Motivations Behind Donating to Latin American Journalism [J]. Digital Journalism, 2021, 9(03): 364-383.

持续互动、共同协调而得来的结果。职业边界与角色认同所经历的或大或小的"变种",也是学界热议的话题。

Standaert等三位学者组成的研究团队,利用"全球新闻学研究"(Worlds of Journalism Studies)的数据,考察了67个国家的记者对于规范性角色(normative journalistic roles)的认知。[①]研究结果显示,在这些国家中,记者均首先将自己的规范性角色定义在政治领域。同时在非西方国家中,记者还将干预社会进程作为一种规范性要求,并对政权抱有更具建设性的态度。因此,在全世界范围内,新闻业的规范性内核仍然建立在对政治进程和对话做贡献,而其他领域仍处在相对边缘的位置。

作为一个对南半球国家研究的案例,Balod和Hameleers通过深度访谈,考察了在一个充满不实信息的时代(mis- and disinformation),菲律宾记者的职业认知。[②]首先,研究发现,菲律宾的记者将传播者(disseminator)和监督者(watchdog)作为自己更重要的角色,记者还认为自己是真理的十字军和社会改革的倡导者。其次,记者们还表明了履行这些职责时所遭遇的一些阻碍,例如,包括喷子和机器人在内的传播不实信息的非专业性信源、缺乏时间进行事实核查、公众和政府的批评、被指控发布假新闻后受到的威胁与骚扰、媒体所有者的利益等。最后,记者认为不实信息的兴起对新闻业而言既是挑战也是机遇。

Hartley和Askanius基于深度访谈,考察了丹麦和瑞典的记者在有关#MeToo运动的报道中的专业新闻文化。[③]研究表明,记者在报道中会徘徊于两种不同的报道准则,即公正客观的准则(impartiality and objectivity)及以解决问题和行动为导向的积极准则(activist journalism)。具体情况在两个国家的不同新闻室中会有所差异。

---

① Standaert O, Hanitzsch T, Dedonder J. In Their Own Words: A Normative-empirical Approach to Journalistic Roles around the World [J]. Journalism, 2021, 22(04): 919-936.

② Balod H, Hameleers M. Fighting for truth? The Role Perceptions of Filipino Journalists in an Era of Mis- and Disinformation [J]. Journalism, 2021, 22(09): 2368-2385.

③ Moller Hartley J, Askanius T. Activist-journalism and the Norm of Objectivity: Role Performance in the Reporting of the #MeToo Movement in Denmark and Sweden [J]. Journalism Practice, 2021, 15(06): 860-877.

与此同时，当新的社会角色参与到原本由新闻业进行的传播信息、核查事实的工作中，或有新的观念融入新闻工作中时，新闻业的职业边界和记者的职业认同也会发生变动。当记者关闭评论区或者设立参与规则时，记者和网络评论者之间的关系就会变得僵化。Wolfgang考察了记者对于在线评论的建构，以及这些评论对于新闻工作的影响。[1]记者会使用一些有关评论的公开陈述，为记者和评论者建立合适的角色。这些陈述中包含着记者对于网络评论所采取的策略、政策及实践。记者在对待网络评论时会考虑他们是否欢迎评论者、他们是否将评论者作为威胁以及他们是否要与受众保持距离。Singer考察了事实核查者（fact-checker）在全球范围内的兴起。[2]事实核查者以查证不实信息为己任，这项研究具体考察了事实核查者的工作规范、受众及面临的挑战等议题。作者认为，有关事实核查者的考察对新闻学，特别是传统媒体的边界研究，提供了新的见解，因为事实核查者正是以一种"局外人"（outsiders）的视角来完成新闻任务。

Hovden和Kristensen基于全球新闻学研究（Worlds of Journalism Studies）的数据展开了一项有关文化记者（cultural journalists，即报道文化与艺术的记者）的全球比较性研究。[3]与其他类型的记者不同，文化记者的工作以美学逻辑为导向，而非新闻逻辑。文化记者在社会与专业特征、对日常工作影响及角色的感知上，均与其他类型的记者不同。例如，文化记者以女性、年长者及富有新闻经验的人为主导，更有可能为杂志和广播工作，更有可能为公共服务或国有媒体工作，也更可能是一种兼职。同时，文化记者比其他记者更少受到工作中的压力。在角色认知方面，文化记者在干预者（interventionist role）和合作者（collaborative role）上，与其他类型记者差别不大。文化记者对于监督者（monitorial role）的认同较弱，对于提供娱乐的角色（accommodative role）则介于政治、经济等新闻记者和体育、健康等新

---

① Wolfgang JD. Taming the "trolls": How Journalists Negotiate the Boundaries of Journalism and Online Comments [J]. Journalism, 2021, 22(01): 139-156.

② Singer JB. Border Patrol: The Rise and Role of Fact-checkers and Their Challenge to Journalists' Normative Boundaries [J]. Journalism, 2021, 22(08): 1929-1946.

③ Hovden JF, Kristensen NN. The Cultural Journalist around the Globe: A Comparative Study of Characteristics, Role Perceptions, and Perceived Influences [J]. Journalism, 2021, 22(03): 689-708.

闻记者之间。

新闻工作的边界与记者的职业认同，关乎新闻工作存在的合法性问题。在政治、经济、文化、技术、受众等诸多因素持续变化的今天，对工作边界和职业认同的考察具有很强的现实和研究价值。

五、不再单兵作战的跨境合作报道

传统上，媒体的习惯工作方式是"单兵作战"，并且在不同的媒体之间还会形成"抢新闻"的激烈竞争。不过，近些年来，由于新闻行业的商业危机，越来越多的媒体意识到资源的有限性和单兵作战的局限性。因此，媒体之间的合作，甚至是超越国界范围的媒体间合作正在增加，这种合作可以整合技能与资源、推动新闻媒体的创新、解决专业上的问题，甚至有机会共同克服经济上的危机。媒体间的合作正成为开展新闻工作的一种重要的"变种"工作方式。在过去一年里，学界有多篇文章对上述问题进行了探讨。

Westlund等三名学者组成的研究团队考察了以创新为中心的协调（coordination）与合作（collaboration），即媒体组织内不同行动者间有关知识和创新活动的协调与合作。[①]研究表明，合作近期在媒体组织内有显著增加，随着时间推移，IT部门被认为对创新越来越重要。Cueva Chacón和Saldaña考察了251位拉丁美洲记者在开展调查性报道时进行国内和国际合作的原因、面临的挑战及数字技术在跨国合作中扮演的角色。[②]研究表明，合作可以增强调查性报道所产生的影响，包括扩大报道的传播、触及更新更多更国际化的受众、触及更多的分发平台、将报道重点从地方转到区域、引发更大的回应以及接触到更国际化的资源与信息。同时，安全考虑也是记者们联合起来的重要驱动力，合作使记者可以确保安全或应对审查。协调团队，特别

---

① Westlund O, Krumsvik AH, Lewis SC. Competition, Change, and Coordination and Collaboration: Tracing News Executives' Perceptions About Participation in Media Innovation [J]. Journalism Studies, 2021, 22(01): 1-21.

② Cueva Chacón LM, Saldaña M. Stronger and Safer Together: Motivations for and Challenges of (Trans)National Collaboration in Investigative Reporting in Latin America [J]. Digital Journalism, 2021, 9(02): 196-214.

是在跨国的维度上，仍然是最大的挑战。数字技术会增加记者们进行合作的可能性，但也对他们进行调查报道时的其他技能提出了要求。

Heft和Baack考察了记者是如何将跨国合作实践融入工作日常中的，以及这些合作所造成的影响。[①]研究发现了一种"多米诺骨牌效应"，即记者通过合作建立起的跨国联系，可以推动他们进一步建立合作。新闻组织的结构以及不同国家中新闻业的环境，会决定各个成员在合作中的参与程度，但这也有助于推动跨国合作实践的规范化。同时，跨国新闻实践可能会带来不稳定的工作环境，或是促进竞争。

六、结语

以上梳理的五个方面的研究，当然不会是2021年发表的新闻业研究论文的全貌。不过，我们希望通过这样的选择，反映涉及新闻生产、新闻消费、社交媒体传播、商业模式、职业身份这几个核心主题的新"变种"现象，介绍世界各地的新闻传播学者们是如何研究这些新现象，又得出了哪些结论的。

病毒的变种意味着免疫逃逸的可能，是我们不愿意看到的现象。不过，在新闻业当中，新的"变种"则意味着新的可能性。在当今社会，受到政治、经济、科技等各方面因素的限制，新闻业越来越难以发挥其核查事实、传播信息的基本作用，也更难以扮演其促进公共讨论、推动社会进步的角色。在这样的背景之下，无论是新闻生产当中出现的新合作模式，还是"事实核查"等新的内容范式，无论是付费和捐赠这样初见成效的新商业模式，还是受众在转发分享时出现的新现象，都带来"破局"的可能。在业界积极探索新路径的时候，学界也需要新的视角、新的眼光。

（方可成，香港中文大学新闻与传播学院助理教授；范吉琛，香港中文大学新闻与传播学院博士。）

---

① Heft A, Baack S. Cross-bordering Journalism: How Intermediaries of Change Drive the Adoption of New Practices [J]. Journalism, 2021: 1-19.

2021年中国新闻业优秀研究论文述评

徐桂权　刘馨琳　杨瑾函

自2014年以来，《中国新闻业年度观察报告》每本都从当年的新闻传播学权威学术期刊中遴选出具有代表性的新闻业研究论文，并分主题进行梳理和评述。今年，本课题组继续从2021年刊载于《新闻与传播研究》《新闻记者》《国际新闻界》《新闻大学》《现代传播》《新闻与写作》等国内权威学术期刊的论文中挑选出27篇新闻业研究优秀论文，分"数字新闻学的理论探索""数字媒介环境下的新闻实践创新"和"新媒介生态下的数字劳动与新闻从业者"三个主题对2021年中国新闻业研究年度观点进行综述，以展现当下我国新闻业研究的趋势和图景。

一、数字新闻学的理论探索

2021年，与新闻学科有关的一些宏观问题获得了较多关注。媒介技术的发展激活了社会大众的潜力，释放出巨大的"由微而宏"的聚集性能量。在此背景下，学者们就数字新闻学研究范式的变迁与革新以及新闻学科的理论体系构建等问题展开了进一步的思考和讨论。杨保军的《当代中国新闻理论研究的"上升"与"下沉"》从范式革新层面反思新闻业的发展与变迁，关注当代中国新闻学由"职业主导范式"向"社会主导范式"的转换进程，即不再局限于职业新闻活动这一"中层"领域，而是"上升"到全球层面，开始关注新闻与人类各种共同事物、世界整体发展和人类命运共同体的关系，"下沉"到新闻与大众日常生活世界的关系中，开始关注人们的日常新闻生活实践。①王斌在《从本体拓展到范式转换：数字时代新闻研究的系统性变革》一文中也从本体出发探究范式变革给新闻业研究带来的"起底"式重思效应，指出要从内在的学术逻辑和学术生产模式开展新闻研究的系统性变革，首先建立互联网新闻传播的本体论，进而寻找新的理论支点与分析范式，重建新闻研究的问题域、关键概念和理论视角。②

在"后新闻业"时代，新闻现象正在发生结构性变革，学界由此探索出了不同的研究路径。杨保军在《论新闻理论研究的宏观走向》一文中把新闻理论研究的未来走向分为三类：偏向坚守传统新闻理论研究基本内核、不断扩展新闻理论研究领域的"保守派"；根据新闻活动实际变化，积极探索转换新闻理论研究范式的"改革派"；侧重新兴媒介环境根本特征，试图彻底改变传统新闻理论研究方向的"革命派"。作者认为，当前新闻理论研究的重心在于"转换"，在转换中继承传统，在转换中寻求新的出路。转换不是保守，也不是革命，而是介乎其间的渐变式改革。③

理论改革呼之欲出，数字新闻学在新的历史条件下作为新闻学继规范、经验主义、社会学和全球比较四大主导范式之后的"第五范式"，成为学者们当前的研究重点。有学者聚焦认识论层面，从"数字性"这一"元概念"生发开来，探索中国的数字新闻学理论体系。一方面，通过观照西方数字新闻学的话语体系，寻找求同存异自足生长的方向。常江在《数字时代新闻学的实然、应然和概念体系》一文中通过德尔菲函询法得出了中外学界对数字新闻学的四种共识：数字性与新闻性的共生关系、重新建立新闻学研究的基本范畴、面向平台的专业主义规范和对"反公共性"的持续批判。作者在实然维度上探讨了数字新闻学的"认识论"和"研究范畴"，在应然维度上探讨了数字新闻学的"规范理论"和"价值体系"，由此探索性地对数字新闻学做出了界定：数字新闻学以"技术-文化共生论"为认识论基础，拥有新闻生态研究与新闻行动者研究两大基础范畴，同时包含以专业主义为核心话

①　杨保军.当代中国新闻理论研究的"上升"与"下沉"[J].新闻大学，2021(01):1-10+117.
②　王斌.从本体拓展到范式转换：数字时代新闻研究的系统性变革[J].新闻记者，2021(10):8-12.
③　杨保军.论新闻理论研究的宏观走向[J].国际新闻界，2021,43(08):6-21.

语、以信息民主为价值目标的规范理论面向，是新闻学在新的技术与历史条件下发展出来的新范式。①另一方面，在历史和比较的双重维度上，实现对数字时代中外新闻学理论发展路径异同的准确理解。在《数字时代的新闻学理论：体系演进与中西比较》中，常江通过内容分析法，以2011—2020年总计90种中英文新闻传播学代表性期刊上刊登的共计1.0083万篇新闻学研究论文为研究对象，研究得出：第一，在新闻学理论发展的路径上，中西方体现出本质的差异。中国新闻学重实务、重政策、重规范，而西方新闻学则重理论、重方法、重解释。第二，这种发展路径的差异折射出新闻学在中西方不同的学科地位。中国新闻学具备较强的"独立性"，西方新闻学则深受其他学科框架的影响。第三，中外新闻学界在过去十年中均体现出在新的技术条件下反思、发展和重构经典新闻学理论的自觉。中西学界存在一个共同目标：重构新闻学经典理论，使之获得对数字新闻实践的实际解释力。这就为中西方数字新闻学研究者展开有效对话和实现"理论团结"提供了坚实基础。②

面对数字新闻学的未来，常江在《数字性与新闻学的未来》一文中指出，在实然层面上新闻学或许会变得更加重要，身处信息关系中的个体也许都能被纳入数字新闻学的解释体系中去；在应然层面上则应回落到人与技术的关系问题上去，如何依靠制度或文化的力量解决数字新闻带来的异化等问题值得引起思考。③

聚焦于数字新闻学的理论内部，如何进行下一步的理论创新，如何在应然层面上重构当代的新闻价值和新闻伦理，以及在实然层面上对可供性、物质性和行动者网络等核心概念与理论进行再思考是学者们尤为关注的问题。在理论创新上，白红义在《数字时代的新闻理论创新》一文中认为要从概念、命题、理论和范式四个层面进行全方位的理论创新，充分激发新闻学的想象力，并尝试提出了关系性理论和规范性理论两个创新方向。④李艳红

① 常江.数字时代新闻学的实然、应然和概念体系 [J].新闻与传播研究，2021,28(09):39-54+126-127.
② 常江，黄文森.数字时代的新闻学理论：体系演进与中西比较 [J].新闻记者，2021(08):13-27.
③ 常江.数字性与新闻学的未来 [J].新闻记者，2021(10):37-41.
④ 白红义.数字时代的新闻理论创新 [J].新闻记者，2021(10):13-18.

在《学科范式·创新路径·拓展传承——厘清数字新闻学理论创新的几个问题》一文中探讨了数字新闻学理论创新的思路和方法。在学科范式上，厘清作为哲学的规范性研究和作为社会科学的研究这两种学科范式，目标清晰地开展研究对学者来说至关重要，将二者混为一体将无助于理论创新；在创新路径上，作者首先厘清了数字新闻学研究的核心问题，其次总结了数字新闻学理论化的目标，将创新路径划分为"归纳法""演绎法""抽象思辨法"（概念化法）三种；在拓展传承上，作者认为数字新闻学应该在研究对象及所观察的对象、问题意识、理论视角和价值关怀这些方面与传统新闻学研究保持连续，"在下一个十年，有意识地推进有关连续和传承问题的思考，必将有助于数字新闻学发展得更加丰富和完善"。①

在数字时代下，传统时代的新闻价值和新闻伦理饱受冲击，我们也迎来了调适应然层面上新闻理念的新契机。在新闻价值上，杨奇光和王润泽在《数字时代新闻价值构建的历史考察与中西比较》一文中基于中西比较的视角对中西新闻价值的学理性逻辑进行了体系化的梳理与解读，并总结了中西方新闻价值的异同：第一，对于社交媒体平台上的新闻而言，中西方均注重冲突性和感官体验，中国更加注重借助基于平台属性特点的算法调节工具将公共价值纳入新闻价值判断的体系之中；第二，对于经典新闻价值要素而言，"时新性""接近性"等要素均被中西方所解构，中国新闻业更注重将是否具备沟通性和共情性作为新闻价值判断的依据；第三，西方对于数字时代新闻价值要素的划分更为具体和细致，中国新闻价值的判断体系则更为宏阔且注重突出新闻价值判断促进社会治理的现实效用。尽管如此，中西方在新闻价值判断上仍存在互通的可能性，这源于二者遵循了一定的相同逻辑思路——新闻价值的选择适应社会发展的需要，数字时代的到来和正在进行的信息技术革命正为这种互通提供了空间。②在新闻伦理上，陈昌凤和雅畅帕在《颠覆与重构：数字时代的新闻伦理》一文中指出，传播主体变为公众、替

---

① 李艳红. 学科范式·创新路径·拓展传承——厘清数字新闻学理论创新的几个问题 [J]. 新闻记者，2021(10):19-36.

② 杨奇光，王润泽. 数字时代新闻价值构建的历史考察与中西比较 [J]. 新闻记者，2021(08):28-38.

代性媒体的出现、全球化语境下的受众组成更为复杂，这些重要变革导致新闻伦理正面临一系列的挑战。扩大媒介伦理的规范对象、构建更开放的伦理观和扩张新闻伦理的适用范围是解决新闻伦理困境的方法，同时从结构角度寻求分散主义路径和整合主义路径、从个性化角度采取去个性化或个性化的方法也是建构数字时代新闻伦理的新思路。①

在实然层面上，重新思考可供性、物质性和行动者网络等认识论视角有助于深入理解数字新闻业和其中技术的角色与作用。黄雅兰和罗琴雅在《可供性与认识论：数字新闻学的研究路径创新》一文中从语词、研究对象和研究主题等方面梳理了可供性概念应用在数字新闻研究中的过程，认为可供性视角摒弃了传统线性和中心化的研究模式，为数字新闻业提供了"人-技术"这一互补关系的认知与判断，而且可供性概念为数字新闻研究提供了三种重要的研究视角：关系视角（从主客体平衡的角度重新界定数字新闻研究的对象）、过程视角（多元主体共同型构的"杂糅新闻体系"的动态性）和网络视角（对新闻网络中异质性的行动者及其转义行动进行分析）。②同时王海燕和范吉琛关注到了新闻研究中长期存在的"去时间化"倾向，尝试打通新闻时间性和技术可供性两个理论领域，在《数字新闻的时间可供性：一个研究框架的提出》一文中创新性地提出了新闻的时间可供性概念，并把它界定为"由物质和技术条件的变化带来的新闻时间性实践的可能性，并经新闻生产、新闻叙事或新闻消费的过程而表现出来或被经历的时间性特征"。文章从新闻的生产、发布、消费三个层面，提出数字新闻的九种时间可供性，包括主要体现在新闻生产过程中的现时性、回溯性和准备性，主要体现在新闻发布中的现场性、即逝性和重复性，以及主要体现在新闻消费中的共时性、多媒性和互嵌性。这九种时间可供性同时表现出支持和抑制两种面向，实际上正体现了可供性概念的本质，即可供性本身并无价值偏向，最终的影响取

---

① 陈昌凤，雅畅帕．颠覆与重构：数字时代的新闻伦理 [J]．新闻记者，2021(08):39-47.
② 黄雅兰，罗雅琴．可供性与认识论：数字新闻学的研究路径创新 [J]．新闻界，2021(10):13-20+32.

决于行动者的实践情境及其与环境的协商互动。①

吴璟薇和曾国华在《新闻学研究的物质性转向——数字时代的媒介本体与媒介中介性》一文中从物质性视角出发，以媒介的物质性和中介特征为基础，结合新闻数据作为物的存在，对新闻生产流程和传播过程进行重新思考。作者引入了一种将人与技术、传者与受者融合的中介社会传播模式，这种传播模式将新闻生产和传播的过程看作媒介技术中介下的数据流动过程，它强调包含记者和媒介组织的中介系统在新闻传播中的中心作用；认为传者和受者的角色是可以不断转变的，受众不再仅仅被动地接受信息；其结构左右对称，表明在这一过程中的信息传递不是只有一轮，而是可以不断循环往复的，新闻传播行为是多层次的。这种互动多元的传播视角打破了原先大众传播理论认为的单一被动的传播过程，适应于时代的发展。②白红义和曹诗语则详细梳理了行动者网络理论（Actor-Network Theory，ANT）被引入新闻研究的过程，在《重塑新闻理论？——行动者网络与新闻研究的STS转向》一文中，作者认为作为科学技术研究（Science and Technology Studies，STS）的代表性理论，ANT将处于网络化联系中的人类和非人类物体均视为同等重要的行动者，这种本体论和认识论上的贡献为新闻研究提供了全新的研究路径，极大丰富了新闻研究对技术与新闻关系的认识。但同时，采用ANT视角的新闻学研究仍然存在一些不足之处：第一，STS和ANT的非决定论式、无偏见的、实证研究的倾向受到广泛赞誉，但也有学者批判它停留于沉闷的描述；第二，当前研究高度关注正在变化的事物，可能会忽视稳定不变的事物；第三，ANT将所有行为体一视同仁，难以解读出各类行为体动机水平或积极性的不同；第四，虽然ANT本身是将技术行为体和非技术行为体一视同仁的，但是有不少采用ANT视角的新闻研究实际上还是会有所偏向。总的来说，新闻研究与ANT的结合是基于两个领域各自发展的内在需要，但是二者的结合

① 王海燕，范吉琛.数字新闻的时间可供性：一个研究框架的提出[J].国际新闻界，2021,43(09):116-135.

② 吴璟薇，曾国华.新闻学研究的物质性转向——数字时代的媒介本体与媒介中介性[J].新闻与写作，2021(11):28-37.

仍有待进一步完善。①

二、数字媒介环境下的新闻实践创新

面对数字媒介环境下的业态革新，中国新闻学界的研究范畴也开始关注新闻生态与新闻行动者的互动关系，"新闻创新"成为一大焦点。潘忠党在《走向有追求、有规范的新闻创新——新闻业的危机及认知的危机》一文中回答了三个重要问题。第一，如何看待新闻业？作者认为新闻业是个创新推动的知识生产行业，拥有独立、自主的认知权威，有认识论层面上的相关规范。第二，什么是新闻业的创新？作者反思了罗杰斯创新理论在规范维度的缺失，然后运用罗杰斯的界定对"新闻创新"进行了重新理解，"'新闻业的创新'应当指代涉及新闻信息这个形态的社会知识和意义建构的各种新观念、新做法、新技术的应用（包括新形态的技术应用），新的社会关系（包括生产关系）和组织结构，还包括产生、评估和筛选等新事物的动态过程"。第三，我们期待哪些方面的新闻创新？作者强调了当前新闻业面临的"认知危机"，即新闻业的"认知权威"和"认知信任"在当下复杂的信息环境中遭受到了挑战。所以，认识论层面上的"新闻创新"应服务于为社会巩固其认知秩序，为社会提供"认知资本"这一目的。为达成这一目的，新闻创新必须坚持事实和真相，这便是新闻创新在规范理论层面上的意涵。②那么我们究竟要如何展开新闻创新研究？王辰瑶在《站在新起点上的新闻创新研究》一文中反思了过往新闻创新研究的不足，提出新闻创新研究应聚焦于新闻领域正在发生的、可能对新闻业未来有影响的或有助益的"新行动"，我们要在环境变化中理解新闻创新，对新闻环境现实条件进行多维审视；在价值层面上讨论新闻创新，"为更好的新闻而创新"；在经验世界里

---

① 白红义，曹诗语.重塑新闻理论？——行动者网络与新闻研究的 STS 转向 [J]. 新闻大学，2021(04):1-14+119.
② 潘忠党.走向有追求、有规范的新闻创新——新闻业的危机及认知的危机 [J]. 新闻记者，2021(11):8-20.

探索新闻创新，重视最新的经验事实，摆脱观念上的自我禁锢。[①]

新闻生产一向是新闻学研究的主要议题，技术赋权背景下，数字新闻生产的相关研究仍关注传统媒体，同时也注意到信息生产和发布过程中的"新行动者"。对传统媒体的研究重在借助新的分析框架弥补以往研究中的单一视角，李艳红在《生成创新：制度嵌入如何塑造新闻创新差异——对三家媒体数据新闻实践的比较》一文中建立了一个兼顾个体与组织、结构与能动性的新闻创新过程分析框架，并通过对我国数字化转型初期三家新闻组织（南风窗、南方都市报和财新）发展数据新闻过程的比较个案分析检验了这一框架的适用性。这一框架的核心在于，将新闻创新理解为一个生成过程，是新闻组织内部高层和基层这两个层次的"制度嵌入"的"创意者"跟随制度逻辑（institutional logic）进行策略性选择的过程。这一框架的理论贡献在于批评了创新的技术决定论，认为创新还取决于不同层次的创新主体与它们所嵌入的制度语境及其互动，同时兼顾结构与个体能动性。[②]

随着信息传播的主体趋向多元，更多学者开始关注他们对传统新闻生产场域的介入和影响。蔡雯和葛书润聚焦于媒体型平台上的外部内容创作者，他们作为新行动者与原主体形成了一种协同与博弈的关系。在《协同与博弈：媒体型平台上的外部内容创作者——基于澎湃号、新京号与南方号的考察》一文中，作者选取三家省级地方媒体的客户端所推出的内容提供者聚合平台：新京号、澎湃号与南方号，对其进行"走读式"观察的同时对相关工作人员进行访谈。研究发现，首先，二者是一种"自愿自为"的双向协同关系，外部内容创作者作为平台的协同主体，具有能动性、创造性和自主性等特征；其次，平台通过"冷启动"和"热启动"的方式对协同主体进行邀约和筛选，入驻后的协同主体与平台渐成一种"权且利用"、双向引流的共处模式；最后，多元主体在媒体平台上拥有不同的诉求，平台逻辑与媒体逻辑会产生对抗，即媒体型平台出于维护合法性定位和品牌形象以及保证客观

① 王辰瑶. 站在新起点上的新闻创新研究 [J]. 新闻记者，2021(11):3-7+20.

② 李艳红. 生成创新：制度嵌入如何塑造新闻创新差异——对三家媒体数据新闻实践的比较 [J]. 新闻与传播研究，2021,28(12):38-57+126-127.

性的需要，会向自身原创内容倾斜，制约协同主体的内容生产与分发。蔡润芳和汤乐盈则关注到新行动者中新闻专业理念被重构的现象。①在《"竞争性选择"：两种形式下商业自媒体的专业理念"重构"——基于对"当下频道"的田野调查研究》一文中，作者借用代表规范性控制的"组织专业主义"与代表意识形态控制的"职业专业主义"理论框架，考察了资讯类商业自媒体"当下频道"的新闻生产实践中新闻专业主义如何被重构的过程。研究发现，"当下频道"在平台监管与管理、商业资本和网络舆论这三方权力的影响下寻求生存之道，发展出了以PD负责制、生产运营分离和外包模式为代表的组织专业主义和追求真实性、交流协作、观点平衡及人文主义的职业专业主义。在这种激烈的竞争性选择下，商业自媒体"碎片化地继承了部分传统新闻专业理念"，如生产运营分离、追求真实性等，同时舍弃了"客观性"，发展出了"实践性""主体间性""介入性"等新的理念。文章通过分析商业自媒体在经济转型和技术赋权的背景下重构新闻专业理念的路径，为理解数字媒介环境中新闻专业主义的演变和发展提供了参考。②

当前，以算法为代表的智能媒介技术发展迅猛并在媒介系统中逐渐占据主导地位，这种激烈变化引起了学界的多重反响。在算法与数据对新闻生产的影响层面，吴璟薇和郝洁的文章《智能新闻生产：媒介网络、双重的人及关系主体的重建》融合了研究团队对各阶段新媒体和智能媒介技术长期追踪观察所得的数据和洞见，透过"媒介网络"理论来重新审视智能媒介技术、计算机网络和人类主体之间的关系，聚焦于新闻生产的主体性问题。作者跳出"新闻分发"和"新闻编辑室"领域，从媒介本体论的角度重新审视智能媒体的自动生产的概念以及一些关键侧面的微观操作问题，将现有研究中较为忽略的智能媒介技术情境下的广义"新闻生产"过程纳入讨论。研究发现，从Web1.0时代的页面新闻到当下智能媒介技术主导的新闻聚合平台，"人"在媒介网络主体中的位置正在做系统的迁移：在广义新闻与资讯生产

① 蔡雯，葛书润.协同与博弈：媒体型平台上的外部内容创作者——基于澎湃号、新京号与南方号的考察 [J].新闻记者，2021(02):3-13.
② 蔡润芳，汤乐盈."竞争性选择"：两种形式下商业自媒体的专业理念"重构"——基于对"当下频道"的田野调查研究 [J].新闻记者，2021(11):28-40.

层面，人和人工正在渐渐脱离核心位置。作者指出，在智能媒介网络中的所有人和物，都在为以算法为核心的智能媒介网络主体的"永存"而服务，因此离实现 "人机联姻"还非常遥远，在技术媒介通过自主性增长日益把人变成技术媒介网络"配件"的情况下，智能媒介平台下人的境况能否超越媒介网络下的人-物关系框架，仍是一个可以大胆追问的难题。①

新闻用户的行为逻辑同样是学界关注的议题，其中情感的高度卷入更成为焦点。田浩的《反思性情感：数字新闻用户的情感实践机制研究》就关注社会科学研究中的"情感转向"，考察情感在数字新闻接受行为中所扮演的角色，并以此为基础对数字新闻用户的情感实践进行理论化，从而探索在情感维度上进行数字新闻学理论建构的路径。研究发现，数字新闻用户的情感实践包括情感唤醒（emotional arousal）、情感表达（emotional expression）与情感规制（emotional management）三个核心环节，而长效、审慎的"反思性情感"则是连接上述环节，使之融入数字新闻接受行为逻辑的关键机制。文章进而提出数字新闻用户的情感实践具备在较长时间里持续塑造特定价值认同、推动社会行动的潜能。这种在情感视角下理解数字新闻接受过程的方式为我们把握数字新闻业的发展规律提供了有益启发，同时作者对"反思性情感"和"数字性"概念的思考也让我们认识到情感机制是解释当今"新闻网络"运作机制的关键维度。②

三、新媒介生态下的数字劳动与新闻从业者

在新媒介生态下，新闻劳动和新闻从业者都呈现出不确定特征。一方面，新闻生产作为一种数字劳动，其范围不断扩大，界限日益模糊；另一方面，记者作为一种职业，定义变得更加多元，记者的工作状态、角色认知和政治作用都发生了巨大转变。张志安和刘黎明在《互联网平台数字劳动的合

---

① 吴璟薇，郝洁.智能新闻生产：媒介网络、双重的人及关系主体的重建 [J]. 国际新闻界，2021,43(02):78-97.
② 田浩.反思性情感：数字新闻用户的情感实践机制研究 [J]. 新闻大学，2021(07):33-45+120.

法性话语建构研究》一文中考察了互联网平台数字劳动的合法性建构过程。在理论贡献上，作者借鉴了组织合法性理论框架，从斯科特等人的合法性分类标准和内外部合法性这两个维度来划分当今互联网平台数字劳动问题的合法性类型。研究发现，互联网平台在追求合法性的过程当中始终以制度和资源作为两大核心诉求，它的建构策略可分为三类：抗拒与回避，以内外部绩效的合法性和道德化、理想化的话语，最大限度地削弱甚至消除劳动剥削的企业形象；默认与妥协，顺应相关制度要求、规范部分行为以与环境进行积极协商；控制与再造，利用"零工"和"灵活劳动"等概念，嵌入新的经济结构以对平台劳动进行价值重构。这些合法性战略体现了企业在制度层面上的脱耦和再嵌入过程。①

那么，处在互联网平台中的数字新闻劳动又呈现出何种特征？王维佳和周弘在《流量新闻中的"零工记者"：数字劳动转型与西方新闻记者角色的变迁》一文中总结了自2020年新冠肺炎疫情发生以来新闻劳动力呈现的两个趋势。一是媒体机构大规模的裁员潮，这显示了当前新闻劳动力的结构性变化，即媒体机构要求精简采编队伍，要求更全能更年轻的新闻劳动力。二是"零工记者"的数量增长，这体现了两个特征：劳动关系的灵活性大幅提高和"创业主义"成为新闻记者群体中一个主导性的意识形态。为解释新闻业数字劳动的压力来源和转变动因，作者尝试勾勒出数字新闻的生产权力体系：最上层高度金融化的互联网平台企业通过各种手段支配下游媒体机构的内容生产，媒体机构沦为内容供应商，媒体机构作为流量经济的"压力传动中介"又把压力传递给底层的新闻劳动力群体。在这种压力传导下，新闻记者不再认同自己文化权威和公共服务的角色，这种政治意义上的溃败将对社会产生深刻影响，而这正批判了以往数字劳动研究中单纯从资本主义生产逻辑内部解读的政治局限性。②

与此同时，龚彦方和许昊杰从组织视角出发关注到另一种特殊的新闻劳

---

① 张志安，刘黎明．互联网平台数字劳动的合法性话语建构研究 [J]．新闻与写作，2021(07):71-79.
② 王维佳，周弘．流量新闻中的"零工记者"：数字劳动转型与西方新闻记者角色的变迁 [J]．新闻与写作，2021(02):14-21.

动——"新闻软文"的微观运作机制及其背后存在的科层困境。在《"新闻软文"的组织博弈及科层困境》一文中，作者阐释了"新闻软文"微观机制的三个重要特征。首先，先以目标企业信息确定报道主题，"定制"新闻问题与采访素材；内部把关/核查与专业规范呈现了部分重叠与调适；"新闻软文"在新媒体平台中比纸媒有更大寻租空间。其次，在新闻编辑部中，存在着"规则的分裂""行动的分裂"和"个体的分裂"过程，即"新闻软文"与作为正式规则的新闻常规不断展开竞争与较量，记者的个体实践冲突从组织外部延展到组织内部，记者的自我认知呈现出矛盾。最后，"新闻软文"显示了新闻编辑部的效率困境，显示了技术环境与制度环境的"争权"困境。"新闻软文"彰显出新闻业的世俗化转向，这一现象的背后正是当下商业资本推崇的工具理性对新闻价值理性的冲击。新闻常规作为一种正式规则存在着阻碍机构发展的结构性困境，如何解决这种结构性困境还有待未来探讨。[①]

聚焦于新闻从业者，徐笛在《数字时代，谁是记者：一种分层理解的框架》一文中探讨了数字时代记者该如何界定的议题。作者认为，界定记者这一问题牵涉我们如何分配优先、优待等权利和大众将真实裁定的权力赋予谁的问题。对于界定记者的标准，现有文献主要存在职业路径、平等路径和地位路径三种，但这些路径存在着界定不清晰、过于静态等缺陷。作者认为记者不能用一个标准单一的、确定的定义来界定，因此借鉴了科学社会研究的第三波理论成果，引入一种分层理解的框架来界定数字时代的记者。作者通过生产频次和对新闻实践活动的道德承诺的坚守程度两个标准对数字时代记者进行分层，新闻生产者发布文章的频率越高，对道德承诺的坚守程度越高，则越处于分层框架的上层，以此记者由上至下被分为"专业记者""业余记者"和"普通的信息传播者"三个层级。这一灵活、动态的框架解决了以往界定路径中的一些问题，具有创新性和实用性。[②]虞鑫和苗培壮则探讨

---

① 龚彦方，许昊杰."新闻软文"的组织博弈及科层困境 [J]. 新闻与传播研究，2021,28(06):44-59+126-127.

② 徐笛. 数字时代，谁是记者：一种分层理解的框架 [J]. 新闻界，2021(06):13-20.

了记者的政治功能，试图从另一角度揭示新闻业与民主政治的关系。在《数字时代新闻记者的协商民主转型》一文中，作者采用第二轮世界新闻业研究（2012—2016）和世界银行等机构的数据，研究了新闻记者的民主取向与各影响要素的关系。民主取向分为自由代议民主取向和协商参与民主取向这两种主要范型，会受到新闻记者的报道领域（是否从事核心领域）、影响感知（宏观环境及人际关系/利润受众）、媒体所有制（私有制/国有制）和媒体类型（叙事媒体/通讯社）四种因素的影响。同时作者还引入民主感知和互联网覆盖率这两个变量借以协调它们之间的关系，结论表明，协商参与民主与公众民主感知具有一致性，具备投诸现实的实践性潜力，并且互联网对新闻业助力民主政治发展具有积极正面的效应，这给予我们坚定协商参与民主制度，重视互联网在新闻业赋能政治民主作用的启示。[①]

新闻从业者的数字化生存现况同样值得引起重视。张铮、陈雪薇、邓妍方在《从浸入到侵入，从待命到疲倦：媒体从业者非工作时间社交媒体使用与工作倦怠的关系研究》一文中对478位媒体从业者进行问卷调查分析，从"赋能-奴役悖论"切入，构建了媒体从业者非工作时间社交媒体使用引致工作倦怠模型，解释了媒体从业者非工作时间社交媒体使用的前因后果，以及媒体从业者非工作时间社交媒体使用与工作倦怠的关系。研究发现，第一，工作需求和印象管理的动机显著预测非工作时间社交媒体使用，媒体人的非工作时间社交媒体使用是为了与工作保持连接并塑造"工作狂"的形象；第二，非工作时间社交媒体使用直接引发媒体人的工作倦怠，它正向预测情绪衰竭但不能直接预测玩世不恭；第三，媒体从业者的感知侵入和感知监视可以被非工作时间社交媒体使用行为显著预测，二者也作为中介机制，使得非工作时间社交媒体使用对工作倦怠的间接影响结果部分成立。作者对媒体从业者工作与生活时间的关注既源于新闻业与生俱来的时间结构属性，也源于作者对媒体人身心健康问题的人文关切，最后作者提出可以通过"理性的断

---

① 虞鑫，苗培壮. 数字时代新闻记者的协商民主转型 [J]. 新闻界，2021(06):4-12.

开"来保障媒体人的身心健康和工作效率。①

四、总结

可以看到，2021年的中国新闻业研究无论在理论维度还是实践维度上，都相当丰富，取得了一定的成果。数字新闻学理论研究渐入佳境，学者们逐渐建立起自己的认知框架和研究重心，既保持对传统新闻理念的反思，又积极借鉴其他学科的成果以深化自身对数字性和技术的认识，数字新闻学的迷雾缓缓被拨开。同时，中国拥有全世界最大的互联网实践土壤，学者们充分利用这种优势在经验世界里探索，谨慎地从宏观和中观层面审视着本土新闻环境、实践主体及联结机制的变化，描摹出中国新闻业的轮廓；在微观层面又极力彰显人文关怀，回归人的主体性，关注新闻从业者的认知危机和劳动困境，展现新闻从业者的数字化生存境况。但是，如何进一步推进跨学科理论的融合、如何调适传统制度与理念、如何解决数字新闻异化等问题仍没有具体答案，还有待进一步探讨。

（徐桂权，中山大学新闻传播学院副教授；刘馨琳、杨瑾函，中山大学新闻传播学院硕士。）

---

① 张铮，陈雪薇，邓妍方．从浸入到侵入，从待命到疲倦：媒体从业者非工作时间社交媒体使用与工作倦怠的关系研究 [J].国际新闻界，2021,43(03):160-176.